Manual on Urban Road Traffic Management

城市道路交通组织管理实用手册

公安部道路交通安全研究中心
同济大学　编　著

人民交通出版社股份有限公司
China Communications Press Co.,Ltd.

内 容 提 要

本手册共分11章,内容包括绪论、使用索引、交通组织管理基本原理、管理与执法基础、安全高效的节点、有序通畅的路段、均衡可靠的路网、和谐精细的管理设施、功能导向的智能交通、新理念与新技术、案例分析。

本手册以问题为导向,全面阐述了城市道路交通组织管理的方法,书中附有大量组织管理实例,配有丰富的图片,实践指导性强,可作为各地公安交通警察培训教材,也可供从事城市交通组织管理与科学研究的人员参考。

图书在版编目(CIP)数据

城市道路交通组织管理实用手册 / 公安部道路交通安全研究中心,同济大学编著. — 北京 : 人民交通出版社股份有限公司, 2017.2

ISBN 978-7-114-13503-3

Ⅰ. ①城… Ⅱ. ①公… ②同… Ⅲ. ①城市道路—交通运输管理—手册 Ⅳ. ①U491 -62

中国版本图书馆CIP数据核字(2016)第284920号

书　　名: **城市道路交通组织管理实用手册**
著 作 者: 公安部道路交通安全研究中心
同济大学
责任编辑: 刘永超
出版发行: 人民交通出版社股份有限公司
地　　址: (100011)北京市朝阳区安定门外外馆斜街3号
网　　址: http://www.ccpress.com.cn
销售电话: (010)59757973
总 经 销: 人民交通出版社股份有限公司发行部
经　　销: 各地新华书店
印　　刷: 北京盛通印刷股份有限公司
开　　本: 787×980　1/16
印　　张: 22
字　　数: 401千
版　　次: 2017年2月　第1版
印　　次: 2017年4月　第2次印刷
书　　号: ISBN 978-7-114-13503-3
定　　价: 78.00元
(有印刷、装订质量问题的图书,由本公司负责调换)

《城市道路交通组织管理实用手册》
编审委员会

审定委员会

编写委员会

前　　言

近年来，我国经济社会的快速发展，带动了城镇化与机动化水平出现较大的提升，随之而来的交通需求的较快增长，又导致城市交通问题日益凸显，城市交通"行路难、停车难、秩序乱"现象影响着城市社会的正常运转，已成为社会各界广为关注的一大焦点。显而易见，城市道路交通需求与交通供给的不匹配是造成当前这种局面的根本原因之一，值得指出的是交通供给不匹配包含数量与质量两方面，一是反映当前交通供给数量不足，二是反映当前交通供给质量不高，数量与质量的供不应求，使得城市道路交通系统运行状况拥堵、运行秩序混乱，从而引发一系列交通问题。当前我国城市道路网由于大部分缺乏专业的精细化交通组织设计与管理，现有道路网的通行能力还有较大的提升空间。为此，通过科学系统的交通组织方法，采用先进智能的交通管理技术，改善城市道路交通系统运行的秩序、安全、效率，具有十分重要的现实意义。因此，如何切实为城市一线交通管理者开展交通组织管理实践排忧解难，提供指导实战的操作手册，使道路交通组织管理涉及的多维度相关规定与方法在实际应用中更加"接地气"，更能直接有效地对指导实践发挥作用，既是当前城市道路交通组织管理人员的热切期盼，更是交通管理科研人员理应承担的时代使命。

2015 年召开的中央城市工作会议明确提出要"加强城市精细化管理，着力解决城市病等问题"。精细化管理体现在城市道路交通管理方面，主要是指要以"道路资源精耕细作、道路渠化寸土必争、信号配时分秒必争"为工作目标，通过科学、系统的交通组织优化方法，使得城市道路交通设施设计更加合理、设置更加规范，道路网机动车、非机动车和行人的通行秩序更加顺畅井然，从而释放城市道路网通行能力，明确通行权益、规范通行行为、保障道路网交通安全，这就需要交通管理科研部门在更大范围内广泛普及交通组织理论、方法与技术，不断推动交通管理精细化进程。

为顺应时代要求，公安部道路交通安全研究中心联合同济大学共同开展了《城市道路交通组织管理实用手册》（以下简称《实用手册》）的编写工作，前后历时近两年时间，通过深入的现状问题调研、详细的文献资料梳理、审慎的方法案例研讨、反复的征求意见建议、多次的研究修改审稿，最后形成《实用手册》出版文稿。《实用手册》的面世，不仅可以用于指导城市一线交通管理者有效开展交通组织实践工作，积极应对城市交通问题，努力打造良好的交通环境，同时也是贯彻落实中央城市工作会议精神、促进城市交通管理水平不断提升的重要体现。

《实用手册》编写力求“科学严谨、简明易懂、系统实用、精细有效”，从内容结构上分为基本理论和实用方法两部分。基本理论部分，主要介绍道路交通组织管理的基本概念，系统性梳理道路交通组织管理涉及的相关法律法规、标准规范和政策文件等，提出交通组织管理务必遵循“疏导为主、限制为辅”的指导方针，以及“公平性、管控性、分离性、均衡性、连续性”的基本原则，并进一步阐明了交通组织管理与交通规划、设计、建设之间的关系。实用方法部分，主要采用“一问一答”的形式，编写人员调研收集了城市一线交通管理者在交通组织管理实践中经常遇到的问题，从“交通管理执法基础、道路节点、道路路段、道路网络、交通管理设施、智能交通、新理念与新技术”7 个方面，总结归纳了 135 个常见问题，依据我国现行相关法律法规、标准规范和政策文件，对应进行了深入详细的分析，提出了问题的对策思路与方法，并选取了部分典型案例进行佐证。

《实用手册》编写过程中，得到了公安部交通管理局、中国城市规划设计研究院城市交通专业研究院等单位给予的大力支持，公安部科技信息化局将《实用手册》列为公安部软课题项目给予了研究支持；另外，江西、北京、天津、重庆、浙江、吉林等交警总队，以及深圳、杭州、常州、贵阳、成都、长沙、株洲等交警支队在《实用手册》编写调研和收集案例方面提供了很多帮助，在此，一并表示诚挚的敬意和感谢！《实用手册》在编写过程中引用了国内外道路交通组织管理相关的大量文献资料与研究成果，由于时间仓促，在引用标注过程中部分资料难免有所遗漏，敬请包涵指正！在此对《实用手册》引用到的所有文献资料的版权机构与作者表示由衷的感谢和深深的敬意！

城市道路交通组织管理是一项复杂的系统工作，错综复杂，涉及多个管理部门，多种行业门类，并且往往旧问题未解决，新问题又涌现。由于《实用手册》编写人员水平有限，未能穷尽道路交通组织管理实践中的全部问题，并且问题解答难免存在欠妥之处，恳请广大读者不吝赐教指正。

当前我国经济社会正处在新常态的关键发展阶段，供给侧结构性改革同样也对城市交通供给提出了更高、更新的要求，如何为城市交通供给提供高质量的产品与服务，交通管理科研人员对此应审时度势，保持“求真务实、科学严谨”的作风，为改善城市交通环境，建设安全便捷、畅通高效、绿色智能的城市道路交通系统提供科学、系统、实用的理论与方法应用指南。未来《实用手册》编写人员将继续努力，坚持“创新、协调、绿色、开放、共享”的发展理念，不断更新、完善、充实内容，以期为我国城市道路交通管理工作尽一份绵薄之力。

编　者

2016 年 8 月

目　录

第1章　绪　　论

交通工程学诞生于20世纪30年代，随着国家改革开放全面展开以及交通基础设施建设的兴起，于20世纪70年代后期被引入我国。伴随着我国经济与社会的高度发展，交通的机动化需求以及由此而产生的交通阻塞、交通事故、环境污染、资源与能源消耗等问题更加日益凸显，甚至尖锐。交通基础设施的建设逐渐重视其前期的论证研究工作，交通规划已融入广大城市或区域规划之中；在交通设施利用层面，交通管理规划和交通安全规划工作也在诸多城市展开，更有不少城市正在发展先进的智能交通系统（ITS），运用信息技术改善交通。

随着城市土地资源的日益紧缺，建设用地的日趋饱和，在提倡城市可持续发展的今天，如何充分利用现有交通资源，对其进行更为合理的交通组织管理，成为城市交通可持续发展的关键。交通组织管理以提高道路通行能力和道路出行者的安全性为目的，从时间和空间上科学合理地分时、分路、分车种和分流向使用有限的道路资源。交通组织根据交通流类型可分为行人交通组织、非机动车交通组织和机动车交通组织。常用的组织策略有单向交通、变向交通、车辆分类禁限、出入口及交叉口转向禁限、优先管理（如公共交通）等。经过大量科学理论研究，关于各类组织策略的应用效果评价已形成了较为成熟的方法体系，对于形成各类组织策略方法的适用范围，指导实践应用具有重要意义。

交通组织管理的目的在于使网络交通流安全、有序、高效地运行。本书面向一线交通管理者，就交通组织中的常见问题通过一问一答的方式，用通俗易懂的语言进行阐述，使交通管理者能够比较容易地理解交通组织和交通管理的方法以及应该注意的问题，为他们制订交通组织方案提供参考和依据，从而使制订的交通组织方案更加合理，交通组织更加有效科学，各种交通方式通行权更为明晰，出行者行为更为规范，进而改善执法环境，降低执法成本，实现人本化交通。

本书章节安排如下：第2章为使用索引，将管理者较为关心的交通组织管理问题按工作内容、交通方式、设施类型等方面进行归类，便于读者快速查找；第3章主要对交通组织的基本原理进行介绍，使读者了解交通组织管理所涉及的基本概念、基本方法和考虑问题的思路；第4章从交通秩序层面，分析我国存在的较为突出的一些无序交通现象，给出法律依据，提出应对建议与措施，力求创造规范有序的交通出行环境,为实施交通组织管理提供基本保障;第 5 至第 7 章从技术层面分别从节点、路段和网络三个层面介绍交通组织管理的技术方法以及国内外相关经验,为提高交通运行效率,缓解拥堵,提供相关技术指导;第 8 章介绍第 5 至第 7 章中所涉及技术方法在实现过程中相应管理设施设置的要求,促进交通组织管理语言规范化,保障依法治理交通;第 9 章介绍如何依靠先进的信息技术、数据通信传输技术、电子传感技术及计算机软件处理技术提高交通管理服务水平和管控效率;第 10 章对一些交通相关领域的新理念、新技术进行介绍,思考未来的交通管理及执法中可能面临的变化。第 11 章为典型案例分析。

第2章　使用索引

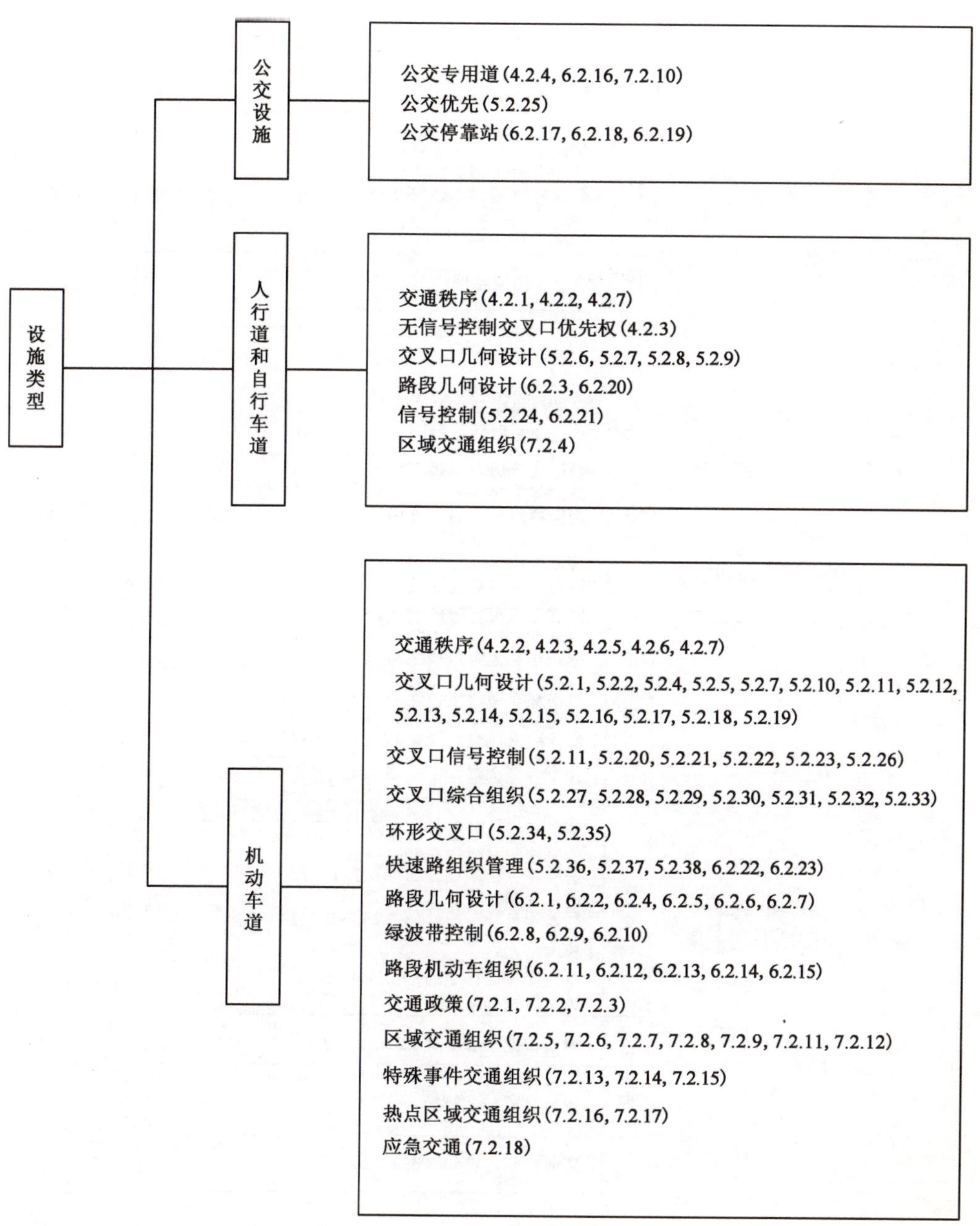

设施类型
公交设施
公交专用道(4.2.4, 6.2.16, 7.2.10)
公交优先(5.2.25)
公交停靠站(6.2.17, 6.2.18, 6.2.19)
人行道和自行车道
交通秩序(4.2.1, 4.2.2, 4.2.7)
无信号控制交叉口优先权(4.2.3)
交叉口几何设计(5.2.6, 5.2.7, 5.2.8, 5.2.9)
路段几何设计(6.2.3, 6.2.20)
信号控制(5.2.24, 6.2.21)
区域交通组织(7.2.4)
机动车道
交通秩序(4.2.2, 4.2.3, 4.2.5, 4.2.6, 4.2.7)
交叉口几何设计(5.2.1, 5.2.2, 5.2.4, 5.2.5, 5.2.7, 5.2.10, 5.2.11, 5.2.12, 5.2.13, 5.2.14, 5.2.15, 5.2.16, 5.2.17, 5.2.18, 5.2.19)
交叉口信号控制(5.2.11, 5.2.20, 5.2.21, 5.2.22, 5.2.23, 5.2.26)
交叉口综合组织(5.2.27, 5.2.28, 5.2.29, 5.2.30, 5.2.31, 5.2.32, 5.2.33)
环形交叉口(5.2.34, 5.2.35)
快速路组织管理(5.2.36, 5.2.37, 5.2.38, 6.2.22, 6.2.23)
路段几何设计(6.2.1, 6.2.2, 6.2.4, 6.2.5, 6.2.6, 6.2.7)
绿波带控制(6.2.8, 6.2.9, 6.2.10)
路段机动车组织(6.2.11, 6.2.12, 6.2.13, 6.2.14, 6.2.15)
交通政策(7.2.1, 7.2.2, 7.2.3)
区域交通组织(7.2.5, 7.2.6, 7.2.7, 7.2.8, 7.2.9, 7.2.11, 7.2.12)
特殊事件交通组织(7.2.13, 7.2.14, 7.2.15)
热点区域交通组织(7.2.16, 7.2.17)
应急交通(7.2.18)

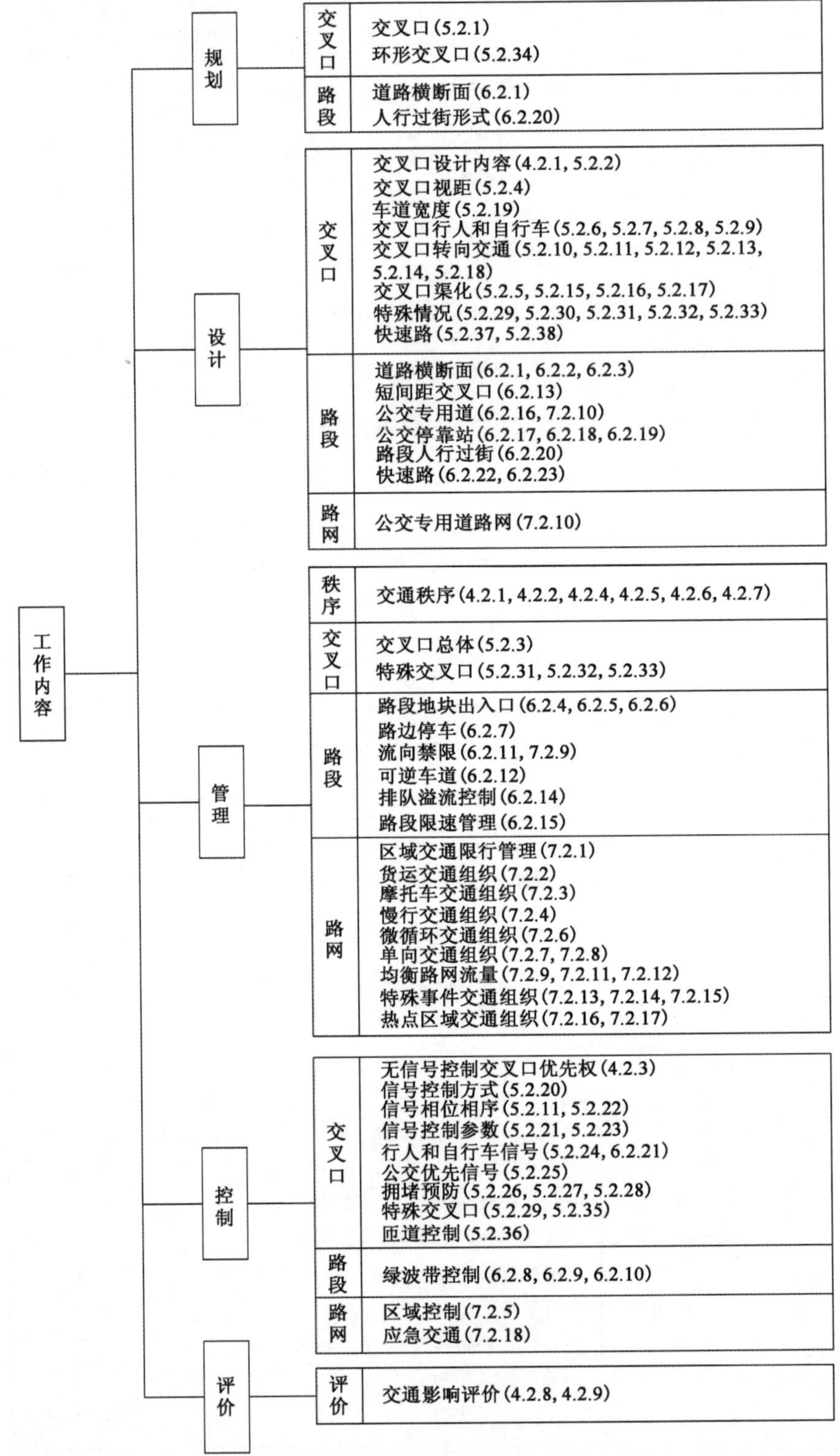
工作内容
规划
交叉口
交叉口(5.2.1)
环形交叉口(5.2.34)
路段
道路横断面(6.2.1)
人行过街形式(6.2.20)
设计
交叉口
交叉口设计内容(4.2.1, 5.2.2)
交叉口视距(5.2.4)
车道宽度(5.2.19)
交叉口行人和自行车(5.2.6, 5.2.7, 5.2.8, 5.2.9)
交叉口转向交通(5.2.10, 5.2.11, 5.2.12, 5.2.13, 5.2.14, 5.2.18)
交叉口渠化(5.2.5, 5.2.15, 5.2.16, 5.2.17)
特殊情况(5.2.29, 5.2.30, 5.2.31, 5.2.32, 5.2.33)
快速路(5.2.37, 5.2.38)
路段
道路横断面(6.2.1, 6.2.2, 6.2.3)
短间距交叉口(6.2.13)
公交专用道(6.2.16, 7.2.10)
公交停靠站(6.2.17, 6.2.18, 6.2.19)
路段人行过街(6.2.20)
快速路(6.2.22, 6.2.23)
路网
公交专用道路网(7.2.10)
管理
秩序
交通秩序(4.2.1, 4.2.2, 4.2.4, 4.2.5, 4.2.6, 4.2.7)
交叉口
交叉口总体(5.2.3)
特殊交叉口(5.2.31, 5.2.32, 5.2.33)
路段
路段地块出入口(6.2.4, 6.2.5, 6.2.6)
路边停车(6.2.7)
流向禁限(6.2.11, 7.2.9)
可逆车道(6.2.12)
排队溢流控制(6.2.14)
路段限速管理(6.2.15)
路网
区域交通限行管理(7.2.1)
货运交通组织(7.2.2)
摩托车交通组织(7.2.3)
慢行交通组织(7.2.4)
微循环交通组织(7.2.6)
单向交通组织(7.2.7, 7.2.8)
均衡路网流量(7.2.9, 7.2.11, 7.2.12)
特殊事件交通组织(7.2.13, 7.2.14, 7.2.15)
热点区域交通组织(7.2.16, 7.2.17)
控制
交叉口
无信号控制交叉口优先权(4.2.3)
信号控制方式(5.2.20)
信号相位相序(5.2.11, 5.2.22)
信号控制参数(5.2.21, 5.2.23)
行人和自行车信号(5.2.24, 6.2.21)
公交优先信号(5.2.25)
拥堵预防(5.2.26, 5.2.27, 5.2.28)
特殊交叉口(5.2.29, 5.2.35)
匝道控制(5.2.36)
路段
绿波带控制(6.2.8, 6.2.9, 6.2.10)
路网
区域控制(7.2.5)
应急交通(7.2.18)
评价
评价
交通影响评价(4.2.8, 4.2.9)

第3章　交通组织管理基本原理

3.1　交通基本概念

3.1.1　交通工程学基本概念

交通：是指人和运载工具在交通管理空间上有通达目的的移动。广义上的交通包括道路交通、铁路交通、水路交通和航空交通等。狭义上的交通指道路交通，按不同交通方式又包括行人交通、非机动车交通和汽车交通等。

交通工程学：是研究交通规律及其应用的一门技术科学。交通工程学的研究目的是探讨如何使道路交通安全、迅速、舒适、经济；研究对象是人、车、路和环境在道路交通系统中形成的各种现象；研究内容主要是交通特性、交通规划、交通设施、交通设计和交通运营管理。

1）交通流基本概念

交通流理论是运用物理学与数学的定理来描述交通流特性的一门学科。它研究各种不同车流密度的交通流特性与其表达参数之间的关系，寻求拟合交通流状态的最佳模型，为制订交通治堵方案、增建交通设施、评定交通事故提供依据。

（1）交通流—密度—速度及其相互关系

①交通量：是指在选定时间段内，通过道路某一点、某一断面或某一车道的交通体数量。选定的时间段，视分析目的而异，短则几分钟，长则数小时。道路交通量一般指双向交通量。交通体包括机动车、非机动车和行人。交通量可以用于交通工程设施的规划、设计、评价、管理。常用的交通量包括平均交通量和高峰小时交通量。

平均交通量是观测期内的交通量总数和观测期的比值。根据观测期的长短和应用目的，平均交通量又分为年平均日交通量、月平均日交通量、周平均日交通量、平均日交通量和高峰小时交通量等。

高峰小时交通量指一天内的高峰期间连续一小时的最大交通量。

标准车当量数，也称当量交通量，为了便于分析比较，将实际的各种机动车和非机动车交通量按一定的折算系数换算成某种标准车型的当量交通量。城市道路以 4～5 座的小客车为标准车，作为各种型号车辆换算道路交通量的当量车型。根据《城市道路工程设计规范》（CJJ 37—2012），车辆换算系数为：小客车 1.0，大型客车 2.0，大型货车 2.5，铰接车 3.0。

②车速：包括地点车速、区间车速、设计车速、百分位车速等。

地点车速是车辆通过道路某断面的瞬时速度。地点车速可以用于道路交通的规划、设计、评价、管理。

区间车速（行程车速）是车辆驶过某段路程的长度与行程时间（包括中途停车时间在内）之比。区间车速是评价道路行车通畅程度、估计行车延误的重要参数。

设计车速是设计道路线形最小几何尺寸采用的车速，即受道路设计尺寸限制所能保持的最大安全车速。设计车速是道路等级的标志，是设计道路几何尺寸的控制参数。

行驶车速是车辆驶过某段路程的长度与行驶时间（不包括中途停车时间在内）之比。行驶车速用于评价该路段的线形顺适性和通行能力分析。

百分位车速是速度累计频率分布曲线上某一百分位对应的速度。例如 85% 位车速，是速度累计频率分布曲线上 85% 对应的速度。85% 位车速通常用于确定观测路段的限制速度的高限。15% 位车速通常用于确定观测路段的限制速度的低限。

③密度：可以从空间和时间两个角度分析车流的密度。

车流的空间密度是指单位长度道路上的车辆数。车流密度是度量交通拥挤程度的重要参数，可作为划分道路服务水平以及交通管理决策的基础。车流密度又可表述为空间占有率，是指在道路的长度方向，车辆占有空间的比例。车流密度的倒数为**车头间距**，指连续行驶的两辆车，前车的前保险杠与后车的前保险杠之间的距离。

时间角度分析车流的密度，可用时间占有率或车头时距表述。**时间占有率**是指在单位观测时间内，车辆通过某一断面的累计时间占用的比率。**车头时距**是指相邻两车的车头通过同一点的时间差。

④交通量、区间速度以及车流密度的关系：交通量 = 区间车速 × 车流密度。如图 3-1 所示。

（2）道路通行能力及服务水平

服务水平是指用路人根据交通流状态，从速度、舒适、方便、驾驶自由度和经济方面得到的服务程度。从通行效率层面，道路通行能力和延误是两项重要的评价指标。

道路通行能力是在选定的时间内，在通常道路、交通、管制条件下，合情合理地期望交通体能够通过车道、交叉口或均匀路段的最大小时流率。道路通行能力是道路规划、道路工程立项可行性研究、道路设计和交通管理的基本参数。道路通行能力还可用于交通设施的规划设计和交通运行管理。根据其应用场景不同,可分为理论通行能力和实际通行能力。其中,**理论通行能力**是指道路和交通都处于理想条件下,由技术性能相同的一种标准车,以最小的车头间距连续行驶的理想交通流,在单位时间内通过道路断面的最大车辆数。**实际通行能力**是以理论通行能力为基础,考虑到实际的地形、道路和交通状况,确定其修正系数,再以此修正系数乘以前述的理论通行能力,即得实际道路、交通在一定环境条件下的可能通行能力,即实际通行能力。

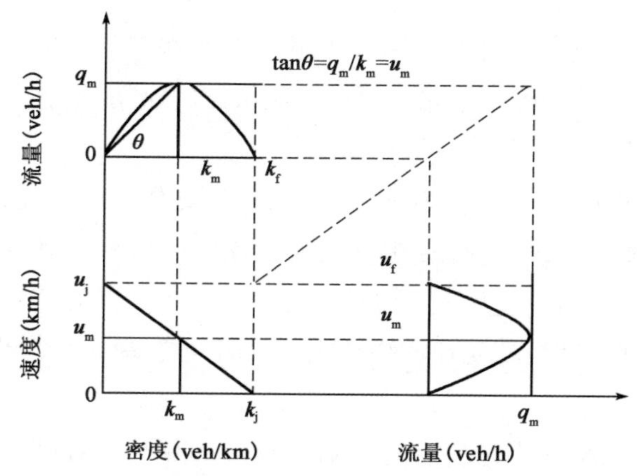

图 3-1　交通流密度与速度关系图

延误指车辆在道路上行进时,由于交通摩阻和交通管理设施影响面产生的运行时间的损失。延误数据可以用于评价道路拥挤程度、道路服务质量,也可以用于交通规划、管理及经济分析。

2)交通信号控制基本概念

流向:允许通行的交通流方向。

相位:同一时间内允许通行的交通流的方向。图 3-2 为相位示意图。

保护相位:保护相位又称为专用相位,即使某一流向车流不受任何冲突影响运行。

行人专用相位:根据行人通行方式的不同,行人专用相位分为两种。其一为单进口的行人专用相位,即在这个进口行人通行时,与其相冲突的车流禁行;其二为整个交叉口的行人专用相位,即交叉口 4 个进口的行人在 1 个独立的相位里同时通行,机动车全部禁行。

阶段:信号相位是周期性交替获得绿灯显示的,通过交叉口的"通行权"是依次轮流分配给各个相位的,"通行权"的每一次转换就称为一个"阶段"。

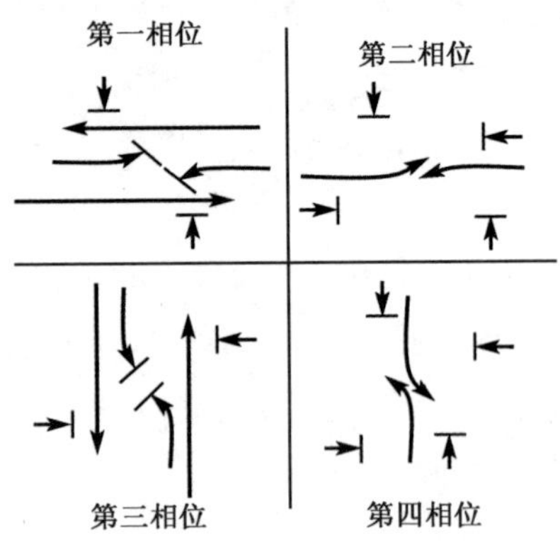

图 3-2　相位示意

相序:相位设置的先后顺序,即不同相位绿灯点亮的先后顺序。

信号周期:是信号各种灯色轮流显示一次所需的时间,即各种灯色显示时间的总和,等于红灯时间 + 绿灯时间 + 黄灯时间。

相位差:相邻两路口间放行同一相位绿灯时的起始时间之差,是形成路口之间信号协调的重要参数。其中,绝对相位差是指各个信号的绿灯或红灯的起点或终点相对于某一个标准信号绿灯或红灯的起点或终点的时间之差。相对相位差是指相邻两信号的绿灯或红灯的起点或终点之间的时间之差。相对相位差等于两个信号绝对相位差之差。

绿灯时间:是供车辆通过路口的时间,即有权使用道路的时间。其中,**有效绿灯时间**是指绿灯时间减去损失时间。**最短绿灯时间**是各信号阶段或各个相位规定的最低绿灯时间限值,以确保交叉口交通安全。

绿灯间隔时间:是指信号相位之间相互冲突的一股交通流的绿灯结束时刻和下一股交通流的绿灯开始时刻之间的时间间隔。

路口清空时间:是在黄灯或行人绿闪信号之后,为避免相邻相位机动车和行人在交叉口内发生冲突而设置的安全时间。

启动延误:是车队以非饱和车头时距行驶时,相对于以饱和车头时距行驶时多出的额外时间的总和。

饱和流量:指在单位有效绿灯时间内所通过的最大流量数。

绿信比:各相位的有效绿灯时间与周期长度之比。

绿波带:是指在指定的交通线路上,当规定好路段的车速后,要求信号控制机根据路段距离,把车流所经过的各路口绿灯起始时间做相应的调整,以确保该车流到达每个路口时,正好遇到“绿灯”。其中,**单向绿波带**是指当相向交通量相差悬殊,或者要执行警卫、消防、救护、抢险等任务时,实行指定路线的单向绿波带控制。**双向绿波带**是把主干道上一批相邻的交叉路口的交通信号连接起来,加以协调控制，使主干道正、反两向的车辆通过这些交叉口时尽可能地遇到绿灯，为主干道直行正、反两个方向的车队提供最大绿波带，减少干道上的延误和停车率，以保证干道上的车辆能够畅通行驶。

3.1.2　交通设计基本概念

1）道路红线

道路红线是规划道路的路幅边界线，是划分城市道路用地和城市其他建设用地的分界控制线。一般情况下，道路红线就是建筑红线，即为建筑不可逾越线。但许多城市在道路红线外侧另行划定建筑红线，并为将来道路红线扩展留有余地。

2）交通冲突

当两股不同流向的交通同时通过空间某点时，就会产生交通冲突，而该点就叫冲突点。交通冲突可以分为交叉冲突、合流冲突、分流冲突、交织冲突、纵向冲突。交通冲突如图3-3所示，交叉口冲突点图如图3-4所示。

a）交叉冲突　b）合流冲突　c）分流冲突　d）交织冲突　e）纵向冲突

图3-3　交通冲突示意

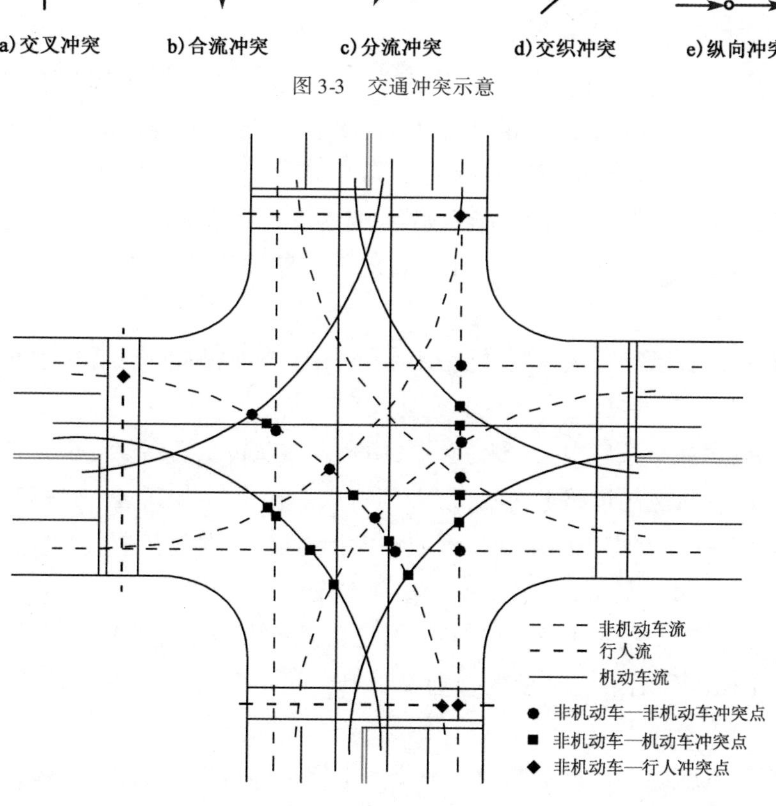

图3-4　交叉口冲突点示意图

合流：由多股车流合为一股车流。如图3-5所示。

图3-5　合流示意

分流：由一股车流分为多股车流。如图3-6所示。

图3-6　分流示意

交织：是指行驶方向大致相同的两股或多股车流，沿着相当长的路段，不借助交通控制设施进行的交叉运行。如图3-7所示。

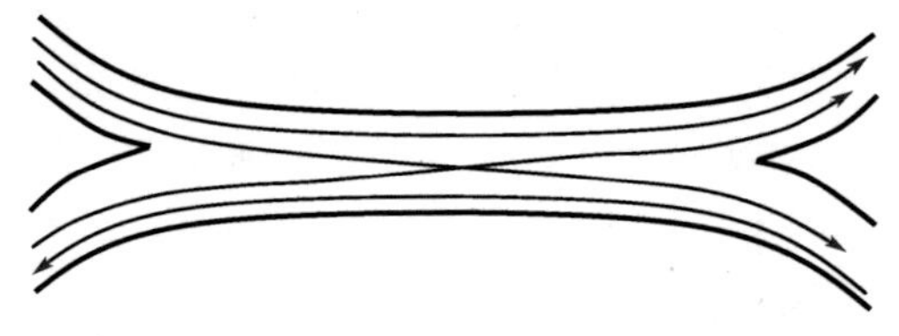

图3-7　交织运行示意

3）交通渠化方式

交通渠化是指在平面交叉口利用路面标线、交通岛、绿带或其他适当的方法，将不同性质、不同速度、有冲突的车流隔离、调整、引导进入规定的行驶路线，就像渠道里的水流那样，有序地行进。

分隔带：是为了保证行车安全而设置的起分隔车道和导流作用的用地空间。

导流岛：其功能是指引行车方向，固定行车路线，消除道路使用者在交叉口游荡。

隔离岛：为长条形的岛，其功能是用来分割快、慢车，机动车、非机动车，减少车辆间的干扰和冲突，保证行车速度和交通安全。

中心岛：设在交叉口中央，多为圆形，用来组织左转车辆和分流车辆。

安全岛：在较宽的道路上，在红灯期间行人一次横过街道，会感到紧张或时间太短，这种情况下，在街道的中线位置或在人行横道上，设置安全岛，供过街行人暂时停留避车，以保证安全。

道路分隔带：包括中央分隔带、机非分隔带及行人与非机动车之间的人非分隔带。分隔带用以分割不同类型的交通流，同时可以调节道路景观环境、布置附属设施。

导流线：导流线的形式主要为一个或几个根据路口地形设置的白色V形线或斜纹线区域，表示车辆必须按规定的路线行驶，不得压线或越线行驶。主要用于过宽、不规则或行驶条件比较复杂的交叉路口，立体交叉的匝道口或其他特殊地点。

3.1.3　城市道路路网基本概念

1）城市道路等级

快速路：是城市中为联系城市各组团的中、长距离快速机动车交通服务的机动车专用道路，属全市性的交通主要干线道路。快速路一般布置有双向四车道以上的行车道，全部采用立体交叉控制车辆出入。快速路是大城市交通运输的主要动脉，同时也是城市与高速公路的联系通道。

主干路：是城市中主要的常速交通通道，主要为相邻组团之间和与市中心区的中距离交通服务，是联系城市各组团及城市对外交通枢纽联系的主要通道。主干路在城市道路网中起骨架作用。

次干路：是城市各组团内的干线道路。次干路联系主干路，并与主干路组成城市干路网，在交通上主要起集散作用。

支路：是城市一般街坊道路，在交通上起汇集性作用，是直接为用地服务和以生活性服务功能为主的道路。

2）城市道路功能

交通性道路：是以满足交通运输为主要功能的道路，承担城市主要的交通流量及与对外交通的联系。其特点为车速快，车辆多，车行道宽，道路线形要符合快速行驶的要求，道路两旁要求避免布置吸引大量人流的公共建筑。

生活性道路：是以满足城市生活性交通要求为主要功能的道路，主要为城市居民购物、社交、游憩等活动服务的，以步行、自行车交通和公共交通为主、货运机动车交通较少，道路两旁多布置为生活服务的、人流较多的公共建筑及居住建筑，要求有较好的停车服务条件。

3）城市道路网指标

城市路网密度：是城市某类道路总长度与城市用地总面积的比值，单位为 km/km^2。

城市干路网密度：是城市干路总长度与城市用地总面积的比值，单位为 km/km^2。

城市交通微循环系统：是由干道网络围合的区域内道路（主要是支路、街巷、胡同、便道等）及区域本身所形成的空间，以及这个空间中所承载的包括经济活动、文化、交通与生活等方面的有机整体。交通微循环系统在不影响空间内部居民生活、环境、安全的前提下，利用干道与干道之间的支路及街巷、胡同、便道等形成的路网疏解干道交通流，缓解干道上的交通拥挤，提高整个城市路网的容量。

3.2 交通组织管理的基本概念

道路交通组织管理是指道路交通管理部门根据国家有关法律、法规的规定，采取科学手段，综合运用交通规划、交通设计和行政管理等措施，对道路上运行的交通流实施疏导、指挥和控制等工作的总称[1]。

1)传统交通管理

主要通过建新路、配以提高老路通车效率的交通管理，来满足汽车交通需求的增长，即“按需增供”。

汽车交通出现初期，交通问题主要是交通事故。治理交通的目标，在交通建设上是修筑适合汽车行驶的道路；在交通管理上主要是克服因汽车交通的出现而引起的交通事故，保障交通安全。采取的管理措施主要是针对性的分道行驶、限制车速、在交叉口上指挥相交车辆运行、避免发生冲突等，以交通执法管理为主。

随着汽车交通量的增长，交通拥堵成为需要解决的主要问题，治理交通的目标，在交通建设上，以增建道路以满足汽车交通需求的增长为主；在交通管理上，除交通安全外，最现实的目标就是要缓解交通拥堵、顺畅交通，需要提高道路交通的通行效率，出现了单向交通、变向交通，用科技新成果改善交叉口及交通信号控制等措施。

2)交通需求管理

交通需求管理(Transportation Demand Management，简称 TDM)：各种提高交通运输系统效率的策略的总称。TDM 这种新的交通规划与管理思想与传统的、根据需求来调整供给的思想是两种截然不同的做法。其基本思想就是从问题产生的根源上采取措施，一方面防止目前问题的进一步恶化，另一方面采取措施解决目前的问题。对交通系统而言，对于已经出现的各种交通问题，不是仅仅等待着解决这些问题，而是从交通需求的源头着手，做好前期规划，采取合理的措施适当限制、引导需求，从而结合后期管理，使目前的交通系统通畅运转，并使交通系统可持续发展。

3)交通系统管理

交通系统管理(Transportation System Management，简称 TSM)：把汽车、公共交通、出租汽车、行人和自行车等看成一个整体城市交通运输系统的多个组成部分。城市交通系统管理的目标是通过运营、管理和服务政策来协调这些个别的组成部分，使这个系统在整体上取得最大交通效益。

4)智能化交通管理

通过关键基础理论模型的研究，从而将信息技术、通信技术、电子控制技术和系统集成技术等有效地应用于交通运输系统，从而建立起大范围内发挥作用的实时、准确、高效的交通运输管理系统。

5）可持续交通管理

2004年，世界可持续发展工商理事会可持续交通研究课题组的研究报告《2030年交通：应对可持续的挑战》认为，可持续发展交通就是既要能够满足不损害当前和未来基本的人类和生态价值的基本要求，又要满足自由交通、获取机会、沟通交往、贸易和建立联系的社会需求。为了使交通能够可持续发展，交通管理不仅要着眼于当代，也要着眼于未来。要以先进的科学技术为基础，在资源合理利用和生态环境保护的思想指导下，既要提高交通系统利用效率和服务水平，又要兼顾交通公平，提供人人平等地享受交通的机会，在经济合理地满足当前社会发展需求的同时，为整个社会的可持续发展提供保证。

3.3　交通组织管理的政策和法律依据

3.3.1　规划相关法律规范

1）《城市道路交通规划设计规范》（GB 50220—1995）

发布部门：由国家技术监督局和中华人民共和国建设部联合发布，于1995年9月1日起实施。

制定目的：为了科学、合理地进行城市道路交通规划设计，优化城市用地布局，提高城市的运转效能，提供安全、高效、经济、舒适和低公害的交通条件，制定该规范。

适用范围：适用于全国各类城市的城市道路交通规划设计。

主要内容：共分8章和2个附录。主要包括：①总则；②术语；③城市公共交通；④自行车交通；⑤步行交通；⑥城市货运交通；⑦城市道路系统；⑧城市道路交通设施等。

2）《城市道路交叉口规划规范》（GB 50647—2011）

发布部门：由中华人民共和国住房和城乡建设部与国家质量监督检验检疫总局联合发布，于2012年1月1日起实施。

制定目的：为科学、合理地规划城市道路交叉口，充分利用交叉口时空资源，实现交叉口人流和车流的交通安全与通达，制定该规范。

适用范围：适用于城市规划各阶段相应的道路交叉口规划，以及城市道路平面交叉口或立体交叉口的新建、改建与交通治理专项规划。

主要内容：共分9章和3个附录。主要包括：①总则；②术语和符号；③基本规定;④平面交叉口规划;⑤立体交叉规划;⑥道路与铁路交叉规划;⑦行人与非机动车过街设施规划;⑧公共交通设施规划;⑨交叉口辅助设施等。

3.3.2 设计相关法律规范

1)《城市道路工程设计规范》(CJJ 37—2012)

发布部门:由中华人民共和国住房和城乡建设部发布,于 2012 年 5 月 1 日起实施。

制定目的:为适应我国城市道路建设和发展的需要,规范城市道路工程设计,统一城市道路工程设计主要技术指标,指导城市道路专用标准的编制,制定该规范。

适用范围:适用于城市范围内新建和改建的各级城市道路设计。

主要内容:共分 16 章,①总则;②术语与符号;③基本规定;④通行能力和服务水平;⑤横断面;⑥平面和纵断面;⑦道路与道路交叉;⑧道路与轨道交通线路交叉;⑨行人和非机动车交通;⑩公共交通设施;⑪公共停车场和城市广场;⑫路基和路面;⑬桥梁和隧道;⑭交通安全和管理设施;⑮管线、排水和照明;⑯绿化和景观。

与上一版相比主要修订内容:

(1)与《城市道路设计规范》(CJJ 37—1990)相比较,章节的编排上主要由城市道路工程涵盖的内容组成,内容深度上主要是对城市道路设计中的一些共性要求和主要技术指标进行规定。

(2)修订了旧版《规范》中的通行能力、道路分类与分级、设计速度、机动车单车道宽度、路基压实标准等内容。

(3)增加了道路服务水平、设计速度 100km/h 的平纵技术指标、景观设计等内容。

(4)明确了平面交叉和立体交叉的分类和适用条件。

(5)突出了"公交优先""以人为本"的设计理念。

(6)强化了交通安全和管理设施的设计内容。

2)《城市道路交叉口设计规程》(CJJ 152—2010)

发布部门:由中华人民共和国住房和城乡建设部发布,于 2011 年 3 月 1 日起实施。

制定目的:为贯彻国家的技术经济、社会发展政策,科学合理地设计城市道路交叉口,做到以人为本、技术先进、经济合理、安全可靠、节约土地、环保美观,制定该规程。

适用范围:适用于各类城市新建和改建道路交叉口设计。新建交叉口必须按照本规程的要求设计;改建交叉口受条件限制时,近期设计的技术指标可作合理调整,但远期改建设计应满足本规程的要求。

主要内容:共分 6 章,主要包括:总则、一般规定、平面交叉、立体交叉、道路与铁路交叉等。

3)《城市快速路设计规程》(CJJ 129—2009)

发布部门:该规范由中华人民共和国住房和城乡建设部发布,于 2009 年 10 月 1 日起实施。

制定目的:为统一城市快速路设计标准,提高工程设计质量,制定该规范。

适用范围:适用于新建和改建城市快速路工程的设计。

主要内容:共分 10 章,主要包括:①总则;②术语;③基本规定;④通行能力及服务水平;⑤横断面设计;⑥线形设计;⑦出入口设计;⑧高架快速路;⑨交通安全与管理设施;⑩景观与环境。

4)《城市人行天桥与人行地道技术规范》(CJJ 69—1995)

发布部门:由中华人民共和国建设部发布,于 1996 年 9 月 1 日起实施。

制定目的:为了统一城市人行天桥与人行地道标准(以下简称“天桥”与“地道”),使工程达到适用、安全、经济、美观,制定该规范。

适用范围:适用于城市中跨越或下穿道路的天桥或地道的设计与施工。郊区公路、厂矿及居住区的天桥与地道可参照使用。

主要内容:共分 5 章和 1 个附录。主要包括:总则、一般规定、天桥设计、地道设计、施工等。

5)《城市道路公共交通站、场、厂工程设计规范》(CJJ/T 15—2011)

发布部门:由中华人民共和国住房和城乡建设部发布,于 2012 年 6 月 1 日起实施。

制定目的:为使城市道路公共交通站、场、厂等设施的工程设计做到技术先进、安全适用、经济合理,保障城市公共交通正常、安全运营,制定该规范。

适用范围:适用于新建、扩建和改建的车站、停车场、保养场、修理厂及调度中心等城市道路公共交通的站、场、厂的工程设计。不适用于快速公交、城市轨道交通、城市水上公共交通和城市其他公共交通。

主要内容:包括总则、车站、停车场、保养场、修理厂、枢纽站与调度中心。

与上一版相比主要修订内容:

(1)在总结国内实践经验和借鉴国内外最新发展成果基础上,对旧版《规范》根据增删内容作适当调整、充实和完善。如新增枢纽站和调度中心两个章节等。

(2)重点突出站、场、厂设施的功能和设计要求。如首末站站房、停车坪,枢纽站停车、保养、抢修、调度、监控等功能得到强化。

(3)明确界定概念不清和已过时指标。如停车场总用地规模不能重复计算,必须减去首末站和枢纽站停车用地面积等。

(4)增加发展新要求。如公共交通站、场、厂设施用地综合开发利用,站场设计用地指标弹性区间核定,强化公交枢纽站内容,针对公交规划的新技术、新方法,研究多样化的城市公交运输方式,增补电动汽车、智能交通(ITS)等内容。

(5)方式结构变化。按照城市公共交通工程建设标准体系修订要求,将旧版《规范》更名为《城市道路公共交通站、场、厂工程设计规范》,仅涵盖道路公共交通方式,删除城市水上公共交通内容。

6)《城市道路照明设计标准》(CJJ 45—2006)

发布部门:由中华人民共和国建设部发布,于2007年7月1日起施行。

制定目的:为确保城市道路照明能为各种车辆的驾驶人员以及行人创造良好的视觉环境,达到保障交通安全,提高交通运输效率,方便人民生活,降低犯罪率和美化城市环境的目的,制定该规范。

适用范围:适用于新建、扩建和改建的城市道路及与道路相连的特殊场所的照明设计,不适用于隧道照明的设计。

主要内容:共分7章,主要包括:①总则;②术语;③照明标准;④光源、灯具及其附属装置选择;⑤照明方式和设计要求;⑥照明供电和控制;⑦节能标准和措施。

7)《无障碍设计规范》(GB 50763—2012)

发布部门:由中华人民共和国住房和城乡建设部发布,于2012年9月1日起施行。

制定目的:为建设城市的无障碍环境,提高人民的社会生活质量,确保有需求的人能够安全地、方便地使用各种设施,制定该规范。

适用范围:适用于全国城市新建、改建和扩建的城市道路、城市广场、城市绿地、居住区、居住建筑、公共建筑及历史文物保护建筑等。该规范未涉及的城市道路、城市广场、城市绿地、建筑类型或有无障碍需求的设计宜按该规范中相似类型的要求执行。农村道路及公共服务设施宜按本规范执行。

主要内容:共分9章和3个附录,主要包括:总则,术语,无障碍设施的设计要求,城市道路,城市广场,城市绿地,居住区、居住建筑,公共建筑及历史文物保护建筑无障碍建设与改造。

8)《停车场规划设计规则(试行)》

发布部门:由公安部/建设部于1998年发布。

适用范围:适用于大、中城市和重点旅游区停车场的规划设计,小城市可参照执行。

主要内容:对机动车和自行车停车位数量指标、停车位及通道主要设计指标进行了规定。

9)《城市公共交通站、场、厂设计规范》(CJJ 15—1987)

发布部门:由中华人民共和国城乡建设环境保护部发布,于 1988 年 6 月 1 日起实施。

制定目的:为使我国城市公共交通能适应城市建设和经济发展的需要,使其站、场、厂等主要设施能根据规定要求进行科学规划和合理设计。

适用范围:适用于我国城市公共汽车、无轨电车、轮渡和出租汽车新建、扩建和改建的站、场、厂。有轨电车、索道缆车的站、场、厂设计可参照执行。

主要内容:包括①总则;②车站和渡轮站;③停车场;④保养厂;⑤修理厂。

3.3.3 管理相关法律规范

1)《中华人民共和国道路交通安全法》

发布部门:由全国人大常委会颁布。2003 年 10 月 28 日第十届全国人民代表大会常务委员会第五次会议通过。于 2007 年与 2011 年经过两次修订,2011 年 4 月 22 日,第十一届全国人民代表大会常务委员会第二十次会议通过《全国人民代表大会常务委员会关于修改〈中华人民共和国道路交通安全法〉的决定》,自 2011 年 5 月 1 日起施行。

制定目的:为了维护道路交通秩序,预防和减少交通事故,保护人身安全,保护公民、法人和其他组织的财产安全及其他合法权益,提高通行效率,制定该法。

适用范围:中华人民共和国境内的车辆驾驶人、行人、乘车人以及与道路交通活动有关的单位和个人,都应当遵守该法。

主要内容:包括①总则;②车辆和驾驶人;③道路通行条件;④道路通行规定;⑤交通事故处理;⑥执法监督;⑦法律责任;⑧附则。

2)《中华人民共和国道路交通安全法实施条例》

发布部门:由国务院颁布。《中华人民共和国道路交通安全法实施条例》根据《中华人民共和国道路交通安全法》制定,于 2004 年 4 月 28 日国务院第 49 次常务会议通过,2004 年 4 月 30 日公布,自 2004 年 5 月 1 日起施行。

适用范围:中华人民共和国境内的车辆驾驶人、行人、乘车人以及与道路交通活动有关的单位和个人,应当遵守道路交通安全法和本条例。

主要内容:共计 8 章 115 条,内容包括:①总则;②车辆和驾驶人;③道路通行条件;④道路通行规定;⑤交通事故处理;⑥执法监督;⑦法律责任;⑧附则。

实施主体:县级以上地方各级人民政府应当建立、健全道路交通安全工作协调机制，组织有关部门对城市建设项目进行交通影响评价，制定道路交通安全管理规划，确定管理目标，制订实施方案。

3)《建设项目交通影响评价技术标准》(CJJ/T 141—2010)

发布部门：由中华人民共和国住房和城乡建设部颁布，于2010年9月1日起施行。

制定目的：为促进土地利用与交通系统的协调发展、规范城市和镇建设项目交通影响评价，制定该标准。

适用范围：适用于城市和规划城镇人口规模在10万人以上镇的建设项目交通影响评价。

主要内容：包括：①总则；②术语；③基本规定；④建设项目分类；⑤交通影响评价启动阈值；⑥交通影响评价范围、年限与时段；⑦交通需求分析；⑧交通影响程度评价；⑨交通改善措施与评价；⑩附录。

4)《道路交通标志和标线》(GB 5768—2009)

发布部门：由中华人民共和国国家质量监督检验检疫总局与中国国家标准化管理委员会联合发布，于2009年7月1日起实施。

适用范围：适用于公路、城镇道路和虽在单位管辖范围但允许社会机动车通行的地方，包括广场、公共停车场等用于公众通行的场所等的交通标线的制作和设置。其他机动车通行的地方、停车场等设置的交通标线可参照执行。

主要内容：分为8个部分，主要包括：①总则；②道路交通标志；③道路交通标线；④作业区；⑤速度管理；⑥铁路平交口；⑦自行车和行人控制；⑧学校区域。

5)《城市道路交通标志和标线设置规范》(GB 51038—2015)

发布部门：中华人民共和国住房和城乡建设部，自2015年12月1日起实施。

适用范围：适用于城市范围内新建和改建的各级城市道路的交通标志和标线的设置。

主要内容：本规范共分17章，主要包括：总则、术语和符号、基本规定、交通标志的基本要求、指示标志、禁令标志、警告标志、干路和支路指路标志、快速路指路标志、其他标志、交通标线的基本要求、指示标线、禁止标线、警告标线、其他标线、交通标志和标线协调设置、交通标志和标线施工及验收。

6)《道路交通信号灯设置与安装规范》(GB 14886—2006)

发布部门：由中华人民共和国国家质量监督检验检疫总局与中国国家标准化管理委员会联合发布，于2006年12月1日起实施。

适用范围：适用于城市道路和公路平面交叉口(以下简称“路口”)、城市道路和公路路段(以下简称“路段”)、城市道路和公路与铁路平面交叉口(以下简称“道口”)处信号灯的安装。

主要内容:共分 11 章和 7 个附录。主要规定内容包括:①范围;②规范性引用文件;③术语和定义;④信号灯设置条件;⑤信号灯安装方式;⑥信号灯排列顺序;⑦信号灯安装数量和位置;⑧信号灯安装方位;⑨信号灯杆件;⑩电缆线敷设;⑪设计和施工资质等。

7)《道路交通信号控制机》(GB 25280—2010)

发布部门:由中华人民共和国国家质量监督检验检疫总局与中国国家标准化管理委员会联合发布,于 2011 年 5 月 1 日起实施。

适用范围:本标准适用于道路交通信号控制机。

主要内容:规定了在道路上使用的交通信号控制机(以下简称为信号机)的分类、要求、试验方法、检验规则、标志、标签和包装等。

8)《道路交通信号灯》(GB 14887—2011)

发布部门:由中华人民共和国国家质量监督检验检疫总局与中国国家标准化管理委员会联合发布,于 2012 年 7 月 1 日起实施。

适用范围:本标准适用于在道路上使用的信号灯。

主要内容:规定了道路交通信号灯(以下简称信号灯)的术语和定义、分类与型号编制规则、要求、试验方法、检验规则、铭牌和标志、包装、运输和储存等。

9)《城市道路交通信号控制方式适用规范》(GA/T 527—2005)

发布部门:由中华人民共和国公安部发布,于 2005 年 5 月 1 日起实施。

适用范围:适用于城市道路交通信号控制方式的设计和建设。

主要内容:规定了不同信号控制方式的适用基本原则、多相位控制方式设计原则以及采用不同控制方式的技术—经济评价方法。

10)《道路交通信号倒计时显示器》(GA/T 508—2014)

发布部门:由中华人民共和国公安部发布,于 2015 年 1 月 1 日起实施。

适用范围:适用于道路交通信号倒计时显示器。

主要内容:规定了道路交通信号倒计时显示器的要求、试验方法、设置要求、检验规则、标志、包装、运输和储存及标准实施的过渡期要求。

11)《人行横道信号灯控制设置规范》(GA/T 851—2009)

发布部门:由中华人民共和国公安部发布,于 2010 年 1 月 1 日起实施。

适用范围:适用于道路平面交叉口和路段的人行横道信号的设置。

主要内容:规定了人行横道信号灯及配套设施的设置条件和信号控制的设置原则。

12)《城市道路交通设施设计规范》(GB 50688—2011)

发布部门:由中华人民共和国住房和城乡建设部发布,于2012年5月1日起实施。

制定目的:为维护城市道路交通运行有序、安全、畅通及低公害,统一城市道路交通设施设计的技术标准,指导工程建设,达到城市道路交通设施功能全面、技术先进、安全实用、经济合理等目的,制定该规范。

适用范围:适用于城市新建、改建、扩建道路的交通设施设计。城市道路交通设施设计应包括交通标志、交通标线、防护设施、交通信号灯、交通监控系统、服务设施、道路照明及变配电和管理处所及设备等内容。

主要内容:包括:①总则;②术语及符号;③交通调查;④总体设计;⑤交通标志;⑥交通标线;⑦防护设施;⑧交通信号灯;⑨交通监控系统;⑩服务设施;⑪道路照明及变配电;⑫管理处所及设备。

13)《城市道路单向交通组织原则》(GA/T 486—2015)

发布部门:由中华人民共和国公安部发布,于2016年1月1日起实施。

适用范围:适用于公安交通管理部门在城市道路交通组织时设置单向交通。

主要内容:规定了城市道路交通组织中单向交通的组织原则。

14)《城市道路路内停车泊位设置规范》(GA/T 850—2009)

发布部门:由中华人民共和国公安部发布,于2010年1月1日起实施。

适用范围:适用于城市道路路内汽车停车泊位的设置。

主要内容:规定了城市道路路内汽车停车泊位设置的选址和设计。

15)《城市道路路内停车管理设施应用指南》(GA/T 1271—2015)

发布部门:由中华人民共和国公安部发布,于2016年1月1日起实施。

适用范围:适用于城市道路路内汽车停车管理设施的设置和应用。

主要内容:规定了城市道路路内汽车停车泊位的编码规则、停车管理设施设置的规定以及重点区域停车管理的措施。

3.3.4 指导文件及手册

1)《城市交通设计导则》

发布部门:由中华人民共和国住房和城乡建设部组织编制。

编制目的:是在国家明确提出"城市交通需以人为本,并扭转过度依赖小汽车交通"的政策背景下展开的。一方面,近一阶段的城市交通建设中一味追随小汽车发展的倾向明显,城市交通基础设施的规划设计和建设管理亟须由"车为本"向"人为本"进行转变;另一方面,在城市交通规划建设的流程中,出现了严重的规划与实施脱节的情况,从而到交通设施的实际建设时无法体现规划的意图和理念。

主要内容:导则指出,交通设计技术内容包括总体交通设计和详细交通设计两个阶段。因此导则内容包括一般规定、术语和定义、地区总体交通设计、道路总体交通设计、道路详细交通设计、轨道及沿线地区总体交通设计、轨道及沿线地区详细交通设计。并要求:①地区总体规划与城市控制性详细规划同步开展,满足控制性详细规划阶段交通工作的深度和要求;②道路总体交通设计工作在可研之前或与之同步开展,为道路选址工作提供更为详尽的选址意见和要求;③道路详细交通设计在工程初步设计之前或与之同步开展,为施工图设计阶段工作提供详细方案和要求;④轨道及沿线地区总体交通设计在可研之前或与之同步开展,协调轨道工程前期的重大问题,并制订相应方案;⑤轨道及沿线地区详细交通设计在工程初步设计之前或与之同步开展,协调轨道工程设计阶段的问题,并制订相应方案。

2)《城市步行和自行车交通系统规划设计导则》

发布部门:由中华人民共和国住房和城乡建设部组织编制。

编制目的:为科学、规范地编制城市步行和自行车交通系统规划,加强城市步行和自行车交通系统建设,切实改善居民出行环境,保障出行安全,推动绿色出行,住房城乡建设部组织开展了《城市步行和自行车交通系统规划设计导则》(以下简称《导则》)的编制工作。《导则》参照既有标准和规范,借鉴国外最新发展经验和国内示范项目实践,广泛征求各有关方面意见,提出了步行和自行车交通规划设计原则、系统控制指标、各要素技术指引和规划编制大纲,对编制各层次城市规划及专项规划,具有指导意义,对既有道路改善、道路工程设计、城市绿道建设等涉及步行和自行车交通相关内容,也具有参考价值。

主要内容:包括总则、术语和定义、基本规定、步行网络规划、步行空间设计、步行环境设计、自行车网络规划、自行车空间与环境设计、自行车停车设施设计、公共自行车系统、步行和自行车与公共交通的结合、步行和自行车与机动车交通的协调、其他要求等章节。城市步行和自行车交通规划设计除应符合《导则》外,还应符合现行的国家相关标准和规范。

3)《城市停车设施规划导则》

发布部门:由中华人民共和国住房和城乡建设部组织编制。

编制目的:为科学推进城市停车设施规划工作,合理配置停车资源,构建有序停车环境,合理引导交通需求,依据《中华人民共和国城乡规划法》《关于城市停车设施规划建设及管理的指导意见》,并与《城市综合交通体系规划编制导则》等国家标准规范有效衔接,编制本导则。

主要内容:提出了城市停车设施规划的目的、原则、主要内容、技术要点及编制程序,并明确了规划成果形式和要求。主要内容包括总则、工作阶段与要求、规划管理、规划内容、技术要点、成果要求,共六章。同时,为便于指导规划编制与管理实践，导则还包括三个附录，分别为停车普查指标计算方法、机动车出行车位需求预测方法、国内部分城市建筑物配建停车位标准。

4)《交通工程手册》

发布部门：由中国公路学会《交通工程手册》编委会编著，由人民交通出版社出版。

编制目的：是交通工程领域科目齐全的参考文献，是一本工具书。可供公路、城建、公安交通等部门从事交通工程的技术人员及大专院校道路、交通工程专业的师生参考使用。

主要内容：主要阐述交通工程学的基本理论、进行交通分析和从事交通工程设计的基本方法。内容包括道路交通特性、交通调查、交通流理论、道路通行能力、交通规划、公共交通、自行车和行人交通、公路客货运、交通管理与控制、道路通信、隧道交通设施、道路收费系统、交通安全、交通服务设施、道路线形设计、道路交叉、道路景观、交通工程经济分析、交通环境、交通政策与法规等。本手册总结和汇集了广大工程技术人员的实践经验和理论研究最新成果。

3.4 交通组织管理遵循的基本原则

为了达到交通组织的目的，必须贯彻“疏导为主、限制为辅”的指导方针，同时还应遵循以下几个基本原则。

3.4.1 交通公平性原则

道路交通是城市的动脉，交通管理是城市管理的重要组成部分。交通管理手段有法律、行政、经济、技术等，交通管理工作必须依靠党委、政府的重视和支持。同时，党委、政府要为交通管理工作提供必要的法律保障和政策、资金保障。道路建设要体现公平性，不能只重视机动车道的规划设计和建设维护、忽视非机动车道和人行道的规划设计和建设维护，同时交通设施建设和管理也要体现公平性，尤其是重视非机动车和行人的管理。在道路交通活动中，尤其是在交叉口的道路交通活动中，交通冲突不可避免。为此，有必要规定各个方向或各个交通要素之间的通行顺序。所谓优先是指对某种类型的交通给予优先待遇，包括车种优先和流向优先。如：执行任务的特种车辆（警车、消防车、救护车、工程救险车等）优先；公交专用车道、直行流向优先、主干道（或环岛内）车辆优先。

3.4.2 交通总量控制原则

所谓交通总量是指交通单元与时间（或旅行距离）乘积的和。交通总量不同于车辆拥有量,是一个动态的概念,不但要考虑交通单元的数量,还要考虑时间和空间因素。

交通总量控制就是在现有的道路条件和保证交通单元合法交通权的前提下,采取各种措施控制交通单元的数量,或缩短交通单元在道路上运行的时间以及减少交通单元的占路面积。交通总量控制是充分、合理和科学地使用现有道路的重要原则,也是制定交通政策的主要依据。

交通总量控制的方法主要包括社会工程措施、法规措施、交通管理措施和经济措施。在交通总量控制的各种措施中,社会工程措施是带有根本性的。它包括城市布局合理化、合理的物流政策、优先发展公共交通等具体办法。

3.4.3 交通分离原则

交通分离是指采用科学的交通管理手段,对不同方向、不同车种、不同特点的交通流在时间和空间上进行分离,以减少相互干扰,使道路上的各种车辆、行人各行其道。

实行交通分离,有利于合理使用现有道路,均衡交通流量;有助于弥补城市道路布局不合理的交通状况;也有利于分离疏导交通流,提高道路通行能力;还有利于缓和道路增长速度与车辆、人口增长速度不相适应的矛盾。

交通分离的形式有如下几种:

1)分向行驶

实践证明,不同方向的车辆碰撞时最危险,因此在道路等级较高、车速较快的道路上,必须采用交通分离。采取的方法可以有设置中央隔离带、设中央隔离护栏、设车行道中心线、将双向交通改为单向交通、在交叉路口前设左转专用道、设置导向岛或分流岛以及用交通标志和交通信号对主次干道交汇处的交通进行时间分离等。

2)分道行驶

同一方向行驶车辆,若速度不同应分别在不同路线上行驶。对不同车速的车辆进行交通分离的办法是:设置快速车道和慢速车道,或增设缓行车道。不同类型的交通分离主要有自行车与机动车的交通分离,行人与机动车、非机动车之间的分离,公共汽车与其他机动车的交通分离。

自行车与机动车的交通分离,最好是各自建立道路交通专用系统或道路专用线;公交车辆与其他机动车分离,最好是开辟公交车辆专用道或路线,并设置公共汽车优先信号和优先标志等管理措施。

3)动态交通与静态交通分离

根据道路使用的具体情况,合理地对动态交通和静态交通进行分离。特别是应严格限制在道路交通繁忙、道路狭窄的地段停放各种车辆，堆放各种物品，以保障道路的安全通畅。

3.4.4 供需均衡原则

供需均衡是将交通流量从时间和空间上进行调整疏导，使道路上的交通流量分布均衡。交通流量均衡对消除交通阻塞、解决交通拥挤问题具有重要的意义。

交通流量是一个随机变量，随时间和空间的不同而变化。由于交通流量在时间和空间上分布不均匀，造成某些道路、某段时间、某个方向的交通拥挤。如在大中城市上下班高峰时段，道路交通流量大，道路拥堵状况严重，市内交通比市郊拥挤，交叉口的交通比路段拥挤等。

我国城市交通流量分布的特点主要是明显的时间性、方向性、区域性和分布不均匀性。为了充分、合理地使用现有道路，必须设法使交通流量的不均匀分布变为均匀分布。交通流量均衡的方法可分为时间性和空间性交通流量均分两大类。

1）时间性供需均衡

时间性供需均衡就是降低一天或一周中高峰时段的交通流量，加大非高峰时段的交通流量，即“削峰填谷”。主要的方法有：实行错时上下班制、弹性工作制、轮流休息制、夜间货运、限制通行等。

2）空间性供需均衡

空间性供需均衡是充分利用道路空间，把某些道路上过分集中的交通流量分散开来，达到均衡分布。主要方法有用环路及干道吸引交通流量，用过境道路吸引过境交通流量，用可变交通标志诱导交通流，采取单向交通、可变车道、禁止左转弯等手段分散交通流等。

3.4.5 交通连续原则

交通连续原则指在交通流组织、管理中要保证各种交通流尽可能迅速、不间断地运行，以达到最短的时间延误、最少的经济消耗、最大的经济效益的交通连续目的。交通的连续性分为交通工具、交通组织、交通设施和交通运营的连续性。

1）交通工具的连续性

交通工具的连续性是指交通工具在交通全过程中起的作用。就交通连续而言，交通工具可分为两大类：一是飞机、轮船、火车、公共汽车类，他们在交通的全过程中不起连续性作用。一般来说，利用上述一种交通工具不能完成一次有目的的出行，而必须辅以其他交通工具或交通方式来完成交通的全过程，因此它们属于不连续的交通工具。另一种像自行车、摩托车、小汽车等门到门的交通工具，为连续性交通工具。可以通过交通组织、交通设施和交通运营来改善不连续交通工具之间的合理衔接,从而促进交通的全过程接近连续。

2)交通设施的连续性

交通设施的设置必须保证交通全过程的连续性。一般来说,交通设施是交通全过程中的连续点或转换点,是交通全过程中的一个重要组成部分。如公共交通站点的设置,应以减少乘车人的步行距离与换乘时间为原则;停车场的设置要考虑到附近交通源的距离不要超过无阻抗步行距离;交通标志的设置距离或密度,应考虑驾驶人记忆的连续性。

3)交通组织的连续性

在道路交通中,道路网是基本固定不变的。交通单元如何利用道路网,必须以交通连续原理为基础实施组织管理。如在某些路口禁止左转弯必须考虑辅以其他路口可以左转弯,单向交通必须系统化,以保证交通流的连续。

4)交通运营的连续性

为了保证交通全过程的连续性,在交通运营上必须采用交通连续原理。如国外一些城市的各种交通运营团体,对公共汽车、有轨电车、货车及通勤火车的运营组织,采用统一的经营机构、统一的车票和统一的运行时刻表,以保证交通连续性。

3.5 交通组织管理与交通规划、设计、建设的关系

3.5.1 交通规划、设计、管理的主要工作内容

要明确交通组织管理与交通规划、设计、建设之间的关系,首先应该明确,各个方面的主要工作内容,具体见表3-1。

交通规划、交通设计及交通管理的基本工作内容　　表3-1

类别		内容
交通规划		基于城市总体规划,确定交通系统与设施结构、交通网络及其设施规模与分布方案。其中包括若干专项规划:交通设施规划、停车规划、公共交通及其相关枢纽规划等
交通设计	面向建设	在交通规划的基础上,以交通安全、通行能力最佳化、系统资源最佳利用为目标,对各项交通设施的建设、布局等,提出最佳设计方案
	面向管理	以交通管理规划为基础,从提高安全性及交通效率,科学地进行交通管理的角度出发,对各项交通管理方案加以优化设计。属于一种中、微观层面的交通改善措施。其指导思想是:以人为本、科学管理、提高效率,实现交通系统的协和、安全与通畅

续上表

类　别	内　容
交通影响分析	大型建筑物及交通设施的建设，必然会引起周边道路交通的负荷发生变化，例如其出入交通量、停车需求的变化等。因此，在其建设之前应该进行充分的交通影响分析。该项工作在欧美、日本等国家和中国台湾、香港等地区已作为不可或缺的城市建设流程加以实施。我国建设部也已制定相关的实施细则
交通管理	通过各种手段和措施，实现交通供需的最佳平衡，提高交通系统的安全性和效率，管理者和被管理者皆是人。交通管理的前提是交通管理规划，前者应以后者为指导，强调管理规划的可操作性；后者应服务于前者，为其提供合理、可操作的方案

3.5.2　交通管理与交通规划和设计建设的关系

交通管理是运用各种手段调整交通的供需关系，维持交通的有序性、安全性与通畅性；同时，交通管理是以良好、合格的基础设施为前提，以交通参与者为对象的。因此，如何运用各种交通管理手段和措施，获得最佳的管理效果，必须充分地注意到交通管理的系统化性质，打破条块分割，整合建设与管理两方面的资源。

1)规划层面考虑

交通管理产生的效果可以达到与规划同样的目标，但这是以交通网络的优化管理及一些条件的损失为代价的。因此，交通管理应对规划具有反馈作用。若在规划阶段能科学地规划道路与交通网络、合理地确定道路红线、有效地控制土地利用的开发强度等，可以极大地减少由于规划不当导致的交通管理难度。

2)建设层面考虑

在我国，长期以来，交通设施土木工程化现象非常严重，许多设施虽是以发展交通为背景建造的，然而其方案的设计与建设如同没有建筑设计的房屋一样，交通设施功能难以发挥，甚至引发新的交通阻塞和事故，并造成交通管理的困难。因此，建设方案的设计应以交通设施交通功能最大化为目标，注重交通管理与建设的结合。

总的来说，理想的交通组织管理涉及了城市规划设计、道路工程设计、交通管理三个领域的知识，道路交通组织设计的成果贯穿于城市规划、城市综合交通规划、工程可行性研究、初步设计、施工图设计、道路后期的管理的整个阶段。它为道路设计提供交叉口的形式、道路进出口的设置、路段的单双向交通，为交通标志的设置、交通管理，为道路划分的每一个交通单元的建筑开口的选择提供可靠的依据。

根据交通组织设计成果来建设管理道路，城市交通流更均衡合理地利用道路资源，避免道路资源的浪费，避免路段和节点道路资源缺少和造成拥堵，即使道路建成后出现问题，也可用较少的资金解决。

交通组织管理与交通设计、规划之间的关系如图 3-8 所示。

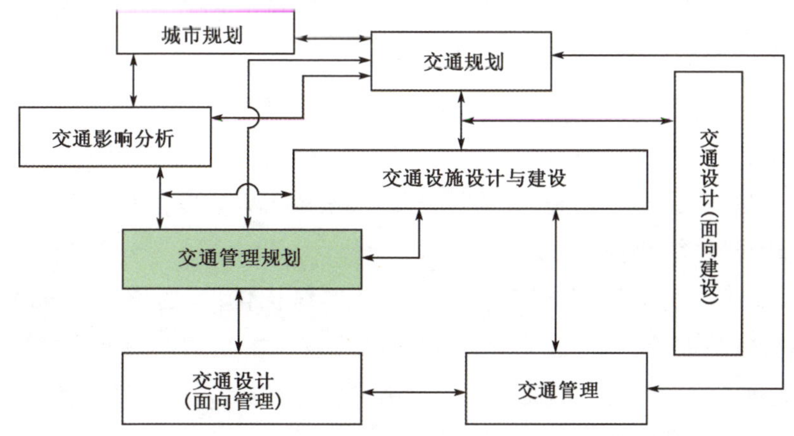

图 3-8　交通组织管理与交通设计、规划关系图

3.5.3　交通管理咨询服务

随着城市化与机动化的快速发展，机动车保有量和机动车驾驶人数量逐年攀升，交通出行量也随之不断增长，相比之下，城市道路资源增长相对滞后，城市交通供需矛盾日益凸显，城市交通拥堵逐渐成为常态，公安交管部门维护道路交通秩序、保障交通安全的压力不断增大，警力不足逐渐成为各城市普遍面临的难题之一，如何在有限的警力资源下，有效借助社会力量加强城市交通精细化管理，改进提供公共服务的方式，是一项重要的实战课题。

2013 年，国务院办公厅发布《关于政府向社会力量购买服务的指导意见》（国办发〔2013〕96 号）（以下简称《意见》），意见明确指出，“推行政府向社会力量购买服务是创新公共服务提供方式、加快服务业发展、引导有效需求的重要途径，对于深化社会领域改革，推动政府职能转变，整合利用社会资源，增强公众参与意识，激发经济社会活力，增加公共服务供给，提高公共服务水平和效率，都具有重要意义。地方各级人民政府要结合当地经济社会发展状况和人民群众的实际需求，因地制宜、积极稳妥地推进政府向社会力量购买服务工作，不断创新和完善公共服务供给模式，加快建设服务型政府”。《意见》的发布对于加强城市公安交管部门向社会力量购买交管服务具有重要的指导意义，也为加快公安工作改革创新、加强城市交通精细化管理、切实为社会公众提供便利条件提供了重要指引。购买社会服务的内容具体可以分为：

（1）政策类。包括交通与交通管理政策发展研究，城市交通及交通管理年度报告，城市交通政策风险评估报告，交通拥堵指数研究，交通综合调查，交通设计技术导则和交通管理设施设置规范等。

（2）规划类。包括交通管理规划，智能交通系统建设总体规划，公交线网规划，停车管理规划，交通管理设施建设规划，建设项目交通影响评价，大型公建或住宅小区规划阶段的交通咨询等。

（3）设计类。包括道路、桥梁、停车场、枢纽等基础设施的交通设计及土木工程设计审核，路网、路段、路口的交通组织设计，交通信号灯、交通标志（含指路系统）、交通标线、交通监控设施、交通护栏等道路附属设施的系统设计，智能交通系统建设初步设计、深化设计等。

（4）运维类。包括区域或路段、路口交通组织优化，交通信号灯配时优化，道路交通运行状态评价（含交通流量、车速等的调查分析），道路交通安全评估，交通信号灯、交通标志、交通标线、交通监控设施、交通护栏等道路附属设施的日常巡查和维护，智能交通系统及设备的功能检测等。

3.6 交通组织管理的主要策略和方法

3.6.1 交通组织主要方法

1）抑制交通需求

抑制交通需求指以缓和交通拥堵、交通堵塞，减轻交通公害为目的，在拥堵地区和时间段采取的抑制机动车交通需求的方法，主要通过对车辆拥有量的抑制、车辆的使用抑制和缓和交通需求高峰来实现。其具体措施有：强化机动车购买与使用的各种税收制度；确保停车需求与停车泊位数量相匹配；增加燃料税；完善车辆驶入付费与罚款制度；限制车辆驶入；错时上下班；实行弹性工作制以及分时段的交通限制等。

2）增强交通供给能力

增强交通供给能力指利用现有道路交通设施，谋求道路交通通畅的有效手段。主要通过在道路空间的有效利用、提高车辆承载率、提高公共交通客运能力和交通控制、交通流诱导等方面的努力来增强交通供给能力。具体措施有：设立公交专用道、公交优先车道，调整交通渠化方案；小汽车、出租车合乘；增加公共交通系统容量，改善公共交通服务水平；实现交叉口的优化配时、干线的协调控制、道路网的最优控制，完善车辆导航系统、道路交通信息系统、停车场信息系统等。

3.6.2 交通组织范围

交通组织范围可分为宏观交通组织、中观交通组织、微观交通组织。

1)宏观交通组织

宏观交通组织的主要内容是平衡城市交通系统的供需关系,因此,通常采取的措施以规划措施、行政措施为主,对提倡的出行模式给予优先考虑,同时限制不提倡的出行模式的便利程度。主要方法有交通需求管理、公交优先策略、禁限与停车组织等。

2)中观交通组织

中观交通组织的主要对象是城市中的某块区域,通常是由多个路口、路段或大型交通流量集散点及周围路网所构成。其重点是解决路网中某块区域的交通问题,包括长期或短期的供需不匹配及交通秩序混乱等导致的交通拥挤问题。

通常,可以将区域看成是一个放大的节点,可以按照微观交通组织的思路去进行区域交通组织。与微观交通组织不同的是,微观交通组织的重点是在时间上要争分夺秒,在空间上要寸土必争,重在不同种类、不同流向交通流的冲突分离;区域性交通组织解决的是路网中局部范围的拥堵,其重点是在区域内部以空间微观调整和时间流量上的削峰填谷为主,在区域外部以空间流量上的控密补稀为主,重在解决路网交通负荷均分。

对于拥堵的区域,从交通流构成看,有内部生成流量、外部过境流量和到达流量,这是区域内的交通需求。从道路条件上看,有路网结构、通行能力和停车泊位,这是区域内的交通供给。路网结构不合理,会造成区域内交通压力不均匀;而交通供需矛盾倒置,又会造成区域内交通压力的升高。在拥堵区域内,一方面要调整交通组织,均衡内部交通压力的时空分布;另一方面通过交通需求控制,来缓解交通供给不足造成的交通压力。在拥堵区域外,应重新整合交通流,把不会给拥堵区域带来正面效益或只会造成负面影响的交通流调度出拥堵区域时空范围以外,以减轻拥堵区域的交通压力。在区域范围内可采用的主要交通组织方法有单向交通、流向禁限、可变车道、专用车道、禁行管理等。

3)微观交通组织

微观交通组织是交通组织的基础,包括交叉口交通组织和路段交通组织两类,要注意的是,路段的交通组织和平面交叉口的交通组织之间不是孤立的,在制订实际交通组织方案时,需要进行综合考虑,统筹规划和安排。根据事物发展先后顺序来看,微观交通组织的内容有:路口禁限流向与车种的确定,路口放行方法的确定、路口渠化、信号相位设置、信号相序与配时方案、路口管理方案、路段行人过街组织与渠化。路段公交站点及公交车道设计与渠化,导向车道、行车道、掉头、过街、公交站点一体化匹配设计,车道组织等。交通组织重点是冲突分离,通行能力分配和路权分配。

本章参考文献

[1] 宁乐然. 道路交通安全通论[M]. 北京:中国人民公安大学出版社,2006.

第 4 章　管理与执法基础

4.1 概　　述

规范有序的交通出行环境,依赖于科学、合理的交通组织管理与执法。本章针对一些在我国较为突出的无序交通现象,给出法律依据,提出应对建议措施,以期逐步影响并规范出行者行为。在此过程中,我们意识到执法与设施管理的微妙关系。交通组织方案的实施需要依靠强有力的执法作为保障,同时,科学合理的基础设施建设和组织管理对于提升执法效果、降低执法成本也具有极其关键的基础性作用,两者相辅相成。

4.2 常 见 问 题

4.2.1 如何看待所谓的"中国式过马路"

现状问题

所谓的"中国式过马路"是网友对部分中国人集体闯红灯现象的一种调侃,即凑够一撮人就可以走了,和红绿灯无关。中央电视台 2012 年 10 月 14 日《新闻直播间》节目播出"中国式过马路:十字路口 1 小时 600 人闯红灯",记者在"文明天下行"的媒体行动推出之后,专门进行了文明观察,发现部分路口的红绿灯基本形同虚设。

现象表征

随着行人违法过马路问题的持续发酵,"中国式过马路"的含义也得到进一步拓展,泛指行人中的一人或多人,为了达到迅速通过交叉路口、路段的目的,违反交通法规,无视行人信号灯、人行横道或过马路设施,不顾个人的安全、占用机动车道,造成交通秩序混乱的违法行为,主要体现为不在正确的时间按规定的空间通行。

1)时间维度

行人不在正确的时间通行,主要是指行人在通过信号交叉口时,不在行人信号绿灯时间内通过马路的行为,即闯红灯行为,是“中国式过马路”的主要表征,也是引发道路交通事故的重要原因。根据公安部道路交通事故统计数据,2014 年我国因行人违反交通信号造成的事故起数达 680 起,死亡人数达 245 人,受伤人数达 506 人。在我国城市中,几乎每天都发生着因行人闯红灯而引发的交通事故。行人闯红灯不仅仅是违法行为,还会对信号交叉口机动车通行造成负面影响,危害行人自身安全,破坏交通秩序,严重时会引发交通拥堵甚至是交通事故[1]。

2)空间维度

行人不按规定的空间通行,主要是指行人不走人行横道或者过马路设施,而随意横穿或翻越隔离设施过马路的行为。在没有设置隔离设施的路段,部分行人不是到路口走人行横道或过街设施,而是采取就近原则,当看到机动车较少时,便直接横穿、斜穿马路,这种现象在我国城市道路中也非常普遍。在设置隔离设施的路段,部分行人为了避免绕行,直接翻越隔离设施,穿越机动车道过马路,不仅严重影响机动车正常运行,更加剧了行人自身的危险。有相关研究表明,在人行横道附近 20m 处,是最不容易引起机动车驾驶人注意的位置,如果行人突然横穿或斜穿马路,存在严重交通安全隐患,非常容易发生引发交通事故[1]。

法律依据

何时允许通行?《中华人民共和国道路交通安全法》第二十六条和第三十八条规定:交通信号灯由红灯、绿灯、黄灯组成,红灯表示禁止通行,绿灯表示准许通行,黄灯表示警示。绿灯亮时,准许车辆通行,但转弯的车辆不得妨碍被放行的直行车辆、行人通行;黄灯亮时,已越过停止线的车辆可以继续通行;红灯亮时,禁止车辆通行。

应在何地通行?车辆和行人各行其道。过马路时,行人应该站在人行道上等候,绿灯亮时才可以走上斑马线,到达马路对面;而非机动车道上通常会画有停止线,非机动车应该在停止线之后等待红绿灯。《中华人民共和国道路交通安全法实施条例》第三十九条规定:红灯亮起时,禁止行人进入人行横道,但是已经进入人行横道的,可以继续通过或者在道路中心线处停留等候[2]。

如何处罚?《中华人民共和国道路交通安全法》第八十九条规定:行人、乘车人、非机动车驾驶人违反道路交通安全法律、法规关于道路通行规定的,处警告或者 5 元以上 50 元以下罚款;非机动车驾驶人拒绝接受罚款处罚的,可以扣留其非机动车。

产生原因

面对这一问题，我们应当认识到步行交通是居民出行的基本方式，行人的通行权利应得到充分的保障，只有在设施完备的情况下，执法才更显得顺理成章。造成行人自行车闯红灯行为的原因主要有以下几个方面：

1)路权分配不合理

(1)单纯考虑交通运行效率，交通管理极端化牺牲行人利益

在单纯考虑交通运行效率的情况下，交叉口交通设施规划设计及建设管理理念未能对不同道路等级的行人过街给予不同的定位，极端化地或仅从维护机动车的利益出发牺牲行人的利益；交叉路口设计片面追求长周期和增加车道数，普遍存在行人过街设施不完善的状况，如行人过街距离超长、道路中央缺少驻足空间、缺少行人保护设施、行人红灯时间超长等现象。

(2)中国式路权分配，过分偏向机动车

此外，中国式路权分配过程中，始终过分偏向机动车；与此相对，则是行人和自行车、公交车的路权被严重挤压。在空间上，小汽车占据了交通干道的绝大部分，自行车、行人不仅无权占用主干道，在辅路上也被挤压到最低限度。在时间上，在一些复杂的平交路口，当红绿灯的设计分别满足了机动车的直行、左转、右转的需求后，行人等待时间长，且通行时间不足。

2)交通信号设计不合理

研究表明，行人等待时间小于行人最大可忍受等待时间时，行人基本能够按照信号灯色通行，行人交通流的可控性较好；反之，行人交通流的可控性较差，强行穿越机动车流的行人比例很高。

(1)忍受等待时间是设置信号灯周期的重要参考

在交通信号灯的研究领域，“忍受等待时间”或者“行人可接受等待时间”，是设置信号灯周期的重要参考。行人可忍受等待时间是体现行人过街心理的重要指标，也是交叉口信号控制的必要约束条件。

国外很多国家根据本国国情，在大量细致调研基础上确定该值，作为本国交通信号灯设置的参考依据。如英国 N. Rouphail 等人通过对有、无信号控制两种交叉口处行人延误和强行穿越行为的研究，得出英国行人可忍受等待时间为 45 ~ 60s，在德国道路与交通工程研究学会公布的《交通信号灯控制指南——德国现行规范RiLSA》中的相关数据表明，德国人的忍耐限度是 60s。

(2)中国人忍受等待时间极限

有研究通过对上海进行行人过街的调查发现，在交通流量较大的主支相交路

口,行人最大可忍受等待时间为90s。行人在等待期间,且时间超过70s后,行人开始慢速前进,寻找其他位置等候,等候超过90s,行人过街信号灯作用趋于零,行人过街将处于不可控局面,就会导致闯红灯等行为。交通信号灯设置的不合理,导致行人等待时间大大超过其可忍受等待极限。

(3)行人与转弯车辆发生冲突

此外,国外研究表明,信号控制交叉口行人过街时最大的安全隐患是与转弯车辆发生冲突,特别是左转车辆和车速较高的右转车辆。在美国,当行人与右转机动车流量均较大时,会禁止右转机动车在红灯时通行,并采用行人相位早起的方法,让行人绿灯比右转机动车绿灯早启3~5s,使等候过街的第一波行人提前通过冲突点,此外,设置辅助标志警示右转机动车有行人通行并应让行人先行。

德国则在现行规范中给出最小绿灯间隔时间算法,用以解决行人与下一相位机动车的冲突:例如提前启亮行人绿灯1~2s,使大部分行人进入人行横道,保证右转机动车驾驶人看清行人并及时避让,同时设置辅助信号灯,为转弯车辆揭示行人的优先权,以避免同相位放行的行人与右转机动车冲突。

然而,中国在交通信号灯的设置上更加偏向机动车,使国内这一现象则更为突出。右转车辆不受灯控、缘石半径过大导致右转车辆车速过高;两个方向上的右转车辆可能强行通过同一人行横道,占用行人通行时间,导致行人与右转车辆冲突频繁,行人难以在信号规定的时间内完成过街,于是被迫闯红灯或滞留在道路中央。行人与转弯车辆的冲突可能造成行人在绿灯其间过街反而比红灯期间过街更危险的奇怪现象[3]。

改善措施

为此,为了优化执法环境,降低被处罚者的对立抵触情绪,应对交通组织管理方案及设施设置进行精细化设计。

1)行人红灯等待时间控制在合理的阈值范围内

浙江省《城市道路人行过街设施规划与设计规范》(DB 33/1058—2008)中,规定交叉口信号控制行人过街可忍受等待时间不宜大于80s。杭州市《城市道路人行过街设施规划与设计规范》通过相关行人行为研究,同样建议交叉口信号控制行人过街可忍受等待时间不宜大于80s,特殊条件下不应大于90s;路段信号控制行人过街可忍受等待时间不宜大于60s,特殊条件下不应大于70s[4]。

2)行人过街绿灯时间满足最小绿灯时长要求

行人过街绿灯时间可通过过街步行距离和速度确定。《城市道路工程设计规范》(CJJ 37—2012)中建议步速范围是1.00~1.20m/s[5]。

3）采用信号控制减少行人与机动车冲突

在行人和右转机动车矛盾较为突出的交叉口，对右转车辆进行信号灯控制，禁止右转车辆通行；特别对于在行人过街需求量较大的交叉口，可设置行人专用过街相位，该相位内只允许行人过街，机动车辆全部禁止通行。

4）保障合理的人行过街设施密度

城市主干路相邻交叉口间距≥400m，城市次干路、支路相邻交叉口间距≥300m时，在交叉口之间的路段上，应根据道路两侧的行人过街需求规划设置路段过街设施。对于大型商业区、居住区等人流密度大，且同时机动车流量也较大的机动车与行人冲突严重的道路，人行过街设施间距宜为150～200m；对于人流、车流密度不大的机动车与行人冲突不严重的道路，人行过街设施间距宜为400～600m。

4.2.2 提高出行者遵守交通信号灯和停止线意识

现状问题

1）机动车闯红灯

由于驾驶人存在侥幸心理，在无闯红灯监控区域无视信号灯，导致闯红灯现象严重。不少驾驶人明明已经看见黄灯闪烁，交通信号灯要立即由绿灯转为红灯了，却抱着侥幸心理，在停车线外加大车速，争分夺秒冲过路口，结果往往造成闯红灯的交通违法行为，带来了巨大的交通事故隐患。

2）自行车超过停车线停车

部分自行车使用者缺乏自行车停车线意识，在红灯期间将自行车骑行至交叉口内部等待，认为只要相交道路直行车辆撞不到就可以，严重影响本向右转及相交道路左转机动车的通行。

3）行人下路缘石等待

行人在准备过街时，往往提前下路缘石等待信号灯，人多时会影响右转车流，并使其向直行车道膨胀，影响交叉口进出口道的通行效率，对行人自身的安全也构成了很大的隐患。

交通管理者应充分了解交通设施的功能作用，才能更好地利用交通设施为出行者服务。其中信号灯和停车线是最基本的交通设施，它告知出现者什么时候该停，以及停在哪，遵守信号灯和停车线控制，是保障通行安全的基本要求。因此，应充分了解交通设施的含义并提高出行者信号灯意识和停车线意识。

改善措施

减少交叉口的复杂性。采用交通枢纽复杂性指标A来评价交叉口的复杂程度，计算公式为：

$$A = n_B + 3n_M + 5n_C$$

式中：n_B、n_M、n_C——分别为交通流在交叉口内的分流点、合流点和交叉点数。

应在设计中通过物理分隔及显著标志标线规范出行者在规定的地点待行。另一方面，应加大宣传力度，告示出行者在交叉口按规定待行是一种有助于提高自身出行安全和效率的行为。

图 4-1 为沈阳市改造后的交叉口，通过施划标线明确各交通方式通行空间。

图 4-1　施划标线使行人、机动车、自行车各行其道

4.2.3　无信号控制交叉口和出入口的交通流优先权次序是什么

现状问题

无信号控制交叉口是指没有采用信号灯控制的交叉口，但这不代表交叉口没有通行规则可任意通行。国外的无信号交叉口以美国为例，均采取在交叉口处设置停车或让行标志牌的方式，对所有进入交叉口的车辆实施二路或全路的停车、让行控制。而在我国，某些无信号交叉口存在道路优先权不明确、标志标线设置不完善等情况，另一方面，由于国内驾驶行为的差异，相当比例的驾驶人不遵守路权规定，出现无信号控制交叉口通行无序的现象[6]（图 4-2）。

图 4-2　无信号控制交叉口现状

目前人们普遍对无信号控制交叉口通行规则不了解，在无信号控制交叉口抢道现象时有发生，造成一定的安全隐患。因此有必要在充分了解我国法律上对无信号控制交叉口内各股交通流通行优先次序相关规定的基础上，提高人们的优先权意识。

法律依据

在无信号控制交叉口，虽然没有交通信号灯的约束，但各交通流的路权优先次序仍是有明确规定的。《中华人民共和国道路交通安全法实施条例》第五十二条规定机动车通过没有交通信号灯控制也没有交通警察指挥的交叉路口，应当遵守下列规定：

(1)准备进入环形路口的让已在路口内的机动车先行；

(2)向左转弯时，靠路口中心点左侧转弯。转弯时开启转向灯，夜间行驶开启近光灯；

(3)有交通标志、标线控制(指减速让行和停车让行标志标线)的，让优先通行的一方先行；

(4)没有交通标志、标线控制的，在进入路口前停车瞭望，让右方道路的来车先行；

(5)转弯的机动车让直行的车辆先行；

(6)相对方向行驶的右转弯机动车让左转弯车辆先行。

如图4-3所示，三辆车辆的通行权顺序是A、B、C。

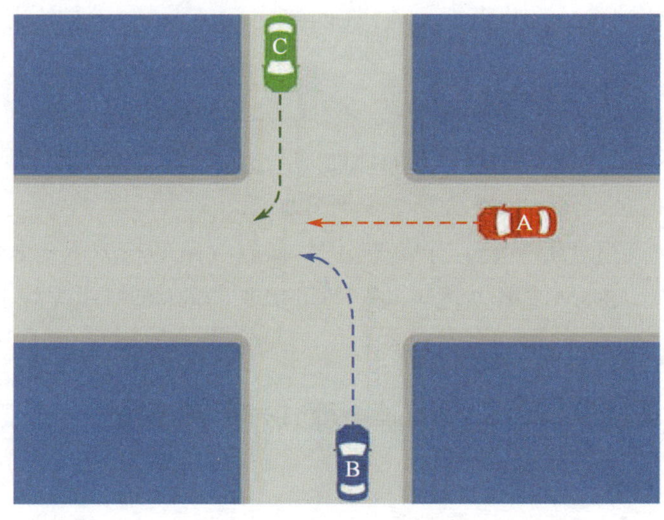

图4-3　无信号控制交叉口优先通行权示例

经验借鉴

我国目前法律法规缺少对于无信号控制交叉口行人和自行车交通的优先权等级。借鉴美国的经验,图 4-4 显示了 T 形交叉口和四路交叉口处交通流的相对优先权。

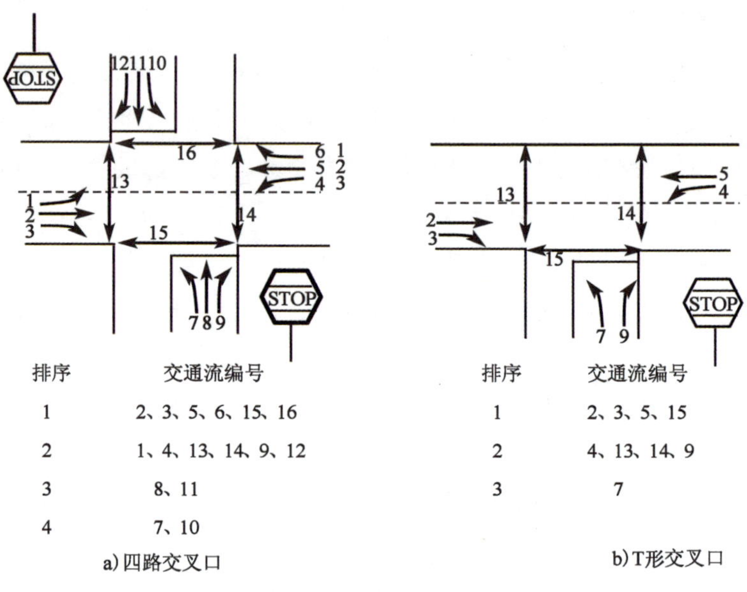

图 4-4　双向停车控制交叉口的交通流

等级 1 的流向包括主路直行交通和主路右转交通;

等级 2 的流向包括主路左转交通和次路右转交通;

等级 3 的流向包括次路直行交通(在四路交叉口)和次路左转交通(在 T 形交叉口);

等级 4 的流向包括次路左转交通。例如,如果主路上的一辆左转车和次路上的一辆直行车都在等待穿过主要交通流时,第一个可接受的有效间隙将由左转车使用。次路上的直行车必须等待第二个有效间隙。

此外,行人流相对于车流也有优先次序:穿越次路的行人具有最高的优先级,而穿越主路的行人必须使用主路流向中的可接受的间隙,但优先级高于次路的各个流向。

4.2.4　如何保障公交专用道不被社会车辆占用

现状问题

公交专用道就是只允许公共汽车使用,而不允许其他车辆行驶的车道。其目的在于给公共汽车较高等级的道路专用权以提高公共汽车的行驶速度，缩短运行时间，从而改善公共汽车的运行环境，提高公共交通的运输服务水平。

公交专用道设置的初衷是保障公交车辆的路权，但实际运行中常发生被社会车辆或路边停车非法占用的情况，不但没有体现其专用路权，反而需要变换车道汇入相邻社会车道。导致通行效率的降低，产生一定安全隐患。

法律依据

《中华人民共和国道路交通安全法》第三十七条规定：道路划设专用车道的，在专用车道内，只准许规定的车辆通行，其他车辆不得进入专用车道内行驶。

改善措施

因此，需要从技术层面对公交专用道系统进行合理布置，并保障其不被社会车辆占用。主要包括：

1）提高公交专用道视认性

可通过改变路面颜色、铺彩色沥青等来明确公交车道的空间范围（图4-5）；对于全时段的公交专用道也可以采用护栏隔离的方式明确公交专用道的空间范围。对于分时段的公交专用道，应明确表示公交专用道的使用时间（图4-6）。

图4-5 彩色公交专用道图

图4-6 分时段公交专用道

2）提供足够的车道变换距离

在公交专用道起点前，应提前设置公交专用道提示标志，并留有足够距离使社会车辆汇入相邻车道，以避免社会车辆因来不及换道而误入公交专用道。根据《公交专用车道设置》（GA/T 507—2004），该距离应不小于30m，并配有相应的交通标志标线[7]（图4-7）。

3）路段的隔离措施

为保证公交专用道的使用效果、保证行人安全，遏制机动车随意占用人行步道的现象，可在公交专用道两侧增设新款的人行道隔离护栏。如图4-8、图4-9所示。

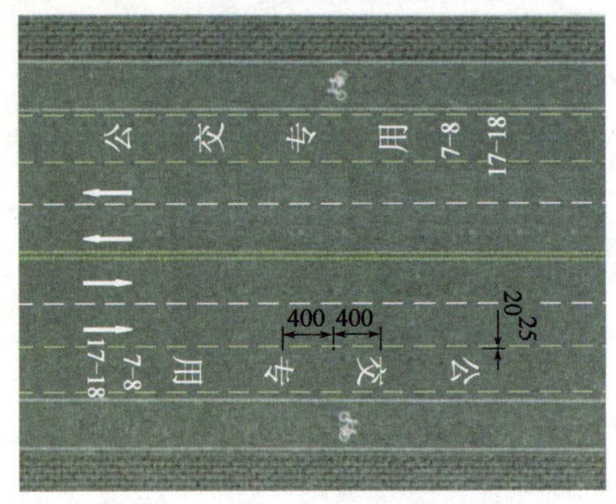

图 4-7　公交专用车道(尺寸单位:cm)

图 4-8　路段隔离栏

图 4-9　路段隔离墩

4)路段设置障碍

在公交专用道设置可伸缩的路段障碍,如图 4-10 所示。当障碍物检测到公交车时自动收缩与地面相平,公交车可无障碍通过。当公交车过后该障碍伸高以阻止其他车辆进入公交专用道。

4.2.5　如何保障特种车辆的优先通行权

现状问题

特种车辆在执行紧急救援任务时,必须争分夺秒,否则很有可能因为耽误短短的几分钟,而失去一个生命,造成无法挽回的损失。

特种车辆拥有优先通行的特权,但在实际情况中特种车辆往往被堵在车队中如图 4-11 所示,难以在第一时间到达突发事件现场。为保障突发事件的快速响应,应从法律和管理措施两方面保障特种车辆的优先通行权。

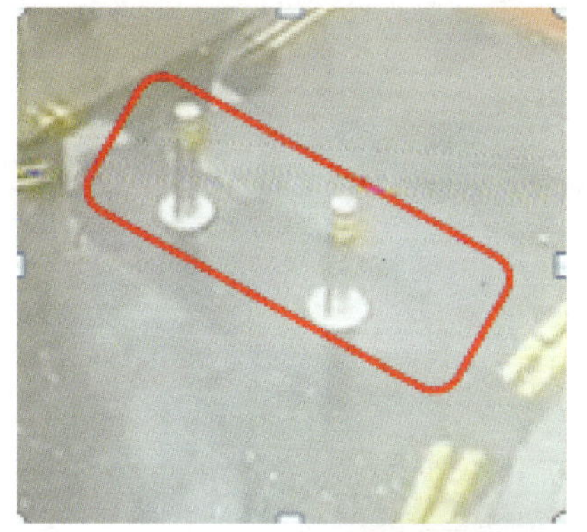
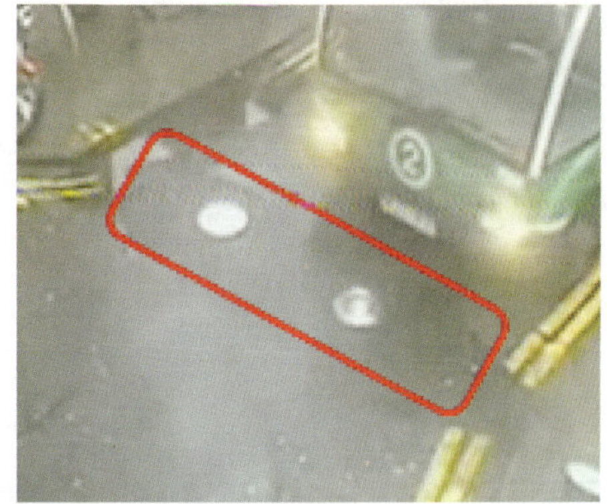

图 4-10　公交专用道障碍

图 4-11　被堵在车队的救护车

法律依据

《中华人民共和国道路交通安全法》第四十四条规定，机动车通过交叉路口，应当按照交通信号灯、交通标志、交通标线或者交通警察的指挥通过；通过没有交通信号灯、交通标志、交通标线或者交通警察指挥的交叉路口时,应当减速慢行,并让行人和优先通行的车辆先行。

《道路交通安全法》第五十三条规定:警车、消防车、救护车、工程救险车执行紧急任务时,可以使用警报器、标志灯具;在确保安全的前提下,不受行驶路线、行驶方向、行驶速度和信号灯的限制,其他车辆和行人应当让行。警车、消防车、救护车、工程救险车非执行紧急任务时,不得使用警报器、标志灯具,不享有前款规定的道路优先通行权。

改善措施

在实践操作中,可采取以下措施保障特种车辆的优先通行权。

(1)特种车辆在执行紧急任务时应给出明确的提示信号,如警报器、标志灯等,以引起周围出行者的注意。同时,在不执行任务时应严格按一般车辆的通行规则行驶,提高特种车辆的公信力。

(2)特种车辆与交通指挥平台联动,通过交通管理措施保障特种车辆的优先通行权。包括采用信号灯或交警指挥的方式,在交叉口给予优先信号;在路段上利用公交专用道行驶,或利用可逆车道提供专用车道。

(3)提高社会车辆驾驶人的避让意识。部分驾驶人缺乏主动避让意识,甚至还跟救护车辆抢道,或者不知道该如何合理避让。应利用互联网、电视、广播等加大对特种车辆优先通行的宣传,提高出行者的素质,以使出行者听到或者看到特种车辆可以直接反应做出避让行为。

(4)对故意不避让的车辆进行处罚。对于机动车遇有执行紧急任务的车辆未按规定让行的,虽然部分城市已制定了相应的处罚规定,如北京市规定处 200 元罚款,记 3 分,但实际处罚力度薄弱,致使相关法律只是停留在纸面上。这可能是限于举证困难,因此可在救护车里安装行驶记录仪,为查处不避让行为提供有力证据。在国外,不让行紧急车辆的行为将受到严厉的处罚。如美国和新加坡可能遭吊销驾照惩罚;而在德国,执行任务的救护车发生交通事故不承担任何责任。

4.2.6 如何减少机动车随意变道、加塞、不按规定车道行驶等行为

现状问题

机动车随意变更车道是机动车在正常行驶中,违反规定随意变更原行驶车道,影响其他正常行驶的机动车的违法行为。尤其以在城市路口、高速公路上较为多见,极易因变更车道而妨碍后面车辆正常行驶,此行为轻则造成交通拥堵,重则容易引发交通事故。加塞、随意变更车道非常危险,也最容易造成道路堵塞。对于这

种不文明交通行为，多数驾驶人都很反感。

法律依据

《中华人民共和国道路交通安全法》第四十五条规定：机动车遇有前方车辆停车排队等候或者缓慢行驶时，不得借道超车或者占用对面车道，不得穿插等候的车辆。

改善措施

在技术层面，可通过以下措施减少上述行为的发生：

1）合理的车道功能划分

信号交叉口车道功能划分[8,9]是指通过设定进口各车道允许通行的交通流向、各流向占用的车道数及出口道车道数，合理分配机动车空间通行权。

车道功能划分是进行交叉口设计时的重要环节之一。一方面，它对交叉口空间资源的分配、分布产生很大影响，提高交叉口的空间利用率。另一方面，它是信号控制设计的前提条件，间接影响了交叉口时间利用率。车道功能划分应合理，否则就会出现一个车道超长排队而相邻车道却利用率较低的情况。车道功能与交通需求匹配情况如图4-12、图4-13所示。

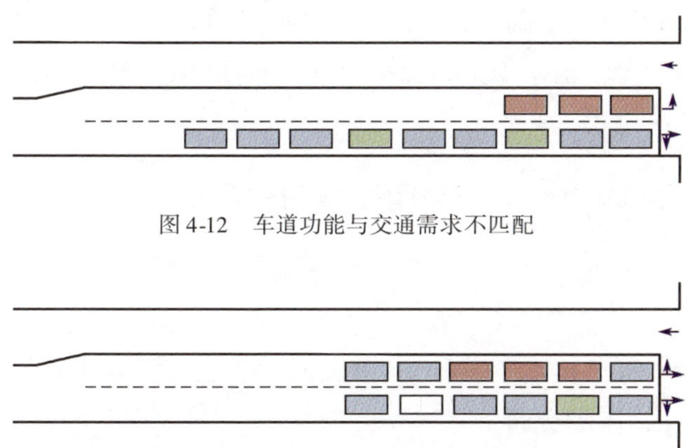

图4-12　车道功能与交通需求不匹配

图4-13　车道功能与交通需求匹配

2）车道数的匹配

路段的车道数应与进口或者快速路匝道前后上下游车道数相匹配。《城市道路工程设计规范》（CJJ 37—2012）规定：交叉口渠化进口道车道数应大于上游路段的车道数，每条车道的宽度不宜小于3.0m；出口道车道数应与上游各进口道同一信号相位流入的最大进口车道数相匹配，车道宽度宜与路段一致[5]。

在信号交叉口，由于按相位分配了时间通行权，因此对每一进口而言，其通行能力比路段要低，所以有必要在进口道处增加车道数量，使进口道设计通行能力与路段的设计通行能力相匹配，即进口道车道数不允许少于路段的车道数量。交叉口几何设计确定以后，必须与现状相交的道路相协调。一般来说，交叉口进口的直行车道的数量与路段上连续的直行车道数目相一致[10]。

3）导流线的设计

导流线的形式主要为一个或几个根据路口地形设置的白色V形线或斜纹线区域（图4-14），表示车辆必须按规定的路线行驶，不得压线或越线行驶。主要用于过宽、不规则或行驶条件比较复杂的交叉路口，立体交叉的匝道口或其他特殊地点。设置导流线，目的就是要让每一辆车都可以“车行其道”，起到管制、引导、警示交通的作用，从而减少交通事故。

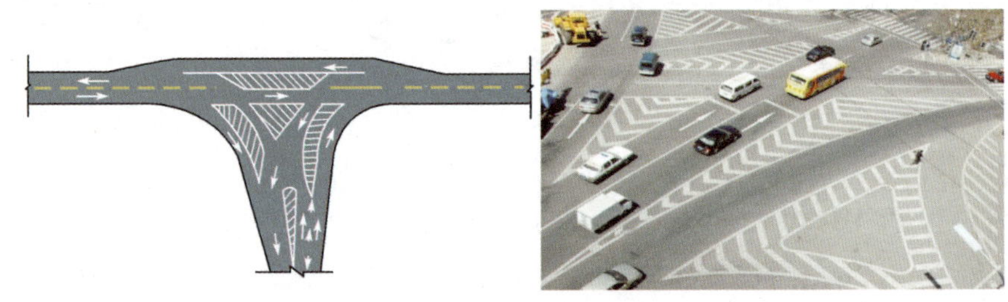

图4-14 交叉口导流线渠化示例

导流线设置的清晰、准确，有助于规范机动车驾驶人驾驶行为，也可以避免加塞和随意变道的情况。正是因为道路中指示的标线不够清晰、有序，造成驾驶人实际驾驶轨迹离散性过大。

4.2.7 如何保障机动车与自行车各行其道

现状问题

自行车作为一种非机动车车种，具有方便、快捷、可强健体魄等优点，是很多城市居民偏好的生活、休闲交通工具[11]。

自行车作为一种绿色、环保的出行方式，应该得到应有的重视。然而实际上很多城市忽视了自行车路网的合理规划，保证其安全、便捷行驶的道路设施也没有得到良好的改善。尤其是在机非相互影响的路段和交叉口上，自行车出行的安全隐患较多，舒适感较低，这与机动车抢占了自行车的道路空间，干扰了自行车的正常通行有着密切的关系。图4-15为机非混行现状。

图4-15 机非混行现状

机非混行，增加了管理者协调、控制和管理的难度，从城市居民出行角度考虑，存在混合交通流的路段和交叉口出行时间和安全性往往得不到保证，常常伴随着低速行驶、通行能力差、易发生交通事故等特征。据统计在机非混行交通状态下，机动车的平均车头时距要增加16%～25%，延长了出行时间，而交叉口的通行能力则下降14%～20%。混合交通流状态产生的出行困难、安全隐患较多等事实已经成为影响城市居民生活的民生问题[12]。

交通系统是复杂的综合大系统，机动车和非机动车混合行驶不仅会降低交通效率，也会带来一定的安全问题。因此，机动车和非机动车各行其道是提高交通运行有序性的基本要求。

改善措施

从技术层面，应在道路关键部位采取必要的隔离措施，保障各种交通方式各行其道：

1）路段上的分隔措施

《城市道路工程设计规范》（CJJ 37—2012）中规定：主干路非机动车道应与机动车道分隔设置；当次干路设计速度大于或等于40km/h时，非机动车道宜与机动车道分隔设置[5]。

城市道路中央分隔带，在分隔对向车流，增加行人、车辆的安全性，提高交通效率，规范交通秩序方面发挥着重要的作用。根据美国的相关研究表明，有中央分隔带设施的道路交通事故率较大程度低于无隔离设施的同类道路。国内有学者从道路交通事故和景观方面对道路中央分隔带设置的功能和特征进行了研究，得出中央分隔带尤其是中央绿化隔离带起着积极的作用。从交通效率方面考虑，城市中央隔离带能够使路段沿线出入口右进右出，使路段左转车辆集中掉头，可以屏蔽行人穿越交通，减少对向车辆的干扰，从而达到提高路段通行效率的目的[13]。

2）交叉口处分隔措施

交叉口处可通过设置导流线、导流岛等方式隔离自行车与机动车，使自行车和机动车可以有序、高效的通行。图4-16为成都一改建后的交叉口，非机动车等候区和行人驻足区明显比路面高出2～3cm，呈三角弧形状，其中面积较大的砖红色混凝土区域为自行车等候区域。改建前自行车和机动车等都挤在一起等绿灯，容易出事

图4-16　成都交叉口渠化改建

故，也影响交通效率；改建后自行车和机动车各行其道，互不干扰，交通有序高效。

这些施划标线主要是为了把行人、机动车、非机动车路权进行分离，使其各行其道，包括设自行车专用道、延长斑马线、非机动车与行人交通一体化过街，设置行人自行车过街待行区等。

3）视认性设计

在矛盾较为突出的路段，可加强非机动车标识或铺彩色路面以唤起人们机非分离的意识，如图4-17、图4-18所示。

图4-17　非机动车标识

图4-18　彩色路面

彩色路面主要应用于城市道路、风景区、公园、广场等，具有以下作用：

（1）美化交通环境、美化城市。铺筑彩色路面，是改善道路交通环境最直接、最有效的手段，彩色路面丰富的色彩，可以与城市的建筑和绿化相映成趣营造温馨宜人的气氛，给人以美的享受。

（2）有助于行车安全。彩色路面由于色彩丰富，辨识度较高，用于湿滑路段、匝道出入口、紧急停车带、专用通道等路段，可以更好地诱导交通，减少行车安全事故的发生。

（3）缓解日益严重的城市热岛效应。传统的黑色沥青路面由于其吸热率高，反射率低，在炎热的夏季能吸收更多的太阳辐射使路面的温度升高，不同程度地影响周围环境温度。彩色路面的应用可以大幅降低路面的太阳吸收率，增加反射率，从而降低路面的温度，缓解热岛效应[14]。

4.2.8　为何要对建筑项目进行交通影响评价

基本概念

交通影响评价（Traffic Impact Analysis，简称 TIA）是以最大限度地平抑城市局部的开发所引起的交通需求与交通供给之间的不平衡为目标，运用定性和定量相结合的方法，分析开发项目对周边一定范围内的道路交通设施造成的影响，根据交通影响评价分析结果,提出确定保持交通服务水平稳定的对策的一系列方法措施。

对大型建设项目进行交通影响评价,就是在对大型建设项目交通发生吸引交通量进行预测分析的基础上,对影响范围内的道路等交通基础设施的容量、停车容量以及相关配套设施等提出审查意见,为适宜的建筑规模和使用性质、合理的内部和外部交通组织等提出建议。有时,也可以对城市某一地区的规划方案的交通适应性进行评估和论证。以确保评价建设项目建成投入使用后,新增的交通需求对周围交通环境产生的影响、程度和范围,在满足一定要求的前提下,最大限度地减少项目对周边交通所带来的负面影响,确保一定的服务水平。

评价意义

(1)使城市建设与交通协调发展。一方面应考虑新建或改建项目在路网交通流量自然增长的情况下对交通设施的影响;另一方面,应具体分析这种影响在未来路网交通流量中所占的比例,使项目控制在合理的规模内,做到既能使交通设施承受这种影响,又不妨碍城市的发展和经济的增长[15]。

(2)使局部土地利用与交通管理系统更好地结合[16]。在项目建设之前,通过交通影响评价可以分析现状交通问题,对土地利用规划进行及时的比较论证和信息反馈;预测未来的交通状况,提出近期或局部的交通设施改善计划,满足道路交通管理的需求,从而给道路交通资源利用和道路交通管理找到了最优的结合点。

(3)改变以往交通规划与管理脱节的局面,所以交通影响评价是局部地把交通规划目标和交通管理目标有机地结合在一起,是使两者互动的有效手段。

(4)预先发现由于此项目设施的开发兴建,在目标年时对周围路网所造成的影响,进而提出合理的改进措施,以满足未来交通管理条件下的路网服务水平要求。

(5)从道路交通管理和城市发展的角度对开发项目进行交通影响评价,可使土地开发强度与交通承受能力相匹配,避免土地开发强度过大而使城市机能和交通需求集中,促进城市结构的合理发展。充分发挥政府对土地利用和交通规划的协调作用,以进行交通影响评价为手段,在建设项目申报阶段,把握城市交通发展的导向,控制并缓解建设项目对城市道路网络的影响,以期使城市土地利用合理化。

(6)使行政主管部门能从源头上保障城市道路交通组织合理和运行安全通畅。

4.2.9 如何审查交通影响评价

1)审查步骤

建筑面积达到一定规模的建设项目,必须在规划方案报建阶段进行交通影响分析,并办理《交通影响分析评价报告审查意见书》。一般按企业申报—相关部门窗口受理—相关专业处室审查并召开专家评审会—核发交通影响评价报告审查意见书的流程进行。

(1)申报资料

一般应包括建设项目报建方案、项目交通影响评价研究报告及相关图纸、交通量调查相关数据。

(2)批准条件

一般对以下内容进行审核:送审资料完整性、交通影响评价研究报告符合国家及地方交通影响分析相关管理办法的内容要求和技术标准、结论合理、建议可行。

2)审查重点内容

(1)道路及交叉口交通影响评价。审查评价年限评价时段内,在有无建设项目两种工况条件下的路段和交叉口服务水平变化情况。其中路段宜采用饱和度作为评价指标,交叉口宜采用延误作为评价指标。在此基础上判断评价范围内道路路段和交叉口是否产生新的交通瓶颈点或交通状况的显著下降。对交通影响程度不可接受的建设项目,应审查其调整方案。

(2)出入口评价。审查建设项目出入口和机动车停车场(库)出入口的宽度、位置、数量、布局等对相关规范要求的满足情况。

(3)项目总平面方案及停车场(库)方案评价。审查项目的总平面方案布置的道路、停车场等交通设施对相关规范要求和交通需求的满足情况。

(4)交通组织管理评价。审查项目投入使用后周边区域道路网交通组织、周边主要道路交叉口交通组织的变化,如由无信号灯交叉口升级为信号灯交叉口。项目出入口交通组织、停车场(库)出入口交通组织、项目内部车行流线和人行流线是否顺畅合理以及是否满足相关规范要求。各类出入口与道路之间衔接是否合理。

(5)停车交通评价。审查项目配建停车泊位数量和种类是否满足停车配建标准要求及停车需求,包括装卸货车位、电调出租车位、大客车位、无障碍车位、普通小汽车位。

(6)公共交通评价。审查项目周边公共交通设施容量是否满足项目出行需求。

(7)交通安全评价。审查项目交通设施,尤其是地块出入口与交叉口间距、出入口视距、转弯半径等保障车辆安全通行的要素是否满足相关规范要求。

4.2.10 大型公建或住宅区规划阶段的交通咨询

正文内容应包括建设项目概述、现状分析、规划条件、背景交通需求分析、建设项目交通需求分析、交通影响程度评价、改善措施评价、结论与建议8个部分[17]。

(1)建设项目概述。该部分包括:来源、位置、性质与规模、方案要点、编制依据及参考资料、评价年限、评价日和评价时段以及评价范围。

(2)现状分析。该部分包括:土地利用现状、道路设施及交通运行、公共交通线路及设施、停车设施、行人及非机动车设施以及综合评价。

(3)规划条件。该部分包括:用地规划、道路交通设施规划、公共交通系统规划。停车设施规划、行人及非机动车设施规划以及其他相关规划。

(4)背景交通需求分析。该部分包括:分析方法、通过性交通需求预测、其他建设项目交通需求预测、背景交通分配。

(5)建设项目交通需求分析。该部分包括:类似项目出行特征、建设项目交通生成。建设项目交通方式划分、建设项目交通分布、建设项目交通分配以及停车需求预测。

(6)交通影响程度评价。该部分包括:路网交通影响评价、公共交通影响评价。行人及非机动车交通设施评价、停车设施影响评价以及内外部交通组织评价。

(7)改善措施评价。该部分包括:敏感性分析以及改善措施评价。

(8)结论与建议。该部分包括:结论以及措施建议。

本章参考文献

[1] 公安部道路交通安全研究中心. 中国城市行人安全过街问题—研究报告[R]. 北京:公安部道路交通安全研究中心,2015.

[2] 中华人民共和国道路交通安全法实施条例[J]. 中国职业安全卫生管理体系认证,2004,(3):10-15.

[3] 源尔. 中国式过马路,别拿素质说事[EB/OL]. 网易另一面: http://view.163. com/special/reviews/runtheredlight1030. html. 2012.

[4] 浙江省地方标准. DB 33/1058—2008. 城市道路人行过街设施规划与设计规范[S]. 杭州:浙江工业大学出版社,2008.

[5] 中华人民共和国行业标准. CJJ 37—2012 城市道路工程设计规范[S]. 北京:中国建筑工业出版社,2012.

[6] 林栋,杨孝宽,万悠扬. 等权无信号控制交叉口通行能力研究[J]. 公路交通科技(应用技术版),2014,02:191-194.

[7] 中华人民共和国行业标准. GA/T 507—2004 公交专用车道设置[S]. 北京:中国标准出版社,2004.

[8] 王茜. 城市交通信号控制系统特征参数研究[D]. 上海:同济大学,2000.

[9] 赵靖,郁晓菲. 道路交叉口车道功能划分[J]. 中国市政工程,2007,03:6-

8,91.

[10] 王京元,王炜.信号交叉口车道功能划分方法[J].吉林大学学报(工学版),2007,37(6):1278-1283. DOI:10.3969/j. issn. 1671-5497. 2007. 06. 011.

[11] 龙小强.混合交通机理及其在变通控制中的应用[D].成都:西南交通大学,2001.

[12] 黄海军.混合行驶状态下机动车对自行车交通影响分析[D].北京:北京交通大学,2012.

[13] 张东明,杨静.中小城市道路中央隔离设置条件研究[J].交通企业管理,2014,29(4):37-39.

[14] 路俊杰.彩色路面技术及其应用[J].福建建设科技,2013,(5):65-67.

[15] 王丽.大城市交通影响分析体系研究[D].北京:北京工业大学.2001.

[16] 范炳全,周溪召,严凌,等.城市土地利用与交通综合规划研究[J].城市交通,1999.

[17] 北京市地方标准.DB 11/T 787—2011 建设项目交通影响评价报告编制规范[S].2011.

第 5 章　安全高效的节点

5.1　概　　述

平面交叉口、环形交叉口、快速路及立交出入口等交通节点是城市道路通行能力的瓶颈，往往制约整条道路乃至路网的服务水平。对其进行交通组织管理，明晰各种交通方式在空间上和时间上的通行权，在实现通行安全有序的前提下，充分利用交叉口资源，提高运行效率。本章共包含 38 个节点交通组织中经常遇到的问题，其中：第 1 ~ 3 个是节点优化设计的共性问题；第 4 ~ 19 个是平面交叉口几何设计问题；第 20 ~ 21 个是平面交叉口信号控制问题；第 22 ~ 33 个是平面交叉口综合优化组织问题；第 34、35 个是环形交叉口优化组织问题；第 36、38 个是快速路出入口优化组织问题。图 5-1 为城市道路的构成要素。

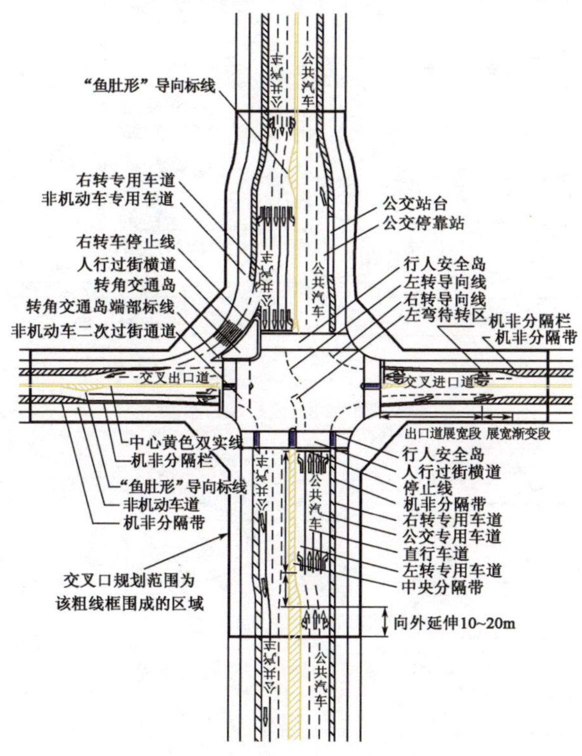

图 5-1　城市道路的构成要素[1]

5.2 常见问题

5.2.1 交叉口为何容易成为瓶颈节点

城市道路网由大量平面交叉口及路段构成。城市道路整条路线的通行能力受控于平面交叉口;城市路网的总容量也决定于平面交叉口。交叉口往往是交通堵塞的常见节点,了解交叉口容易成为瓶颈节点的原因有助于优化交通系统,提高交通系统的运行效率。

交叉口处通行能力示意图如图5-2所示,通行能力在交叉口会大幅度折减(图5-3),从而形成瓶颈。图5-4为交叉口及其上下游绿灯小时通行能力比较示意图。以路段单向三车道,交叉口四相位信号控制为例,假定路段单车道通行能力为1000pcu/h,交叉口单车道饱和流量平均为1800pcu/h,各相位绿信比均取0.25,各进口道计算通行能力可如表5-1所示。对比结果表明,当进口道等于路段车道数时,其通行能力不足路段通行能力的一半。

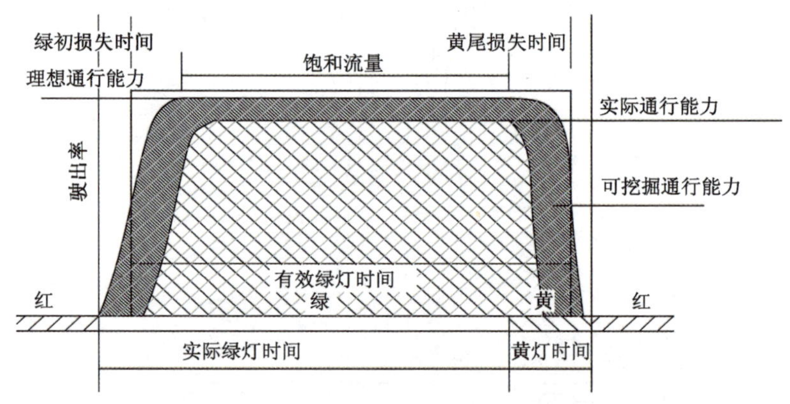

图5-2 交叉口处通行能力示意图

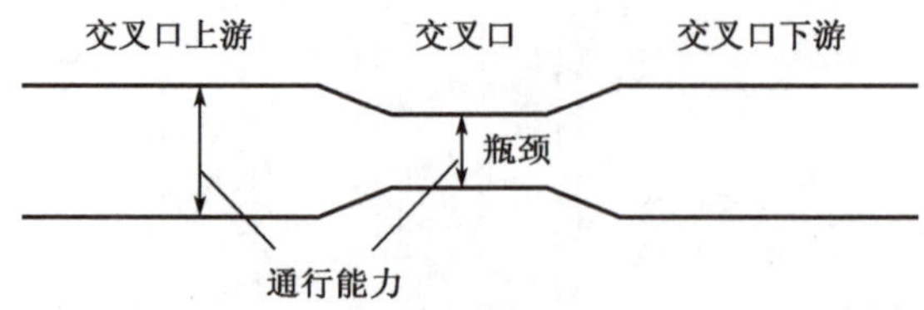

图5-3 交叉口通行能力折减示意图

依据交通流通过信号控制交叉口过程中对其通行能力产生影响的因素众多,根据实际运行状态,可将其划分为四个阶段,如图5-5所示。

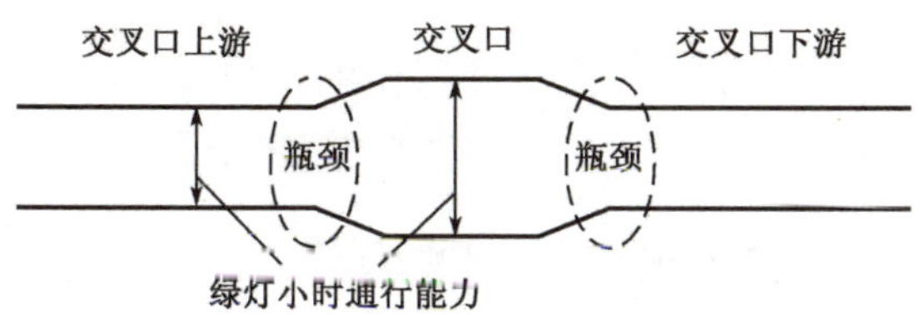

图 5-4　交叉口及其上下游绿灯小时通行能力比较示意图

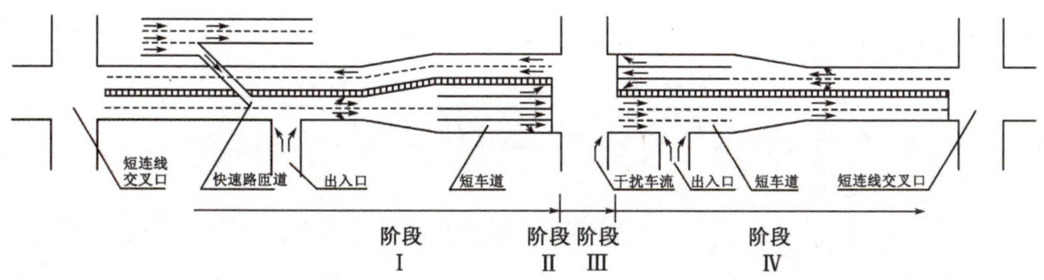

图 5-5　机动车流通过交叉口的运行情况示意图

阶段Ⅰ,停车线前行驶状态,交通流从路段驶入交叉口上游影响区域后,因受到进口道的车道数、车道功能布置、交叉口排队车辆等因素的影响,其车速、车头时距分布不同于路段的相应参数值,运行状况开始受到交叉口的影响。

路口与路段通行能力对比　　表 5-1

路段车道数	进口车道数	路段通行能力(pcu/h)	进口通行能力(pcu/h)	路口—路段通行能力比值	通行能力差值(pcu/h)
3	3	3000	1350	0.45	-1650
3	4	3000	1800	0.6	-1200
3	5	3000	2250	0.75	-750
3	6	3000	2700	0.9	-300
3	7	3000	3150	1.05	150
3	8	3000	3600	1.2	600

阶段Ⅱ,通过停车线行驶状态,一般在通过停车线过程中,交通流在交通信号相位设置及衔接方式、交通管理(如通行方式、通行限制)、车辆排队等因素的影响下,交通流的通行效率较路段存在着很大差异。

阶段Ⅲ,冲突区行驶状态,车流在交叉口内部行驶过程中,可能受到交通流渠化、行人、自行车及转向交通流的影响而产生又一次通行效率损失。

阶段Ⅳ,驶出交叉口状态,交通流驶离交叉口内部区域后,在进入正常路段前,由于受到车道数变化、进出交通等因素的影响,其通行效率可能再一次受到衰减。

道路交叉的存在,有利于不同流向交通流的转换,同时,也形成了整个道路网的"瓶颈",不可避免地对交通流的运行产生阻尼影响。

5.2.2 交叉口交通设计包括哪些内容

交叉口是道路通行能力的瓶颈,往往制约整条道路乃至路网的服务水平。道路平面交叉口交通设计的主要目的是:通过路段和交叉口进口道、进口道和出口道、出口道和路段通行能力的有效匹配设计,以及进出口道和交叉口内部各类交通流渠化设计,在实现通行安全和有序的前提下,以期在有限的交叉口范围内,充分利用其空间和时间资源,达到交叉口通行效率的最大化。

1)交叉口范围

为了明确设计对象,需要确定交叉口的设计范围。参考国家标准《城市道路交叉口规划规范》(GB 50647—2011),交叉口范围的定义如图 5-1 所示,包括图中交叉口内部范围及其相接路段。

2)交叉口交通设计流程

道路交叉口包括新建交叉口和改建交叉口,其交通设计的约束条件和设计内容也不同。参考《城市道路工程设计规范》(CJJ 37—2012)、《城市道路交通设计指南》及上海市《城市道路平面交叉口规划与设计规程》,交叉口交通设计需遵循一定的步骤,且新建与改建和治理型交叉口的交通设计流程存在差异。新建交叉口的交通设计以规划资料为依据,改建和治理型交叉口的交通设计则建立在现状调研基础之上。

具体流程[1]如下:

(1)方案概略设计

在进行方案概略设计时,主要涉及如下内容:

①进口道和出口道的横断面布置;

②道路的平面线形、纵断线形、交叉角度;

③右转或左转专用车道的设计;

④导流岛和导流线的设计;

⑤人行横道的设计。

(2)信号配时方案设计

首先需要确定配时方案的基本时段划分,然后根据各时段的流量资料分别设计配时方案:按车道渠化方案,确定合理的相位相序,同时根据资料调查阶段所获得的饱和流量、设计车速等数据确定绿初、绿末的损失时间,相位绿灯间隔时间,最小绿灯时间等时间参数,计算信号周期时长、相应的延误、排队等。

(3)详细设计

①进、出口道的设计;

②行人过街横道设计;

③非机动车交通的处理;

④摩托车交通的处理;

⑤高架道路匝道衔接交叉口处理;

⑥交叉口内部区域渠化设计。

(4)特殊情况的设计方法

①多路交叉口。当交叉口相交的道路大于4支时,交叉口内交通流向复杂,难以进行交通流组织。其设计思路有:

a. 利用其中1~2条支路设置单行线;

b. 分离其中的1~2条支路,使其提前交汇与邻近的干道相交;然后将两个交叉口做协调设计。

②畸形交叉口。Y形交叉口内部空间有较大的部分未被利用,因此应将这些部分以划线形式标出,使得行车轨迹更加明确。

③三块板道路进口道公交停靠站设计。三块板道路,当公交停靠站设置在进口道时,为改善右转车与公交车之间的交织问题,可将右转车提前引至自行车道上,利用自行车道的一部分宽度设置机动车右转专用道。

3)交叉口典型交通问题分析与对策

改建交叉口存在的主要交通问题见表5-2所示。这些问题不是孤立的,相互间存在复杂的联系,所以,当解决某一个问题时,可能带来一定的正负效果。

改建型交叉口典型问题分析　　表5-2

问题点		问题表现形式
交通阻塞	通行能力	车道数不足
		车道过宽或过窄
		车道功能不合理
		机动车与非机动车混行
		信号周期过长
		相位组合采用对称设置
		信号相位衔接不合理
	交通需求分布	交通流量分布不均匀
事故		交通岛的大小与位置不合理,影响交通安全
		由于绿化或其他设施的存在,影响到行车视距
		人行横道过长,行人过街安全无保障

续上表

问题点	问题表现形式
便利性	交叉口处的无障碍处理不当
	人行横道有障碍
其他设施	人行横道位置不合理
	标志、标线不清
	信号灯的功能不明确

对交叉口存在问题的基本对策见表5-3。

交叉口问题对策 表5-3

对策		对策说明
路面标示设置与改善	车道功能线优化运用	车道功能优化;左转、右转专用道等车道设置与改善
	人行横道、非机动车过街横道改善	人行横道设置与改善;人行横道预告标示设置;非机动车过街横道改善等
	导流岛、导流线的设置与改善	右转或左转导流标示的设置与改善;导流岛的设置与改善
交通信号改善	信号机的设置和改进	信号机的设置;信号灯与位置及信号机功能的改进
	配时方案改善	相位、相序及配时参数,时空资源与交通流协调优化
交通组织的变更		单行线或流向限制等
畸形交叉口的改善	斜交路口的改善	尽可能改成正相交
	多支交叉口的改进	禁止某些流量较小的流向通行
设置左转或右转专用道		左转或右转专用道的优化设置
改善中央分隔带		设置,改善中央分隔带类型与位置等
改善铺装		采用醒目的彩色铺装,改善制动条件等
人行道、非机动车道的改善		促进两类交通流通行空间的整合,优化管理措施
视距的改进		清除影响视距的障碍
交通安全设施的设置与改善		分隔混合交通流,明确通行权、完善标志、标识等

4)交叉口选型设计

为保障交通流行驶的安全性,交叉口的交叉形式宜选择规则的四路十字交叉,应避免五叉及其以上的多路交叉、畸形交叉,斜交角小于45°的交叉;同时,Ⅱ级支路以下的道路不应与城市主干路相交。城市道路交叉口主要分为如下几种类型:

(1)A型——立体交叉口;

(2)B 型——交叉口展宽及信号控制的平面交叉口;

(3)C 型——设有停车让行标志或减速让行标志的优先控制交叉口;

(4)D 型——不设控制的平面交叉口;

(5)E 型——环形交叉口;

(6)F 型——干路中心隔离带封闭、支路只准右转通行的交叉口;

(7)G 型——交叉口不展宽及信号灯交叉口。

5)交叉口范围红线拓宽设计

平面交叉口设计应特别注意进口道通行能力与其上游路段通行能力相匹配,为此新建道路可通过增宽交叉口处的红线宽度,改建型道路则尽可能挖掘交叉口处的空间资源,以增加交叉口进出口道车道数。新建型平面交叉口进口道展宽段长度和宽度应根据规划交通需求量和车辆在平面交叉口的排队长度确定。

6)交叉口总体布局设计

主要考虑各交通流的通行模式,进而考虑交通设施的总体布置。包括是否考虑非机动车与行人交通一体化设计、是否考虑左转非机动车交通二次过街、行人过街方式的选择、是否设置右转实体渠化岛等。

7)进出口道渠化设计

交叉口进口道车道数的确定,应以保证进口道与路段通行能力匹配为目标,并以进出口道红线为约束。

车道功能划分(对应于不同的流向和流量需求,优化分配车道资源)直接关系到能否合理地利用进口道车道资源,且影响其通行效率。一般情况下,车道功能划分不仅考虑进口道流入交通流的需求特征,还应考虑信号控制等条件,是一个理论性和适用性极强的交通设计过程。改建型交叉口进口道的车道功能设计可基于实际的道路交通条件进行;新建交叉口可根据预测交通量和道路条件进行,或先基于经验划分车道功能,待通车后再根据实际交通流的运行状况,对车道功能、信号配时和渠化方案进行调整。

8)交叉口掉头车道设计

(1)交叉口停车线上游设置掉头开口;

(2)交叉口上游设置掉头车道;

(3)掉头车道的非常规布置;

(4)直接在交叉口内部掉头。

9)交叉口内部渠化设计

为使各类不同流向的交通流在交叉口内部安全、有序、平顺地通行,平面交叉口内部应适当采用交通安全岛、路面标线及交通流向标志等进行交通流的渠化设计。渠化的流线和标识、标线应清晰、简洁、明了;应将各流向交通流的非行驶面积用标线或适当的实体交通岛加以渠化。另外,交叉口内部的车行道宽度应适当,避免因过宽而引起车辆并行、抢道现象;右转专用车道应按转弯半径大小进行车道的适当加宽设计。

5.2.3 如何规范建立信号灯控路口档案

1)交通流量资料

(1)收集路口现状照片。

(2)路口信息调查表:路口名称、路口大小、路宽、瓶颈、道路断面、行人过街、路口形式、地理位置、地理环境、信号机类型、控制路口数、调查人。

2)交通事故档案

包括事故类型、受伤人受伤的时间、地点、经过、原因分析、见证人、医院的初诊报告。如果复诊与初诊有不同情况,需及时添加复诊医院的诊断报告和相关检查报告。劳动保障相关部门受理工伤申请后,所有的工伤证据就此落实,不产生新的问题。

3)信号配时方案资料

(1)主要统计路口交通信号灯接线表。

(2)路口配时方案表:阶段图示、绿闪、黄灯、全红、红黄、配时表、配时方案、最大绿灯时间、最小绿灯时间、设计单位。

5.2.4 如何确定交叉口视距

基本概念

交叉口视距是交通设计的基本组成部分之一,对于平面交叉口,视距主要包括三种:交叉口视距、停车视距以及交通控制设施的视距[2]。平面交叉口是城市道路交通系统中数量最多的一类交叉口,其设计的合理性直接影响道路交通安全、通行效率及交叉口土地的有效合理利用。视距是决定平面交叉口几何设计的关键因素之一。平面交叉口是整个道路网中安全较为薄弱的环节,因此每条车道都应该能为驾驶人提供足够的视距来保证行车的安全[3]。

Hannaeta 在其研究中发现,对于视距较差的交叉口进口道,其发生事故的概率为每通过1百万辆车发生1.33次交通事故,而作为整体来考虑,交叉口发生事故的概率为每通过1百万辆车发生1.13次交通事故;Mitchell 在其研究中指出当交叉口视距改善后,发生事故的概率可以降低67%。交叉口是交通系统的重要节点,交通流在交叉口实现各个转向,应确定合理的交叉口视距是保证各个流向的交通流安全顺畅地通过交叉口的基本要求[4,5]。

相关规定

中国城市道路平面交叉口视距三角形一直采用安全停车视距进行控制，其主要控制方式见图5-6。《城市道路交叉口规划规范》(GB 50647—2011)[6]第3.5.2条第3款规定，平面交叉口红线规划必须满足安全停车视距三角形限界的要求，安全停车视距不得小于表5-4的规定。视距三角形限界内，不得规划布置任何高于道路平面标高1.0 m且影响驾驶人视线的物体。该条文为强制性条文，必须严格执行。

交叉口视距三角形要求的安全停车视距 表5-4

路线设计车速(km/h)	60	50	45	40	35	30	25	20
安全停车视距 S_S(m)	75	60	50	40	35	30	25	20

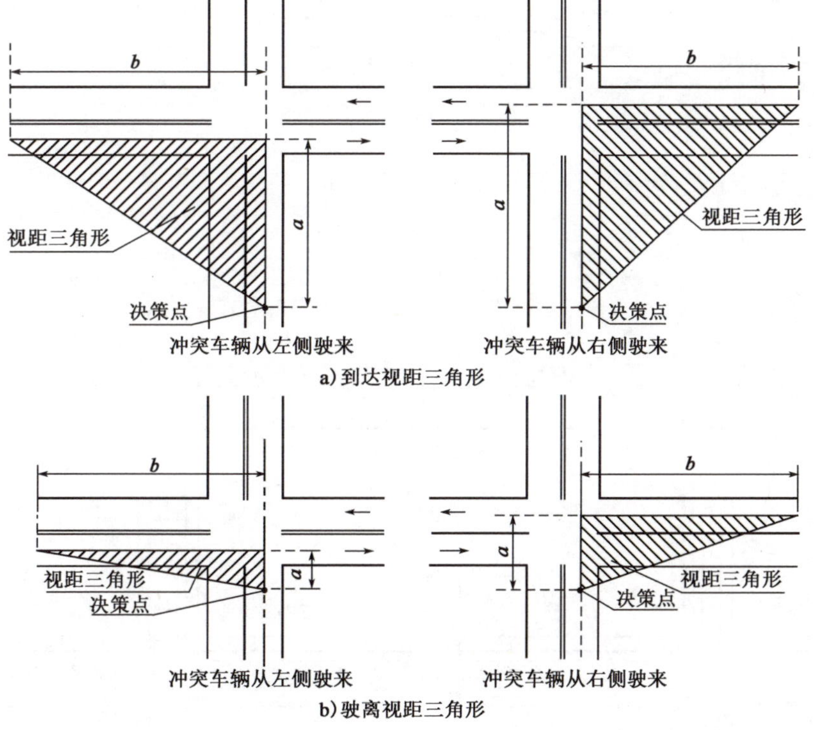

图5-6 交叉口安全视距三角形界限

设计方法

设计中应按照最不利情况进行交叉口视距的校核，最不利情况一般为本流行最右侧车道与右侧进口的最左侧车道形成的视距三角形。

国外经验借鉴

英美国家将城市道路平面交叉口的视距控制与交通规则和交叉口的交通管制方式紧密结合，分为无交通管制交叉口、次要道路停车管制交叉口、次要道路让行管制交叉口、信号控制交叉口、所有方向停车管制交叉口、允许主要道路车辆左转交叉口6种情况。不同情况要采用不同的视距要求，分述如下[3]。

1）无交通管制交叉口

无交通管制交叉口按照抵达视距（Approach Sight Distance）控制。英美国家认为，驾驶人在接近无交通管制交叉口时，通常会提前减速，因而不需要采用按道路设计速度计算的安全停车视距来控制交叉口的三角形限界，而是采用现场观测值。经统计分析后，美国给出了具有85%以上安全保证率的规范控制值，见表5-5和图5-7。

美国停车视距设计值和无交通管制交叉口视距三角形直角边长度控制值　　表5-5

道路设计速度（km/h）	停车视距设计值（m）	直角边长度控制值（m）
100	185	105
80	130	75
70	105	65
60	85	55
50	65	45
40	50	35
30	35	25
20	20	20

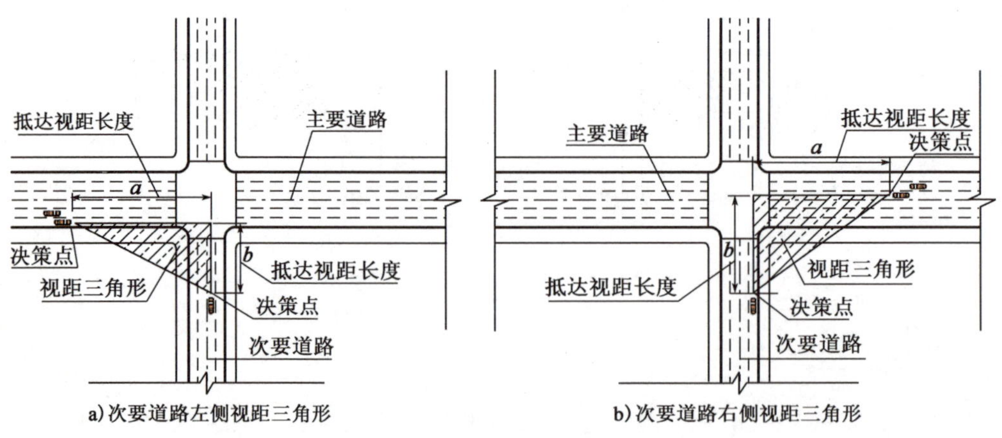

图5-7　无交通管制交叉口视距三角形

2)次要道路停车管制交叉口

对于次要道路停车管制交叉口,英美国家的交通规则要求:次要道路的车辆抵达交叉口时,必须在停车线前先停车,确认主要道路没有车辆或车辆距离较远后,才能通过交叉口。这种视距称为出发视距(Departure Sight Distance),分为次要道路车辆左转、右转、横跨主要道路三种情景,见图5-8。

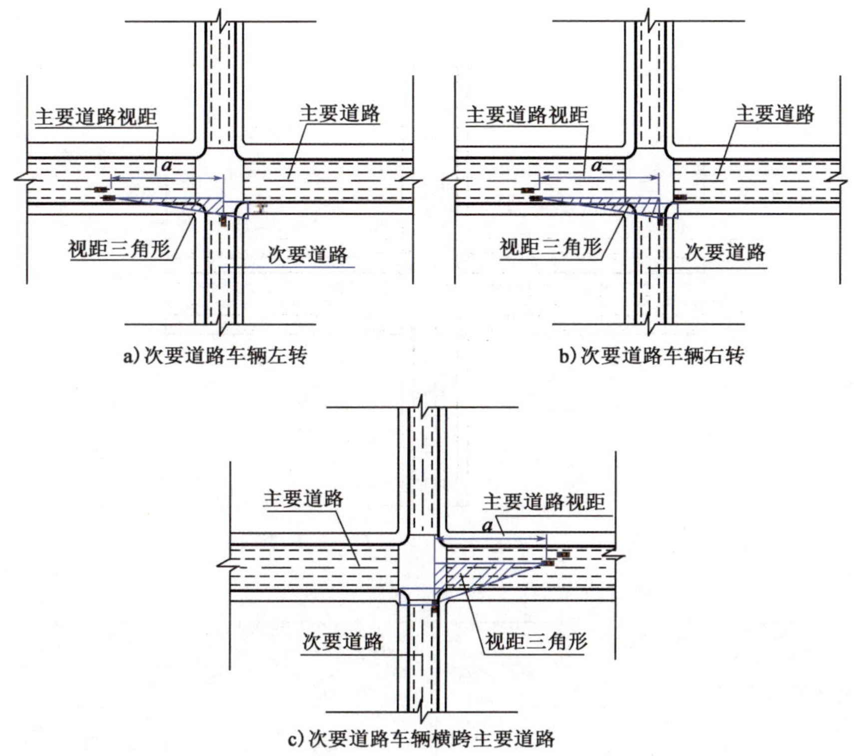

图5-8 次要道路停车管制交叉口视距三角形

3)次要道路让行管制交叉口

在次要道路让行管制交叉口,次要道路上的车辆接近交叉口时必须减速,但不必停车,其速度应减到设计车速的60%左右,而后根据主要道路上的车辆情况,决定通过或停车。次要道路让行管制交叉口的视距介于无交通管制和实行停车管制的交叉口之间。由于让行管制交叉口的视距三角形不易准确掌握,一般情况下城市区域不宜采用这种管制方式进行设计。

4)所有方向停车管制交叉口

对所有方向进行停车管制的交叉口,一个进口道的车辆在停车线前停下时,必须被其他进口道的车辆看到,而不需要控制其他的视距条件。对视距条件受限的交叉口来说,对所有方向进行停车管制是最好的选择。

5)允许主要道路车辆左转交叉口

对所有交叉口来说,无论采用何种交通管制,都需要考虑主要道路车辆左转到次要道路的情景。必须提供足够的视距满足车辆穿越对向机动车道和交叉口。车辆左转时,驾驶人需要看清前面的左转车辆,并保持一定的安全距离,此外还需要注意对向车道的来车,使对向车辆有足够的距离停车,详见图5-9。美国AASHTO推荐的对向车辆停车视距的设计值见表5-6。通常这种情况也不对交叉口用地产生影响。

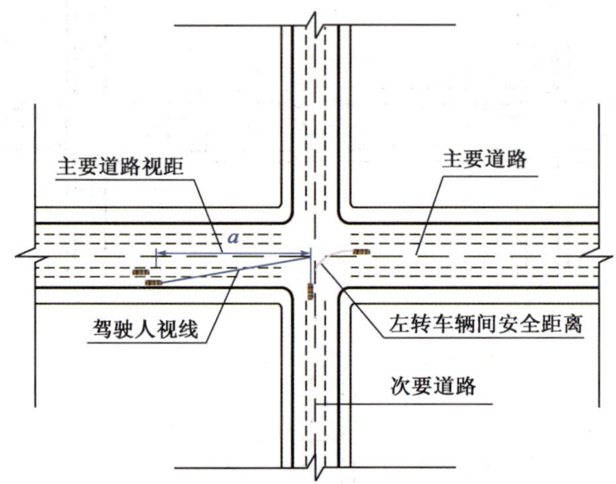

图5-9　主要道路车辆左转时对向车辆视距图

主要道路车辆左转时对向车辆停车视距设计值　　表5-6

道路设计速度(km/h)	视距设计值(m)	道路设计速度(km/h)	视距设计值(m)
100	155	50	80
80	125	40	65
70	110	30	50
60	95	20	35

6)信号控制交叉口

在信号控制交叉口,一个进口道的车辆在停车线前停下时,必须被其他进口道的车辆看到。除左转的车辆必须要有足够的视距和时间完成左转外,信号控制交叉口一般不需要有抵达视距或出发视距的限制。因此,采用交通信号灯管制方式,可以对交通量较大且视距受限的交叉口进行有效控制,见图5-10。

对于采用信号灯闪控的交叉口,在非高峰期或夜间则应按次要道路停车管制交叉口的视距三角形限界进行控制。此外,对右转不加限制的信号控制交叉口,则要按次要道路停车管制交叉口的右转情景控制次要道路左侧视距三角形限界。

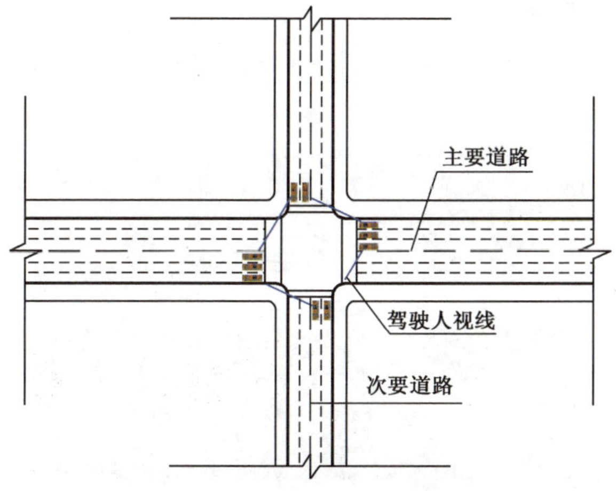

图 5-10　信号灯管制交叉口驾驶人视线图

5.2.5　交叉口进口、出口道和路段三者的车道数应如何匹配

基本概念

交叉口进出口道指按照车辆行驶方向，进入交叉口的车道叫进口车道，离开交叉口的车道叫出口车道。路段是指交通网络上相邻两个节点之间的交通线路。交叉口是交通系统的瓶颈点，瓶颈点产生的一个原因是交叉口的进口车道数、出口车道数和路段车道数这三者之间的不匹配。

设计方法

(1)进口车道数与路段车道数的匹配：按通行能力确定。

交叉口连续车道的数量应该和下游路段车道数量保持一致。在建成区内有必要增加连续车道数来使交叉口与路段通行能力匹配。

如果因为信号灯控制的原因，交叉口中的一个连续车道变成转向车道，则需要预先设置明确清晰的标志和标线。否则，会出现不必要的换道。而且，要保证剩余的连续车道能够满足交叉口中直行方向的需求。

(2)进口车道数与出口车道数的匹配：同一相位内出口车道数不小于允许进入该出口的进口车道总数。

城市道路交叉口出口道设计车道数通常与下游路段车道数相同，特别是治理型交叉口，受道路红线的限制，往往只能通过压缩出口车道(宽度或车道数)增加进口车道数，从而致使出口道通行能力不足。车流不能顺畅地流出而滞留在交叉口内部，进而可能导致整个交叉口的交通阻塞甚至死锁。如图 5-11 中北出口仅有一个出口车道，可能出现多股车流同时汇入该出口的现象，致使南向北的直行车流无法汇入,下一相位西进口的左转车流也无法汇入,从而产生严重的交通拥堵甚至影响到整个交叉口的运行可靠性与效率。因此,同相位的车流车道数要匹配,不同时的不需要特殊考虑[7]。

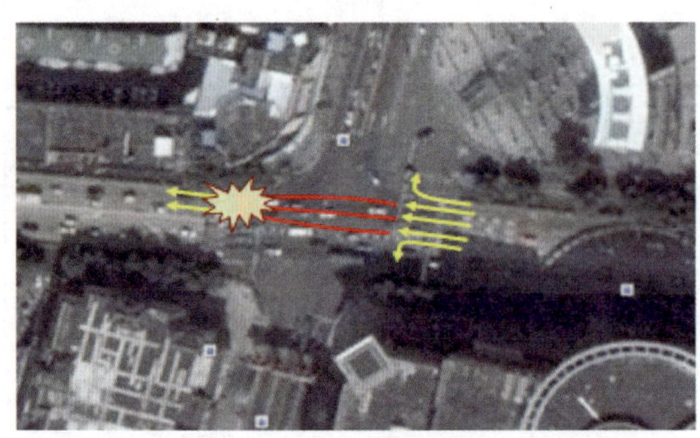

图 5-11　交叉口出口道通行通行能力不足问题

(3)出口车道数与路段车道数:应尽可能相等,不相等时应保证一定的展宽长度。

在交叉口的出口道,展宽段长度取决于绿灯时间、流量以及实地条件。车道渐变段的作用是使交通流汇入尽量顺畅,其长度应满足《道路交通标志和标线　第 3 部分:道路交通标线》(GB 5768.3—2009)[8]第 6.2.2 条渐变段长度要求,可按下式计算,且不小于表 5-7 所列最小值。

$$L = \begin{cases} \dfrac{V^2 W}{155} & (V \leqslant 60\text{km/h}) \\ 0.625 \times V \cdot W & (V > 60\text{km/h}) \end{cases} \tag{5-1}$$

式中:L——渐变段的长度,m;

V——设计速度,km/h;

W——变化宽度,m。

渐变段长度最小值　　表 5-7

设计速度 V(km/h)	最小值(m)	设计速度 V(km/h)	最小值(m)
20	20	60	40
30	25	70	70
40	30	80	85
50	35	>80	100

5.2.6　交叉口如何实现非机动车与行人交通一体化设计

基本概念

非机动车与行人交通一体化设计:在交叉口范围内行人与非机动车在同一平面,非机动车过街方式与行人相同。如果路段上非机动车与行人不在同一平面时,进入交叉口范围可以抬高非机动车道,使其与行人道处于同一平面。该布局适用于新建及改建力度较大的交叉口，见图5-12。

图5-12 非机动车与行人交通一体化设计

非机动车与行人一体化设计模式的特点是交叉口范围内，机动车单独在道路平面上行驶，非机动车和行人则共同在高出道路平面的板块上活动，在过街方面，行人和非机动车过街路线相同，全部采用左转二次过街的方式进行，这称为非机动车与行人同方式过街。其中，机动车与其之间可以采用绿化带或分隔栏等加以物理分隔，行人与非机动车之间可以采取树木和街具等进行柔性隔离。行人和非机动车在空间资源使用上可以互相借用，提高道路使用的效益。

设计方法

1）非机动车与行人一体化渠化的优化设计

渠化设计是从空间上为各种交通方式划分交叉口的内部空间，是空间资源的优化，也是时间资源优化的基础。

（1）非机动车交通渠化的优化设计

当自行车流量较大且左转自行车流量较小时，可采用左转二次过街，即让自行车与行人以相同的方式过街，在横向道路自行车进口道的前面，设置左转自行车等待区。绿灯亮时左转自行车随直行自行车运行至前方左转等待区，待另一方向绿灯亮时再前进，即变左转为两次直行。图5-13为慢行交通渠化改进前后的交叉口对比。

a)

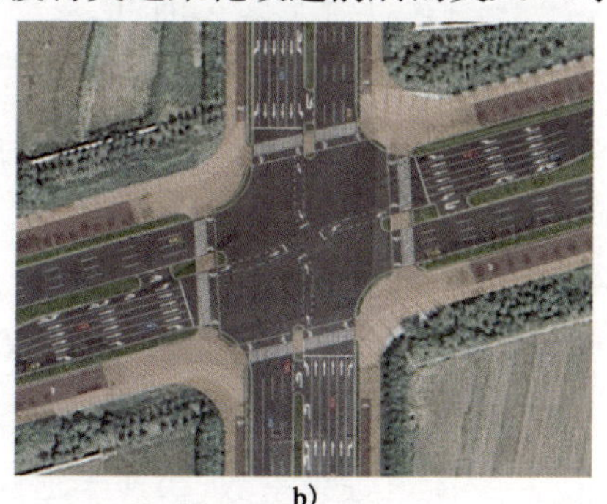

b)

图5-13 非机动车与行人交通渠化改进前后的交叉口对比

此外,还可通过设置右转弯专用车道、左转弯专用车道、自行车与行人一体化等措施优化交叉口的自行车交通。同时建议施划自行车专用标线时,可采用彩色路面,增加非机动车安全感,增强对机动车驾驶人的警示作用。

(2)行人交通渠化的优化设计

行人交通渠化是用物理条件保障行人过街安全性与效率,同时避免交通违法行为的发生。对于行人交通,可采取以下优化措施:

①合理设置人行横道线与隔离设施。

正确设置路口的人行横道线,且在交叉口处进行严格的行人与非机动车隔离,如设置护栏或用行道树进行柔性隔离。

②设置行人等待区或安全岛。

当车道过宽(>16m),行人无法在一次绿灯期间过街时,应设置行人等待区;若有中央分隔带,可从停车线延伸中央分隔带 1 ~2m 设置成行人等待区;若交叉口设有导流岛,也可将此设为安全岛。

③设置人行天桥和地道。

当行人流量大于 5000 人次/h,且是商业区道路交叉口或道路两侧存在大量人流来往的大型建筑物时,需考虑设置人行天桥和地道。

2)非机动车与行人一体化信号配时的优化设计

在确定机动车信号相位相序的前提下,根据自行车道和人行横道渠化设计方案,通过计算行人和非机动车的通行时间,确定交通信号相位及通行时间。

(1)非机动车信号配时设计

①通行能力。

$$C_{\mathrm{p}} = \frac{N_t}{B - 0.5} \times \frac{3600}{t} \tag{5-2}$$

[9]

式中:C_{p}——每米宽度内自行车连续通过断面的小时交通量,veh/(h · m);

B——自行车道的宽度,m;

t——连续车流通过的时间,s;

N_t——t 时间通过观测断面的自行车数量。分为有分隔带和无分隔带两种,无分隔带的路段 $N_t = 0.51$veh/(s · m),有分隔带的路段 $N_t = 0.58$ veh/(s · m)。

②设计通行能力。

$$C_{设} = C_{\mathrm{p}} C_1 g_{自} \tag{5-3}$$

[9]

式中:$C_{设}$——交叉口路段上自行车设计通行能力,veh/(h · m);

C_1——街道等级系数,快速干道、主干道的 C_1 定为 0.8,次干道和支路的 C_1 定为 0.9;

$g_{自}$——自行车的绿信比。

③根据设计，通行能力需大于实测高峰小时的自行车交通流量，再可求出自行车的绿信比。在周期确定的情况下，可得出自行车的绿灯显示时间。

(2)行人信号配时设计

①行人过街最短绿灯时间。

为了避免行人与左、右转车辆的冲突，需设置行人专用信号相位。信号控制交叉口人行信号灯的配时，按交叉口信号灯组的配时统一安排。行人过街的最短绿灯时间为：

$$g_{min} = 7 + \frac{L_p}{v_p} - I \tag{5-4}$$ [10]

式中：L_p——行人过街道长度，m；

v_p——行人过街步速，取1.0m/s；

I——绿灯间隔时间，s。

②人行横道设计通行能力

交叉口人行横道通行能力是根据在理想道路及交通条件下的通行能力，考虑行人实际过街时各种影响因素折减而得到。根据国内传统分析，有行人信号灯时，人行横道的实际通行能力随人行横道长度和信号周期而变化，见表5-8。

人行横道的实际通行能力[人/(m·h)]　　表5-8

C(s)	B(m)					
	7	9	15	20	25	30
70	1233	1160	904	698	551	
80	1272	1208	990	801	624	
90	1302	1245	1041	890	728	
100	1343	1274	1106	954	809	670
110	1362	1155	1144	1015	878	747

注：B为人行横道长度，m；C为行人信号周期，s。

③行人过街所需绿灯时间

行人过街实际所需的最大绿灯时间为：

$$G_{max} = \frac{P_g C}{C_{行}} \tag{5-5}$$

式中：P_g——行人交通流量；

C——信号周期；

$C_{行}$——人行横道的实际通行能力。

根据式(5-5)计算行人过街所需的绿灯时间,与最小绿灯时间作比较,若大于最小绿灯时间,则满足要求。

5.2.7 如何确定交叉口人行横道线及停车线位置

相关规定

《道路交通标志和标线 第3部分:道路交通标线》(GB 5768.3—2009)[8]规定:停止线应设置在有利于驾驶人观察路面状况的位置。设有人行横道时,停止线应距人行横道100~300cm;停止线对横向道路左转弯机动车正常通行有影响的,可适当后移,或部分车道的停止线适当后移,后移距离可以根据实际情况确定,一般在100~300cm之间。

设计方法

1)斑马线位置确定方法[6]

(1)人行过街横道应设置在车辆驾驶人容易看清的位置,应与车行道垂直,平行于路段路缘石的延长线,并应后退1~2m,人行横道间的转角部分长度应大于6.0m。在右转车辆容易与行人发生冲突的交叉口,后退距离宜适当加大到3~4m。

(2)人行横道宽度应根据过街行人数量、人行横道通行能力、行人过街信号时间等确定。

(3)高架道路下人行横道的设置应避免桥墩遮挡行人观察迎面来车的视线,宜设置行人过街安全岛和专用信号灯。

(4)交叉口设有转角交通岛时,其人行横道的设置应结合转角交通岛进行布置。

(5)人行横道两侧沿路缘石宜设置行人护栏或种植具有分隔作用的灌木丛等;行人护栏或分隔设施长度应为30~120m,主干路应取90~120m,次干路应取60~90m,支路应取30~60m。

(6)无信号控制及让行标志交叉口应规划布设斑马线,并应在人行横道上游机动车道上划人行横道警告标线。

(7)环形交叉口需设置人行横道时,人行横道位置宜结合交通岛设置,必要时可采用定时信号或按钮信号控制。

2)停车线位置确定方法[11]

现行的交叉口停车线设计在理论上采用国家规范规定的方法,但在实际设计中,设计人员通常依据个人经验进行,而在具体操作中,每个城市采用习惯做法。

目前各城市交叉口停车线的设计还没有形成一个科学及量化的标准。根据交叉口渠化形式的不同，现行的交叉口停车线确定方法可以归结为两种，一是设置渠化岛的停车线设计模式，二是未设渠化岛的停车线设计模式。

(1)模式1：设置渠化岛的停车线设计模式

对于设置三角形右转车辆渠化岛的交叉口，其停车线的设计位置由渠化岛的边缘决定。通常，从渠化岛边缘后退2m设置行人过街横道线的前边缘线，再后退行人过街横道的宽度及行人过街横道与停车线之间的安全距离1m，设置交叉口停车线。

(2)模式2：未设渠化岛的停车线设计模式

对于未设置渠化岛的交叉口，停车线的设置位置通常比较靠前。即将对向的两个进口道(东、西进口道或南、北进口道)路段人行道缘石连接，作为交叉口行人过街横道的前边缘，后退行人过街横道宽度及1m的安全距离设置交叉口停车线。

5.2.8　交叉口如何设置行人二次过街人行横道及安全岛

基本概念

二次过街是以提高安全性、便利性为目的，是在人行横道上设置行人安全岛，把人行横道分为两部分，使行人分两相位来完成横穿道路的一种行人过街方式。此办法在不干扰或少干扰车流的前提下，增加饱和流量和交叉口容量，缩短行人一次过街距离，方便老人及交通弱者的过街。

此外，在主干路与次干路相交的交叉口上设置行人二次过街设施，主要还是由于交叉口的信号配时以机动车流量为设计标准，主干路较宽、车道数多、流量大，所以赋予的绿灯时间长；而次干路道路等级低、车道数少、流量小，所以赋予的绿灯时间短；但由于主干路较宽，行人在按机动车流量得出的信号配时下，无法一次过街，所以造成行人信号与机动车信号的矛盾，在这种情况下，可以通过设置二次过街设施的方式来解决。

二次过街设施还应设置在机动车流量大，行人特别是老人、小孩和残疾人流量大，过街频繁的交叉口上。由于二次过街方式在道路中间为行人提供了休息和避让机动车的空间，为不能一次过街的交通弱者提供了安全保障[12]。

相关规定

国外交通安全岛一般设置在四车道以上，过街距离大于20m，车流量大的道路上，并且还要求安全岛的周围没有树木、栏杆或者灌木阻挡驾驶人的视线。

我国《城市道路交通规划设计规范》(GB 50220—1995)[13]中规定：当道路宽

度超过4条机动车道时，人行横道应在车行道的中央分隔带或机动车道与非机动车道之间的分隔带上设置行人安全岛。

《城市道路交叉口规划规范》(GB 50647—2011)[6]第7.1.5条规定，行人过街安全岛的设置应符合下列规定：

(1)人行过街横道长度超过16m时(不包括非机动车道)，应在人行横道中央规划设置行人过街安全岛，行人过街安全岛的宽度不应小于2.0m，困难情况不应小于1.5m。

(2)有中央分隔带的道路，可利用中央分隔带设置行人过街安全岛；无中央分隔带的道路，可根据下列情况采取相应的措施增设行人过街安全岛，并应符合下列规定：

①有转角交通岛的交叉口，可减窄交通岛0.75～1.0m设置行人过街安全岛；

②无转角交通岛的交叉口，可利用转角曲线范围内的扩展空间设置行人过街安全岛；

③当人行横道设在直线段范围内时，可减窄进出口车道的宽度设置行人过街安全岛。

(3)在人行横道中间设置行人过街安全岛时，应在安全岛靠交叉口中心一侧的岛端设防撞保护岛；防撞保护岛迎车面应设置反光装置，且其设置不应影响左转车辆的正常行驶轨迹。

(4)过街安全岛宽度不够时，安全岛两侧人行横道可错开设置，并应设置安全护栏。如图5-14所示。

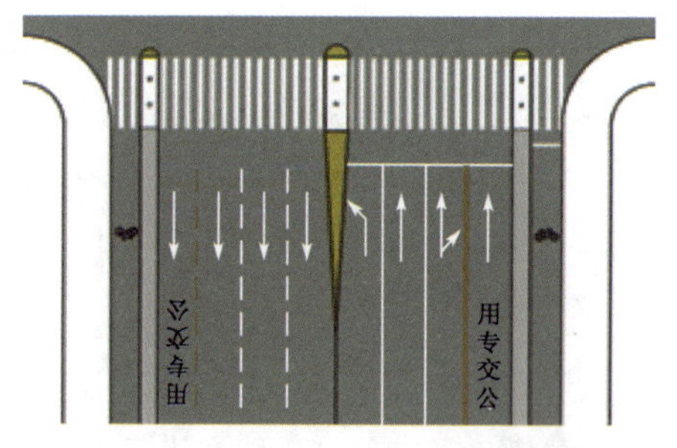

图5-14　过街安全岛设置示例

设计方法

鉴于不同路口和路段的实际条件，安全岛的设置形式可以多样化，因地制宜地设置不同类型的安全岛，充分发挥不同类型安全岛的优点。在道路较宽车流量相对较少的路段，可以采用护栏形式在道路中间围成安全岛，这种安全岛具有安装容易、造型美观、空间大的特点。在有中央分隔带的道路，运用隔离带与人行横道交叉处的空间作为安全岛，并且在分隔带上设置反光发光标志以及黄闪信号灯。如图 5-15 所示。

a）护栏围成的安全岛

b）有中央分隔带的安全岛

图 5-15　过街安全岛设置形式示例

1）行人二次过街信号灯设置方法[9]

运行二次过街方式时行人须在安全岛里待一段时间，但路中心条件比路边的条件差，所以行人在安全岛上等候的时间以不超过一个周期为原则。行人过街信号运行方式为：利用主干路和次干路左转相位组织二次过街，如图 5-16 所示。行人过街信号在主干路左转相位 2 和次干路左转相位 4 上，以各自的人行横道的步行

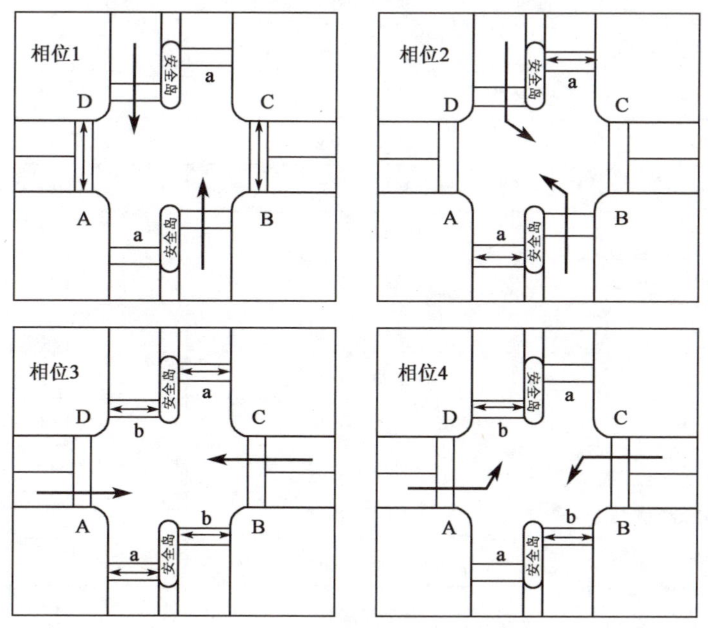

图 5-16　二次过街信号相位示意图

时间为最短绿灯时间的运行方式。左转相位 2 和 4 上各布置过街信号，从而延长了左转相位的绿信比，但是缩短了次干路的直行相位，所以适合于主干路和次干路左转交通量多，次干路直行交通量少的交叉口。在步行方面，各个方向都在中间安全岛上等候一个相位，能保持各方向平衡。

2）行人二次过街设置标准

设置二次过街之后，行人每次过街的延误显著减小；但是，这并不能说明所有情况下都要设置二次过街。行人延误很小的情况下，设置二次过街无意义；设置二次过街后，行人延误仍然大于行人忍耐极限时间，此时通过设置二次过街已经不能解决问题，必须要考虑人行天桥或者路网分流等措施。

根据观察，行人在等待过街时，其等待时间存在一个极限值，当行人为获得通行权而需要等待的时间超过此极限值后，行人强行过街的比例会迅速增加，这个时间称为行人的极限忍耐时间。对于行人极限忍耐时间的取值，参考国外和我国研究经验，行人忍耐时间为 30～40s。

设置二次过街前行人延误大于忍耐极限，设置二次过街后行人延误小于其忍耐极限的情况下设置二次过街效果最好。表 5-9 给出信号控制条件下适合设置二次过街的行人和机动车流量范围。

信号控制条件下适合设置二次过街的行人和机动车流量范围 表 5-9

行人流量（人/h）	机动车流量范围（pcu/h）	
	双向六车道	双向四车道
1	3655～4200	4020～4385
100	3635～4175	3995～4355
500	3555～4060	3890～4230
1000	3455～3915	3760～4065
1500	3345～3765	3625～3905
2000	3235～3615	3485～3470
2500	3115～3460	3345～3575
3000	2995～3300	3200～3405
3500	2870～3140	3050～3235
4000	2735～2980	2900～3060
4500	2600～2815	2740～2885
5000	2460～2645	2585～2705
5500	2315～2475	2420～2530
6000	2165～2300	2255～2345

5.2.9　交叉口自行车交通组织

自行车是一种重要的交通出行方式，但运行特征与机动车交通存在很大不同，因此其交叉口交通组织需要特别考虑。以交通流按交通规则通行为前提，归纳混合交通的运行特征于表5-10，并将混合交通流的运行速度和饱和状态特征分别绘制于图5-17和图5-18中。

各交通方式信号灯控制交叉口交通运行特征　　表5-10

交通流类别	运行特征		
	绿灯初期	绿灯中期	绿灯末期
行人交通流	无起动反应时间损失，集团式进入交叉口	过街速度慢，双向过街行人互为影响	行人稀疏，闯信号灯者易中途受阻
自行车交通流	起动反应时间损失近乎为零，集团式进入交叉口，左转车与同向进口道机动车竞争通过冲突点	左转车过街困难，并影响其他直行车通行，行驶速度介于行人和机动车之间	流量小，绿灯利用率低，闯黄灯的车辆易构成对另一相位绿初驶入车辆的影响
机动车交通流	有起动反应时间损失（一般为2s，有时甚至超过10s），前四或五辆车不能按饱和状态驶入交叉口	按饱和流量通过，车速大于行人及自行车速度	一般按到达流量通过，存在绿末时间损失

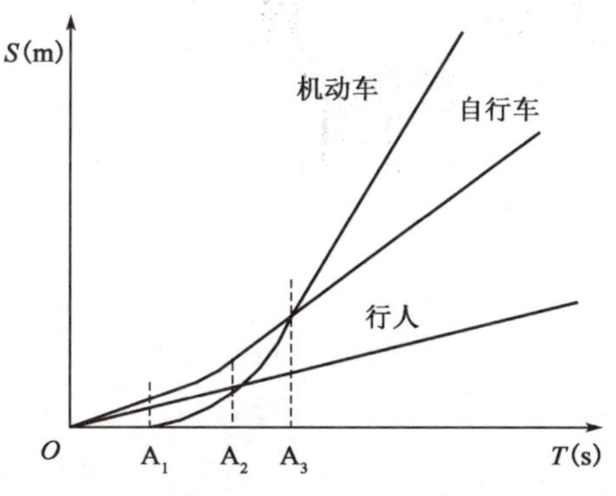

图5-17　混合交通流绿初速度比较

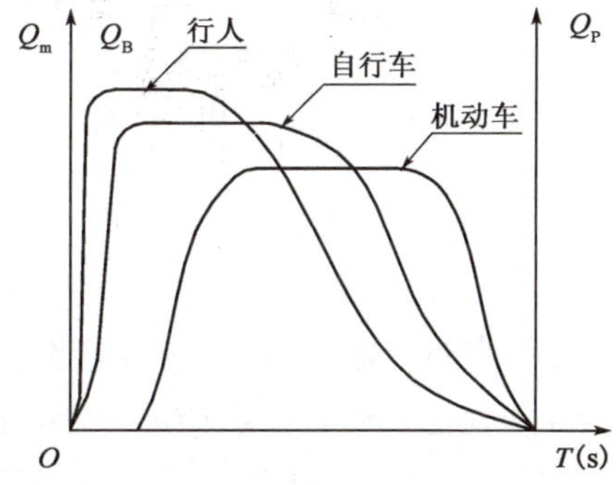

图5-18　混合交通流饱和状态比较

设计方法

除了常规的自行车组织形式外，这里介绍两种针对自行车交通的优化方法。

1）自行车与行人一体化过街

当自行车在交叉口内直接左转时，除非有左转专用相位，自行车对机动车的干扰很大，同时自身安全得不到保障。可以换一种思路，像行人过街一样，采用中间设禁止行驶区，在交叉口横向道路自行车进口道的前面，设置左转自行车候车区，绿灯启亮后左转自行车随直行自行车运行至对面左转候车区内，待另一方向的绿灯亮时再前进，即变左转为两次直行。

左转自行车二次过街设计方法的优点是：

首先，消除了左转自行车对机动车的干扰，因而可以提高机动车通过交叉口的运行速度以及通行能力。

其次，减少了左转自行车与直行机动车流的冲突点，有利于交通安全。

左转自行车二次过街设计方法的缺点是增加了左转自行车的绕行距离。左转自行车二次过街设计方法，一般适用于左转弯非机动车流量较低的情况，对于交叉口范围较大的，一般都具备了建立非机动车候车区的条件。

在自行车流量较大的情况下，仍然可以采用该设计思路，自行车与机动车仍然共用停车线，先对右转自行车进行提前分离，控制直行自行车先于左转自行车进入交叉口，这样可以大大降低交叉口内用于自行车待行的空间。

图 5-19 为自行车左转一次过街与左转二次过街设计模式。

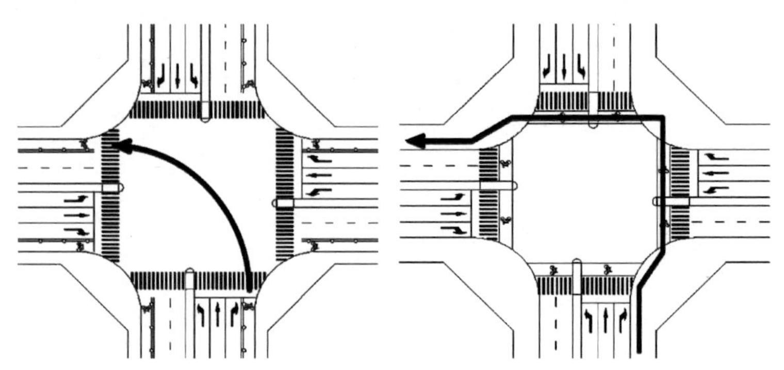

图 5-19　自行车左转一次过街与左转二次过街设计模式

2）自行车停车线提前法

根据自行车起动快、骑车人急于通过交叉口的特点，将路口机动车与自行车停车线分开划定并使其前后错位，就是说将非机动车停车线划在前面，机动车停车线划在后面。如图 5-20 所示。红灯期间自行车在机动车前方待行；当绿灯亮时，非机动车先驶入交叉口，可避免自行车主流同机动车同时过街，相互拥挤与干扰。两条停车线之间的距离以非机动车交通量大小以及路口的几何尺寸而定。

这种方法的思路是避免主要矛盾，即避免绿灯初期驶出停车线的自行车主流与机动车之间较大的冲突与干扰，可在一定程度上提高交叉口的通行能力和运行秩序。该方法适用于进口车道为 1 ~2 车道、机动车在两相位控制状态下能正常运行的小型交叉口，这一方法对于提高交叉口的通行能力与交通安全都是有利的，也适合左转弯自行车流量很大的情况。但是，只有对自行车骑车人加强管理与教育，使非机动车做到合理停车，才能发挥此方法的作用。

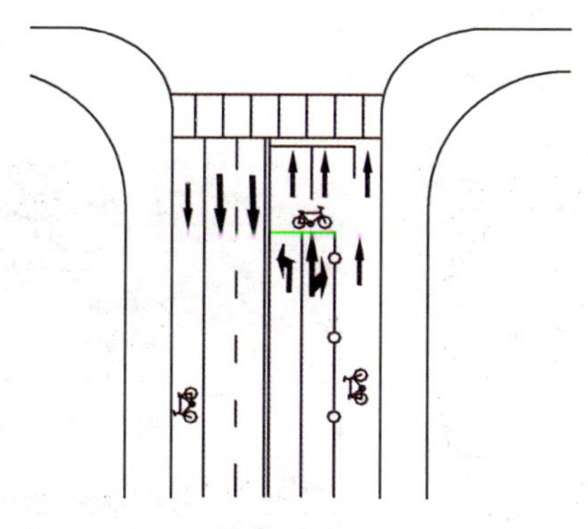

图 5-20 自行车停车线提前法

5.2.10 如何确定交叉口右转弯半径

基本概念

交叉口缘石半径决定了交叉口内部转弯车辆的运行车速，通常交叉口缘石半径越大，交叉口内部右转车辆的车速就越高；但同时，从提高交叉口安全的角度出发，也可以通过控制缘石半径来降低车速，保障行人安全。目前，在国外交叉口设计中，城市交叉口缘石半径的最小值通常取为25(7.6m，不考虑大型车辆的通行需要)~35ft(10.8m，考虑大型车辆的通行需要)；而在郊区，交叉口缘石半径的取值范围通常在25~50ft(7.6~15.25m)之间。但对于设置转向岛或多条右转车道(左转)的交叉口，其缘石半径会相应的增加[2]。

相关规定

《城市道路交叉口规划规范》(GB 50647—2011)[6]第3.5.2条第5款规定，交叉口转角路缘石转弯最小半径宜按表5-11确定。

交叉口转角路缘石转弯最小半径　　表 5-11

右转弯计算行车速度(km/h)		30	25	20	15
路缘石转弯半径(m)	无非机动车道	25	20	15	10
	有非机动车道	20	15	10	5

先进理念

从安全角度，交叉口右转弯半径(路缘石)应采取较小的转弯半径。转弯半径小可以降低机动车右转弯的车速，从而使非机动车和行人优先通过，保障非机动车和行人的优先权以及安全性。一般生活性道路有自行车道的交叉口路缘石转弯半径可采用5m,无自行车道的转弯半径不宜大于10m,并应配套设置必要的限速标识或其他稳静化措施。如图5-21所示。

图5-21 交叉口右转弯半径图示

5.2.11 设置左转、右转专用车道的条件及与转向专用信号相位的关系

基本概念

专用车道指的是规定只允许某种车辆行驶或只限某种用途使用的车道。专用车道旨在为保护特殊车辆的通行权,提高特殊车辆的运行效率,使其更好地服务交通系统。

设计方法

1)交叉口车道功能布置方法

车道功能划分(对应于不同的流向和流量需求,优化分配车道资源)直接关系到能否合理地利用进口道车道资源,且影响其通行效率。一般情况下,车道功能划分不仅考虑进口道流入交通流的需求特征,还应考虑信号控制等条件,是一个理论性和适用性极强的交通设计过程。改建型交叉口进口道的车道功能设计可基于实际的道路交通条件进行;新建交叉口可根据预测交通量和道路条件进行,或先基于经验划分车道功能,待通车后再根据实际交通流的运行状况,对车道功能、信号配时和渠化方案进行调整。

2)设置左转专用车道

(1)设置左转专用车道的必要性[14]

左转是交叉口最难以处理的问题,始终是交通工程师面临的难点。左转使得交叉口冲突、延误和事故增加,通行能力下降,并且使信号配时变得复杂。在交叉口与左转有关的冲突有:车辆与车辆、车辆与行人、车辆与非机动车以及非机动车与行人、非机动车与非机动车的冲突;引起左转冲突的原因主要有:对向直行交通、本向直行交通、横穿的车辆和行人。在没有设置左转专用车道的情况下，左直或左直右混行，在通过交叉口的过程中，左转和直行车辆以及对向交通产生复杂的相互作用：左转与对向交通相互干扰，在共用车道内，直行车与转弯车分离、本向左转车对后面跟行的直行车产生阻碍等。如图5-22所示。

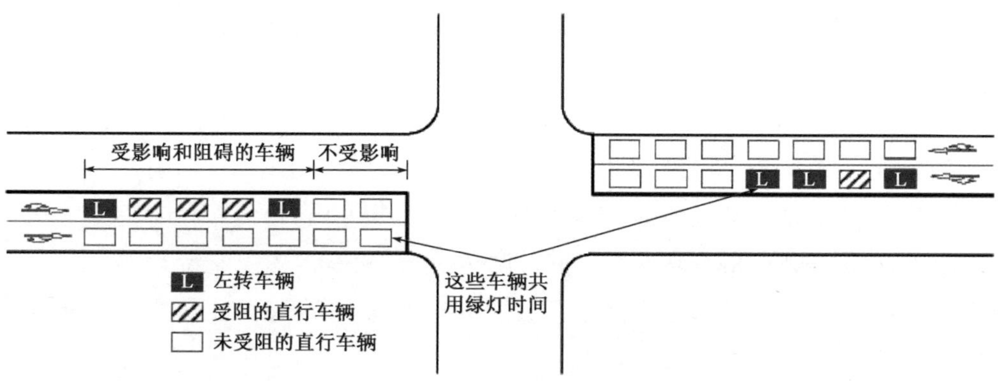

图5-22　交叉口直左混行车道的运行图式

(2)设置左转专用车道的主要影响因素

左转车道的设置与否主要从交叉口的运行效率和安全性两大方面考虑。考虑的主要因素：本向直行、左转交通量、左转交通量百分比、对向左转、直行、右转交通量、设计和运行车速、车道数以及交通事故等。

(3)左转专用车道的设置依据

美国《道路通行能力手册》(HCM2000)主要从左转交通量、对向交通量和安全三个方面来考虑左转车道的设置，建议在如下情况设置专用左转车道：

①采用完全的保护相位；

②在空间条件允许的情况下，左转交通量超过100veh/h(如果分析或地方实践经验表明，更低的交通量也可以)；

③如果左转交通量超过300veh/h，应当考虑设置2条专用左转车道。并建议，在一般情况下，应将设置左转专用车道作为交叉口的标准设计，除非在商业中心(道路通行权受到严重的制约)、单行线或者是运行分析表明确实没有必要设置。

(4)设置左转专用车道的条件

交叉口平面设计需收集和掌握道路相关的规划资料，已完成设计或竣工的相交道路的设计、竣工资料等。在充分理解、掌握前期资料后，根据交叉口的实际情况进行道路交叉口的断面布置，确定通行方法和转弯车道的车道数，最后进行转弯车道详细的几何设计。

①新建城市道路交叉口

由于新建道路的交通量为预测值，无法准确地反映道路使用的实际情况，故其交通设计为可预见性设计，这可使得道路在建成后即使发生问题也可以通过较为方便的方法和措施来做进一步改善。

左转车道布置一般应根据预测的左转交通量设置，由于左转车流对直行车流的影响较大，因此对于新建道路，如果不是交叉口左转车辆过少时，建议根据实际需要布置后再留一定的预留空间。交叉口开始使用后，应针对实际的交通状况，及时进行设计上的调整[15]。

②已建交叉口

对于已建交叉口，有左转专用相位的，必须有左转专用车道。当高峰15min内每信号周期左转车平均流量达2辆时，宜设左转专用车道，每信号周期左转车平均流量达10辆，或需要的左转专用车道长度达90m时，宜设两条左转专用车道。左转交通量特别大且进口道上游路段车道数为4条或4条以上时，可设3条左转专用车道[16]。

3）设置右转专用车道[14]

长期以来，国内外对左转的研究非常重视，而忽略了右转。随着交通量的增加，特别是我国混合交通严重，由右转引起的交通问题越来越多，亟须进行深入思考。

（1）设置右转车道的定性分析

根据不同的交通状况，对右转车辆采用不同的处理措施，如加大转弯半径、设置渐变段和右转车道等。实践经验表明：只有在理由很充分时才设置右转专用车道。右转专用车道的设置影响因素比左转车道简单，右转不受对向机动车流干扰，主要面临往来行人流、非机动车流以及同向机动车的影响，因此设置转弯专用车道右转通常比左转流向更有效[17]。

同样，右转车道的设置与否主要从交叉口的运行效率和安全性两大方面考虑，影响因素有非机动车流、行人流和同向机动车。

信号交叉口的很多冲突与右转车辆有关，右转专用车道能降低相关的冲突。受非机动车和行人的影响以及转弯半径的制约，右转车辆在转弯前需要减速，设置有足够长度的右转专用车道将要转弯的低速车辆从直行交通中分离出来，右转车辆在不影响直行交通的情况下减速，减少了潜在的冲突。所以，当通过人行道的行人流量较大，右转交通量也非常大时，通常应设置右转专用车道；当高等级的道路（比如城市过境道路）连接到交叉口上时，右转车的速度往往较快，需设置右转专用车道供减速之用。

设置右转车道能够将右转车辆与后面车辆间的冲突降到最小，特别是在交通量大和速度高的干道上。在主路的进口道设置右转专用车道可以大大减少追尾事故，从而降低事故总量。

同时,右转车道的设置增加了人行横道的长度和行人过街时间,降低了行人的安全性,只有在右转车的影响很大时才设置。

(2)设置右转专用车道的依据

在不设右转专用车道时,右转车辆与其他车流共用车道和相位。右转与左转不同,如不考虑行人和非机动车的影响,右转车辆不受对向车流的影响,主要受本进口道交通流的影响。选取右转交通量、直行交通量以及与直行共用车道的左转交通量作为主要变量,对进口道车道数进行研究。结果表明:

①进口道的直行车道数要使得通过的交通量(包括与直行共用车道的右转和左转交通量)不能超过450veh/(h·ln);

②当右转交通量超过300veh/h,并且相邻直行车道的交通量超过300veh/(h·ln),建议设置右转专用车道;当右转交通量超过600veh/h时,可设置2条右转专用车道[18,19]。

(3)设置右转专用车道的条件[20]

当高峰15min内每信号周期右转车平均到达4辆或道路空间允许时,宜设置右转专用车道。

4)专用车道与左转转向专用信号相位的关系

在左转交通绿灯期间,所有冲突车流应显示红灯,左转交通才能得以保护。在以下情况,左转交通流需要保护:

(1)对向交通流速度较快;

(2)左转交通流较流畅;

(3)左转交通流流量或者与其冲突的交通流流量较大;

(4)具有第二类冲突的交通流受到更多的限制;

(5)驾驶人左转时需要注意很多可能的冲突(例如,有轨电车与多车道对向交通,或者多车道对向交通、右转车辆与同时放行的行人与自行车)。

(6)如果有两条或者两条以上左转车道,左转车辆通常需要信号保护。

本向直行与对向左转交通流仅在有足够的空间能够互不干扰的通过交叉口时,才可同时显示绿灯。

如果左转流量较少,左转车辆不必每个周期都有绿灯时间。但是,此时的周期时间不能超过60s。

5)专用车道与右转转向专用信号相位的关系

当利用绿化带展宽成右转专用车道或直右混行车道。当设置2条右转专用车道时,宜对右转车流进行信号控制。

右转交通一般不需要安装方向信号灯。在有大量的侧面交通流(行人、自行车、公共汽车或者有轨电车）以及高速度的道路上可以考虑使用方向信号控制。

如果车辆在三角渠化岛处转弯，在以下情况需要右转交通专用信号控制：

（1）有两条右转车道；

（2）行人与自行车交通流量较大；

（3）车辆转弯太快，不够注意行人与自行车。

5.2.12 如何设置交叉口左弯待转区

为了有效利用道路交叉口的时空资源，在交叉口内延伸左转进口车道，在不影响直行进口车道通行的情况下，左转机动车在信号指示灯未启亮之前提前进入交叉口，当左转信号指示灯启亮后，可以减少在交叉口内的通行距离，快速通过路口，增加通行能力。左转机动车提前进入交叉口的区域称为交叉口左弯待转区。

相关规范

左转待转区需要施划交通标线予以明确在交叉口内的空间位置。按照《道路交通标志和标线 第3部分：道路交通标线》（GB 5768.3—2009）[8]规定，左弯待转区线为白色虚线，用来指示左转弯车辆在直行时段进入待转区等待左转的位置。左弯待转区线应在设有左转弯专用信号且辟有左转弯专用车道时使用，设于左转弯专用车道前端，伸入交叉路口内，但不得妨碍对向直行车辆的正常行驶。如图5-23所示。

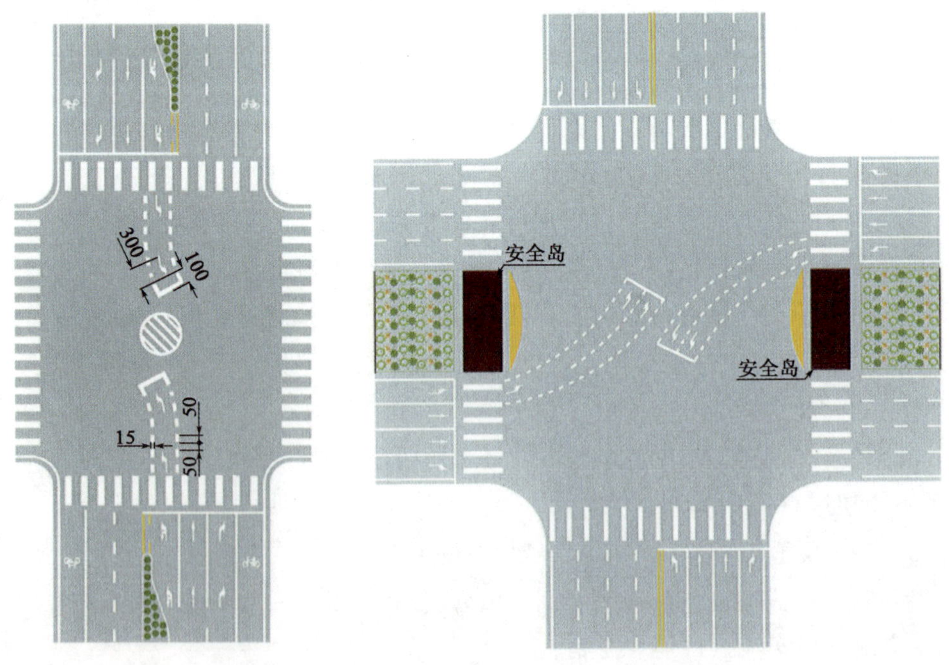

图5-23 交叉口左弯待转区设置示例（尺寸单位：cm）

设计方法

设置机动车左弯待转区的一般做法是：进口道直行相位绿灯启亮时，左转车辆跟随直行车辆启动，排队的前几辆左转车进入左弯待转区内等待，直至左转相位放行。左转相位终止时，禁止车辆在左弯待转区内停留。

1）渠化设计[21]

左弯待转区设在左转专用车道前端，伸入交叉口内部，伸入长度应保证在此范围内待行的左转车辆不与对向直行车流发生冲突。左弯待转区的标线为两条平行白虚线，前端标绘停车线。标线内标志“左弯待转区”，用以指示左弯待转区的范围。如图5-24所示，南进口设置左弯待转区，停车线A为交叉口进口停车线，停车线B为左弯待转区停车线。

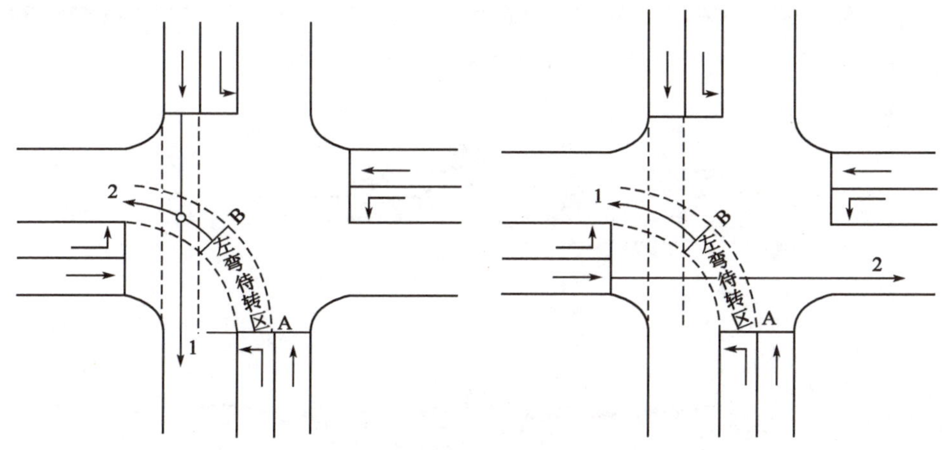

图5-24　左弯待转区设置示意图

2）信号控制设计

设置左弯待转区的进口道设有左转专用相位，相序安排为同一进口道先直行后左转，信号配时方法有以下两种（以南进口设置左转待转区为例）：

方法1：根据左弯待转区停车线位置，确定信号总损失时间。再按照信号配时的一般步骤[22]进行配时设计。因绿灯间隔时间增加，信号周期时长增加。

方法2：保持信号周期时长不变，在不设置左弯待转区的信号配时基础上，迟启左转相位，从而延长绿灯间隔时间。

5.2.13　左转车道右置的适用场景

在对车道功能进行合理划分的过程中，除了应考虑上述交叉口交通、道路、信号等条件，还应重视交叉口上游交通流状况，尤其当上游交叉口距离较近时，需注意其交通流的主流向，采取合理的车道功能划分。

左转车道右置，如图5-25所示，由于两交叉口间距较短，且有大量的车辆经由图中路线①和路线②通过，可以考虑将相应进口道处左右车道进行置换[4]，同时对左、直、右三股车流都要进行信号控制。

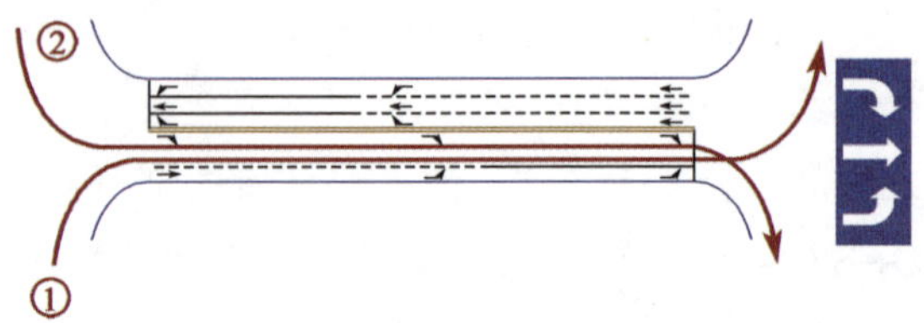

图5-25　左右车道置换示例

设计方法[23]

左转车道右置一般用于两交叉口距离很近，车流在路段上难以完成交织的情况，此时可以将相应进口道处左右车道进行置换，具体包括：

(1)主辅路组合交叉口，如图5-26所示。

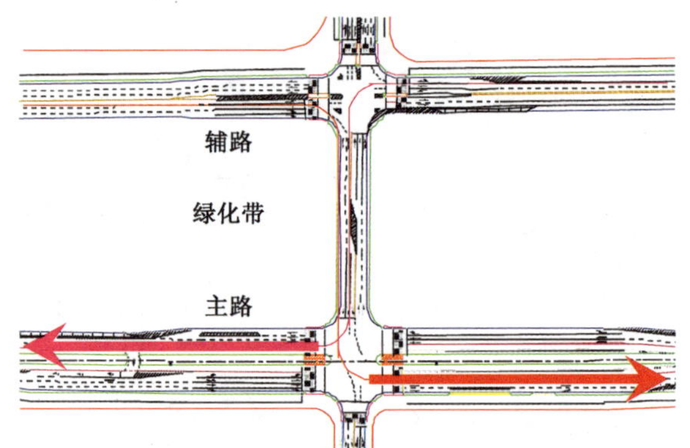

图5-26　主辅路组合交叉口

(2)错位交叉口，如图5-27所示。

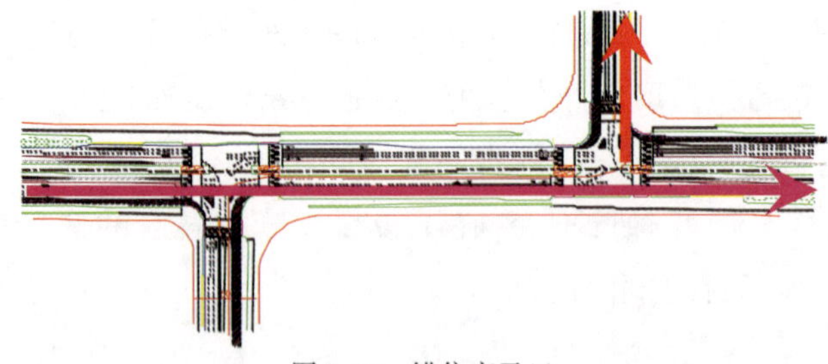

图5-27　错位交叉口

(3)城市快速路下匝道近交叉口的情况，如图5-28所示。

要注意的是，这种车道布局有悖于常规，一定要配合合理的交通语言设计，提前给出提示信息。

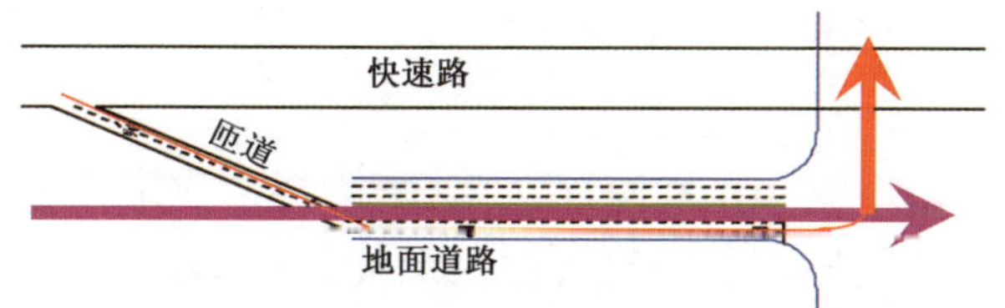

图 5-28　城市快速路下匝道近交叉口

5.2.14　交叉口掉头车道的设计方法

基本概念

掉头车道是为满足交叉口掉头需求车辆设置的专用车道。快速增长的交通需求使交叉口掉头交通流量增加，加剧了交叉口的交通拥堵。专用掉头车道的设置已成为众多城市解决交叉口掉头交通问题的重要手段。

设计方法

(1)交叉口停车线上游设置掉头开口，如图 5-29 所示。

技术手段：为了避免掉头车辆对过街行人交通的影响，宜在交叉口停车线上游 3m 左右的中央分隔带上设置掉头车道开口，共用同一进口道左转专用相位实现车辆掉头。为了确保其安全性，在掉头车道流出侧应设置减速带和让行标志，以降低掉头车辆驶入出口道的速度，并警示掉头车辆让行。

适用条件：进口道设有左转车道及左转相位，且周期左转交通量和掉头交通量之和不超过该车道通行能力。

(2)交叉口上游设置掉头车道，如图 5-30 所示。

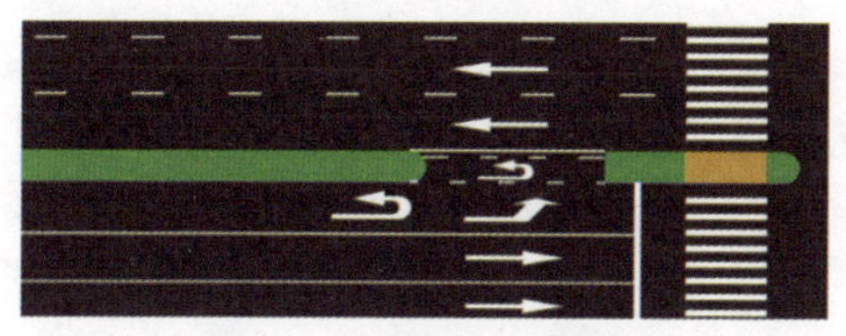

图 5-29　交叉口掉头车道模式 1

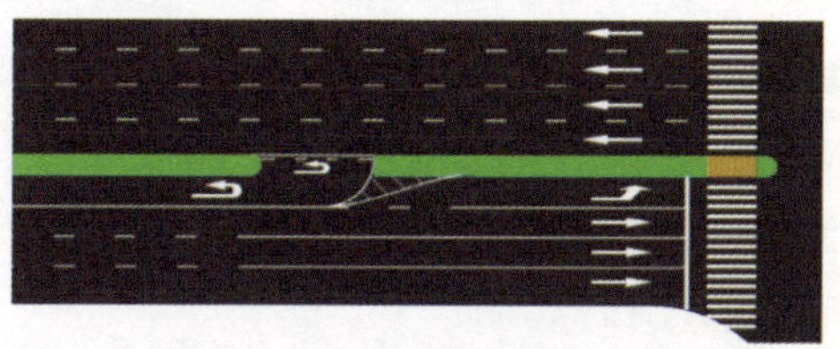

图 5-30　交叉口掉头车道模式 2

技术手段：于交叉口上游距离停车线一定距离处设置掉头车道，为了确保掉头车辆不与对向车道的交通流产生冲突，应辅以专用的掉头信号灯。

适用条件：适用于进口道无增加车道的空间，或无左转车道的情形，但应注意设置专用掉头交通信号。

(3)掉头车道的非常规布置，如图 5-31 所示。

技术手段：掉头车道设置在进口道右侧车道，亦即掉头车道外置，且不与内侧(左侧)的左转车同一相位放行,同时应辅以适当的交通信号控制保障措施。

适用条件:适用于中央分隔设施较窄或无分隔带,车辆掉头转弯半径不够或掉头交通流来源靠近右侧进口道等条件,应充分注意掉头车道非常规布置可能导致的不安全情况,并做好信号相位及配时设计。

(4)直接在交叉口内部掉头,如图5-32所示。

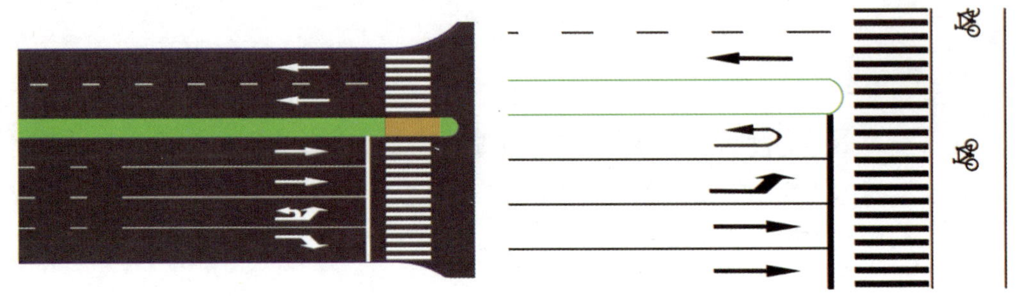

图5-31 交叉口掉头车道模式3

图5-32 交叉口掉头车道模式4

技术手段:掉头车辆与进口道最内侧左转交通流同行,在交叉口内部掉头。

适用条件:适用于有左转相位,掉头车辆与行人冲突较少的情况。

5.2.15 交叉口实体渠化岛利弊分析

基本概念

1)标线

道路交通标线是由施划或安装于道路上的各式线条、箭头、文字、图案及立面标记、实体标记、突起路标和轮廓标等所构成的交通设施,它的作用是向道路使用者传递有关道路交通的规则、警告、指引等信息,可以与标志配合使用,也可以单独使用。

2)实体岛

实体岛指的是为控制车辆行驶方向和保障行人安全,在车道之间设置的高出路面的岛状设施。

相关规定

《城市道路交通规划设计规范》(GB 50220—1995)[13]中规定:一般情况下,岛的实体宽度为1.5～2.0m,在尚有少量自行车的情况下,岛宽宜增大到2.0～3.0m。而安全岛的面积则需要根据实际地形和行人交通量两个参数来确定。

设计方法

近年来，我国不少城市开始出现设置实体渠化岛的交叉口。其主要的出发点是感性地为右转机动车提供专用车道，让其提前驶出交叉口（不管各进口是否需要设置右转专用车道），常导致右转专用车道的使用效率低下，且过街的非机动车与行人常受到高速行驶的右转机动车的威胁，极不安全。

当设置路侧式公交专用车道，或对应于交通流向的动态变化需要调整进口道车道功能，或交叉口面积较小，或非机动车与行人交通量较大时，这类硬质渠化岛的问题便会凸显出来。因此，不管是前期的工程建设与投资，还是后期的实际使用效果，以及为此的改造工程皆表明，对称地建设这类硬质渠化岛弊大于利，只有在畸形交叉口内可以谨慎地采用。一般情况下，只需通过施划标线的方式进行交通流的渠化即可。图 5-33 为多叉口渠化岛设置示例。

a）实体渠化岛

b）划线渠化岛

图 5-33　交叉口渠化岛设置示例

利弊分析[24]

在有右转专用道情况下对右转车流的渠化设计一般存在两种方式，将右转车流轨迹与直行车流轨迹相交形成的三角部分用划线填充形成渠化岛。如果三角部分用实体建筑填充，则叫作右转实体渠化岛。交叉口的设计模式可按这两种对三角部分的不同处理方式分为（右转）划线渠化岛设计模式交叉口和实体渠化岛设计模式交叉口。如图 5-34 所示。

1）右转机动车冲突延误

渠化设计岛模式会影响右转车受行人干扰的冲突延误，划线渠化岛模式下右转车每周期内一段时间只受到某个方向行人过街的干扰或不受行人干扰，实体渠化岛模式下右转车几乎任何时刻都受到行人上下渠化岛的干扰。

划线渠化岛模式下，每周期内当东西向绿灯起亮，右转车会有来自与本向进口道行人流冲突的延误;当南北向绿灯起亮,右转车会受到与南北向行人流过街冲突的延误;其余时间不受行人过街干扰。因此,划线渠化岛模式下右转车受到的冲突延误来自两个方向的行人流,每一周期在行人绿灯时间内会与其中某一方向的行人流产生冲突。

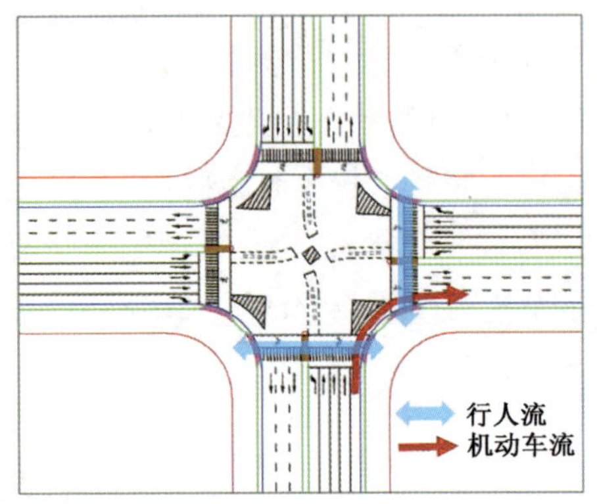

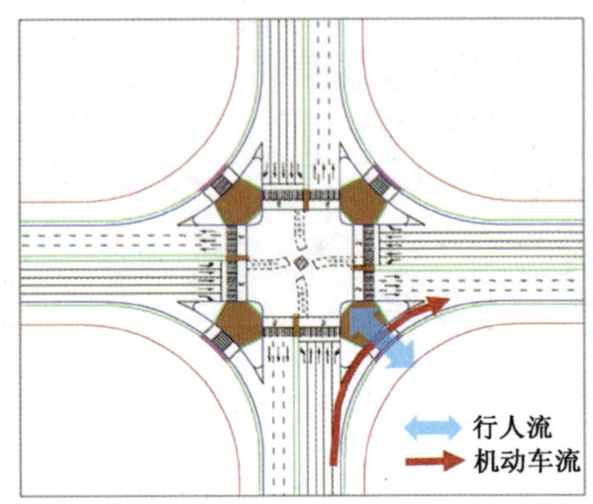

图 5-34　两种渠化岛模式下右转车与行人冲突示意图

实体渠化岛模式下,右转车整个周期都会受到行人流的影响,并且与右转车发生冲突的行人交通量是画线渠化岛模式下两方向行人流的总和。

2)行人过街安全

由于右转半径的增加不利于控制右转车辆车速,从而影响行人过街安全。因此当交叉口行车道宽度较大时,仍然建议采用划线渠化岛配合行人过街中央安全岛设计,不论是行人一次过街最短距离还是最长距离都小于实体渠化岛,这将会大大提高行人过街的安全性。

3)交叉口土地利用

划线渠化岛对土地面积无要求,而实体渠化岛根据工程量的要求,一般不小于 $7m^2$[25]。对于土地面积有限的城市道路,几乎能发挥同等通行效率的前提下,土地面积当然是越小越好。不论从交叉口土地占有面积还是改造灵活性来看,实体渠化岛交叉口土地利用效率均不如画线渠化岛交叉口。

5.2.16　如何确定交叉口展宽段长度

道路展宽段是指为了增加交叉口进出口道通行能力,减少由于交叉口信号控制引起的车辆堵塞,在交叉口进出口道进行车道拓宽,拓宽车道的长度(L_a)由两部分组成,一部分是展宽渐变段(L_d),另一部分是展宽段(L_s)。如图 5-35、图 5-36 所示。

根据考虑短车道影响下的信号控制交叉口通行能力估算模型,结合交叉口实际道路交通条件,给出常见交叉口的进口道和出口道展宽段长度建议值,见表 5-12。

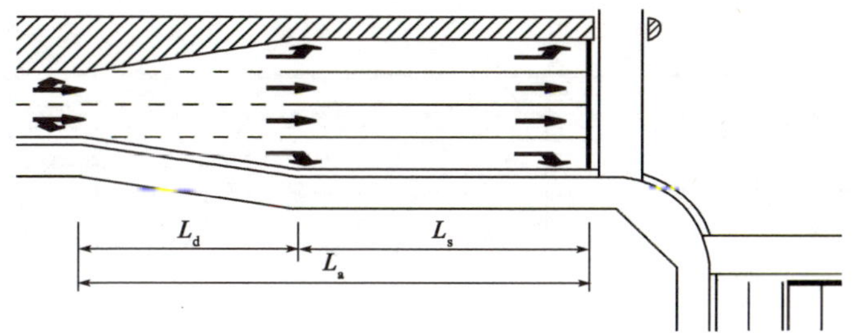

图 5-35　进口道展宽段长度示意图

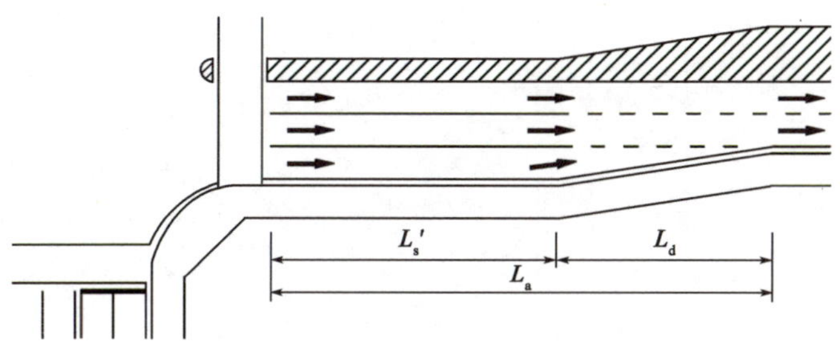

图 5-36　出口道展宽段长度示意图

交叉口展宽段长度建议值　　表 5-12

道路等级	交叉口渠化情况	车道数				展宽段长度	
		路段	进口道	主流向车道组	出口道	进口	出口
支路	×	1	1	1	1	—	—
	○		2	1	1	35-45-50	—
	○			2	2	30-40-45	40
	○		3	1	1	30-40-45	—
	○			2	2	30-40-45	50
	○			3	3	25-35-40	50
次干路	△	2	3	1	2	75-95-110	—
	△			2	2	75-95-110	—
	△			3	3	55-65-75	85
	○		4	2	2	60-80-90	—
	○			3	3	60-75-85	85
	○		5	2	2	60-75-85	—
	○			3	3	55-70-80	70
	○			4	4	55-70-80	75
主干路	△	3		2	3	100-120-135	—
	△			3	3	90-105-115	—

续上表

道路等级	交叉口渠化情况	车道数				展宽段长度	
		路段	进口道	主流向车道组	出口道	进口	出口
主干路	○	3	5	2	2	85-100-110	—
	○			3	3	75-90-105	—
	○			4	4	75-85-95	95
	○		6	3	3	65-80-90	—
	○			4	4	65-75-80	80
	○			5	5	60-70-75	90
	△	4	5	2	4	110-130-140	—
	△			3	4	100-120-135	—
	△			4	4	95-110-120	—
	○			3	4	90-105-115	—
	○			4	4	85-95-105	—
	○			5	5	80-90-105	95
	○		7	3	4	80-95-110	
	○			4	4	75-90-105	
	○			5	5	75-85-95	85
	○			6	6	70-80-90	95

注：表中展宽段长度建议值在下列假设条件下得到：

①路段交通需求量为800veh/(h · ln)；

②车辆构成全部为小客车；

③饱和流量参照《城市道路交叉口规划规范》(GB 50647—2011)附录B.3.2直行饱和流量中值，取为1650veh/(h · ln)；

④信号配时参照《城市道路交叉口规划规范》(GB 50647—2011)附录B.3.3中的推荐绿信比，进口车道数为2条时，绿信比取0.51，进口车道数为3条时，绿信比取0.24；

⑤交叉口渠化情况中，○表示渠化设计良好，△表示渠化设计欠佳，×表示未作渠化设计；

⑥进口展宽段长度建议值下限为满足车辆在进口道排队不溢出的可靠度达到50%的情况，中值为可靠度达到85%的情况，上限为可靠度达到95%的情况。

相关规定：

1)交叉口进口道展宽

按照《城市道路交叉口规划规范》(GB 50647—2011)[6]规定，关于展宽车道的长度分为两种情况：

(1)未知交通流量的新建道路交叉口

新建平面交叉口进口道展宽段及展宽渐变段的长度，应符合表5-13的规定。

平面交叉口进口道展宽段及展宽渐变段的长度(m) 表 5-13

交叉口	展宽段长度			展宽渐变段长度		
	主干路	次干路	支路	主干路	次干路	支路
主—主	80 ~ 120	—	—	30 ~ 50	—	—
主—次	70 ~ 100	50 ~ 70	—	20 ~ 40	20 ~ 40	—
主—支	50 ~ 70	—	30 ~ 40	20 ~ 30	—	15 ~ 30
次—次	—	50 ~ 70	—	—	20 ~ 30	—
次—支	—	40 ~ 60	30 ~ 40	—	20 ~ 30	15 ~ 30

(2)已知交通流量的道路交叉口

无交通流量数据时,干路展宽渐变段不应小于 20m,支路不应小于 15m;展宽段长,支路最小长度不应小于 30m,次干路最小长度不应小于 40 ~ 50m,主干路最小长度不应小于 50 ~ 70m,与支路相交应取下限值,与干路相交应取上限值。展宽段长度可按下式计算:

$$L_s = 9N \tag{5-6}$$

式中:L_s——交叉口进口道展宽段长度,m。

N——高峰 15min 内每一信号周期的左转或右转车的平均排队车辆数。

2)交叉口出口道展宽

按照《城市道路交叉口规划规范》(GB 50647—2011)规定,平面交叉口出口道红线展宽、车道宽度及展宽段长度(图 5-37),应符合以下规定:

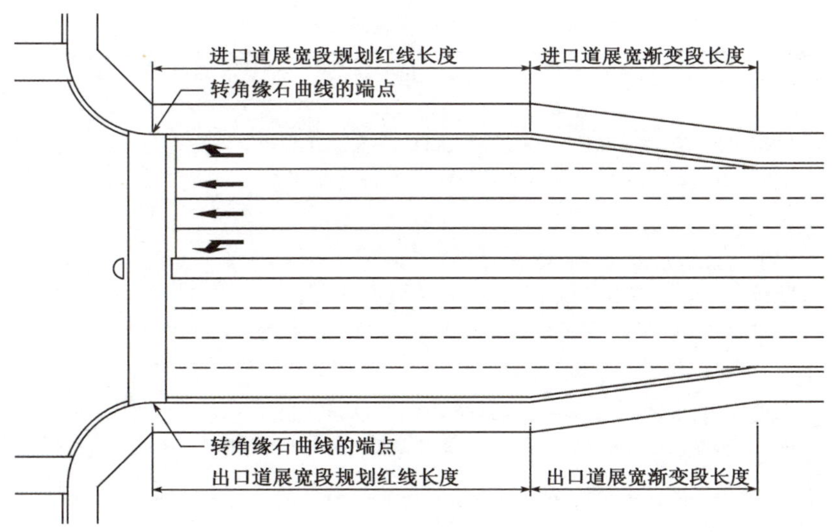

图 5-37 进(出)口道展宽段

(1)新建平面交叉口出口道规划设有公交港湾停靠站时,其规划红线应在路段规划红线的基础上展宽3.0m;上游进口道规划设有右转专用车道时,应相应增加右转出口道宽度。

(2)新建道路交叉口每条出口车道宽度不应小于下游路段车道宽度,改建和治理交叉口每条出口车道宽度不宜小于3.25m。

(3)出口道展宽段长度,视道路等级,主干路不应小于60m,次干路不应小于45m,支路不应小于30m,有公交港湾停靠站时,还应增加设置停靠站所需的长度。展宽渐变段长度不应小于20m。

(4)改建、治理平面交叉口出口道规划红线的展宽宽度、展宽段长度和展宽渐变段长度,应根据所在地点的具体情况确定。

经验借鉴

国外对交叉口交通设计的研究起步比我国要早,其城市道路在交叉口处一般需作拓宽处理,虽然国内的道路交通情况与其他国家不尽相同,但对交叉口进口道进行拓宽处理,同时利用出口道短车道增加交叉口出口车道数,保证车流在绿灯期间正常通过交叉口,从而提高交叉口通行能力的思想已得到了广泛的认同和采纳。国内不少城市在实际应用中也开始对交叉口进行改造,并取得了良好的效果。因此,有必要将本研究中根据通行能力所标定的交叉口展宽段长度与国内外推荐值进行对比,以借鉴国内外的实践经验。国外相关规定如表5-14所示。

国外相关规定　　表5-14

国家	相关规定
美国	佛罗里达州和加利福尼亚州的《交叉口设计手册》中均规定:对于信号控制交叉口,辅助车道长度应与1.5~2倍每周期平均所需储存的车辆数相适应
加拿大	《Geometric Design Guide for Canadian Roads 1999》中2.3.5.4条规定:对于信号控制交叉口,当设计车速小于等于60km/h时,短车道长度应与1.5倍每周期平均所需储存的车辆数相适应,当设计车速大于60km/h时,短车道长度应与2倍每周期平均所需储存的车辆数相适应
澳大利亚	《Guide to Traffic Engineering Practice》Part 5-intersections atgrade中规定:信号控制交叉口,右转辅助车道长度取每周期到达车辆数累计概率达95%时的排队车辆长度。最小长度为30m
德国	《Guide lines for Traffic Signals》(RiLSA)引用RAS-K-1中规定:信号控制交叉口转弯车辆排队空间需满足一个周期到达车辆数的1.2倍

续上表

国家	相关规定
日本	《改訂平面交差の計画？設計基礎編第2版》中规定：信号控制交叉口右转车辆所需排队空间按下式计算。 $$l_s = \lambda_r \cdot N \cdot S$$ 式中：L_s——排队空间必要长度，m； λ_r——右转排队车道长度系数； N——均右转车辆数； S——排队时平均车头间距，m/台

5.2.17　展宽渐变段应如何设计

相关规定

交叉口渐变段标线的颜色为黄色。图5-38中L_d为展宽段渐变段长度示意图。

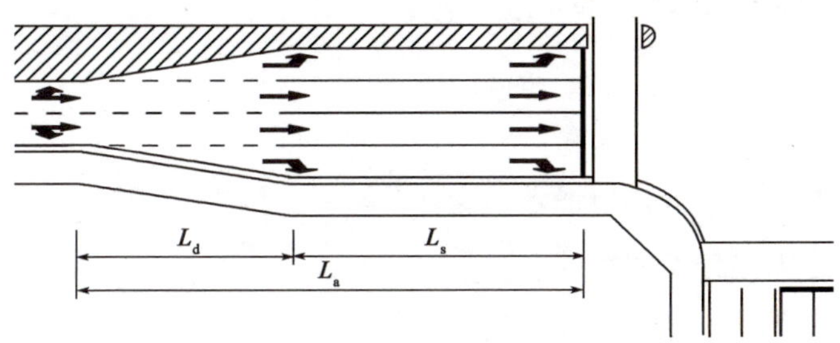

图5-38　进口道展宽段长度示意图

《城市道路交叉口设计规程》(CJJ 152—2010)[21]对渐变段长度取值做以下规定，进口道渐变段长度按车辆以70%路段设计车速行驶3s横移一条车道时来计算确定，渐变段最少长度不应少于：支路20m，次干路25m，主干路30～35m；出口道渐变段20m。

根据进口道渐变段长度按车辆以70%路段设计车速行驶3s横移一条车道，车道宽3.5m来计算，不同设计车速不同展宽宽度列表见表5-15。

此外，渐变段的长度还应满足《道路交通标志和标线　第3部分：道路交通标线》(GB 5768.3—2009)中的相关规定，具体见5.2.5节。

对于设计速度与实际运行速度偏离较大的道路，可以用实际运行速度值代替设计速度值确定渐变段长度。

不同设计车速不同展宽宽度渐变段长度　　表 5-15

展宽值(m) \ 设计速度(km/h)	80	70	60	50	40	35	30
1	14	12	10	9	7	6	5
2	27	24	20	17	14	12	10
3	40	35	30	25	20	18	15
3.5	47	41	35	30	24	21	18
4	54	47	40	34	27	24	20
5	67	59	50	42	34	30	25
6	80	70	60	50	40	35	30
7	94	82	70	59	47	41	35
8	107	94	80	67	54	47	40
9	120	105	90	75	60	53	45
10	134	117	100	84	67	59	50

5.2.18 可变导向车道的适用条件

基本概念

交叉口可变导向车道指根据交通各流向流量的变化，调整交叉口的车道功能，以达到空间资源优化分配的目的。

适用条件

可变车道的设置需要一定的客观条件，通常需要考虑道路渠化、交通状况、信号配时等条件，下面针对这些条件进行简要分析。

1）道路渠化条件

（1）进口道要求至少有 4 条渠化车道，保证左转，直行，右转车辆都顺利释放，并且留有余地供可变车道变化；否则在交通量大而车道数不足的情况下设置可变车道，会引起其他相位车辆的严重延误，影响交通效率，造成负面影响。

（2）有专用的左转车道来保证左转车流运行。

2）交通条件

主要根据路段上的各车道车流特性来确定是否要改变交叉口渠化车道类型。当交叉口左转车流量开始偏大，左转车道通行能力无法满足交通需求时，就要转换车道类型。而交叉口左转车流量偏大，在路段上表现为靠近路中间的车道比其他条车道相对明显拥堵,拥堵程度可以通过时间占有率或者速度等指标来界定。若采用占有率为指标来进行判断,则需要判断各条车道的时间占有率,若中间车道的时间占有率明显大于其他车道的时间占有率,则说明左转流量偏大有可能要改变车道类型。实际的时间占有率或者流量的阈值需要根据调查来获得。

3)信号配时条件

(1)要求交叉口在本向必须具备两相位,即左转与直行分开的相位设置;

(2)有专用的左转相位来保证对左转车的控制。

4)检测器布设要求

实行可变车道需要交通流数据的支持,交通流数据要通过检测器提供。需要检测左转、直行车流特性来确定可变车道的类型;需要检测各车道的驶出流量,确定优化的信号配时方案。因而检测信息包括路段上的各车道特性和停车线上各条车道的车流释放情况。

启用阈值

交叉口各流向流量的变化是对车道功能进行调整的原因,但当交通需求变化较小时,信号控制也能很好地应对这些波动,车道功能优化所带来的效益可能很少。因此,车道功能的优化应当主要在交叉口供需关系发生显著变化的情况下才使用,而对于一般的交通需求波动可通过信号控制来调节。以0.85作为饱和度限定值,则交叉口车道功能优化的启动阈值如表5-16所示。

交叉口车道功能优化启动阈值　　表5-16

交叉口现状饱和度	关键流向流量增加百分比阈值(%)	交叉口现状饱和度	关键流向流量增加百分比阈值(%)
0.60	104	0.75	33
0.65	77	0.80	16
0.70	54	0.85	1

5.2.19　如何确定交叉口进口道宽度

平面交叉口进口道红线展宽、车道宽度及展宽段长度,应符合下列规定:

(1)新建、改建交叉口,可按下式确定进口道规划红线展宽宽度。路段上规划有路缘带和分隔带时,进口道规划红线展宽宽度应扣除路缘带和分隔带可用于进口道展宽的宽度:

$$w_1 = r \times w_2 \times n \tag{5-7}$$

式中:w_1——进口道规划红线展宽宽度,以0.5m为单位向上取整,m;

w_2——路段平均一条车道规划宽度,m;

r——进口道展宽系数,按表5-17取值;

n——路段单向车道数。

进口道展宽系数 表5-17

路段平均一条车道规划宽度(m)	3.00	3.25	3.50	3.75
展宽系数 r	1.00	0.85	0.71	0.60

(2)治理交叉口进口道展宽段的宽度,应根据实测各交通流向的交通量及可实施的治理条件确定。

(3)进口道规划设置公交港湾停靠站时,进口道规划红线展宽宽度应在(1)规定的基础上再加3m。

(4)进、出口道部位机动车道总宽度大于16m时,规划人行过街横道应设置行人过街安全岛,进口道规划红线展宽宽度必须在(1)规定的基础上再增加2m。

(5)新建交叉口进口道每条机动车道的宽度不应小于3.0m。改建与治理交叉口,当建设用地受到限制时,每条机动车进口车道的最小宽度不宜小于2.8m,公交及大型车辆进口道最小宽度不宜小于3.0m。交叉口范围内可不设路缘带。

(6)新建平面交叉口进口道展宽段及展宽渐变段的长度,应符合表5-18的规定。

平面交叉口进口道展宽段及展宽渐变段的长度(m) 表5-18

交叉口	展宽段长度			展宽渐变段长度		
	主干路	次干路	支路	主干路	次干路	支路
主—主	80~120	—	—	30~50	—	—
主—次	70~100	50~70	—	20~40	20~40	—
主—支	50~70	—	30~40	20~30	—	15~30
次—次	—	50~70	—	—	20~30	—
次—支	—	40~60	30~40	—	20~30	15~30

注:1.进口道规划设置公交港湾停靠站时,交叉口进口道展宽段还应加上公交港湾停靠站所需的长度。

2.相邻两交叉口见的展宽段和渐变段长度之和接近或超过交叉口间距时,应符合《城市道路交叉口规划规范》(GB 50647—2011)规范第4.5节的规定。

(7)改建、治理平面交叉口进口道规划红线比其路段红线应予展宽的宽度与延伸的长度,应根据所在地点的具体情况确定。

5.2.20 如何选择交叉口控制方式

基本概念

按照交叉口信号控制方式不同,可以分为信号控制交叉口和无信号控制交叉口，其中，信号控制交叉口分为进、出口道展宽交叉口和进、出口道不展宽交叉口；无信号控制交叉口应分为支路只准右转通行交叉口、减速让行或停车让行标志交叉口和全无管制交叉口。

相关规定

《道路交通信号灯设置与安装规范》（GB 14886—2006）[26]有如下规定：

1）信号灯设置条件

（1）信号灯设置时应考虑路口、路段和道口（城市道路与铁路的平面交叉口）三种情况。

（2）应根据路口形状、交通流量和交通事故状况等条件，确定路口信号灯的设置。可设置专用于指导公共交通车辆通行的信号灯及相应配套设施。

（3）应根据路段交通流量和交通事故状况等条件，确定路段信号灯的设置。

（4）在道口处，应设置道口信号灯。

（5）在设置信号灯时，应配套设置相应的道路交通标志、道路交通标线和交通技术监控设备。

2）路口信号灯设置

路口按形状主要可分为：十字形、斜交、T形、Y形、错位T形、错位Y形、多路、环形路口。

（1）十字形路口、斜交路口、T形路口、Y形路口

①当相交的两条道路均为干路时，应设置信号灯。

②当相交的两条道路中有一条为支路时，应根据交通流量和交通事故状况等条件，确定是否设置信号灯。

（2）错位T形路口

①错位间距小于50m时，可视为一个十字路口或斜交路口，按（1）设置信号灯。

②错位间距大于50m时，可视为两个T形路口，分别按（1）设置信号灯。

（3）错位Y形路口、多路路口

应进行合理交通渠化后，根据交通量和交通事故状况等条件确定信号灯的设置。

（4）环形路口

应根据环形路口通行能力、交通流量和交通事故状况等条件确定信号灯的设置。

3）用于路口指导机动车通行的信号灯设置的交通流量条件

（1）机动车高峰小时流量条件

路口机动车高峰小时流量超过表 5-19 所列数值时，应设置信号灯。

路口机动车高峰小时流量 表 5-19

主要道路单向车道数(条)	次要道路单向车道数(条)	主要道路双向高峰小时流量(pcu/h)	流量较大次要道路单向高峰小时流量(pcu/h)
1	1	750	300
		900	230
		1200	140
1		750	400
		900	340
		1200	220
	1	900	340
		1050	280
		1400	160
		900	420
		1050	350
		1400	200

注：1. 主要道路指两条相交道路中流量较大的道路。

2. 次要道路指两条相交道路中流量较小的道路。

3. 车道数以路口 50m 以上的渠化段或路段数计。

4. 在无专用非机动车道的进口，应将该进口进入路口非机动车流量折算成当量小汽车流量并统一考虑。

5. 在统计次要道路单向流量时应取每一个流量统计时间段内两个进口的较大累计值。

(2)任意连续 8h 的机动车小时流量条件

即路口任意连续 8h 的机动车平均小时流量超过表 5-20 所列数值时，应设置信号灯。

路口任意连续 8h 的机动车平均小时流量 表 5-20

主要道路单向车道数(条)	次要道路单向车道数(条)	主要道路双向任意连续 8h 平均小时流量(pcu/h)	流量较大次要道路单向任意连续 8h 平均小时流量(pcu/h)
1	1	750	75
		500	150
1	≥2	750	100
		500	200
≥2	1	900	75
		600	150
≥2	≥2	900	100
		600	200

4）路口非机动信号灯设置

对于机动车单行线上的交叉口，在与机动车交通流相对的进口设置非机动车信号灯。

非机动车驾驶人在路口距停车线25m范围内不能清晰视认用于指导机动车通行的信号灯的显示状态时，应设置非机动车信号灯。

其他特殊情况下，如通过交通组织仍不能解决机动车与非机动车冲突，宜设置非机动车信号灯。

5）路口人行横道信号灯设置

在采用信号控制的路口，已施划人行横道标线的，应相应设置人行横道信号灯。

6）路口方向指示信号灯设置原则

在有专用转弯机动车道的路口，若采用多相位的相位设置方式，应设置方向指示信号灯。

在全天24h均不采用多相位的相位设置方式的路口，不应设置方向指示信号灯。

7）车道信号灯设置

在可变车道入口和路段、隧道、收费站等地，应设置车道信号灯。

在城市快速路进出口等地视实际情况可设置车道信号灯。

8）闪光警告信号灯设置

在需要提示驾驶人和行人注意瞭望、确认安全后通过处，宜设置闪光警告信号灯。

9）路口信号灯设置的交通事故条件

（1）对3年内平均每年发生5次以上交通事故的路口，从事故原因分析通过设置信号灯可避免发生事故的，应设置信号灯。

（2）对3年内平均每年发生一次以上死亡交通事故的路口，应设置信号灯。

10）路口信号灯设置的综合条件

（1）当表5-19、表5-20中，有两个或两个以上条件达到80%时，路口应设置信号灯。

（2）在不具备上述条件但有特别要求的路口，如常用警卫工作路线上的路口、交通信号控制系统协调控制范围内的路口等，可设置信号灯。

设置方法

交叉口控制包括多种方式，应根据交叉口功能定位、所处区位、交通流量等选择合适的控制方式，如表 5-21 所示。

交叉口控制方式适应性分析 表 5-21

交叉口控制方式		适应性分析
无信号控制交叉口	停、让控制交叉口	适用于交通流量较低的路口或有明显主次关系的路口等
	常规环形交叉口	常规环形交叉口不宜用于大城市干路相交的交叉口上，仅在交通量不大的支路上可选。新建道路交叉口交通量不大，且作为过渡形式或圈定道路交叉用地时，可设环形交叉
信号控制交叉口	单点多时段定时控制	该控制方式是最基本的控制方式，适用于总体流量稳定，变化比较规律的条件
	单点感应控制方式（半感应控制；全感应控制）	(1)适用于交通状况变化比较频繁且没有规律的单点控制交叉口； (2)半感应控制适用于支路流量比较小的信号控制交叉口或路段的人行横道处； (3)全感应控制适用于各进口流量相近，且变化较为频繁的信号控制交叉口
	线协调控制方式	(1)适用于单点控制的基础上扩大控制范围，对若干连续交叉口形成的线路上进行提高整体通行效率时； (2)该控制方式应考虑相邻交叉口的距离，通常路口间距大于 800m 以上时； (3)适用于交通状况符合总体流量稳定，变化比较规律的条件时，但不适用于随机性较强的交通
	区域协调控制方式（定时区域协调控制；感应式区域协调控制）	(1)适用于需要取得较线协调控制更大范围内的协调控制效果以提高路网内的整体通行效率； (2)区域协调应考虑相邻交叉口的距离，通常若路口间距大于 800m 以上时，会降低路口间的协调效果； (3)定时的区域控制适用于交通状况符合总体流量稳定，变化比较规律的交通； (4)感应式区域控制适用于随机性较强的交通，且应在受控道路网络内适当设置检测器，实时采集交通数据，根据交通状况实施交通控制，及时响应交通需求

5.2.21 如何确定交叉口信号周期，是否越大越好

信号周期时长是信号控制的基本参数，有种观点认为交叉口的信号周期越大越好，认为信号周期大，通过的数量就多，交通运行效益就越好。但其实并非如此。常用的对交叉口的交通效益的评价指标有：通行能力、饱和度、延误、排队长度、停车次数、油耗等。

对于延误，在未饱和情况下，一般随周期时长的增加，呈先下降后上升的趋势，即存在一个延误最小的最优周期时长。由于停车次数、油耗与延误有密切的相关性，也存在上述趋势。

此外，对于通行能力，一般情况下，通行能力会随着周期时长的增加而上升，但由于排队长度也随之增加，可能导致交叉口溢流。加之考虑短车道、上下游交织区、道路出入口等交叉口其他干扰因素，通行能力也会随周期时长的增加，呈先下降后上升的趋势。

最短信号周期设置没有固定值，目前也无数学表达式加以描述，具体可由交通工程师根据交通状况灵活设计。在英国以及其他一些西方国家，信号周期的最低限取25s，我国由于混合交通等原因，一般可取30～40s。

其外，考虑到信号周期加长超过某一限额之后，通行能力的上升便趋于停滞，而车辆延误时间却增长较快，而且过长的周期值容易引起驾驶人对信号运行是否正常的怀疑。因此，国外通常将120s视作最大信号周期值。在我国，一般建议不大于150s。当然，在信号相位较多(4～5个以上相位)的交叉口，或者有时为了特别照顾某一方向的车流而需要加长信号周期时，可视各地具体交通特点(如过街行人数量及其延误)而定，不必受这一上限值的约束[24]。

因此，交叉口信号周期并非越大越好。

5.2.22 如何确定交叉口信号相位相序

基本概念

相位：同一时间内允许通行的交通流的方向。一股或几股车流在一个信号周期内，不管何时都获得相同的信号灯色显示，那么它们获得灯色的连续时序称作一个信号相位。信号相位是按车流获得信号显示时序来划分的，有多少种不同的时序排列，就有多少个信号相位。

相序：相位设置的先后顺序，即不同相位绿灯点亮的先后顺序。

设计方法

1）常用的相位相序类型

常用的相位相序布置示例如图5-39所示。

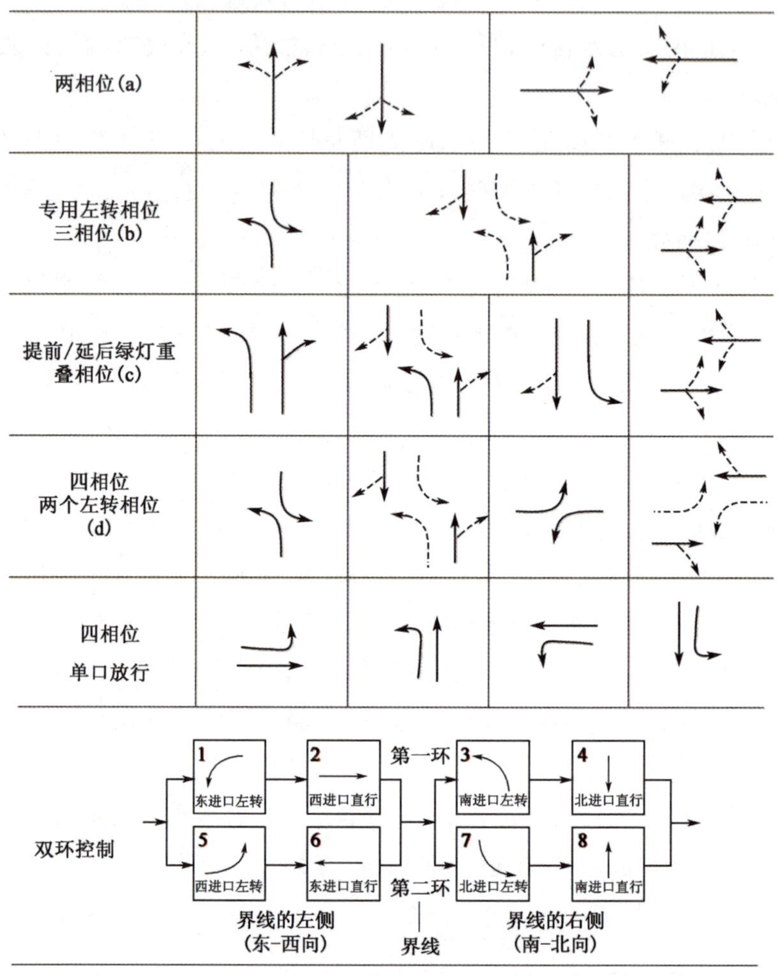

图5-39　相位相序布置示例

2）常见相位及非对称相位的适用性分析

一般，信号控制多采用两相位配时方案。但在信号交叉口的配时设计中，由于左转流量对交叉口运行的影响非常大，所以在许多情况下，相位数、相位类型、相位次序等常常是要依据左转流量的要求来确定的。根据相位的设置是否允许左转车流与其他车流发生冲突，可以将相位分为允许冲突相位和保护转弯相位两类。当然，按照这个原理，对于右转车流同样也是适用的。

三相位配时方案中，专用左转相位需要用绿色左转箭头灯。三相位配时方案各进口道不同方向的信号灯色组合为：对东向南和西向北左转车放绿色左转箭头灯，东、西直行车流及南、北直左车流均放红灯；另外两个相位就是基本的两相位信号组合。这三个相位形成一个三相位的配时控制方案。在这个相位方案中，东向南和西向北左转相位都是保护转弯相位，而北向东和南向西左转相位则是允许冲突相位。

若只是西侧进口道左转车较多，则可选用另一种单侧左转相位。这种相位的信号组合是对西侧进口道放绿灯，其他进口道均放红灯。控制方案是西侧左、直、右有通行权，其他各向车辆均不准通行。若这个单侧左转相位放在东西通行相位之前，称之为向导左转相或早启左转相；若是在东西相之后，则称之为后延左转相或迟断左转相。也有人不把这种相位看成一个单独的相位，而把它看成是东西相位的早启或迟断的一个附加信号时段。

3）交叉口相位顺序设置的影响因素

（1）允许大量行人或者自行车快速地通过人行横道，某些行人与自行车绿灯的顺序能影响整个交叉口的相位顺序。

（2）复杂交叉口的相位顺序可以由某些方向必须在另一方向以后放行来决定，以便排队车辆不至于引起阻塞。

（3）如果交通流在连续的相位中获得绿灯，这种关系可以对相位顺序形成限制。

（4）相邻交叉口信号方案的协调或者公共交通管理需要的相位差决定单个交叉口的相位顺序。

（5）为了提高交通流质量，某些交通方式或者交通流在一个周期内能够获得几次绿灯，以此限制相位顺序的选择。

（6）如果根据上述边界条件，相位顺序还不是完全固定，通常最有利的相位顺序是周期时间（由必需的总绿灯间隔时间与关键绿灯时间决定）最短的相位顺序。

（7）对于固定配时信号方案，不必要单独描述相位顺序，可以直接从信号配时方案中获得。

（8）对于交通感应信号控制，合适的相位与相序在相序方案中可以体现。相序选择可以根据以下方案通过在控制算法里的逻辑联系与时间条件选择。

（9）在车流组合中，出口道的车道数要与进入交叉口车流的股数基本相配。

5.2.23 绿灯间隔时长、黄灯时长、全红时间、最短绿灯时长分别如何确定

基本概念

（1）绿灯间隔时长：是指信号相位之间相互冲突的一股交通流的绿灯结束时

刻和下一股交通流的绿灯开始时刻之间的时间间隔。

(2)黄灯时间:设置的目的是为了提醒驾驶人信号灯即将变成红灯,要做好在停车线前安全停车的准备。

(3)全红时间:是在黄灯或行人绿闪信号之后,为避免相邻相位机动车和行人在交叉口内发生冲突而设置的安全时间。

(4)最短绿灯时长:是各信号阶段或各个相位规定的最低绿灯时间限值,以确保交叉口交通安全。

相关规定

2004 年开始实施的《中华人民共和国道路交通安全法实施条例》规定:黄灯亮时,已越过停车线的车辆可以继续通行。

国外经验借鉴

为了规范交叉口的信号设置,国外对黄灯时间的设置也进行了大量的研究。1968 年,联合国公布《道路交通和道路标志、信号协定》作为各国制定交通信号与标志的基础。该协定对黄灯做了规定:黄灯表示马上要出现红灯,车辆不能越过停车线,如果车辆已十分接近停车线而不能安全停车时,可以进入交叉路口。

1974 年,欧洲各国交通部长联席会议又协议商订了《欧洲道路交通标志和信号协定》,该协定对黄灯的定义进行了完善与补充,美国及日本也列席参加该会议,黄灯表示即将亮红灯,车辆应该停止。除非黄灯刚亮时,已经接近停车线、无法安全制动的车辆,可以开出停车线[27]。

德国交叉口信号控制规范完全遵照《欧洲道路交通标志和信号协定》,并规定黄灯时长由进口道的容许的最高速度决定[28]:当交叉口的限速为 50 km /h,黄灯时长为 3s;当交叉口的限速为 60km/h,黄灯时长为 4s;当交叉口的限速为 70km/h,黄灯时长为 5s。

设计方法

1)绿灯间隔时长

(1)我国绿灯间隔时间,按下式计算:

$$I = \frac{z}{u_a} + t_a \tag{5-8}$$

式中:z——停止线到冲突点距离,m;

u_a——车辆在进口道上的行驶车速,m/s;

t_a——车辆制动时间,s。

（2）借鉴德国绿灯间隔时间的确定方法如下[28]：

绿灯间隔时间是一股交通流的绿灯结束时刻和下一股交通流的绿灯开始时刻之间的间隔。所需要的最短绿灯间隔时间 t_z 由通过时间 $t_{ü}$、清空时间 t_r 与进入时间 t_e 决定：

$$t_z = t_{ü} + t_r - t_e$$

绿灯间隔时间须计算所有的冲突交通流的组合情况，精确到秒或者给定的时间间隔。因此，即使采用共同的信号控制，所有的出行者（行人、自行车、公共交通、机动车辆）须考虑为独立的交通流。各个信号灯组的关键（最大）绿灯间隔时间编制成绿灯间隔时间矩阵。

在左转车辆采用方向箭头的情况下，左转车辆与对向交通（与各自的箭头灯以及平行放行的行人与自行车有关）之间的绿灯间隔时间须在绿灯间隔时间矩阵中定义。

2）黄灯时间

（1）我国国标规定黄灯时间至少是3s。在具体实施中，应根据实际的交叉口几何及交通特征，通过计算确定。当计算绿灯间隔时间 $I < 3s$ 时，配以黄灯时间3s；$I > 3s$ 时，其中3s配以黄灯，其余时间配以红灯。因此，黄灯时间会因交叉口进口道而异。

（2）借鉴德国黄灯时间的确定方法如下：

①由于车辆动态特性，机动车交通从绿灯向红灯变换之前需通过黄灯作为过渡信号。过渡的黄灯时间（t_G）由进口道容许的最高速度（V_{zul}）决定：

当 $V_{zul} = 50km/h$，$t_G = 3s$；

当 $V_{zul} = 60km/h$，$t_G = 4s$；

当 $V_{zul} = 70km/h$，$t_G = 5s$。

②过渡时间 $t_G = 4s$ 可能比较适合于沿路速度 $V_{zul} = 50km/h$ 的交通信号系统。与过渡时间 $t_G = 3s$ 相比，其优点是更长的过渡时间可以减少红灯越线的车辆数目，特别对是制动减速度较低的车辆（例如公共汽车或者装载易碎物品的卡车拖车）。沿着一条连续道路的信号控制系统也应采用4s的过渡时间。

③狭窄通道的交通信号系统应该采用统一的 $t_G = 4s$ 的黄灯时间。

④受专用信号控制的转弯车辆，通常运行速度 $V < V_{zul}$，可以分配黄灯时间 $t_g = 3s$。即使它们在交叉口进口道速度 $V_{zul} = 70km/h$ 或 $60km/h$，也可以分配黄灯时间为 $t_G = 3s$。

⑤在信号顺序为暗—黄—红—暗的交通信号系统，例如铁路交叉口、警察与消防出口、动态停车点或者公共交通终点站，黄灯时间可达到 $t_G = 5s$。

⑥在绿灯之前的过渡信号为红黄灯(同时亮),让交通参与者为即将到来的绿灯信号做好准备。红黄灯过渡信号通常为1s,最多不超过2s。

⑦控制有轨电车与公共汽车的专用信号必须显示过渡信号。过渡时长(t_G,SB)视公共交通车辆在交叉口进口道允许的最大运行速度(V_{max})而定。即:

当 $V_{max}=30km/h, t_{G,SB}=4s$;

当 $V_{max}=40km/h, t_{G,SB}=5s$;

当 $V_{max}=50km/h, t_{G,SB}=6s$;

当 $V_{max}=60km/h, t_{G,SB}=7s$;

当 $V_{max}=70km/h, t_{G,SB}=8s$。

⑧如果车辆都须在信号前停车或者能保证在制动距离内不出现从“允许行车”到“停车”的信号变换,则不需要过渡信号。当 $V_{max}=20km/h$,也可以不使用过渡信号。

⑨公共汽车与有轨电车信号从红灯向绿灯的过渡过程通常不显示过渡信号。

⑩如果对自行车进行独立的信号控制,那么统一的过渡时间黄灯应该为2s,红黄灯为1s。

3)全红时间[29]

由于在黄灯期间,还有一部分车辆接着绿灯信号继续通过停车线,为了防止这些车辆与下一相位的绿灯头车发生碰撞,必须设置一定的全红时间,全红时间指本相位黄灯末至下一相位绿灯初的时间间隔。假设在本相位黄灯熄灭前最后一刻车辆通过停车线,全红时间时长的设置应能保证该辆车在下一相位绿灯头车之前通过它们之间的冲突点,两相邻相位交通冲突示意图如图5-40所示。

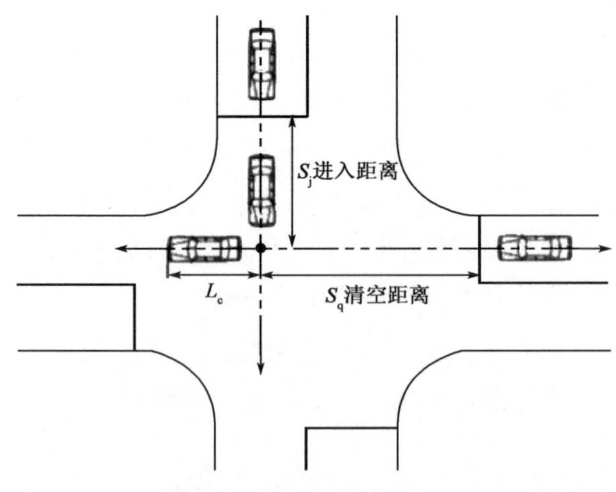

图5-40　两相邻相位交通冲突示意图

全红时间为上一相位的尾车的清空时间与下一相位绿灯头车进入时间的差。清空时间是清空距离与车长之和除以交叉口的设计行驶速度。进入时间是进入距离除以交叉口的设计行驶速度。它的计算是考虑下一相位绿灯头车与本相位黄灯末的尾车之间最有可能发生冲突的情况确定的，即交通量较小时，下一相位绿灯启亮的时刻，停车线前没有排队的车辆，此时刚好有一辆车辆以设计行驶速度驶近交叉口，在没有减速停车的情况下直接通过交叉口，该时所需的进入时间最小。

4)最短绿灯时长

(1)我国最短绿灯时长即为行人过街的最短时间，计算公式如下[30]。

$$g_{\min} = 7 + \frac{L_{p}}{v_{p}} - I \tag{5-9}$$

式中：L_p——行人过街道长度，m；

v_p——行人过街步速，取1.0m/s；

I——绿灯间隔时间，s。

(2)借鉴德国规范中最短绿灯时长的确定方法如下：

①机动车交通流的最小绿灯时间应为10s。对于主路直行交通，最小绿灯时间要求为15s。在低交通流量或者包括绿灯时间延长的交通感应控制的情况下，最小绿灯时间可以减至5s。

②有轨电车、公共汽车、行人与自行车的最小绿灯时间不能少于5s。

③另外，须确保行人在绿灯期间至少可以通过道路宽度的一半。特别在“有轨电车清空”“行人进入”的情况下，必须注意行人要能够真正利用绿灯时间。

5.2.24　交叉口行人、自行车信号的设置条件与基本原则

1)路口非机动车信号灯设置条件与基本原则

(1)对于机动车单行线上的交叉口，在于机动车交通流相对的进口应设置非机动车信号灯。

(2)非机动车驾驶人在路口距停车线25m范围内不能清晰视认用于指导机动车通行的信号灯的显示状态时，应设置非机动车信号灯。

(3)其他特殊情况下，如通过交通组织仍不能解决机动车与非机动车冲突，宜设置非机动车信号灯。

2)路口人行横道信号灯设置条件和原则[31]

在采用信号控制的路口，已施划人行横道标线的，应相应设置人行横道信号灯。

(1)相位设置

①有方向指示信号灯的交叉口,不允许机动车信号与行人信号冲突。

②有方向指示信号灯的交叉口,人行横道绿灯相位和与之冲突的机动车绿灯相位间应设置足够的清空时间,清空时间应根据交叉口的空间范围确定。

③无方向指示信号灯的交叉口,人行横道信号灯相位设置应与同方向机动车信号灯保持一致。

④无方向指示信号灯的交叉口,人行横道信号灯的绿灯可比同方向机动车绿灯早启。

⑤在右转弯的机动车与过街行人较多的信号控制交叉口,应设置红色的右转方向指示灯。

(2)配时设置

①绿灯总时长应保证红灯期间等待过街的全部行人安全过街所需的时间。

②持续绿灯最小时长应保证使红灯期间等待的行人都可以进入人行横道,绿闪时长视具体情况确定。

我国最短绿灯时长计算公式见式(5-9)。

其中,当计算绿灯间隔时间 $I<3\text{s}$ 时,配以黄灯时间 3s;$I>3\text{s}$ 时,其中 3s 配以黄灯,其余时间配以红灯。

③建议增加"绿闪"信号灯警示行人过街。

行人绿闪在《中华人民共和国道路交通安全法》和《中华人民共和国道路交通安全法实施条例》中都没有定义,而在实际应用中却非常普遍。

信号灯控路口信号配时时段划分方法如下:

单一交叉口本身并不是独立的,它的放行方法与配时方案的选择直接受上游交叉口的配时的影响,并同样影响着下游的交叉口。所以在选择交叉口时,要充分考虑整个路段的各个交叉口的通行能力。一般应针对一条道路中通行能力最小的交叉口进行信号配时方案设计,其他交叉口在同一方向上的配时应该与该交叉口保持一致,这样可以避免由于局部交叉口放行量多大,造成的整条线路的拥堵。

交叉口选定后,将对该交叉口进行配时方案设计。方案设计中首先应对交叉口进行连续一周的交通量调查,统计出一个一周工作日内相同时段的交通量的最大值,从而确定一周工作日中各时段的最大交通量,把该交通量作为信号配时主要依据,并进行相应的配时,就能够使配时方案适应一周交通量变化的要求。由于进行时段划分的过程中,对于所划分时段的多少没有一个合理的约定,所以我们在时段划分中,将全天划分为多少时段,还有待于进一步的研究。一般说,对于一个孤立的交叉口，时段划分越多，信号控制适应交通量的变化能力越强，信号也越合理，但由于单一交叉口本身并不是孤立的，如果配时方案不断变化，会对相邻交叉口产生不良的影响，同时，由于交通量具有一定的惯性，在频繁变化的配时方案下，适应能力较差，因此时段划分个数又不宜过多。所以建议全天时段划分个数最多不宜超过10个时段。在实际运用中，时段划分的个数应根据全天交通量的分布情况来进行相应的调整。当交通量的变化曲线表现出的波动比较频繁时，应尽量使时段多一些，反之时段划分的数量应尽量减少。

对于单个时段持续时间的长短，主要依据交通量的波动情况，交通量的波动持续时间长，所对应的时段就长，否则就短。充分体现出时段划分与交通量之间的对应关系，这样才能使确定的全天多时段配时方案适应交通量的变化。

5.2.25　公交优先信号的设置条件与策略

1）公交优先的设置条件[32]

（1）路段客流量。路段客流量是设置公交专用道的基本依据。

（2）路段公交车流量。从理论上说，一条公交专用道的通行能力可以达到720辆/h（车头时距为5s），但由于受公交中途停靠站的影响，实际通行能力要远远小于这一理想值。

（3）路段饱和度。由于交通流量中除了公交车辆外，还有货运车辆和其他客运车辆，当路段饱和度较高时，如果再划出一条车道作为公交专用车道，则可能会导致其余车道的交通过度拥挤甚至瘫痪。

（4）道路状况。当道路单向机动车车道数为一条或两条时，如果再设置公交专用道，则非公交车辆就无法超车，不利于非公交车的运行，此时如果需要则可考虑设置公交专用道（即整个路段都归公交车使用）或逆向公交专用道（非公交车辆为单向行车，而公交车可双向通行）。

2）公交优先的设置策略

20世纪70年代左右，美国和一些欧洲国家开始尝试各种控制方法以减小公交车在交叉口的延误。在早期的控制策略中，主要采用被动式的公交优先控制模式，包括：短周期、公交专用相位等。随着信息、控制和通信技术的发展，特别是车辆自动定位系统（AVL）以及全球卫星定位系统（GPS）的发展，公交优先控制逐步发展到基于实时数据的主动优先模式。近些年来，随着高性能计算机等新技术的出现，控制策略更是发展到基于智能交通系统环境的公共汽车实时控制层面，如表5-22所示。

公共汽车优先控制基本策略 表 5-22

1. 被动式优先策略(Passive Priority Strategies)
调整周期长度(Adjustment of Cycle Length) 重复绿灯(Transit Movement Repetition in the Cycle) 绿灯时间分配原则(Green Time Bias Towards Transit Movement) 相位设计方法(Phasing Design Bias Towards Transit Movement) 面向公交运行的协调绿波(Linking for Transit Progression)
2. 主动式优先策略(Active Priority Strategies)
相位延长(Phase Extension) 提前激活相位(Early Phase Activation) 公共汽车专用相位(Special Transit Phase) 相位压缩(Phase Suppression)
3. 实时优先策略(Real-Time Priority Strategies)
延误优化(Delay Optimizing) 交叉口控制(Intersection Control) 网络控制(Network Control)

(1)被动优先策略

被动优先主要是通过收集公交车辆运行的历史数据,预测需要的优先等级。为了减少其他设备的投入以及易于操作,被动优先往往采用以下方法:

①减少周期长度——在交叉口饱和度不增加(拥挤程度不恶化)的前提下,采用短周期可以有效地减小车辆的延误及排队长度;

②重复绿灯——在一个信号周期内,给予公交车辆多次通行时间,从而有效地降低公交车辆的总延误;

③绿灯时间分配原则——对公交车辆的进口方向,在分配绿灯时长时,应考虑公交车辆的运行情况,以降低拥挤程度、减少车辆延误;

④相位设计方法——保证公交车辆优先通行的特殊相位设计;

⑤面向公交运行的协调绿波——以低车速的公交车辆为协调控制对象,设置合理的相位差以减少公交车辆的运行延误。

被动优先主要考虑了公交车辆和其他社会车辆平均通行情况和运行特性的不同,虽然通过上述基本方法可以部分减少公交车辆的信号控制延误,但无法适应交通需求的实时变化,在公交流量不大或者运行随机性很大时,被动优先策略的局限性会暴露出来。

(2)主动优先策略

相对被动优先而言,主动优先控制策略相对复杂。它主要是依靠检测器对公交车辆运行情况进行识别分析,实时调整交叉口信号控制方案,从而实现公交车辆的优先通行。主要控制手法有:

①相位延长——当有公交车到达交叉口停车线时，相位绿灯时间继续保持，直到公交车辆驶离交叉口，相位绿灯时间结束；

②提前激活相位——当有公交车在红灯期间到达交叉口时，提前中断相位的红灯时间，从而减小公交车辆在交叉口的延误时间；

③专用相位设置——多相位控制交叉口，在非公交相位之间设置公交专用相位，能够显著地减少公交车延误；

④相位压缩——在某些情况下，可以适当压缩非公交通行相位的绿灯时长，以转到公交通行相位；

⑤插队控制——设置锯齿形公交进口道和公交预先信号等，实现公交车在交叉口处的优先排队，减少延误。

由于采用了公交车检测装置，主动优先控制更能适应交通流的动态变化，控制方法与被动优先相比也更为灵活，但目前采用最多的仍是延长现行相位或提前激活相位等感应控制方法来提供公交车辆优先通行权。

主动优先控制策略在单个交叉口已经得到了实际的应用，但在协调控制中却很少使用，主要是由于其他交通流运行会受到不利影响。相位的调整和红灯时间的早断会中断其他车流的通行绿波而造成延误的增加，对协调方向的车流正常通行产生很大的扰动。

(3)实时优先策略

公交实时优先控制策略试图通过优化性能指标函数为公共汽车提供优先权。这些指标中，首要的是延误。延误指标可以包括乘客延误、车辆延误或这些指标以某种形式的联合。实时优先策略用实际观测到的车辆数(包括社会车辆和公交车辆)作为模型的基本输入参数，通过模型或对几个候选配时方案的评价来选择其中最优的方案，或者根据相位时长和相序来优化配时。同时它可以对应紧急状态的处理，提高公交车辆运行准时性。

5.2.26　如何手动控制信号灯路口

手动控制交叉口主要是当交叉口的交通状态出现异常，原设置的交通信号方案不能有效疏导交叉口的车流量时，需要临时手动控制交叉口的信号配时。一般适用于以下情况。

1)进口道车流堵死

交叉口某一进口道的交通流量过多，原设定的绿灯时间不足以放行完所有该向的车辆，造成二次或者多次排队的情况，甚至造成上游交叉口的堵塞，影响交叉口的通行效率，此时需手动增加该流向的绿灯时长。使各个流向饱和度更为均衡(图5-41)。

图 5-41　进口道车流堵死情况示例

交叉口某一功能车道的流量高于预期估计,例如左转相位已结束但是左转车辆未完全放行;直行相位已开始,但是直行车辆数量较少。此时左转功能车道已被堵死,可手动控制信号灯增加左转绿灯时间。使各个流向饱和度更为均衡。

2)出口道堵死

交叉口的某一出口道被机动车堵死,运行不畅或基本不流通,此时应手动控制信号灯调整信号方案,以对流向该出口道的车流不予放行,避免雪上加霜,造成整个交叉口的死锁(图 5-42)。

图 5-42　出口道堵死情况示例

5.2.27　如何防止交叉口死锁

基本概念

死锁是指两个或两个以上的进程在执行过程中,由于竞争资源或者由于彼此通信而造成的一种阻塞的现象,若无外力作用,它们都将无法推进下去。此时称系统处于死锁状态或系统产生了死锁,这些永远在互相等待的进程称为死锁进程[31]。交叉口死锁指由于各流向车辆争夺行驶空间而造成的一种堵塞现象,若无外部引导,交叉口无法正常运行。如图 5-43 所示。

图 5-43　交叉口死锁示例

设计方法

1）严格控制交叉口范围内的禁止停车

《中华人民共和国道路交通安全法实施条例》第六十三条规定：机动车在道路上临时停车，应当遵守下列规定：

①在设有禁停标志、标线的路段，在机动车道与非机动车道、人行道之间设有隔离设施的路段以及人行横道、施工地段，不得停车；

②交叉路口、铁路道口、急弯路、宽度不足 4m 的窄路、桥梁、陡坡、隧道以及距离上述地点 50m 以内的路段，不得停车；

③城市公共汽车不得在站点以外的路段停车上下乘客。

2）施划禁停的网状线

在交通流冲突较大，经常发生拥堵的地方，应划设禁停的网状线（图 5-44）。

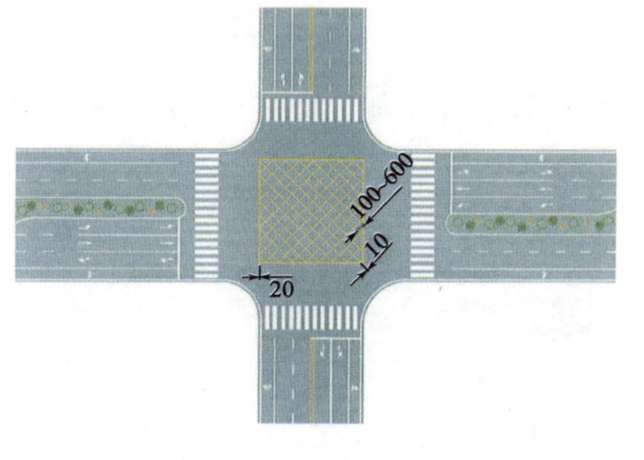

图 5-44　禁停网状线（尺寸单位：cm）

3）设置实时动态速度变化指示牌

当交叉口接近饱和时，可以给予不同颜色的提示，以提示驾驶人员不要再进入交叉口，以防止交叉口死锁（图 5-45）。

4）高峰期人工指挥

图 5-45　实时动态速度变化指示牌

当交叉口接近饱和时，交警、协管人员应发挥人工指挥的作用。对交叉口内部无法一次清空的车流，应禁止该流向车流继续进入交叉口，并帮助交叉口内部车流尽快驶离交叉口。

5）增强交叉口间的协调控制

一个交叉口的死锁，往往是由于下游交叉口排队过长导致，因此加强交叉口间的协调控制，可有效避免交叉口死锁情况的发生。

6）出口位置埋设排队检测器

出口位置埋设排队检测器，当出口车辆排队过长，车队不能一次通过交叉口时，应调节信号配时，增加该流向的绿灯时间，以避免交叉口溢出。

5.2.28　如何疏解交叉口拥堵

设计方法

交叉口拥堵不仅降低了交通系统的运行效率，也增加了环境污染，应从以下方面疏解交叉口拥堵。

1）进行需求管理

对驶向拥挤交叉口的车辆通过网络、电台、信息发布板等发布信息建议绕行路径，减轻该交叉口的压力，同时也均衡路网饱和度。

2）可变车道设置

如果需求一定，那么应该充分挖掘交叉口资源，可将交叉口时间资源和空间资源进行同步优化，如某个交叉口经常发生拥堵，那应根据该交叉口的交通量将交叉口的车道功能和信号配时同时进行优化，以得出最优方案。

车道功能是影响交叉口空间资源分配的重要因素之一，以往一般将其作为静态的控制变量，车道功能一经确定，在较长的一段时间内不会改变，交通需求的波动主要依靠信号控制来调节。但信号优化的效果是有限的，在潮汐交通、紧急救援、突发事件等特殊需求情况下，交通供需关系往往会发生较大变化，这时仅通过信号优化措施常难以有效快速地应对。由此，有必要对信号交叉口车道功能进行动态控制。如图 5-46 所示为可变车道示意图。

图 5-46　可变车道示意图

3）特殊的交叉口设计方法

（1）连续流交叉口

连续流交叉口（图 5-47）是通过预信号与交叉口信号之间的协调控制，对左转交通流与对向直行交通流进行重新组织，避免两者的冲突和干扰，提高交叉口的运行效率。

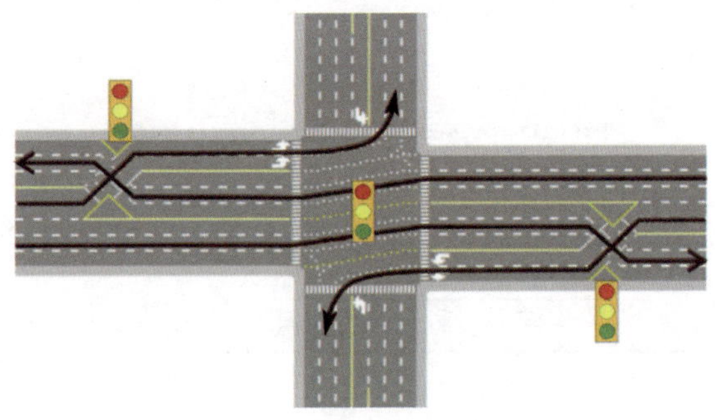

图 5-47　连续流交叉口示意图

相比传统交叉口，连续流交叉口旨在将左转车流与对向直行车流引起的冲突点提前到路段，减少主交叉口的冲突点数，协调控制策略将主交叉口信号相位从 4 相位减少到 2 相位，减小损失时间，其能有效提升交通安全，减小车均延误，提高路口通行能力。

（2）禁止左转 + 远引掉头[33]

远引掉头是经常与路口禁左相配套的、疏导左转车辆的交通组织方法，即左转车辆在禁左路口右转后，在下游某允许掉头的中央分隔带开口处回转掉头，间接实现左转（图 5-48）。这种方法在国外已经实行多年，与该措施相关的效率和安全方面的研究也很多。国内近年来一些城市也尝试在一些合适的路口实行远引掉头，取得了一定的效果。

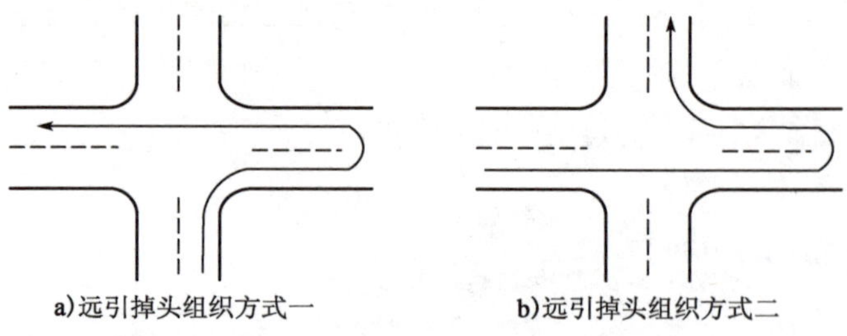

图 5-48 禁止左转后远引掉头的组织方式

以美国密歇根州实际采取远引掉头措施的经验为例。在中央分隔带宽度足够(12m 以上)的情况下,一律采用远引掉头取代直接左转。事实证明,事故率是直接左转的三分之二,路口的通行能力比设置两个左转车道的通行能力要高出 14% ~ 18%;而路口的平均延误通过仿真试验证明,由于车辆绕行而带来的额外延误小于由于交叉口存在转向车辆而带来的延误,而且,这一优势会随着路网饱和度的增加而变得更加明显[34]。

(3)双停车线交叉口

双停车线法即在交叉口原有停车线上游的一段距离之后设置另一条停车线和预信号,通过主预信号协调控制完成对左转交通流的分离以及通行效率的提高(图 5-49)。

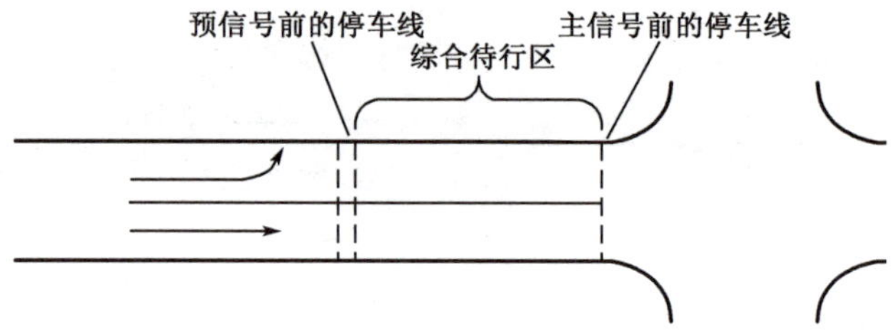

图 5-49 双停车线法

使用双停车线主、预信号协调控制方法,能够缩短主信号绿灯时间,提高进口道的通行能力。参数敏感性的分析表明:交通需求,主、预信号车道数,待行区长度和相序均对双停车线控制方法有显著影响。特别当待行区域长度不足时,双停车线控制方法的效果可能会劣于常规控制方法。

5.2.29 如何处理大型交叉口

基本概念

大型平面交叉口是指由于断面车道数较多或存在上跨、下穿立交形成的面积较大的交叉口,一般为次干路级以上的道路交叉形成。

设计方法

大型交叉口空间资源更为充沛，但若处理不当反而会造成车流运行混乱。应从空间资源、时间资源、车辆本身的行车轨迹等方面合理处理大型交叉口，规范各交通方式的行驶轨迹，充分挖掘大型交叉口的潜能。

1）空间几何布置[35]

设置左转直行待行区，本向最左侧车道与对向直行车行驶轨迹间有多余空间时，可设置左弯待转区；左转车可利用本相位直行绿灯末期时间通过交叉口。提高交叉口空间资源的利用率。

（1）左弯待转区设置（图5-50）。平面交叉口内左转车流和对向直行车流之间的冲突是造成交叉口通行能力下降的重要原因。为了能够消除左转车流与直行车流之间的冲突，工程设计中经常采用设置左转专用相位从时间上将两股交通流分离的方法作为解决办法。但是，设置左转相位的前提条件是有左转专用车道，对于城市大型平面交叉口来说，由于道路交通压力较大，左转专用车道一般都是通过拓宽进口道得到的，因而左转专用车道的长度有限。当左转车辆到达数持续增大超过左转车道容量时，后续到达的左转车辆会从左转车道溢出，从而阻挡临近车道其他车辆的运行。为增大左转车道的容量，减少排队溢出的可能，建议设置左弯待转区[6]。

图5-50　左弯待转区设置示例

（2）直行待行区设置。其基本思想是使部分直行车辆提前进入交叉口，充分利用直行相位的绿灯时间，在一定的绿灯时间内增加通过交叉口的直行车辆数，从而增大交叉口的通行能力。

直行待行区的设置是建立在相邻进口道有左转专用相位的基础之上。直行待行区设在直行专用车道前端，伸入交叉口内部，伸入长度应保证在此范围内待行的直行车辆不与相邻进口左转车辆发生冲突，直行待行区的标线为两条平行白虚线，前端标绘停车线。标线内标志“直行待行区”，用以指示直行待行区的范围。如图5-51所示，以南—北进口为例，设置直行待行区。

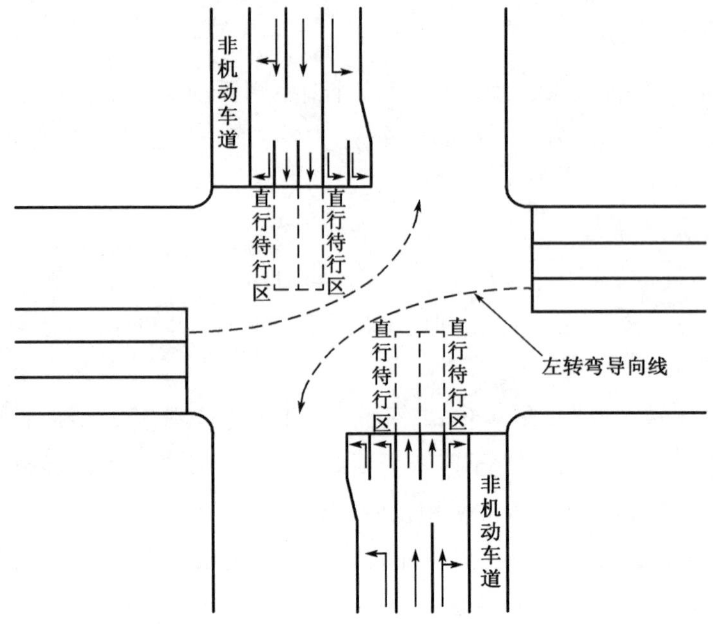

图 5-51　直行待行区设置示意图

2)信号控制

(1)待转区和交叉口停车线信号协调控制

①左弯待转区交通信号设置。

左弯待转区信号状态是:进口道直行相位绿灯启亮时,左转车辆跟随直行车辆启动,排队的前几辆左转车进入左弯待转区内等待,直至左转相位放行。左转相位终止时,禁止车辆在左弯待转区内停留。左弯待转区的设置目的,是在直行相位末期,可以让左转车辆在待转区等待通过,这样减少了左转车辆通过交叉口的时间。因此,在有左弯待转区的情况下,应该采用先直行后左转的相序安排。因为若先左转后直行,当相邻进口信号为绿灯时,为了保证相邻进口机动车与非机动车的正常通行,本进口左转车辆不允许进入左弯待转区,而信号转换时,左转车辆先得到通行权,不需要进入待转区等待便可以直接通过交叉口,故左弯待转区根本不能发挥其作用。因此,只有先直行后左转的相序安排,左弯待转区才能发挥作用。设置左弯待转区的进口道设有左转专用相位,信号配时方法有以下两种(以南进口设置左弯待转区为例)。

方法 1:根据左弯待转区停车线位置,确定信号总损失时间 L,再按照信号配时的一般步骤进行配时设计。因绿灯间隔时间增加,信号周期时长增加。如图 5-52a)所示。

方法 2:保持信号周期时长不变,在不设置左弯待转区的信号配时基础上,迟启左转相位,从而延长绿灯间隔时间。如图 5-52b)所示。

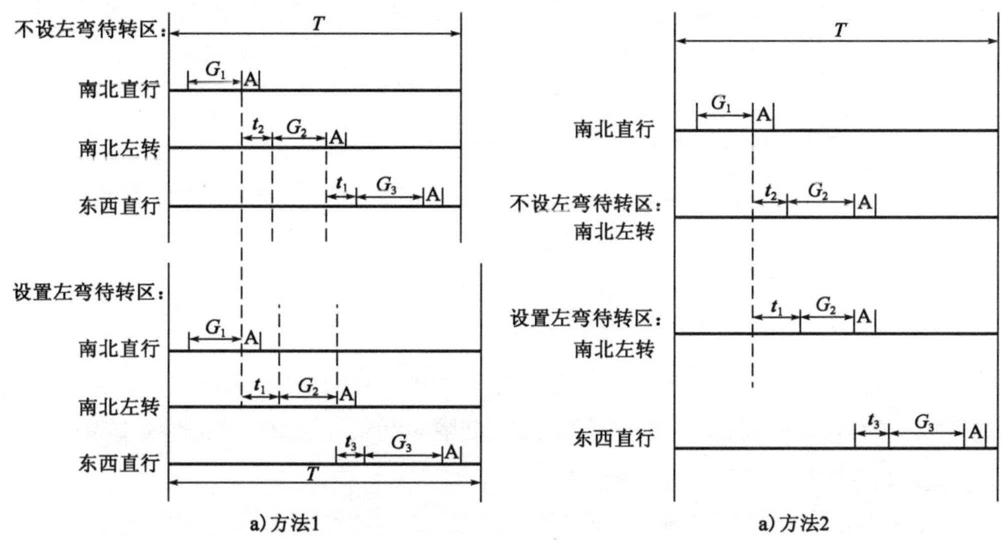

图 5-52 左弯待转区信号配时设计示意图

②直行待行区交通信号设置。

设置直行待行区的进口道设有直行相位,与其相邻的进口道有专左相位。信号控制为相邻进口道先左转,而后该进口进入直行待行区;待相邻进口左转绿灯结束后,该进口绿灯亮起。信号配时方法如图 5-53 所示(以南—北进口设置直行待行区为例)。

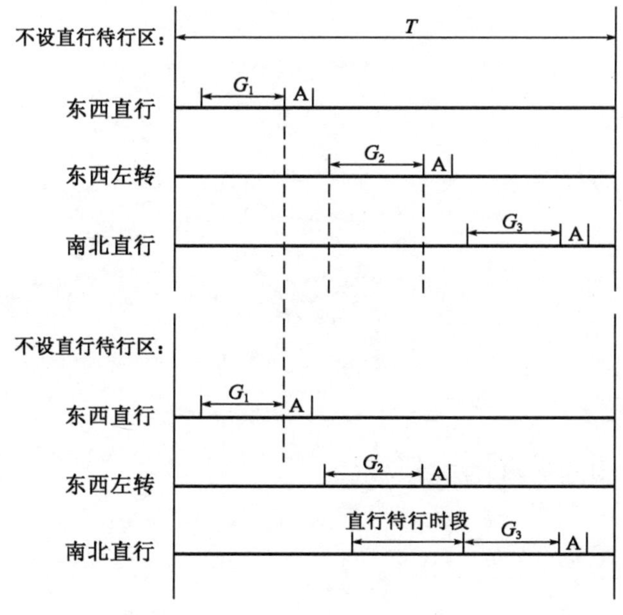

图 5-53 直行待行区信号配时示意图

(2)合理设置绿灯间隔

绿灯间隔时间是一股交通流的绿灯结束时刻和下一股交通流的绿灯开始时刻之间的间隔。所需要的最短绿灯间隔时间 t_z 由通过时间 $t_{\ddot{U}}$，清空时间 t_r 与进入时间 t_c 决定：

$$t_z = t_{\ddot{U}} + t_r - t_e$$

绿灯间隔时间须计算所有的冲突交通流的组合情况，精确到秒或者给定的时间间隔。因此，即使采用共同的信号控制，所有的出行者(行人、自行车、公共交通、机动车辆)须考虑为独立的交通流。各个信号灯组的关键(最大)绿灯间隔时间编制成绿灯间隔时间矩阵。

在左转车辆采用方向箭头的情况下，左转车辆与对向交通(与各自的箭头灯以及平行放行的行人与自行车有关)之间的绿灯间隔时间须在绿灯间隔时间矩阵中定义。

3)设置渠化岛和施划导流线，规范行车轨迹

渠化岛：在交叉口内部转角处设置渠化岛，给右转车辆提供专用的通道。此模式适用于小夹角的畸形交叉口。

导流线：表示车辆需要按规定的路线行驶，不得压线或越线行驶。科学设置左转导流线、直行导流线、右转导流线、禁止车辆通行区域的导流线(图 5-54)。

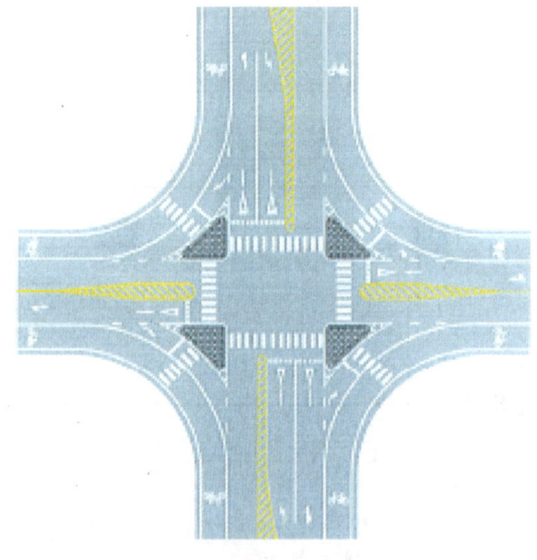

图 5-54　交叉口导流线示例

5.2.30　如何处理畸形交叉口

基本概念

畸形交叉口多因地形、道路规划方案等因素影响而产生，一般出现在国道、省

道及城镇公路上,多采用无信号控制,其本身的几何特性(交叉面积较大,车辆通过时间较长等)会导致交通冲突危险性的增加[36]。一般畸形交叉口可分为多叉畸形交叉口和斜交畸形交叉口,如图5-55所示。

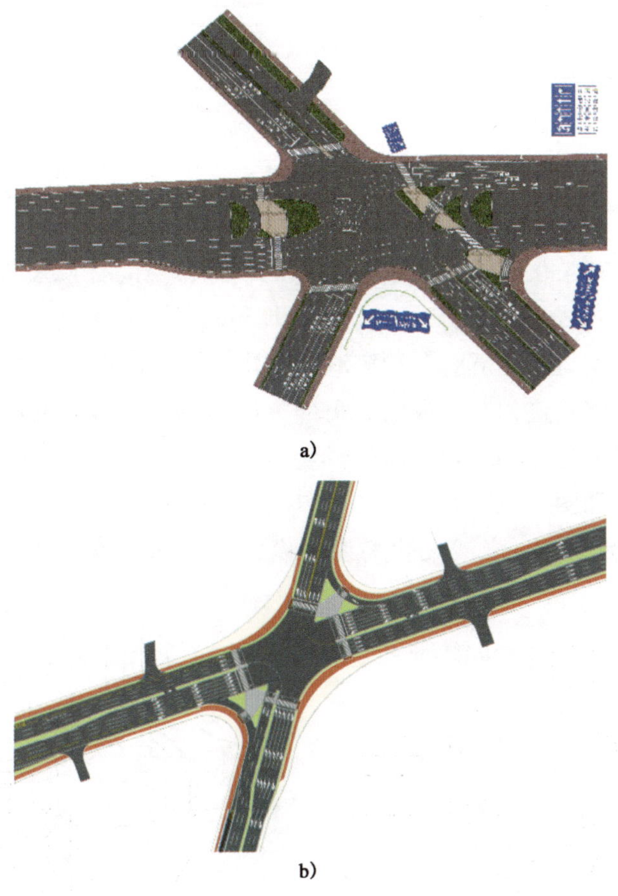

a)

b)

图5-55　畸形交叉口示例

相关规定

《公路工程技术标准》(JTG B01—2014)[37]中指出:“平交口路线应为直线并尽量垂直相交,当必须斜交时,交叉角角度应大于45°。在同一位置平面交叉岔数不宜多于五条。”

设计方法

对于畸形交叉口,可通过标志标线规范畸形交叉口的行车轨迹,或将其改造为正交的交叉口或错位交叉口进行控制(图5-56)。

(1)通过标志标线规范畸形交叉口的行车轨迹。

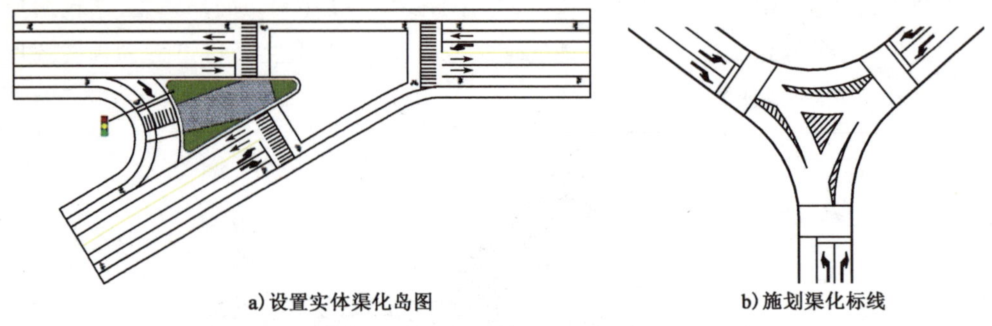

图5-56 畸形交叉口的行车轨迹规范化示例

通过设置右转渠化实体岛或标线,将交叉口内部空间有较大部分未被利用,因此应将这部分用标线标出,使其行车轨迹更加明确。

在有右转专用道情况下对右转车流的渠化设计一般存在两种方式,将右转车流轨迹与直行车流轨迹相交形成的三角部分用画线填充形成渠化岛,这样的渠化岛叫作右转画线渠化岛,如图5-57a)所示。如果三角部分用实体建筑填充,则叫作右转实体渠化岛如图5-57b)所示。交叉口的设计模式可按这两种对三角部分的不同处理方式分为(右转)画线渠化岛设计模式交叉口和实体渠化岛设计模式交叉口。

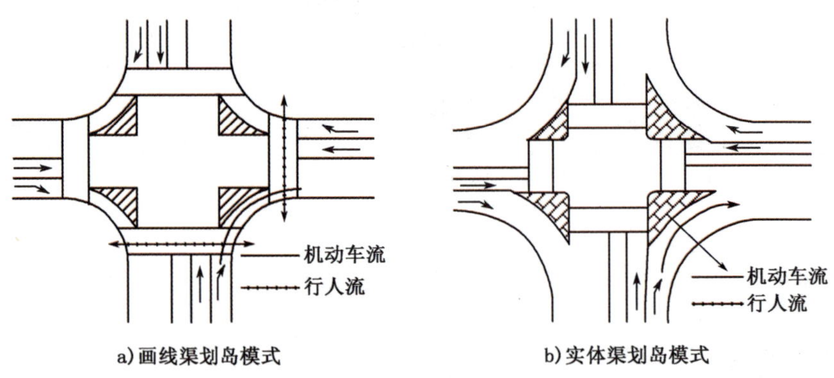

图5-57 两种渠划岛模式下右转车与行人冲突示意图

(2)将畸形交叉口转换为规范交叉口(图5-58),从而按照规范交叉口的控制方式进行控制。

适用条件:适用于交叉面积较大,行车轨迹不明确,秩序紊乱的交叉口。

优点:

①可以将原本较为分散的车流冲突点变得集中,减小车流在交叉口的冲突范围,缩短车辆通过交叉口的时间,从而提高交叉口的通行能力。

②通过合理渠化,使锐角交叉的Y形交叉口道路夹角增大,防止次向交通左转车流在干道上逆行,将原来较为畸形的交叉口进行规范。

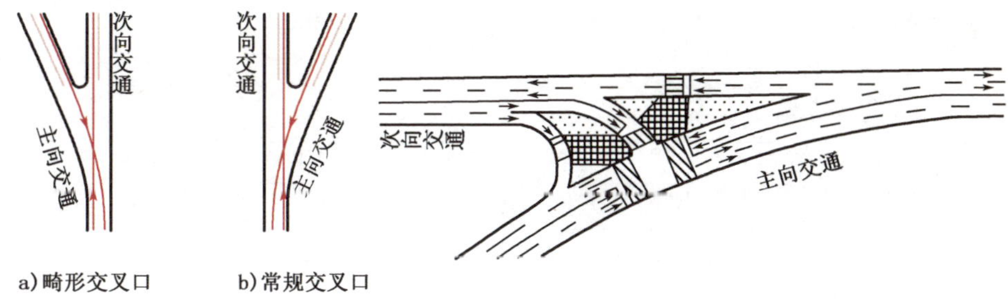

图 5-58 畸形交叉口转换为规范交叉口示例

③均衡各转向车流的通行速度，降低进口道各左转车流的行车危险性，提高交叉口整体安全性。

④通过设置渠化岛供行人驻留，提高了行人通行的安全性。

缺点：

①没有消除冲突点。

②车辆在交叉口区域受到的约束较多、车速较低。

③该措施要求交叉口需要有一定的改造空间。

（3）转化为错位交叉口。

对于斜交的4路交叉口，在用地条件允许的情况下，应将等级低的道路改为两个T形交叉口，然后将两个交叉口做协调设计（图5-59）。

图 5-59 转化为错位交叉口进行的协调设计

5.2.31 与高速公路衔接的交叉口应有哪些特殊考虑

基本概念

与高速公路衔接的交叉口具有车速快、交通量大的特点，且驾驶人需要从高速公路的驾驶行为转换为城市道路驾驶行为。

设计方法

在管理中应注意以下问题：

（1）指示牌提醒（图5-60）。在高速公路通向交叉口的路段应多级多次提醒前方是信号控制交叉口，以引起驾驶人的注意。

（2）设置减速装置（图5-61）。在高速公路通向交叉口的路段应铺设不同等级的减速装置，以使机动车车速逐渐降到符合交叉口通行的车速。

图5-60　注意前方信号灯

图5-61　减速装置

（3）高速公路出口与交叉口应设置足够长的间距。高速公路出口车流量较大，车速较快，到交叉口需要很长的减速距离，同时大量的交通流在交叉口处接受信号控制，会形成较长的排队长度。为避免减速不到位，排队长度过长，应控制好高速公路出口与交叉口的间距。

5.2.32　道路与铁路交叉口应有哪些特殊考虑

基本概念

根据城市道路与铁路在交叉口处相对空间位置的不同，交叉口的形式可以分为以下三种：

1）平面交叉

即城市道路和铁路在交叉口附近都不作专门的变坡处理，并不设置各类立体行人过街设施，从而使机动车流、非机动车流、人流以及铁路交通都处于同一平面上。这类交叉口工程造价低、交通组成形式简单，只需增加一些交通控制设施（包括铁路护栏，各种警告、提示标志等），就可以维持交叉口的正常通行。与此同时，这种交叉口也存在着混合交通、通行能力低以及交通安全状况差等缺点。目前，我国大部分城市的道路与铁路交叉口都采用平交的方式，但是对于部分交通量日益增大的主次干道而言，此类交叉口已越来越不适应，交通拥堵变得十分频繁。

2)立体交叉

即城市道路或铁路在交叉口附近作专门的变坡处理,使其相交在不同的平面上,有时需设置各类立体行人过街设施,从而将机动车流、非机动车流、人流与铁路交通分离,以保持道路交通流的连续性。根据道路与铁路的空间相对位置的不同,一般有道路下穿、道路(高架桥的形式)上跨铁路等形式。立体交叉由于采取了工程措施,使得道路交通流避免了火车经过的干扰,极大地提高了交叉口的通行能力。但是,立体交叉也存在着工程造价昂贵、对城市的景观有着一定的负面影响等缺点。

3)部分平面部分立体式交叉

即城市道路在交叉口附近作部分专门的变坡处理,或者设置立体行人过街设施,将机动车流、非机动车流、人流中的一种或几种分离,保持部分道路交通流的连续性。此类交叉口是介于平面交叉和立体交叉之间的一种交叉形式。根据相交道路交通流的特点以及周围城市用地的开发状况灵活选用,既可以解决交叉口的主要交通矛盾,又可以达到节省工程造价的目的。

相关规定

《中华人民共和国道路交通安全法》第二十七条规定:铁路与道路平面交叉的道口,应当设置警示灯、警示标志或者安全防护设施。无人看守的铁路道口,应当在距道口一定距离处设置警示标志。《中华人民共和国道路交通安全法实施条例》第四十三条规定:道路与铁路平面交叉道口有两个红灯交替闪烁或者一个红灯亮时,表示禁止车辆、行人通行;红灯熄灭时,表示允许车辆、行人通行。第四十六条规定:机动车通过铁路道口时,应当按照交通信号或者管理人员的指挥通行;没有交通信号或者管理人员的,应当减速或者停车,在确认安全后通过。

设计方法

道路与铁路交叉口应特别关注其运行安全问题。因此,对与铁道相交的交叉口运行管理应:①严格控制交叉口内的禁停,与铁道相交的交叉口比普通交叉口更危险,因此应严格保障交叉口内的清空;②注意交叉口间的协调控制,避免上游交叉口的排队长度溢流,以影响与铁道相交的交叉口的正常运行。

具体措施包括:

(1)道路与铁路交叉时,应符合下列规定:

①快速路和重要的主干路与铁路交叉时,必须设置立体交叉。

②对行驶有轨电车或无轨电车的道路与铁路交叉,必须设置立体交叉。

③主干路、次干路、支路与铁路交叉,当道口交通量大或铁路调车作业繁忙时,

应设置立体交叉。

④各级道路与旅客列车设计行车速度大于或等于 120km/h 的铁路交叉,应设置立体交叉。

⑤当受地形等条件限制,采用平面交叉危及行车安全时,应设置立体交叉。

⑥道路与铁路交叉,机动车交通量不大,但非机动车和行人流量较大时,可设置人行立体交叉或非机动车与行人合用的立体交叉。

(2)各级道路与城市轨道交通线路交叉时,必须设置立体交叉。

(3)桥梁等构筑物的设置应满足道路、轨道交通视距的要求。

(4)次干路、支路与运量不大的铁路支线、地方铁路、工业企业铁路交叉时,可设置平交道口。平交道口不应设置在铁路道岔处、站场范围内、铁路曲线段以及道路与铁路通视条件不符合行车安全要求的路段上。

(5)通过道口的道路平面线形应为直线。从最外侧钢轨外缘算起的道路直线段最小长度应大于或等于 30m。

(6)道路与铁路平交时,应优先设置自动信号控制或有人值守道口。

无人值守或未设置自动信号的平交道口视距三角形范围内(图 5-62),严禁有任何妨碍机动车驾驶人视线的障碍物,机动车驾驶人要求的最小瞭望视距应符合表 5-23 规定。

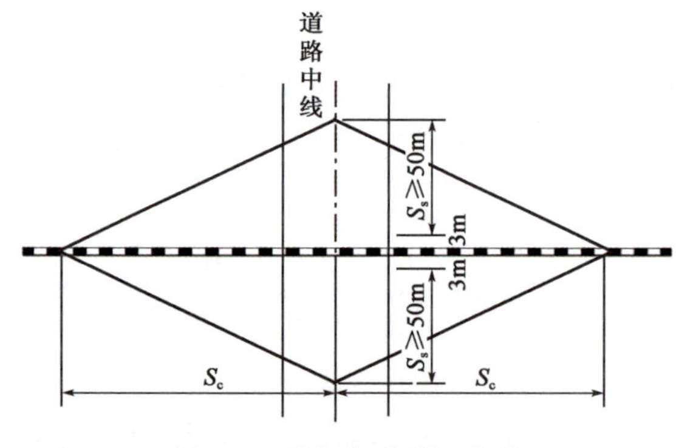

图 5-62 平交道口视距三角形

平交道口最小瞭望视距 表 5-23

路段旅客列车设计行车速度(km/h)	机动车驾驶人侧向最小瞭望距离 S_c(m)
100	340
80	270
70	240
55	190
40	140

注:机动车驾驶人侧向视距系按停车视距 50m。

此外,为了提高城市道路通行效率,减少铁路的影响,交叉口的信号配时应考虑铁路列车的运行时间。可以根据列车的运行时刻制订一套信号控制方案,并辅以一套动态感应的信号控制方案应急。

5.2.33 如何组织隧道口交通

由于隧道的半封闭空间的特点,在隧道的出入口的分流与会流产生冲突点,影响隧道出入口的通行能力,易导致出入口和衔接交叉口的交通混乱,严重时会导致隧道和其周边道路发生交通堵塞,如果隧道区域路网的交通组织设计不合理,导致隧道的通行能力下降,产生交通瓶颈现象,严重影响城市隧道及其周边道路交通功能的发挥。因此,合理的隧道出入口交通组织,使隧道及其周边道路保持通畅,是当前隧道安全运营管理中亟待解决的关键问题。

1)出入口交通组织方法

(1)衔接路口为十字形

与隧道衔接的路口为十字形交叉路口的如图5-63所示。

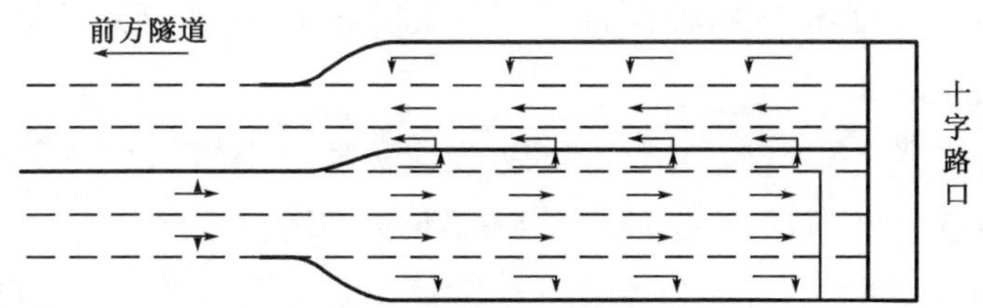

图5-63 十字形衔接路口

为了让隧道出入口和衔接交叉口的交通流能渐变平滑的衔接,需将隧道出入口处的路段行车道和导向车道全部进行渠化,车道连接处宽度应该渐变平滑实现顺接。此时,有些车流需要转向,车道的数量增加,从而便于转向车流顺畅连接,顺利完成交织,在车流完成交织的过程中应着重考虑如下几点:路段行车道应与交叉口直行车道对应;在路段行车道和过渡段车道处提前设置车行道指示标志,预示车辆的流向;从隧道到衔接交叉口处,从道路过渡段开始,到交叉路口处应适当拓宽,便于和路段行车道的通行能力匹配;主要采用实墩和双黄线的中心隔离方式;左转车道一般设置的比直行车道要长,其长度主要根据左转的交通量和直行交通量来确定,这样避免左转车插入车道端部而导致发生堵死直行车道的现象;在隧道出口处左转和右转车流量较大时,可分别设置左转、右转车道,利用左转和右转车道进行交通分流,当车辆转弯车辆较少的时候,可与相邻的直行车道共用一个车道。

(2)衔接路口为正T形

隧道出入口衔接交叉口为接入口,则出入口处有两股车流,即出口为左转车和右转车,入口则为左转来车和右转来车,如图 5-64 所示。其交通组织主要考虑如下几点:若隧道单向为一车道,出入口处应拓宽一个车道;若隧道单向为两车道,则出入口左转和右转处各设置一个车道;若隧道单向为三车道或以上,在保证左转和右转车各占一个车道的情况下,具体视各方向交通量而定,当某方向交通量过大时,可设置定向匝道。

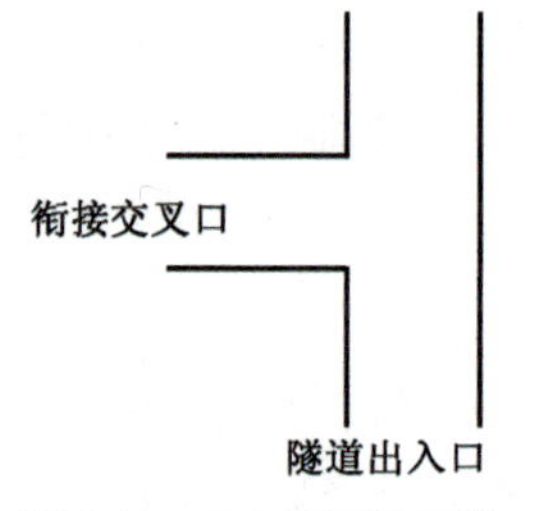

图 5-64 出入口与竖 T 形路口连接

(3)衔接路口为竖 T 形

若与隧道出入口相连接的道路为支路时,支路交通主要采用右进右出或单向交通组织方式;若与隧道出入口相连接的道路为次干路时,应采用信号控制的方式,设置优先满足隧道出入口交通需求的信号控制,保证隧道出入口交通畅通,如图 5-64 所示。

2)出入口管理模式

在车道控制方面,需要对车辆在隧道入口和隧道内基本路段的最高速度和最低速度做出详细的规定,还需要对车间间距、车辆在隧道内由于各种原因引起的停车行为、隧道内各种其他的驾驶行为(超车、变换车道、车辆灯光的使用等)做出明确的规定。

由于城市道路交叉口通行能力不足,为避免隧道出口与十字交叉口直接相连接,导致隧道出口交织段或交叉口通行能力不足的拥堵,隧道在设计时应采用利用匝道对进出隧道的车辆进行分流和集散的方案,缓解隧道出口各主干道的交通压力。

5.2.34 环形交叉口利弊

环形交叉口(图 5-65)具有管理手段简单、能有效地减少低交通量情况下的车辆延误、降低交通事故率以及优化环境等优点,因此在城市发展早期、车辆较少的情况下,在我国各类城市建设中利用率较高,也很好地解决了当时城市交通的部分问题,起到了一定的积极作用[38]。

图 5-65 环形交叉口

但是，随着我国国民经济的迅速发展，城市机动化水平不断提高，城市交通系统供需矛盾也日益突出，传统的无信号控制环形交叉口的弊端也渐渐显现出来。

相关规定

《城市道路交通规划设计规范》(GB 50220—1995)[13]第7.4.9条，规划交通量超过2700辆/h当量小汽车数的交叉口不宜采用环形交叉口。

环形交叉口优点

环形交叉口同一般平面交叉口相比，具有行驶安全、便于管理、美化环境等优点。

(1)行驶安全：环形交叉口比传统的交叉口更具安全性，这主要是它将冲突点数目从32个减少到8个，并且这8个都是交织点而非两股交通流的交叉点。而且，环形交叉口使在主干道上车辆行驶至环岛时减速，然后选择环岛间隙驶出。这就与传统的交叉口或T形交叉口主路车辆通过交叉口时并不降低车速形成强烈的反差。

(2)便于管理：由于无信号控制的环形交叉口，车辆按事先约定的通行规则通过交叉口，因此在管理上无须人为地加以管理，这一点特别适合于城市边缘地区。

(3)美化环境：由于中心岛的存在，设计者可在其上种植美丽的绿化及放置一些艺术品，这样可以给交叉口增添视觉上的美观。有的城市还在中央环岛处设计城市的标志性雕塑，以体现城市面貌，塑造城市形象。如图5-66所示。

环形交叉口弊端[39]

由于环形交叉口具有以上诸多优点，因而在许多城市道路交叉口中得以应用。但同时环形交叉口也存在许多不足(图5-67)。主要有：

图5-66 美化环形交叉口示例

图5-67 环形交叉口弊端示例

（1）通行能力有限：由于受中心岛环形车道上交织段的影响，不论环交各进口道有多少条车行道，其直行车与左转车都要在环道上交织行驶，当交织段长度小于2倍的最小允许交织段长度时，其通过量实际上只相当于一条车道的通过量，故其通行能力只能达到一条车道的最大理论值。

（2）占地面积大：由于中心岛的存在，环形交叉口比传统交叉口需要占用更大的面积。一般十字交叉口面积为0.3万～0.8万m^2，而环形交叉口占地面积为0.5万～1.5万m^2。

5.2.35 环形交叉口的信号控制方法

基本概念

环形交叉口采用信号控制，就是用信号灯来给环内车辆和入环车辆轮流分配通行权，组织者在环道上交替运行，将可能形成交通拥阻的车流从时间上加以分离，实现不同流向的车流依时间次序连续通过交叉口。这样就能够有效地消除无信号控制环交的弊端，协调利用环交的时间和空间资源，对环道内各车流进行有序组织，提高交叉口通行能力，改善其交通秩序，减少交通拥挤与阻塞，从而提高其交通运行效益[40]。

设计方法[39]

1）机动车交通控制方法

（1）单进口道顺时针依次放行控制

相位相序：各个进口道按顺时针方向逐个依次放行，如图5-68所示。

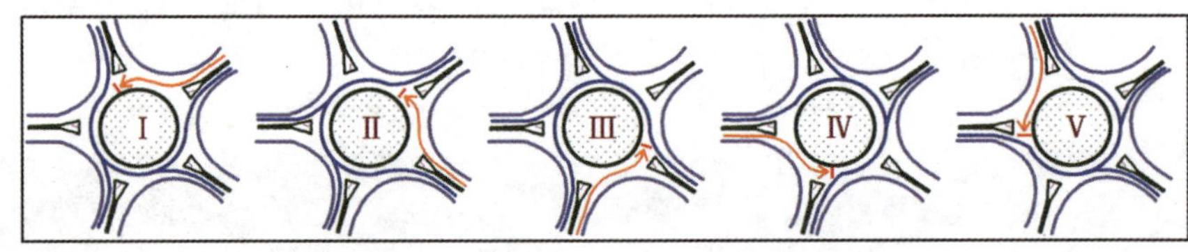

图5-68 单进口道顺时针依次放行控制相位相序图

相邻相位之间可进行绿灯时间搭接，充分利用时间资源，进口道信号灯配时示意图见图5-69。

当环形交叉口应用此控制方法时，可以把它看作一个单行闭合型交叉口群，如图5-70所示，一个五岔的环形交叉口可以看作由五个交叉口ABCDE所形成的交叉口群。在确定其协调原则和目标时，选取协调控制基准点，确定其优化目标及其约束条件，然后对其他控制参数进行优化[41]。

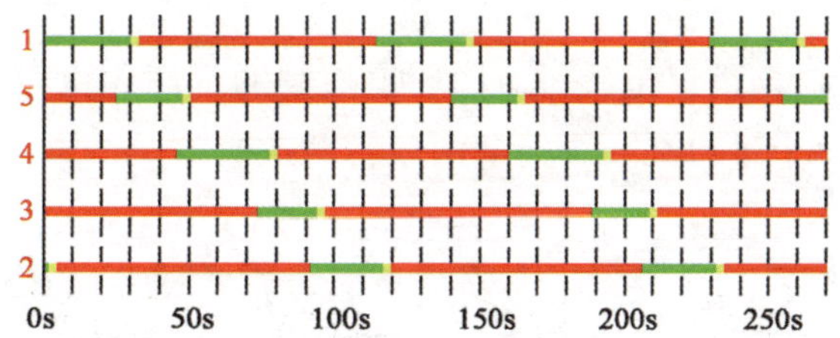

图 5-69 单进口道顺时针依次放行控制进口道信号灯配时示意图

(2)单进口道顺时针依次放行控制 + 次车流交织

在考虑多岔环形交叉口有序通行的同时,兼顾交叉口时空资源的利用率,在单进口道顺时针依次放行控制方法的基础上,引入次车流交织,如图 5-71 所示。

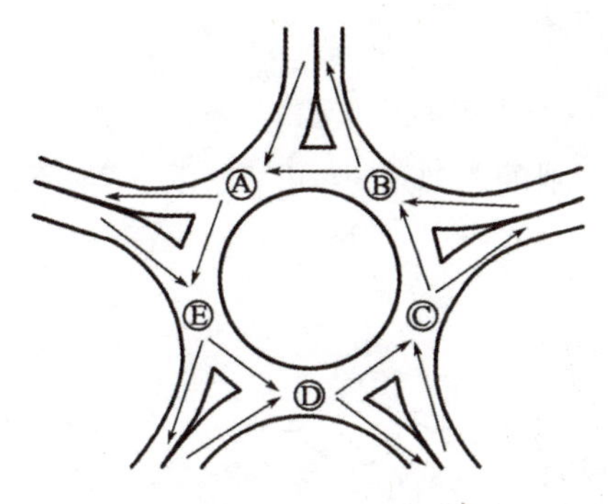

图 5-70 信号控制环形交叉口单向闭合交叉口群示意图

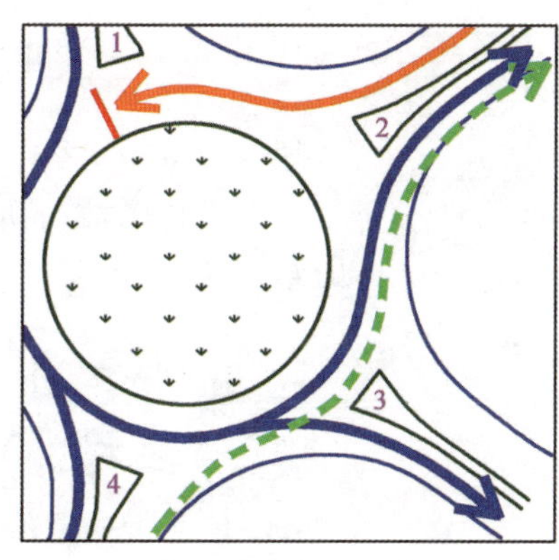

图 5-71 单进口道顺时针依次放行控制 + 次车流交织示意图

本控制思路是让一股主车流与另一股或一股以上与之最少冲突的次车流在同一相位同时通行。所谓主车流是指在该相位里主要放行的车流,车流密集;而次车流是指该车流在前一相位已经放行并已通行了一段时间,排队车辆基本清空(或是该车流一时无法跟上)后形成的较为稀疏的车流[42]。常规相位相序如图 5-72 所示。

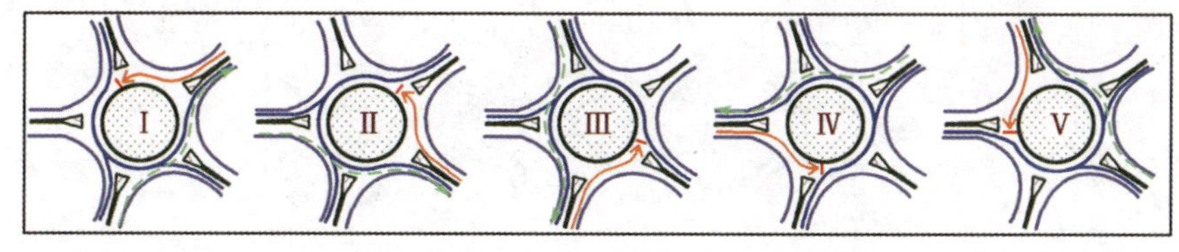

图 5-72 单进口道顺时针依次放行控制 + 次车流交织相位示意图

(3)多进口道放行协同环道控制

对于各岔环形交叉口,在同一个信号相位放行多个(一般为 2 个)进口道,有冲突的转弯车流由环道信号控制在环道空间内排队待行,在后一相位放行前驶离环形交叉口。

三岔环形交叉口多进口道放行协同环道控制的常规相位相序如图 5-73 所示，一共分三个相位，每个进口在一个周期内放行两次。

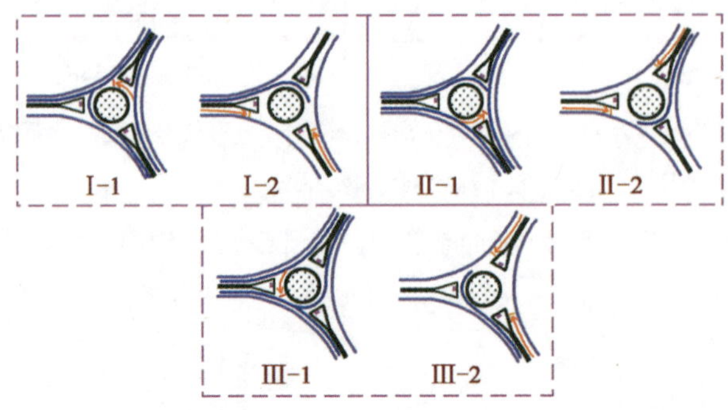

图 5-73　三岔环交多进口道同时放行 + 环道控制方式示意图

四岔环形交叉口多进口道放行协同环道控制的常规相位相序如图 5-74 所示，进行两相位信号控制。

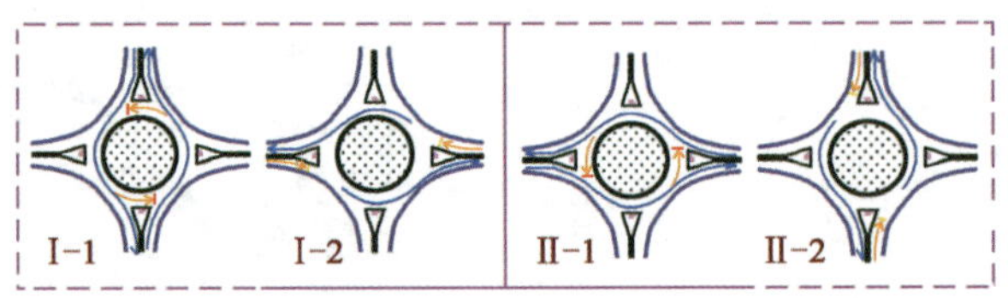

图 5-74　四岔环交多进口道同时放行 + 环道控制方式示意图

五岔环形交叉口多进口道放行协同环道控制的常规相位相序如图 5-75 所示，进行五相位信号控制，每个进口在一个周期内放行两次，进口道依次顺时针放行。

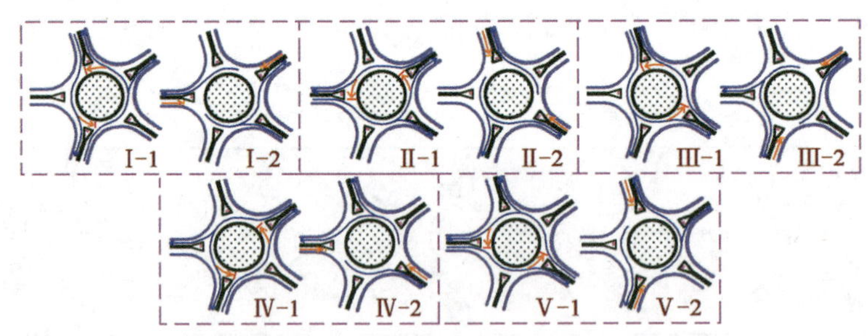

图 5-75　五岔环交多进口道同时放行 + 环道控制方式示意图

六岔环形交叉口多进口道放行协同环道控制的常规相位相序如图 5-76 所示，进行三相位信号控制，进口道依次顺时针放行。

以信号控制五岔环形交叉口为例计算信号控制参数，按照逆时针方向对五岔环形交叉口编号，如图5-77所示。

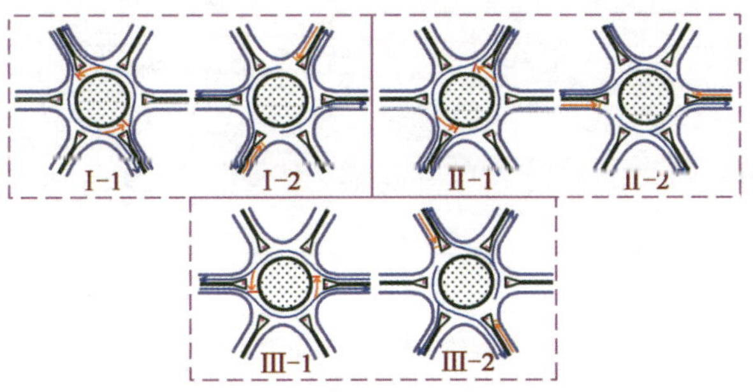

图5-76　六岔环交多进口道同时放行+环道控制方式示意图

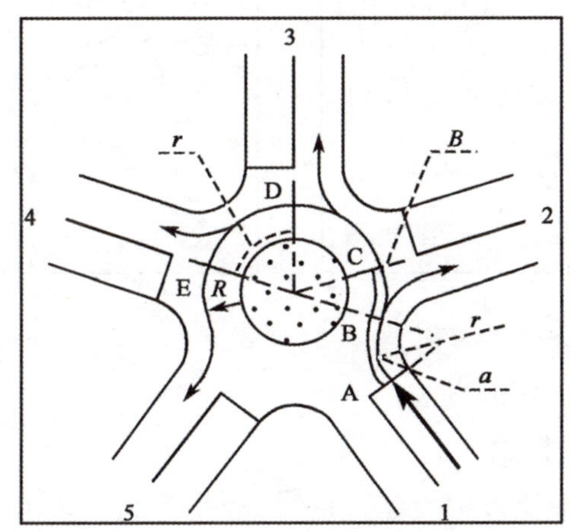

图5-77　六岔环交多进口道同时放行+环道控制方式示意图

进口道i流向出口道j的车流标记为流向ij。五岔环形交叉口指示进口道车流通行权的信号灯以及指示环道车流通行权的信号灯均按照逆时针方向编号，它们的编号与相应的进口道编号相同[43]。

(4)多进口道放行协同环道控制+左转感应控制

在前一种多进口道放行协同环道控制的方式基础上，为了使左转绿灯时间利用的更为合理有效，在环形交叉口部分位置设置感应线圈，既充分发挥信号控制环形交叉口的左转通行能力，又防止左转车流在环道上发生"死锁"现象。

按感应线圈设置位置的不同及左转信号处理方式的不同，分为流量感应式和排队感应式两种。

①流量感应式

在进口左转车道停车线前方设置感应线圈，在放行该进口道左转相位期间，主动检测通过进口道停车线的交通量，当达到环道左转车排队容量时，终止左转绿灯,反之,则继续左转绿灯,直至同一相位的直行绿灯一起结束。如图5-78所示。

②排队感应式

在环道左转排队空间的尾部,提前适当距离设置感应线圈,检测环道上左转车的排队位置,当即将达到环道排队容量时,终止相应进口道左转绿灯,反之,则继续放行左转,直至同一相位的直行绿灯一起结束。如图5-79所示。

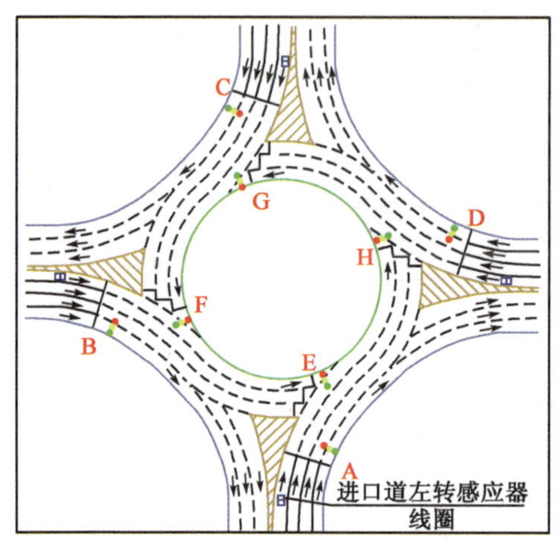

图5-78 进口道流量感应式控制

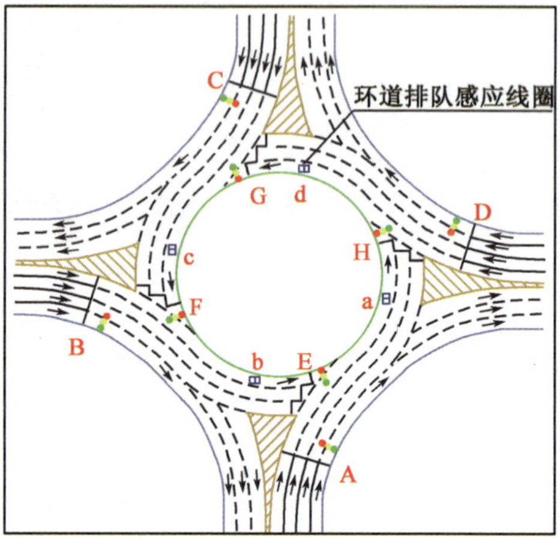

图5-79 环道排队感应式控制

2)非机动车与行人控制方法

(1)过街横道分段控制

对每个口的过街横道分两段进行信号控制,控制方式示意图如图5-80所示。在各个机动车相位中,对于非机动车与行人一体化交通和机动车交通没有冲突的进口道或出口道过街横道,就予以绿灯放行。

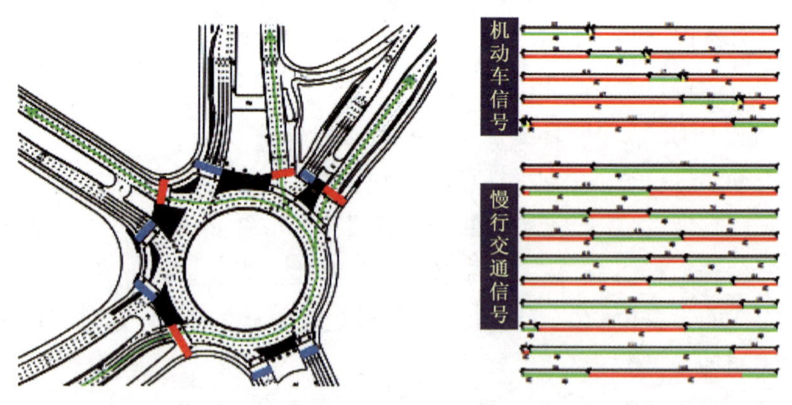

图5-80 过街横道分段控制方式示意图

该控制方法适用于:交叉口进口有行人、非机动车中央驻足区。

(2)机动车尾车出口让行

在某些情况下需要给予非机动车与行人更多的通行时间,则可以在出口道设置机动车信号,在相位的末期控制机动车尾车,对过街横道放行一段时间。如图 5-81所示。

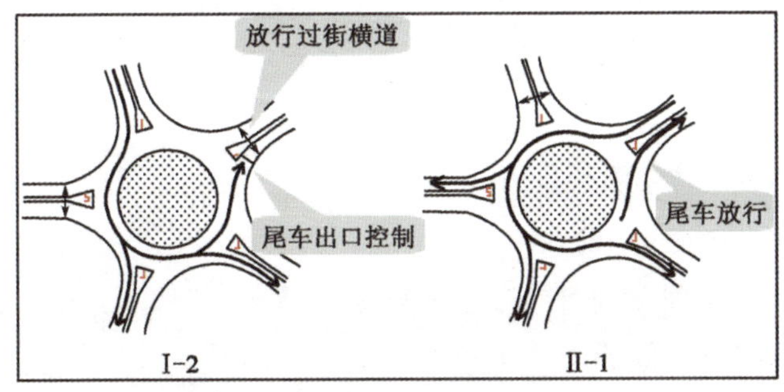

图 5-81 过街横道分段控制方式示意图

5.2.36 如何对快速路匝道进行控制

基本概念

快速路:在城市内修建的,中央分隔、全部控制出入、控制出入口间距及形式,具有单向双车道或以上的多车道,并设有配套的交通安全与管理设施的城市道路。

匝道:专门连接两条道路的一段专用道路,包括互通式立体交叉连接道路、快速路与辅路的连接道路、高架路或堑式路与地面道路连接的道路,一般为单向交通[44]。如图 5-82、图 5-83 所示。

图 5-82 快速路入口匝道

图 5-83 快速路出口匝道

入口匝道控制是通过调节进入快速路的交通总量及其时空分布,来避免或消除快速路主线的交通拥挤。它是应用最广泛、最有效的一种缓解高速路拥挤的交通控制形式[45-47]。

设计方法[48]

1)定时控制

对入口匝道进行定时控制的数学模型为[49]:

$$C = 3600 \times \frac{n \times m}{r}$$

式中:C——信号周期,s;

r——匝道调节率,pcu/h;

n——匝道车道数,一般取 1 或 2;

m——每个信号周期内每条车道放行车辆数,一般取 1 或 2。相应地,信号周期内绿灯时间为 2~3s 或 4~5s。

2)需求—容量差额控制(demand-capacity)[50]

需求—容量控制方法在美国是一种常见的入口匝道控制方法。通过检测匝道上游主路交通量(即交通需求),与匝道下游最大通行能力(即容量)进行比较,以此决定入口匝道的放行车辆(即入口匝道调节率)。

需求—容量差额控制的数学模型为:

$$r(k) = \begin{cases} q_{\text{cap}} - q_{\text{in}}(k-1) & O_{\text{out}}(k-1) \leqslant O_{\text{c}} \\ r_{\min} & \text{else} \end{cases}$$

式中: q_{cap}——匝道下游容量;

k——每个离散的检测时间,$k=1,2,3\cdots$;

$r(k)$——k 时刻的匝道调节率;

O_{c}——临界占有率;

$O_{\text{out}}(k-1)$——$k-1$ 时刻匝道下游占有率;

$r_{\min}$——最小调节率。

3)Alinea 控制方法

Alinea 方法[51]基本数学模型为:

$$r(k) = r(k-1) + K_{\text{R}}[O_{\text{d}} - O_{\text{out}}(k-1)]$$

式中:K_{R}——调整系数,一般取 70pcu/h;

O_{d}——主线下游检测器断面理想占有率。

4)入口匝道单点控制方法的特点和适用条件

这 3 种入口匝道单点控制方法的特点和适用条件,如表 5-24 所列。

入口匝道的几种典型单点控制方法的特点和适用条件对比分析　　表5-24

项目	定时控制	需求—容量控制	线性状态调节
算法举例	定时	DC	Alinea
控制类型	静态	动态前馈控制	动态反馈控制
控制参数		主线上游流量、主线下游占有率、检测器间距、临界占有率、下游通行能力	主线下游占有率、临界占有率
检测器位置		主线上游和主线下游	主线下游
优点	简单、经济、稳定	算法简单、容易实现	对于微小的差异平滑处理，能有效防止拥挤。原理简单，易于实现，花费少
缺点	不能适应交通流实时变化	不能判断快速路主线处于拥挤状态还是自由流状态，属开环控制，不能把控制后的微小变化反馈给系统，以便再优化控制	没有预测机制，对于交通量突变的情况处理不够理想

5.2.37　快速路出入口车道应如何保持车道匹配

基本概念

出入口：供车辆驶出或进入快速路的单向交通路口，设置于快速路右侧，一般通过互通式立交匝道、高架路匝道、辅路匝道连接。

城市快速路出入口从连接方式上可分两类：一类是与立交匝道相接的出入口，另一类是与辅路相接的出入口。

相关规定

现行《道路工程术语标准》（GBJ 124—1988）中将城市快速路定义为“城市道路中设有中央分隔带，具有四条以上的车道，全部或部分采用立体交叉与控制出入、供车辆以较高速度行驶的道路”。

现行行业标准《城市道路设计规范》（CJJ 37—2012）指出快速路对向车行道之间应设中间分车带，其进出口应采用全控制或部分控制，并应控制出入口间距及形式。其应实现连续通行，单项设置不应少于两条车道，并应设有配套的交通安全与管理设施”。

设计方法

（1）快速路出入口保持车道数匹配应符合《城市快速路设计规程》（CJJ 129—

2009)的规定。

《城市快速路设计规程》(CJJ 129—2009)中规定:

①在全长或较长路段内必须保持一定的基本车道数。

②相邻两段同一方向上的基本车道数每次增减不得多于一条,变化点应距互通式立体交叉0.5~1.0km,并设渐变率不大于1/50的过渡段。

在分合流处车道数应按下式进行计算,以检验车道数的平衡(图5-84),当不平衡时,应增设辅助车道。

$$N_C \geqslant N_F + N_E - 1$$

式中:N_C——分流前或合流后的主线车道数;

N_F——分流后或合流前的主线车道数;

N_E——匝道车道数。

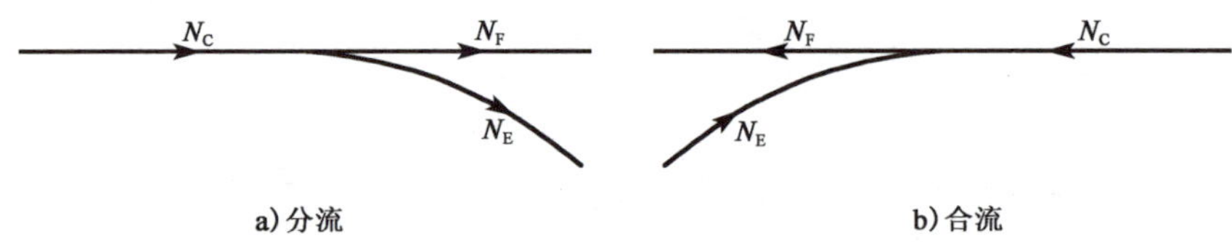

图5-84 车道数的平衡

(2)变速车道的设置。

变速车道长度应为加速或减速车道长度与渐变段长度之和,变速车道长度与出入口渐变率应符合表5-25的规定,坡道上变速车道长度的修正数应符合表5-26的规定。

变速车道长度与出入口渐变率　　表5-25

主线设计车速(km/h)			100	80	60
减速车道长度(m)		单车道	90	80	70
		双车道	130	110	90
加速车道长度(m)		单车道	180	160	120
		双车道	260	220	160
渐变段长度(m)		单车道	60	50	45
渐变段	出口	单车道	1/25	1/20	1/15
		双车道			
	入口	单车道	1/40	1/30	1/20
		双车道			

坡道上变速车道长度的修正系数　表 5-26

主线的平均坡度 i(%)	$0<i\leq2$	$2<i\leq3$	$3<i\leq4$	$4<i\leq6$
下坡减速车道修正系数	1.00	1.10	1.20	1.30
上坡减速车道修正系数	1.00	1.20	1.30	1.40

变速车道长度的选用应结合主线和匝道的设计车速、交通量、大型车所占比例等对变速车道长度验算,按实际情况确定其合理的长度。

5.3.38　如何应对快速路出口匝道距离交叉口进口道较近的情况

快速路出口匝道距离交叉口进口道较近时容易发生这样的情况:出口匝道排队已超过其长度,排队蔓延至主线,出口匝道车辆将会排队占用一条车道,主线通行能力减小(会严重影响主线的运行),严重时甚至导致整个快速路主线拥堵。

相关规定

1)下匝道坡脚至交叉口停车线的距离

在交叉口交通饱和前,下匝道坡脚至交叉口停车线的距离,由红灯期间的车辆排队长度以及匝道左(右)转和地面道路右(左)转车辆转换车道所需的交织长度两部分组成。

在缺乏资料的情况下,下匝道坡脚至交叉口停车线的距离一般采用大于等于140m,在特殊困难路段不小于100m。

2)上匝道坡脚至交叉口停车线的距离[52]

上匝道坡脚至交叉口停车线的距离,只要保证横向道路和对向车流上匝道所需的交织长度即可。考虑到交织车辆在交叉口内可改变行驶轨迹,因此,交织转换一条车道的时间可采用小值。上匝道坡脚至交叉口停车线的距离一般采用50~100m。

设计方法

城市快速路出口匝道衔接路段指快速路出口匝道与其衔接道路连接点至前方交叉口车辆排队队尾的一段距离。车流相互之间的交织是衔接段交通的核心问题。绝大部分出口匝道衔接路段右侧设有右转车道,因此,衔接道路右转车流与其出口匝道车流无交织,这里所讨论的交通组织主要指直行和左转交通流相关情形。

(1)组织方式Ⅰ:无禁行和分隔条件下,出口匝道车流和衔接道路车流经过交织后通过交叉口,见图 5-85。

(2)组织方式Ⅱ:出口匝道和衔接道路车流间设有物理分隔的交通组织形式,

见图5-86。这种组织方式避免了衔接路段交通的交织,尤其在交织段长度不能满足需求时,有利于维护系统的有序性,提高服务水平,是一种有效的组织方式。

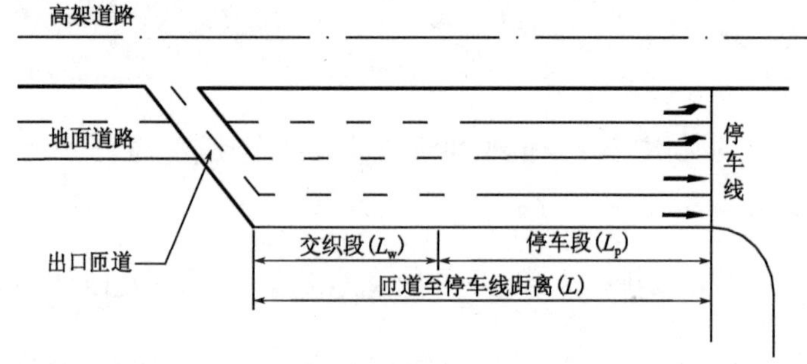

图5-85　出口匝道衔接路段交通组织方式Ⅰ

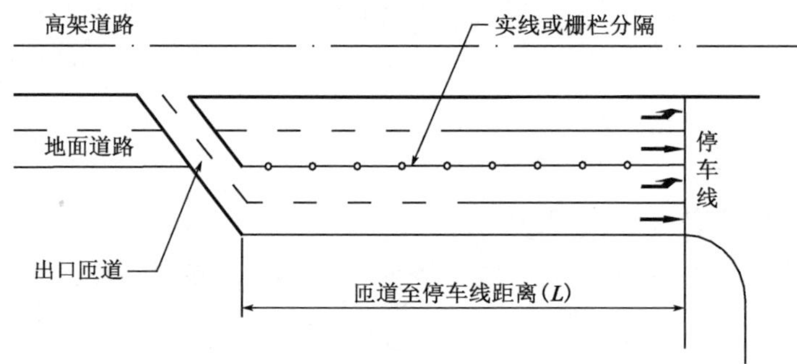

图5-86　出口匝道地面衔接路段组织方式Ⅱ

(3)组织方式Ⅲ:禁止某流向车流在交叉口转向的交通组织方式。通过禁行衔接道路或出口匝道的某流向,以减少交叉口进口道的交织。被禁行的转向车流,可以在上游或下游交叉口绕行,亦可在前方交叉口掉头到达目的地。这种组织方式,适用于交通交织量大、交织段长度不能满足要求,同时周边路网有分流的条件。

本章参考文献

[1] 杨晓光.城市道路交通设计指南[M].北京:人民交通出版社,2003.

[2] 张海雷,杨晓光.信号控制交叉口转向交通设计适应性研究[D].上海:同济大学,2008.

[3] 高克跃.城市道路平面交叉口视距控制与计算[J].城市交通,2013,(3):15-20. DOI:10.3969/j.issn.1672-5328.2013.03.005.

[4] Hanna J. T., T. E. Flynn, L. T. webb. Characteristics of Intersection Accidents in Rural Municipalities[R]. Transportation Research Recond 601, Transportation

Research Board, 1976.

[5] Mitchell R. Identifying and Improving Highway Accident Locations[J]. Public Works, December 1972.

[6] 中华人民共和国国家标准. GB 50647—2011 城市道路交叉口规划规范[S]. 北京:中国计划出版社,2012.

[7] 杨晓光,白玉,马万经,等. 交通设计[M]. 北京:人民交通出版社,2010.

[8] 中华人民共和国国家标准. GB 5768.3—2009 道路标志标线 第3部分:道路交通标线[S]. 北京:中国标准出版社,2009.

[9] 任福田. 交通工程学[M]. 北京:人民交通出版社,2003.

[10] 张玉一,邓卫,季彦婕,等. 大城市自行车交通发展战略研究[J]. 交通运输工程与信息学报,2005,3(4):75-79.

[11] 白玉,薛昆,杨晓光,等. 平面十字交叉口停车线设计方法研究[J]. 公路交通科技,2004,21(2):99-102.

[12] 林琳. 行人二次过街设施的设计及交通组织方案研究[D]. 北京:北京交通大学,2006.

[13] 中华人民共和国国家标准. GB 50220—1995 城市道路交通规划设计规范[S]. 北京:中国建筑工业出版社,1995.

[14] 王京元. 信号交叉口时空资源综合优化实用方法研究[D]. 南京:东南大学,2006.

[15] AASHTO. A Policy on geometric design of highways and streets (Sixth Edition)[M]. Washington, D. C: 2011.

[16] 何超. 城市道路平面交叉口左转专用车道设计要点[J]. 城市建设理论研究(电子版),2014,(23):374-376.

[17] Richard A. Perez. Culdelines for right-turn treatments at signalized intersections[J]. ITE Journal,2001,(2):170-175.

[18] TRB. Highway capacity manual (HCM) 2000[R]. National Research Council. Washington. DC,2000.

[19] TRB. NCHRP457: Engineering study guide for evaluating intersection improvements[R]. National Research Council, Washington. DC,2001.

[20] 中华人民共和国行业标准. CJJ 152—2010 城市道路交叉口设计规程[S]. 北京:中国建筑工业出版社,2010.

[21] 倪颖,李克平,徐洪峰,等. 信号交叉口机动车左转待行区的设置研究[J]. 交通与运输,2006(z2):32-36.

[22] 杨佩昆,吴兵.交通管理与控制[M].北京:人民交通出版社,2003.

[23] 赵靖,郗晓菲.道路交叉口车道功能划分[J].中国市政工程,2007,03:6-8+91.

[24] 杨静,史玉茜,杨晓光.典型信号交叉口右转渠化岛设计模式的适用性研究[J].交通与运输(学术版),2011,02:124-128.

[25] 范季平,蔡逸峰.基于行人安全的城市干道二次过街设施研究[C].十六届海峡两岸都市交通学术研讨会论文集,2000.

[26] 中华人民共和国国家标准.GB 14886—2006 道路交通信号灯设置与安装规范[S].北京:中国标准出版社,2006.

[27] 杨佩昆,张树升.交通管理与控制[M].北京:人民交通出版社,1995.

[28] 道路与交通工程研究学会.交通信号控制指南—德国现行规范[M].李克平,译.北京:中国建筑工业出版社,2006.

[29] 钱红波,李克平.绿灯间隔时间对交叉口交通安全的影响研究[J].中国安全科学学报,2008,06:166-170.

[30] 杨佩昆,吴兵.交通管理与控制[M].人民交通出版社,2003.

[31] 中华人民共和国行业标准.GA/T 851—2009 人行横道信号灯控制设置规范[S].北京:中国标准出版社,2010.

[32] 张卫华,黄艳君,胡刚.城市公共交通专用道设置标准的探讨[J].交通标准化,2003,07:33-36.

[33] 陈恺,张宁,黄卫.平交路口远引掉头技术应用研究的思考[J].交通运输工程与信息学报,2006,04:82-86.

[34] Herbert S. Levinson. Indirect left turns-the Michigan experience [C]. In : 4th Annual Access Management Conference,2000.

[35] 李小帅.城市大型平面交叉口交通组织优化研究[D].北京:北京交通大学,2009.

[36] 徐家钰,梁家民.X形交叉口的改善[J].上海公路,1997(2):23-29.

[37] 中华人民共和国行业标准.JTG B01—2014 公路工程技术标准[S].北京:人民交通出版社,2014.

[38] 环形交叉口改建方案决策支持理论研究及其应用.同济大学学生课外科技行动计划项目[Z].2005.

[39] 汪涛,杨晓光.环形交叉口时空优化[D].上海:同济大学,2007.

[40] 刘会斌,邓卫,李东屹.环形交叉口的信号控制方法研究[J].道路交通与安全,2008,02:39-43.

[41] 赵阳,林瑜. 单向井字型交叉口群协调控制问题研究[C]. 第二届同舟交通论坛论文集. 同济大学, 2005.

[42] 黄锦荣. 环岛立交信号相位控制讨论[J]. 广东公安科技,2003,2.

[43] 高云峰,杨晓光,汪涛,等. 五岔环形交叉口信号协调控制模型研究. 系统工程. 2006(8).

[44] 中华人民共和国行业标准. CJJ 129—2009 城市快速路设计规范[S]. 北京:中国建筑工业出版社,2009.

[45] 荆便顺. 道路交通控制工程[M]. 北京:人民交通出版社,1995.

[46] 美国运输部联邦公路局. 交通控制系统手册[M]. 李海渊,秦吉玛,王彦卿,译. 北京:人民交通出版社,1987:45-67.

[47] Papageorgiou M, Habib H S, Blosseville J M. ALI-NEA: a local feedback control law for on-ramp metering [J]. Transportation Research Record 1320, 1991. 58-64.

[48] 聂磊,杨晓光,庄斌,等. 快速路入口匝道控制适应性研究[J]. 交通与计算机,2006,03:18-21.

[49] 刘伟铭,杨兆升. 高速公路系统控制方法[M]. 北京:人民交通出版社,1998.

[50] Michael Zhang, Taewan Kim, Xiaojian Nie, et al. Evaluation of on-ramp control algorithms[J]. Cali-forniaPATH Working Paper, UCB-ITS-PRR-2001-36. University of California, Davis, 2001.

[51] Jacobsen L, Henry K, Mahyar O. Real-time metering algorithm for entralized control[J]. Transportation Research Record 1232, 1989: 17-26.

[52] 张胜. 城市快速路设计方法[Z]. 上海市政工程设计研究总院,2010.

第 6 章　有序通畅的路段

6.1 概　　述

路段是道路网络的又一构成要素，其交通组织管理的内容既包括横断面布置、车道宽度等道路本身的几何构造，又要对公交停靠站、路段人行过街通道、地块出入口、路边停车位等设施进行合理的布置，此外，还要处理不同交通方式的通行权关系，并考虑绿波控制、潮汐车道、排队溢流控制、限速管理等一系列管理措施。本章将针对 23 个路段交通组织管理典型问题进行梳理，以提升其运行效率，其中：第 1 ~ 3 个问题是关于道路横断面设计问题；第 4 ~ 15 个问题是机动车交通组织问题；第 16 ~ 19 个问题是公共交通组织问题；第 20 ~ 21 个问题是行人交通组织问题；第 22 ~ 23 个问题是快速路交通组织问题。

6.2 常 见 问 题

6.2.1 如何选择合适的道路横断面形式

基本概念

横断面宜由机动车道、非机动车道、人行道、分车带、设施带、绿化带等组成，特殊断面还可包括应急车道、路肩和排水沟等[1]，主要形式一般包括单幅路、两幅路、三幅路和四幅路，其具体形式如图 6-1 ~ 图 6-4 所示。

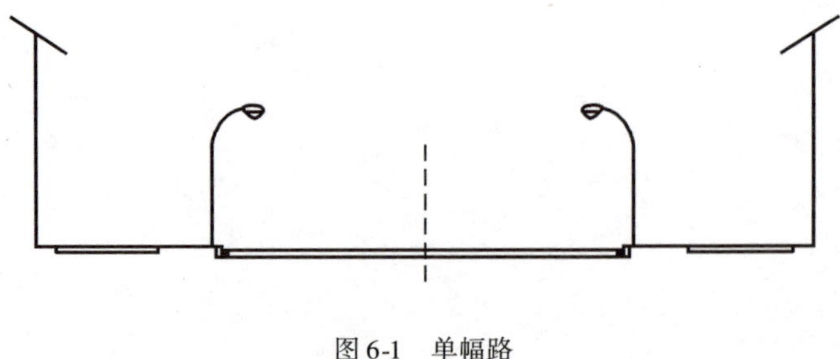

图 6-1　单幅路

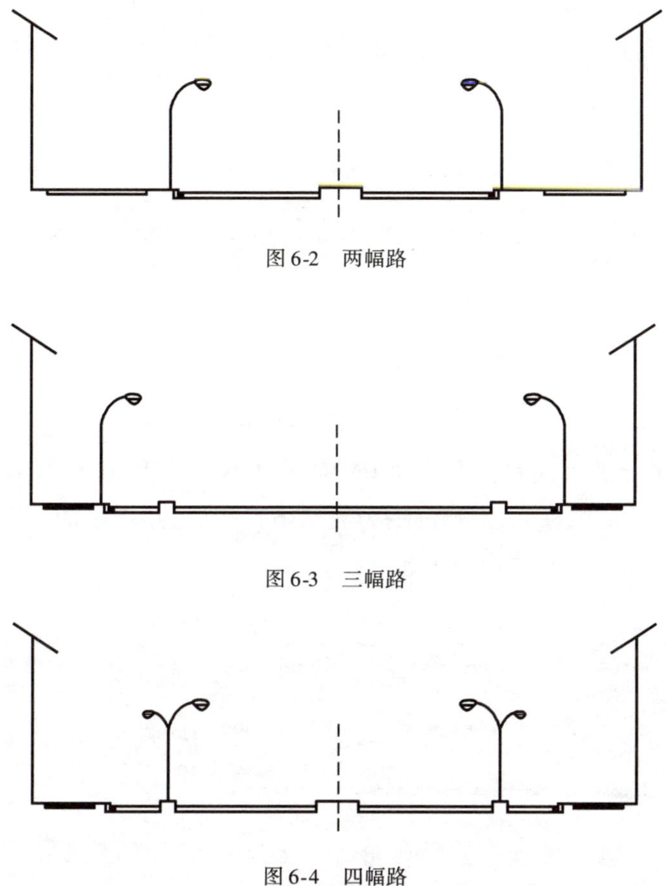

图 6-2　两幅路

图 6-3　三幅路

图 6-4　四幅路

相关规定

城市交通设计导则中提到：

(1)道路横断面的适用条件应符合以下规定：

①单幅路：适用于街道空间较窄、自行车流量小的次支道路、尽端式道路，以及步行和自行车专用路、公交步行街等；

②两幅路：设有中央分隔带，适用于次干路和机非干扰较小的道路以及在道路景观、交通设施、市政管线等方面有特殊要求的其他道路；

③三幅路和四幅路：设有机非分隔带，主干路一般采用三幅路四幅路。快速路当两侧设置辅路时，应采用四幅路；当两侧不设置辅路时，应采用两幅路。

(2)道路条件受限时，道路横断面应优先满足步行、自行车和公共交通的安全通行需求，并符合以下规定：

①因周边路网加密条件受限需要增加车道数时，应优先将新辟车道设置为公交专用道；

②对于空间不足的道路，道路改造时严禁压缩人行道或自行车道宽度；

③可设置奇数车道和可变车道，如图 6-5 所示，并应注意配套相关交通管理设施和措施。

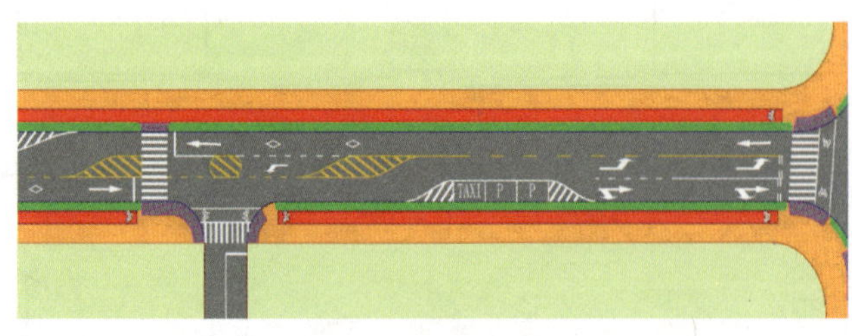

图 6-5　奇数车道设置示例

(3)同一道路的不同路段和交叉口，应根据不同的需求设置不同的横断面形式，并保证不同形式的横断面顺畅衔接(图 6-6)。当道路横断面局部有变化时，应设过渡段，宜以交叉口或结构物为起终点。

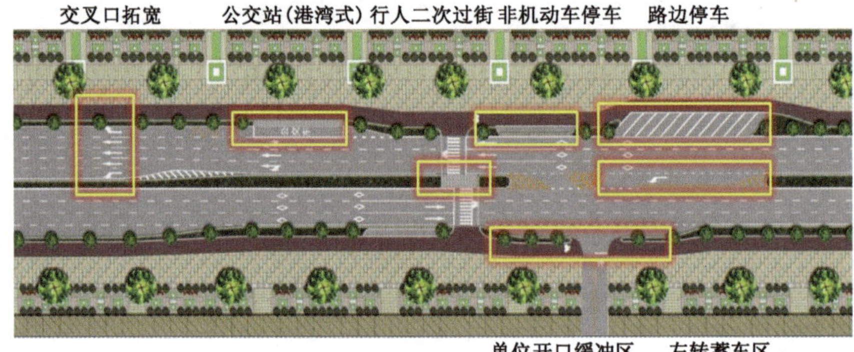

图 6-6　不同形式横断面衔接示例

(4)桥梁与隧道横断面形式、车行道及路缘带宽度应与路段相同。特大桥、大中桥分隔带宽度可适当缩窄，但应满足设置桥梁防护设施的要求。

(5)道路横断面应满足交通设施及地上和地下市政管线的最小敷设宽度要求。

6.2.2　机动车车道宽度是否越大越好

基本概念

车道宽度，指的是道路上供一列车辆安全顺适行驶所需要的宽度，包括设计车辆的外廓宽度和错车、超车或并列行驶所必需的余宽等，单车道宽度与道路等级、道路行驶车型、设计车速相关，直接影响道路通行能力及安全水平[3]。车道过宽，则行驶速度较高，且车速分布离差增大，还会频繁出现超速和超车现象，当流量较大时车辆易违法并行(1 条车道并行 2 辆车,如图 6-7 所示),导致行驶秩序混乱、安全性下降,进而降低交通的效率。对于新建道路,车道过宽将增加土地资源的占用;对于改建道路,车道过宽则可能增加拆迁量。车道宽度过窄,则可能不满足车辆通行的基本要求,如行驶速度降低、通行能力下降、易引起车辆侧向剐擦、增加驾驶人心理压力、导致安全性和舒适性下降等。因此,合理设计机动车道宽度可以提高车辆行驶的安全与效率,改善交通秩序,且能够降低土地资源消耗,节省拆迁及建设成本。

图 6-7　车道过宽造成运行秩序混乱示意图

相关规定

根据《城市道路工程设计规范》(CJJ 37—2012)第 5.3.2 条,一条机动车道最小宽度应符合表 6-1 的规定。车道过宽反而会引起车流紊乱,影响运行秩序和安全。从目前的研究成果分析,可以得出以下结论。

(1)由于城市交通状况及车辆组成的变化,尤其是车辆性能的提高,横向安全距离以及车速行驶时的摆动宽度,可以适当减小。

(2)目前我国的公路和城市道路规范规定的机动车车道宽度标准高于许多国家的车道宽度水平。

一条机动车车道最小宽度(m)　　表 6-1

车型及车道类型	设计速度(km/h)	
	>60	≤60
大型车或混行车道	3.75	3.50
小客车专用车道	3.50	3.25

先进理念[2]

国际研究表明,机动车车道宽度每增加 1m,车辆行驶速度将增加 15km/h

(Fitzpatrick 等,2000)。因此,合理设置较窄的车道有利于降低车辆行驶速度,改善道路交通安全。此外,较窄的车道还能够缩短过街距离和信号周期,加快道路雨水排水,并节约交通用地和工程造价。美国 2013 年发布的《城市街道设计导则》中建议机动车道宽度取 3m 左右(10ft);日本、德国等国家规定城市次干路与支路车道宽度下限为 2.75m。

6.2.3 如何确定非机动车道宽度

基本概念

一般情况下,非机动车道宽度需要保证非机动车的通行安全、连续。避免与行人、机动车之间的相互干扰。

相关规定

《城市交通设计导则》中提到,除快速路主路外,城市各等级城市道路应设置自行车道。新建道路的自行车道宽度应符合表 6-2 中数值。旧改道路条件受限时,自行车道宽度不得小于 1.5m。

自行车道单侧宽度取值一览表(m) 表 6-2

自行车道等级 / 城市道路等级	一　级	二　级	三　级
快速路(辅路)	3.5~4.5	3.0~3.5	2.5~3.0
主干路	4.0~6.0	3.5~5.0	2.5~3.5
次干路	4.0~5.5	3.5~4.5	2.5~3.5
支路	3.5~5.0	3.0~3.5	2.5~3.0
自行车专用路	≥3.5(单向),≥4.5(双向)		

自行车道路每条车道宽度宜为 1m,靠路边的和靠分隔带的一条车道侧向净空宽度应加 0.25m。自行车道路双向行驶的最小宽度宜为 3.5m,混有其他非机动车的,若平板车、三轮车通行较多时,应适当增加非机动车道路面宽度,单向行驶的最小宽度应为 4.5m。

独立设置非机动车道,车道数宜最少为 4 车道,每条车道宽度宜为 1m,总宽度为 4.5m 为宜。

6.2.4 地块出入口位置选择的依据

基本概念

指路侧出入口或支小道路等进出道路主线的交通,对主线交通流将产生合流、分流甚至冲突等干扰，因此，需要根据主干路的功能、沿线进出交通的需求与特征进行交通流的优化组织与渠化设计[2]。

进出交通管理是针对城市用地和交通的连接道路进行规划、设计与管理的措施，需同时维持或提高周围道路网内交通的安全性、通行能力和交通流通行效率。地块出入口位置选择作为进出交通管理的一部分，须以进出交通、主线交通和绕行交通三者综合效益的最优为目标，既要考虑车辆进出的便捷性，更要降低其对主路交通的干扰。

相关规定

路段中的地块出入口，一般情况下转向交通量不大，其对交通运行效率和安全的影响很容易被忽视。其中，交叉口与路段出入口间距不足可能导致交通管理、安全性和通行能力方面的问题。出入口路段的拥堵，交叉口的冲突和转弯混行，交织区长度不足，下游路段到交叉口的溢出，都可能引起上述问题。因此，地块出入口位置应遵循以下原则[4]：

(1)机动车出入口的设置以不影响步行和自行车交通的通行为前提，在行人和自行车流量较大的道路上以及对街道环境品质要求较高的商业街、社区支路等地段，应减少机动车出入口的个数。

(2)地块出入口不得设置在交叉口范围内，且不宜设在主干路上，宜经支路或专为集散车辆用的地块内部道路与次干路相通。

图6-8具体定义了四种交叉口与路段出入口间距的最小要求[5]，其中：

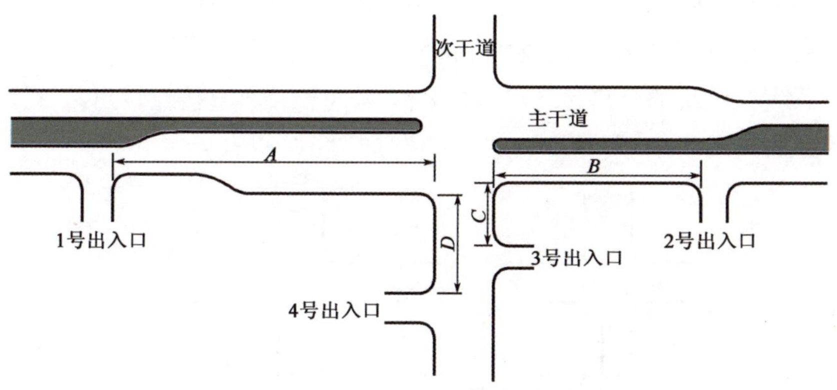

图6-8　交叉口与路段出入口间距类型

A——主干道上游出入口与交叉口间距：中央分隔带设置应等于或者超过交叉口功能区范围，并大于停车视距加交叉口车辆排队长度之和；

B——主干道下游出入口与交叉口间距：中央分隔带设置应等于或者超过交叉

口功能区范围,并满足停车视距要求;

C——次干道上游出入口与交叉口间距:应满足排队长度要求;

D——次干道下游出入口与交叉口间距:应超过交叉口影响范围。

6.2.5 是否允许路段地块出入口左转进出的依据

基本概念

左进左出是指机动车通过左转方式进出地块出入口,通常需要穿越多条车道,需要等待,而且对主线车流影响较大。

设计方法[3]

地块出入口可以采用左转进出和右转进出两种方式。右转进出是出入口与相邻车道之间的交通,对主线干扰较小;而左转进出需要穿越几条车道,冲突严重,在主线交通流量较大时会影响主线车流速度及通行能力。因此,我们应尽量避免路段出入口左转进出设置。

(1)不允许左转进出的情况:立体交叉功能区的交汇处、平面交叉功能区内、事故高发路段、视距不良路段[4]。

(2)必须设置左转进出或预留开口的情况:医院、消防站。必要时还可辅以感应信号加以控制,确保其交通安全与通行效率[3]。

为避免主线及其沿途的车辆直接左转进出,可采用三种交通设计方法:一是网络交通组织方法,使车辆绕道而行变左转为右转;二是使车辆在交叉口实现左转掉头;三是在路段上设置掉头车道或左弯待转带。

①以设置在路边的公交起终点站为例,为避免公交车直接左转出站,可以利用周围路网进行交通组织,实现其“右进右出”,如图6-9所示。

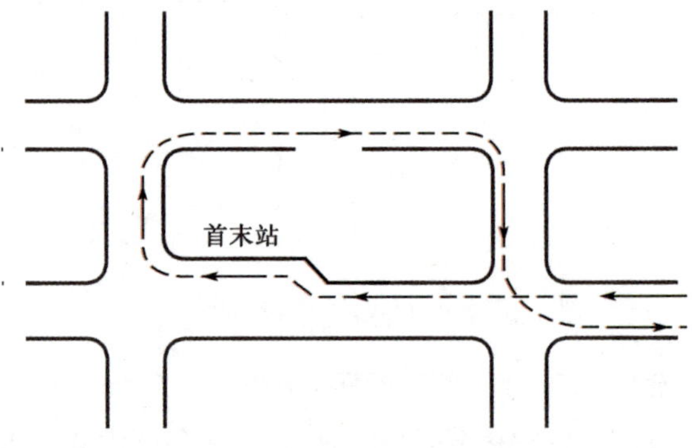

图6-9 利用路网进行交通组织示意图

②在三块板道路上，应尽量保持机动车与非机动车分隔带的连续性，路段上机非分隔带开口间距一般不应低于200m。路侧车辆出入前应借非机动车道行驶一段距离后再出入主线；在沿线交叉口间距较小的情况下，车辆可利用交叉口实现左转。

③交叉口上游有高架下匝道时，可考虑利用墩位中央分隔带做远引掉头，如图6-10所示。若中央分隔带宽度足够、交叉口间距过长时，可考虑压缩中央分隔带以设置掉头待行区段和汇入区段，同时将路段行人过街横道与掉头车道进行协调布设；当主线车速较高，还可考虑设置路段掉头专用信号灯，其控制方案应与其上下游交叉口信号或附近的行人过街信号加以协调。

④对于某些特殊（医院救护车、消防车等）的进出交通，可允许车辆直接左转进出，但须进行优化设计，基本方案如图6-11所示。待行区的宽度或利用中央分隔带，或压缩车道形成。必要时还可辅以感应信号加以控制，确保其交通安全与通行效率。

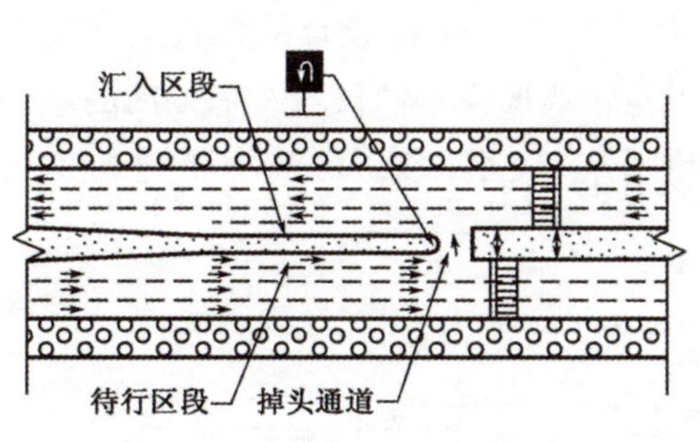

图6-10　掉头通道设计示意图

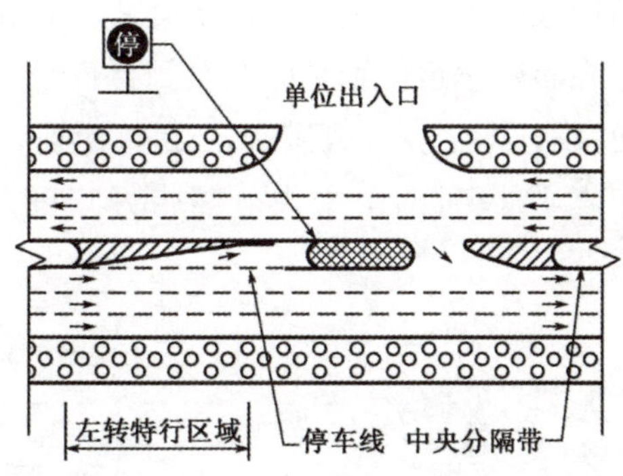

图6-11　路段左弯待转区设计示意图

机非隔离带开口方式应与出入口的进出方式有关，对于右进右出车辆在机非分隔带处不需要留有车辆等待的空间，对于左进左出的方式，因车辆需要穿越主路各车道，需要等待一个可穿越间隙，因此，需要在机非隔离带上给车辆设置停车空间，降低其对主路车流的影响，提高安全性。

6.2.6　中央分隔带开口的形式

基本概念

中央分隔带分隔两侧相对流向的交通流，提高道路行驶的安全性。为减少掉头绕行产生的行程时间，降低延误，可在中央分隔带设置开口。中央分隔带开口设计类型主要包括以下三种：

(1)定向式的中央分隔带:道路上有实体隔离物作为屏障,将对向的车流分隔开,如混凝土隔离墩或景观化的安全岛。

(2)连续的双向左转车道:连续的双向左转车道位于往返两个方向交通流中间,避开直行车流,可提供两个方向的左转交通使用。

(3)可穿越的中央分隔带:允许各流向车辆穿越。

设计方法[5]

1)定向式中央分隔带设计

信号控制交叉口之间的无信号控制的定向开口,为毗邻地块提供了便捷的出入口,同时可减少信号控制交叉口处的掉头交通量。

定向式中央分隔带开口在路段中有两种布置形式:布置于信号控制交叉口下游和布置于信号控制交叉口上游,分别如图 6-12a)和图 6-12b)所示。一般而言,布置于信号控制交叉口下游的设计会优于上游设计,原因主要有以下三点:一是当定向式中央分隔带开口位于交叉口上游,可能造成交叉口左转车辆的误入,这一问题在转弯车道位于平曲线左侧且夜晚时尤为严重;二是下游设计的景观美化功能更强,艺术上更令人满意;三是下游设计使得左转或掉头车辆只与一个方向的直行车发生冲突,两个中央分隔带开口间的相互影响较小,容易保障主干道的信号协调。

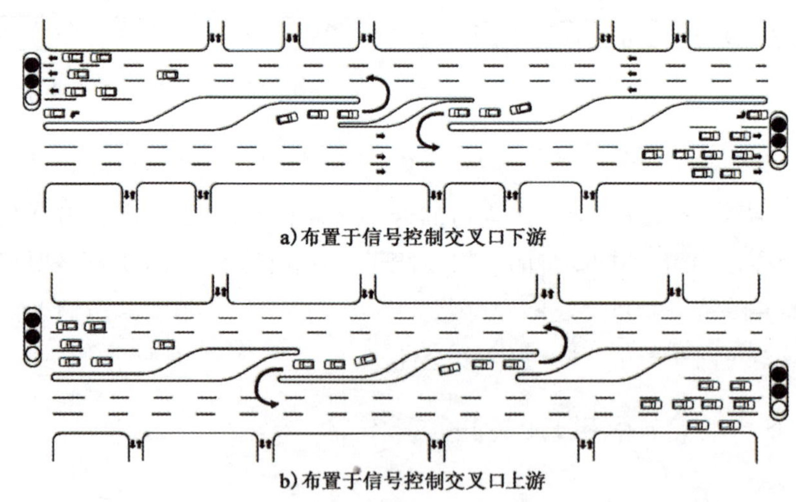

a)布置于信号控制交叉口下游

b)布置于信号控制交叉口上游

图 6-12　定向中央分隔带开口

定向中央分隔带开口的细部设计中应特别注意设置隔离带重叠区,如图 6-13 所示,它是定向式中央分隔带开口的必要特征,它保证了开口只允许特定流向通行。

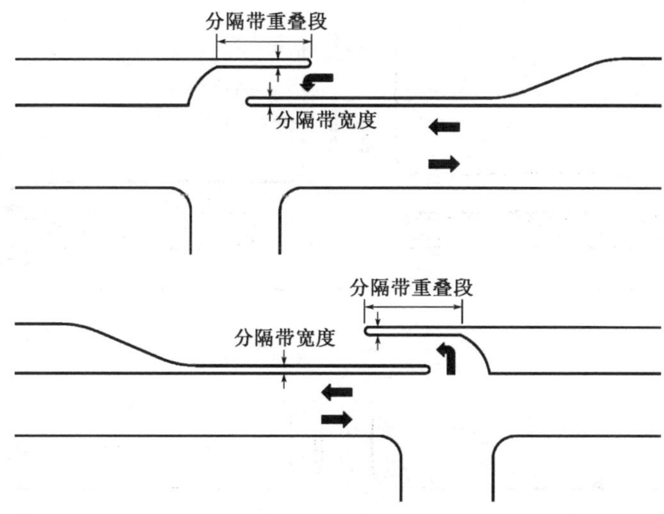

图6-13　左转或掉头车辆设置的定向式中央分隔带开口

2)双向左转车道设计

如图6-14所示,连续的双向左转车道是一条直接的划线中央车道,它被用作道路上两个方向的车辆进行左转,为左转车辆提供了一个专用空间用以等待冲突车流中的可接受间隙。其适用条件为:

(1)道路设计平均日交通量(ADT)少于24000辆/d。

(2)对于开发中的住宅区集散道路,沿线住所或相交支路左转交通需求较大时。

(3)对于开发中的郊区集散道,需要为沿线毗邻地块提供直接左转出入口时。

(4)对于开发中的郊区与城市集散道,当事故隐患不严重时。

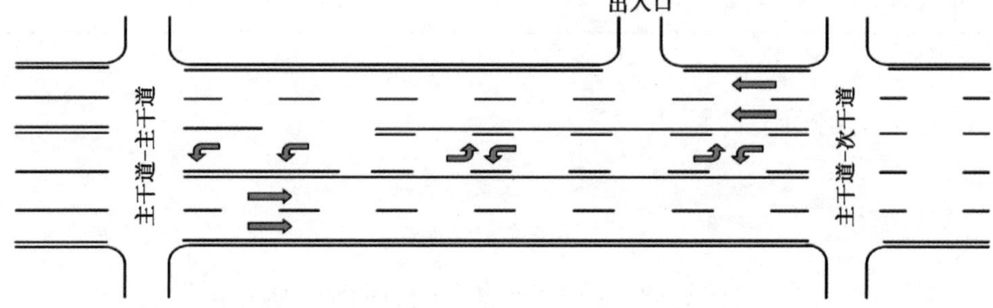

图6-14　连续的双向左转车道

3)可穿越的中央分隔带设计

为了提高道路运行的平顺性,对于可穿越的中央分隔带可采取:①中央分隔带局部拓宽设置独立左转港湾;②路侧路肩局部展宽供直行车辆绕行,分别如图6-15和图6-16所示。其适用性对比如表6-3所示。

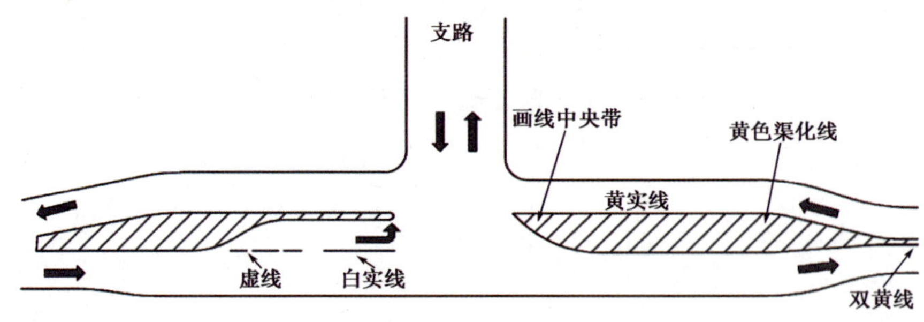

图 6-15　独立左转港湾设计

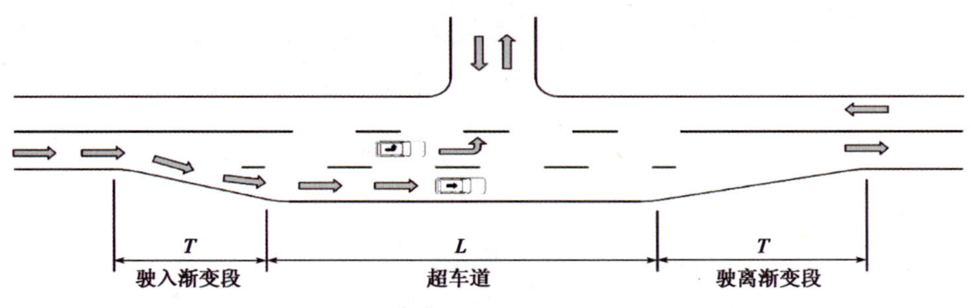

图 6-16　利用路肩绕行设计

两种可穿越的中央分隔带设计适用性对比　表 6-3

项　目	独立左转港湾设计	利用路肩绕行设计
运行特征	提供了辅助车道将左转车辆从直行车道中分离	当左转车辆停驶在车道上等候时，直行车辆可从路侧绕过左转车辆
适用道路断面形式	双车道道路和未分隔的四车道道路	次要道路的三路交叉口，或空间不允许设置独立左转车道的路段
适用左转车比例	较高	较低

6.2.7　如何设计路边停车位

基本概念

机动车出行到达目的地之后必然要停靠(长时间或临时停靠)，如无停车场(库)或其供给不足，必将制约汽车交通出行或影响汽车交通的通行。路边停车是在道路用地控制线(红线)以内设置的停车场，包括城市道路路边或较宽绿化带、人行道外绿地内的临时停车位，或高架路、立交桥下的停车空间，其特点是：设置简单，使用方便，用地紧凑，投资少，示意车辆临时停放。缺点是减少了道路的有效宽度和容量，会干扰车流的正常通行，易发生事故。

相关规定

《停车场规划设计规则》中对各种停车方式下的停车位尺寸进行了规定，具体见表6-4。

不同停车形式下停车位尺寸(m)　　表6-4

停车形式	平行式	斜列式				垂直式	
		30°	45°	60°			
	前进停车	前进停车	前进停车	前进停车	后退停车	前进停车	后退停车
垂直通道方向宽度	2.8	4.2	5.2	5.9	5.9	6.0	6.0
平行通道方向长度	7.0	5.6	3.7	3.0	3.0	2.6	2.6

设计方法

停车难已成为城市交通的一大问题，施划路边停车位成为许多城市缓解停车矛盾的一项重要措施。但在实施过程中，往往侵占行人和自行车交通的利益。对于占用非机动车道施划停车位的，应满足以下要求：

(1)根据非机动车流量，确定最小自行车道宽度。在非机动车流量较小时，至少保证非机动车道宽度不小于1.5m，如该路段经常有三轮车等宽度较大的非机动车通过时，非机动车宽度不得小于3.5m。

(2)非机动车道上停车位可进行分时段设置，在早晚非机动车出行高峰时禁止占用非机动车道进行停车；在中午时段可根据实际非机动车流量进行区分，如流量较小，可以选择开放非机动车道停车位，如流量比较大，开放停车位可能会影响非机动车的行驶，需禁止占用非机动车道进行停车。

为了缓解路边停车与自行车交通的矛盾，以下设计模式供参考。

1)利用机非分隔带空间设计机动车停车位(图6-17)

2)压缩人行道设置港湾式停车位

机非混行道路或机动车专用道路，局部压缩人行道设置路边停车带，如图6-18所示，这种设计要求人行道有足够宽度且行人流量较少，且非机动车与行人交通可作一体化设计。

3)设置港湾式路侧停车，并与交叉口展宽一体化设计(图6-19)

除私家车需要在路侧进行停车外，出租车也需要在路侧停车上下客，路侧出租车停靠站设计包括以下几个方面[6]。

(1)设置形式

路侧出租车停靠站形式分为直线式与港湾式两种。从车辆停靠特点分析，由于

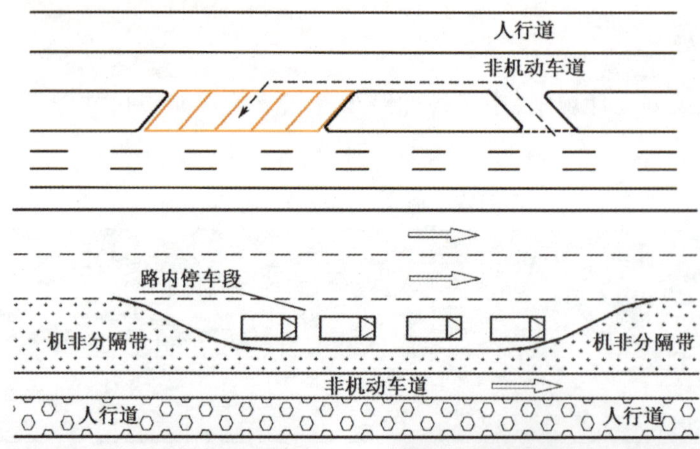

图 6-17　利用机非分隔带空间设计机动车停车位

a）有机非分隔带

b）无机非分隔带

c）无非机动车道

图 6-18　压缩人行道设置港湾式停车位

出租车的停靠特点主要表现为需求低频率、启动/制动灵活、占用道路资源比公交车少等，因此，若出租车路边停靠对所在道路交通的影响较小，则应结合既有的道路资源，尽量设置直线式路边停靠站。

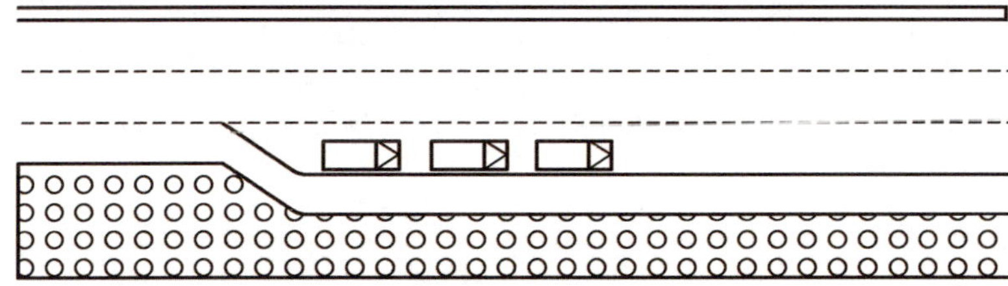

图6-19　设置港湾式路侧停车

在符合以下条件时可设置为港湾式停靠站：

①从道路交通量的角度：若出租车停靠站所在道路为主次干道，道路高峰小时交通服务水平处于不可接受的服务水平（即低于D级服务水平，饱和度大于0.9），且侧向可利用空间满足港湾式停靠站的设置条件，则可设置港湾式停靠站。

②从出租车客流需求的角度：拟设置的站点周边出租车上车客流量较大，对所在道路影响较大（上车客流量不低于50人次/h），且侧向可利用空间满足港湾式停靠站的设置条件，则可设置港湾式停靠站。如出租车停靠站与公交车停靠站合并设置时，其设置形式应与公交车停靠站设置形式一致。

（2）相关设施

出租车停靠站应设置停车位、站台、候车亭、电召设施、乘客休息座椅、标志标线和必要的告示及广告看板等设施，部分地区还应设置防雷设施。具体设置内容如表6-5所示。

出租车停靠站设施设置要求　　表6-5

类　　型	功能要求	配套设施
必需的配套设施	乘客上下车及候车	站台、候车亭
	车辆停靠	停车位、标志标线
	信息服务	站牌、电召信息化设施（电召按钮、电召指示牌等）、必要的告示及广告看板等
可选的配套设施	防雷	位于容易引发雷击区域的站点，应根据需要设置防雷设施
	更优质服务	休息座椅、交通地图、垃圾桶、阅报栏、无障碍设施等

①停车位。

对于直线式出租车停靠站或高峰小时上客人数小于50人次的站点，应设置1

个停车位；对于港湾式出租车停靠站或高峰小时上客人数大于 50 人次的站点，应设置 2 个及以上的停车，但原则上不应超过 3 个停车位；对于位于偏远区域的出租车停靠站，为给出租车提供充足合法的出租车候客位，打击非法营运行为，应在结合停靠站的设置形式、站点上客量特征的基础上，可适当增加停车位的规模，但不应大于 5 个停车位。

此外，路段停靠站与公交中途站并设时，出租车停靠站宜布设 1 个停车位，降低对公交车的影响。

②候车亭。

为保障乘客候车环境，出租车停靠站一般需设置带遮雨棚的候车亭，遮雨棚的样式应与四周的建筑物、环境特色和活动形态相协调，形成城市特色景观。但当所在路段人行道过于狭窄，难以满足遮雨棚的设置要求，或出租车停靠站与公交中途站、周边其他设施一体化设置，公交候车亭或其他设施可为出租车乘客提供遮风挡雨服务时，可采用简易出租车候车亭，以节约建设成本，实现设施间的共享利用。

③指示标志。

由于出租车停靠站主要结合出租车客流集散点设置，站点数量相对较少，为引导出租车乘客到达附近的出租车停靠站候车，提高出租车停靠站的使用效率，宜在出租车停靠站周边设置相应的出租车引导指示标志，标志内容应包括距离标识出租车图案标志、出租车停靠站站点文字标识、指示方向箭头等，如图 6-20 所示。

图 6-20　出租车停靠站指示标志

6.2.8　什么样的道路适合做绿波带控制

基本概念

“绿波带”是交通控制中“信号灯多点控制技术”的一种形象化说法，即在一个交通区域或一条交通干线上实行统一的信号灯控制，将纳入控制范围的信号灯全部归入计算机控制系统，并使用先进的计算方法，根据车流量来科学合理地指挥交通。从被控制的主干线各交叉口的灯色来看，绿灯就像波浪一样滚滚向前，故被形象地称为“绿波带”。

在城市道路网中，交叉口相距比较近，相邻的交叉口之间的距离通常不足以使车流完全疏散。当各交叉口分别设置单点信号控制时，车辆经常遇到红灯，时停时开，行车不畅，环境污染比较严重。为了减少车辆在各个交叉口的停车次数，特别是当干线上的车辆比较畅通时，人们研究了一种干线相邻交叉口协调控制策略。协调信号计时的方法是基于绿波的概念，相邻交叉口执行相同的信号控制周期，干线相位的绿灯开启时间（相位差）错开一定的时间，交叉口的次道在一定程度上服从主干线上的交通。当一列车队具有许多交叉口的一条主干线上行驶时，协调控制使得车辆在通过干线交叉口时总是在绿灯开始时到达，因而无须停车即可通过交叉口，这样就大大提高车辆行车速度和道路通行能力，确保道路畅通，减少车辆的延误时间。

为了便于实现干线交叉口信号的协调控制，对于干线上的所有交叉口，都采用共同的周期长度；而对于少数交叉口，也可采用不同的周期，但必须与共同周期成倍数关系，这个相同的周期是在负荷最高的关键交叉口所需的最佳周期长度。随着社会和经济的发展，城市中的交通工具日益增多，城市各主干线的交通压力也随之增大。要缓解这一压力，提高交通流量，防止出现交通堵塞，目前常用的一种方法就是把主干线上一批相邻的交叉路口的交通信号连接起来，加以协调控制，使主干线车辆通过这些交叉口时尽可能地遇到绿灯，为主干线直行方向的车队提供最大绿波带，减少干线上的延误和停车率，以保证干线上的车辆能够畅通，这种方法称为“绿波带信号控制”[7]。

绿波带控制可以分为单向绿波带控制及双向绿波带控制两种，如道路断面交通流主要集中于一个方向，可以设置单向绿波带控制，如两个方向交通流相差较小，可靠率采用双向绿波带控制。

设置条件

绿波带控制系统的设置主要取决于交叉口间距、主流向及连续车道、转弯车道等条件[3]。

1）协调控制距离

由于过长距离的协调控制会导致车队更加散布、交通效益下降，其交通流的连续通行不再有意义，所以，实施机动车绿波控制的干线距离最大不宜超过750m，在特殊情况下也不应超过1000m。

2）连续车道

为了发挥线协调控制的作用，在绿波控制的路段上，每个协调方向的连续车道应不少于两条车道。这样,才能确保正常行驶的车辆在绿波通行过程中超越慢行车辆,提高协调控制的效果。临时停车或路边停车,以及非港湾式公交车停靠站也会影响交通流的连续通行质量,因此,在交通高峰时段有效地限制路边停车,同时改善公交停靠站有助于提高交通流的运行效率。

3)转弯车道

当直行交通流为主要的协调控制方向时,应在交叉口进口道车道功能设计时,适当地给转弯车辆分配独立的转弯车道,这样有利于减少对直行交通流的干扰,并且可以避免追尾碰撞事故的发生。如果不能设置专用左转车道,则应全天或在协调控制时段禁止左转弯车流通行,同时为左转弯车辆提供绕行路径。

6.2.9 如何进行绿波带的设置

1)单向绿波带

当相向交通量相差悬殊,或者要执行警卫、消防、救护、抢险等任务时,实行指定路线的单向绿波带控制,只要照顾单向信号协调,是比较容易实施的。

在干线交通信号协调控制系统中的基本参数有周期时长、绿信比以及相位差。

(1)周期时长

在信号控制系统中,为使各交叉口的交通信号能取得协调,各个交通信号的周期时长必须是统一的。为此,必须先按单点定时信号的配时方法,根据系统中各交叉口的布局及交通流向、流量,计算出各个交叉口交通信号所需的周期时长,然后从中选出最大的周期时长作为这个系统的周期时长,把需要周期时长最大的这个交叉口叫作关键交叉口。

(2)绿信比

在信号控制系统中,各个信号的绿信比是根据各个交叉口各向交通量的流量比确定的。因此,控制系统中各个交叉口信号的绿信比不一定相同。

(3)相位差

为使车辆通过协调信号控制系统时,能连续通过尽可能多的绿灯,必须使相邻信号间的绿时差同车辆在其间的行程时间相适应,所以时差是信号控制系统实现协调控制的关键参数。

相邻交叉口相位差计算:

$$\Delta t = \frac{s}{v} \times 3600$$

式中:Δt——相近交叉口相位差,s;

s——相近信号间的间距,km;

v——车辆可连续通行的车速,km/h。

2）双向绿波带

把主干道上一批相邻的交叉路口的交通信号连接起来，加以协调控制，使主干道正、反两向的车辆通过这些交叉口时尽可能的遇到绿灯，为主干道直行正、反两个方向的车队提供最大绿波带，减少干道上的延误和停车率，以保证干道上的车辆能够畅通行驶，这种方法称为“双向绿波信号控制”。

双向交通街道的信号协调控制，在交叉口间距相等时，比较容易实现，且当信号间车辆行驶时间正好是线控系统周期时长一半的整数倍时，可获得理想的效果。各交叉口间距不等时，信号协调控制就较难实现，必须采取试探与折中方法求的信号协调，否则会损失信号的有效通车时间，提高相交街道上的车辆延误[8]。

双向交通定时线控信号协调方式有三种：

（1）同步式协调控制

连接在一个系统的全部信号，在同一时刻，对于干道车流显示相同的灯色。

（2）交互式协调控制

连接在一个系统的相邻交叉口的信号，在同一时刻，显示相反灯色。

（3）续进式协调控制

根据路上的要求车速与交叉口的间距，确定合适的时差，用以协调各相邻交叉口绿灯的启亮时刻，使上游交叉口上绿灯启亮后开出的车辆，以适当的车速行驶，可正好在下游交叉口绿灯启亮时刻到达。如此，使进入系统的车辆可连续通过若干个交叉口，而不遭遇红灯。

6.2.10　如何提升绿波带控制的实施效果[3]

（1）绿波协调控制所涉及的交叉口必须采用相同的周期长度（或共同周期的整数倍）。若某交叉口的周期时间出现短期的变动，须尽快将其调整恢复到系统共同周期。

（2）在设计交叉口间的相位差时，须综合考虑社会车辆、公交车辆、行人和非机动车以及消防车、警车和救护车等特殊车辆行驶的要求，因地制宜地采取不同的折中方案，以实现协调控制效益的最佳化。

（3）须考虑可能影响交通流行驶速度的各要素，如路段行人过街、车流交织运行等因素。

（4）可向驾驶人提供推荐的行驶车速，以提高协调控制的效果。当车队的行驶速度在连续路段上偏差大于5km/h时，建议在交叉口出口路段提供速度提示信息；当路段距离较长时，需在沿路多处提供推荐速度信息。

（5）可以采用定时绿波协调控制与感应控制相组合的方式，在相交道路交通量较少的时候，增加主线绿灯时长，从而增加绿波带宽。

6.2.11 交叉口左转禁行+路段掉头模式的适用条件

由于城市道路中车辆的行驶方向各异，在进出交叉口时各种车辆之间会产生不同的交错形式，于是形成了合流点、分流点以及冲突点等交错点。城市道路交叉口的行车速度、通行能力直接被这三种碰撞点的存在而影响，也是产生交通事故的主要诱发原因。其中对交通行驶影响最大的是左转与直行、直行与直行产生的冲突点，其次是合流点，再次是分流点，因此，减少冲突点是组织交通的首要目的。以简单两车道的十字交叉口进行冲突点分析为例，当其不限制左转交通时，交叉冲突点个数为 16 个；当禁止任意两个方向的左转车流时，冲突点减少到 9 个；若完全限制左转车辆，则交叉冲突点只有 4 个。

由此可见禁止车辆左转能有效地减少冲突点的产生，极大地有利于车辆的高效行驶，由于在实际道路交叉口为满足车辆在各个方向的行驶并不能采取全部禁止车辆左转的交通组织措施，所以合理组织交通路线是非常必要的，远引左转掉头是变左转交通为右转交通的一种，该种方法具有以下优点[9]：

1）减少甚至是消除平面交叉口的数量

交叉口的复杂交通运行状况主要是由于转向交通的存在引起的，尤其是左转交通，左转禁行措施能够改善交叉口的交通秩序，提高行车安全。

2）能够有效提高整个交叉口的通行能力

道路的通行能力是指在正常的交通、行驶情况及管制条件下，通过道路截面某一点或者均匀截面的最大小时流率，并且能满足驾驶人的合理期望。通常一般情况下，左转车辆的车头平均时距一般为 3.0～4.0s，而直行车辆的车头时距通常为 2.0～3.0s，在平面交叉口禁止左转车辆后，左转车流消失所以直行车流将会更加连续、顺畅。

3）提高了平面交叉口车辆的交通安全性

相关研究表明，交通冲突与交通安全存在关联性。研究发现：一次冲突导致车辆发生事故的概率约为 0.000124，即平均 80000 次冲突招致一次事故的发生。所以，从本质上来说，冲突数量的降低，很大程度上减少了交通事故的发生。

4）有利于信号交叉口车辆的交通组织以及相位的精简

实行禁左交通流管理可以减少交通流流向，相位相序安排更加精简和紧凑，有利于改进交叉口的交通运行情况。

远引左转掉头是把路口的左转车流远引到路口下游，通过主干路较宽的中央分隔带上的开口跨越车道实现 U 形回转来组织左转车流的一种交通组织方式，间接实现左转。这种方法在国外已经实行多年，与该措施相关的效率和安全方面的研究也很多。主路交通和此路交通流线如图 6-21 所示。

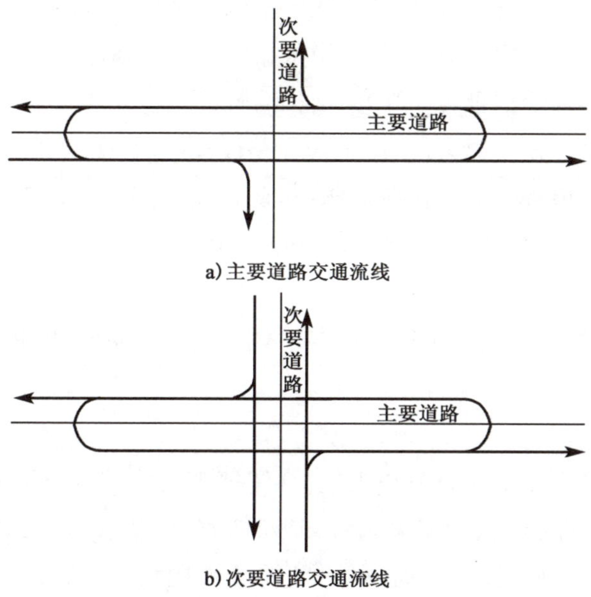

图 6-21　掉头左转弯交通组织形式示意图

设计方法

交叉口左转禁行 + 路段掉头模式(图 6-22)一般应用于相交道路等级不同,交叉口流量过大,通行能力不足,不能设置左转专用相位的情况。采用该设计模式应满足以下要求:

1) 中央分隔带宽度需要满足要求

由于采取左转禁行的控制方式,车辆在交叉口左转时需要在路段上的掉头车道掉头,转弯车辆的转弯半径需要满足。在中央分隔带较宽时,车辆可在内侧车道

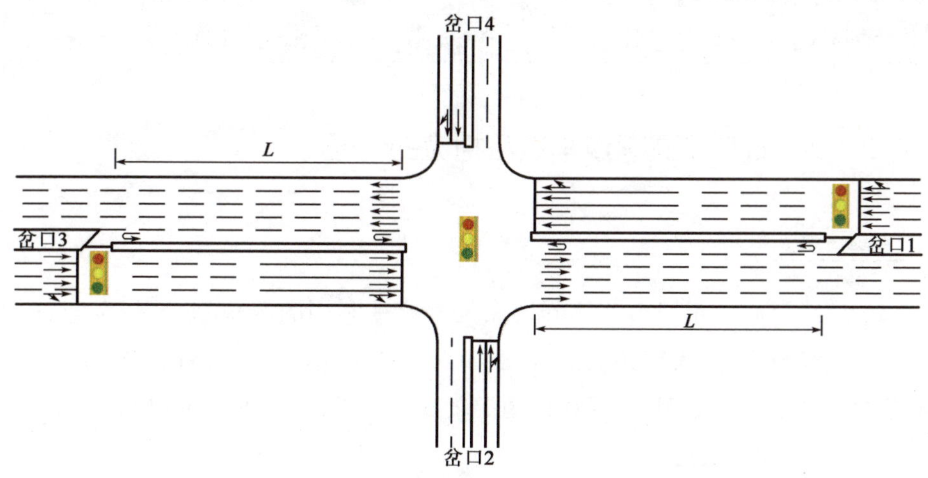

图 6-22　交叉口左转禁行 + 路段掉头模式示例

掉头进入对向的内侧车道,如果中央分隔带不能满足转弯半径,车辆需要从内侧车道掉头进入对向的非内侧车道,具体车道根据转弯半径确定。

2)交叉口间距需要保证掉头车辆保证不排队溢流

该控制方法需要设置掉头位置,车辆在路段掉头时,需要进行排队,因此掉头地点设置需要考虑掉头车辆的排队需求,排队长度不能大于掉头位置与交叉口的距离 L,保证不发生溢流情况,影响交叉口的运行。

3)信号灯设置[10]

在车辆行驶过程中,掉头车辆可能与对侧的直行车辆产生冲突,在掉头位置,车辆采用停车让行控制不能满足道路需求时,可以选择设置信号灯来控制掉头车辆。

以掉头车道设置在东西向道路为例,介绍掉头处信号灯设置方法。掉头车道设置在东西方向道路,根据冲突关系可知,对向直行(等在掉头口处停车线车辆)与东西向道路相位相同,掉头车辆应与南北向道路同相位。为充分利用时空资源,对向直行可提前放行,使车流在到达交叉口停车线时,东西向信号灯变为绿灯。如掉头车辆较多,需要较长的绿灯时长时,掉头车辆控制绿灯也可提前,同时对向直行车辆绿灯需要早断。

4)禁限方向[11]

根据道路交通实际的情况,禁行方向分类见表 6-6。

禁限方向分类 表 6-6

编　号	禁限流向	编　号	禁限流向
1	主路左转	4	主路、次路左转
2	次路左转	5	主路、次路直行
3	主路直行	6	主路左转、次路直行

6.2.12 如何设置潮汐车道和相应的信号

基本概念

城市道路交通由于城市总体开发布局和土地利用的区块划分,机动车使用频率的提高以及节假日、大型集会的开展,道路交通可能产生阶段性、定时性、并有规律可循的产生单向交通拥堵,而相同道路的反方向的流量却较小,这种不均衡的交通现象,称之为潮汐交通。

潮汐交通主要发生在早晚高峰期,假日高峰以及重大节庆日等时段,居民区与工作区之间的城市主干道路则为主要的潮汐交通发生的路段。设置潮汐车道,可将道路中央的车道按照交通流量设置合理的车道行驶方向,从而提高车道的利用效率。

设置条件[12]

潮汐车道的设置需要一定的道路条件,需要考虑路段的交通流、路段上的车道数以及方向分布系数等方面:

1)路段多次出现时段性、方向性的不均衡交通流

交通流的不均衡主要有两个特点:时段性以及方向性。时段性是指经常性在一天中的某个时段,或者某一时刻,在一个方向上车流、人流大量涌入特定路段,导致这个时段的路面交通量达到或超过道路设计通行能力,此时,如果车流发生交通事故或者其他扰动,很容易造成交通拥堵的发生;而在另外的方向上由于车量太少而无车通行,造成了道路空间资源的巨大浪费。某条道路如果偶尔出现这种情况并不足为奇,但是在长时间内重复出现这种状况就需要交通管理部门对其进行认真研究,以免造成一边是道路空间需求极大,而另一边却极少利用或者空置的情况。

在路段中央由于要设置潮汐可变车道,如果道路中央存在中央分隔带,则会给可变车道的设置带来很大的麻烦,因此,为了减少工作量,道路中央一般不应有中央分隔带或者路面电车轨道等阻碍设施。

2)路上机动车车道数一般为双向3车道及以上

双向3车道是实行潮汐可变车道设置的最低条件,不排除在某些极端情况下在某些路段设置单向车道。交通量较大的城市主干道数一般较多,为了保证两个方向的交通顺畅运行,交通量较少方向也必须预留足够的车道数,因此,对于交通量较大的城市来说,我们选择设置可变车道的道路车道数也应尽量较多。

3)交通量方向分布不均匀系数一般为2/3,尽可能在3/4以上

方向不均匀系数反映了在一条路段的两个方向上交通流的不平衡性,方向不均匀系数越大,重交通流方向交通量越大,同理,方向不均匀系数越小,则轻交通流方向交通量越小。根据国内外已有研究成果,当方向不均匀系数大于2/3甚至在3/4以上时,路段两个方向的交通量已处于严重不平衡状态,此时若通过设置可变车道,将轻交通流方向的部分车道转换为重交通流方向车道,既增加了重交通流方向的通行能力,又没有因为减小轻交通流方向的通行能力导致该方向的服务水平明显降低,而且充分利用了道路的时空资源。但是,方向不均匀系数为2/3,虽然是设置可变车道的最低条件,在现实情况中需要具体问题还需具体分析。在某些特殊路段,由于路段的通行能力很低,虽然方向性不均匀系数未达到2/3,但是此

时的交通已经远远超出了路段可以处理的能力,因此方向性不均匀系数并不是决定是否实施可变车道的决定性的因素。

4)轻交通方向减少车道后通行能力能满足交通需求

如果实行可变车道后轻交通流方向的交通变拥挤,那么这种可变车道的设置便存在问题,我们的目的是使两个方向的交通流达到合理的平衡,不能为了一个方向的交通而牺牲另一个方向的交通。根据研究,可变车道的通行能力并不是简单地按原来各车道通行能力的叠加,它是受到车道通行能力、相邻车道的车辆运行情况以及道路现状条件等综合因素的影响。例如在一条双向车道的路段,假设紧邻中线的第一条车道的通行能力为1,第二条车道由于受到第一条车道的影响,车流量降至0.8~0.9,第三条车道受到的影响较第二条更大,车流量更低,仅为0.65~0.78,第四条为0.5~0.65。考虑特殊情况,如果路段变为单行,那么可近似认为实行可变车道后,通行能力不变,改变方向后的通行能力为原来通行能力之和。此外,可变车道的通行能力还会受到对向行驶的车辆的影响。相邻的两个车道,一条车道改变方向后,由于车道紧邻,车流方向相反,相互影响较大,会导致两车道的通行能力均有所下降,而此车道的通行能力降低又会导致同方向紧邻的车速下降,进而导致这条车道的通行能力也有所下降,因此在对路段设置潮汐可变车道后,在对交通流量进行预测时,要充分考虑以上因素的影响,确保在实行可变车道后,轻交通流方向的通行能力满足交通需求。

一般来说,设置潮汐可变车道前需要做好道路交通管理与控制的预案,对即将出现的种种问题都有完善的应对措施。道路终端应对可能的交通拥堵等做好应变的方案,根据现实生活中潮汐车道的应用情况来看,这是一个很重要的条件,设置不好很可能不但不能减轻交通拥堵,反而会引起更严重的交通拥堵。

设计方法

潮汐车道及其相应的控制应注意以下问题:

1)起终点

潮汐可变车道起终点的设置主要考虑该点交通量的流向变化。一般来说,由于在交叉口处部分车辆进行方向转变,导致下游道路路段交通流开始往某个方向的路段汇聚最终导致形成潮汐交通。因此,潮汐车道路段起终点的选择,一般设置在位于路段重交通流方向的上游接近于车流量开始增多的交叉口前的地方,如图6-23、图6-24所示。

2)在交叉口的处理

潮汐车道对交叉口运行的影响主要体现在进口道车道功能划分上。由于设置了潮汐车道，导致交叉口进口道车道数发生了变化，驾驶人无法判断在交叉口哪些是左转车道，因此车道功能应作相应调整。处理方法主要有两种：一是采取禁左管理，此种方式设置较为方便，但设置之前需要对道路条件进行考察；二是进口道采用可变车道时，与路段潮汐车道同步调整。

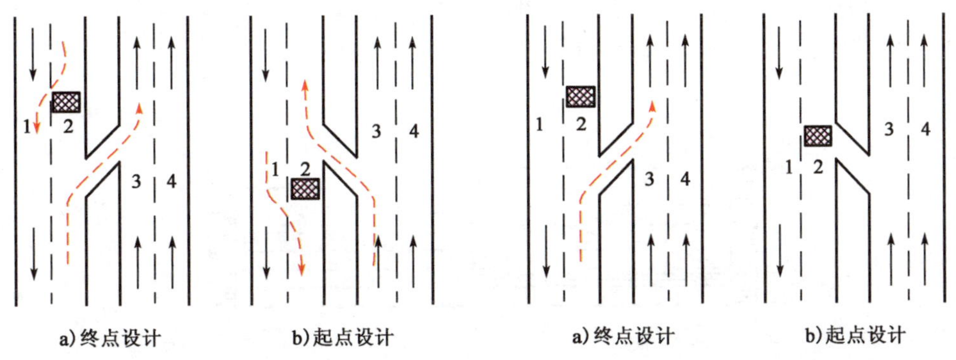

图6-23　潮汐车道开始阶段起始点设计

图6-24　潮汐车道结束段起始点设计

3）清空时间

清空时间必须合理设置。如果清空时间过短，会导致车辆未全部排空，进而可能引发车辆正面碰撞。如果清空设置时间过长，则会导致可变车道闲置，通行能力浪费，反而达不到提高通行能力的目的。一般应保证在信号变化前上游交叉口进入可变车道的车辆在清空时间内可通过下游交叉口。

6.2.13　如何处理短间距交叉口

基本概念

当两个交叉口距离大于进口道长度但小于最小交叉口间距，且两个交叉口之间的车流产生了相互干扰，则称两个交叉口为短间距交叉口。常见的近距离交叉口构成形式有两个十字交叉口组合、两个T形交叉口组合（错位交叉口）以及十字交叉口与T形交叉口的组合，如图6-25所示。

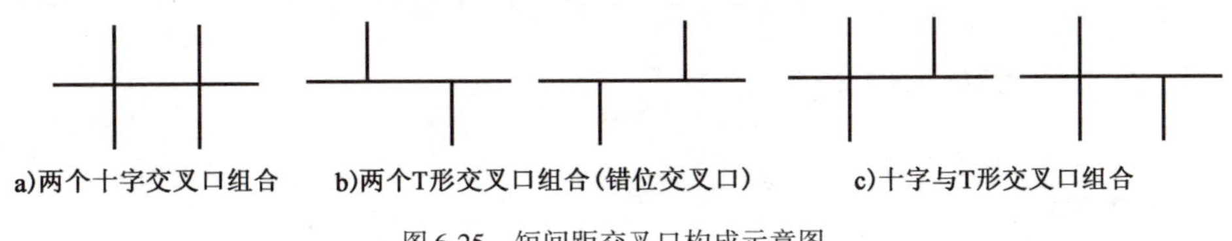

图6-25　短间距交叉口构成示意图

设计方法

（1）上游交叉口流入车道组的通行能力不应大于下游交叉口流出车道组的通

行能力。当无法估算通行能力时,可用相邻交叉口进口道数的对应关系判断,即当相邻两交叉口相交道路等级相同时,上游交叉口流入进口道车道总数与下游交叉口流出车道总数相同;当相邻两交叉口相交道路等级不同时,上游交叉口流入进口车道总数与下游交叉口流出车道总数相差不宜超过1条[13]。

(2)两端交叉口进口道均按偏移中心线展宽时,应进行两交叉口的协调规划。当需要设置人行横道时,应设置在渐变段中央[13],如图6-26所示。

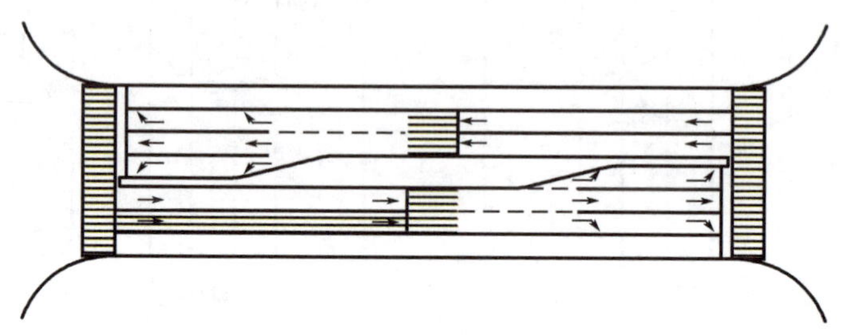

图6-26 短间距交叉口进口道展宽的协调布设

(3)当两交叉口距离很近,又有大量的车辆通过交叉口时,由于难以在短连线的路段上完成交织,常导致两交叉口的交通阻塞。作为改善措施,可将左右转车道进行置换设计,并对各流向的交通流实施信号控制,如图6-27所示。应特别注意的是,由于这种车道布局设计有悖于常规,所以一定要提前设置提示标志[3]。

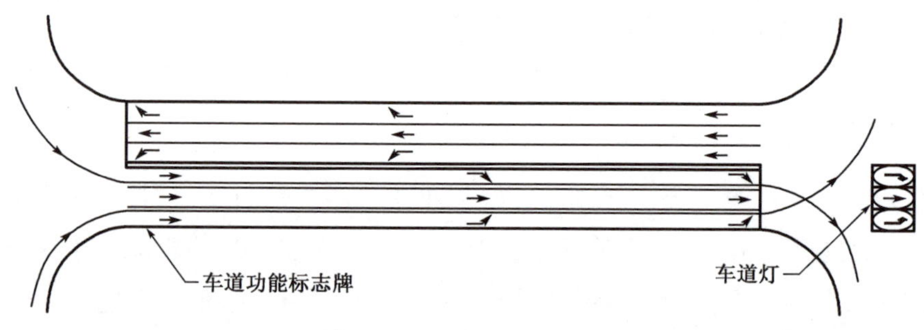

图6-27 短间距交叉口左右车道置换设计

6.2.14 如何控制排队溢流

基本概念

交通溢流是指路段交通流在聚集和消散的过程中,由于交叉路口的瓶颈作用,使得驶入路段的车辆数量大于驶出路段的车辆数量而形成排队,若交通信号协调配时不当,随着时间的演化,滞留在路段上的车辆数逐渐增多,当车辆排队超出路段长度时，部分车辆占据上游交叉口，形成交通溢流现象。

交通溢流是引发交通拥堵的重要原因。在交通高峰时段，一旦路口发生交通溢流现象，如果不加以有效控制，溢流会如同“传染病毒”一样，迅速沿着各个进口方向蔓延到上游交叉口，使上游路口处于拥堵状态。最后的结果是整个路网的所有路口都处于拥堵状态，交通网络彻底瘫痪[14]。交通溢流情况如图6-28所示。

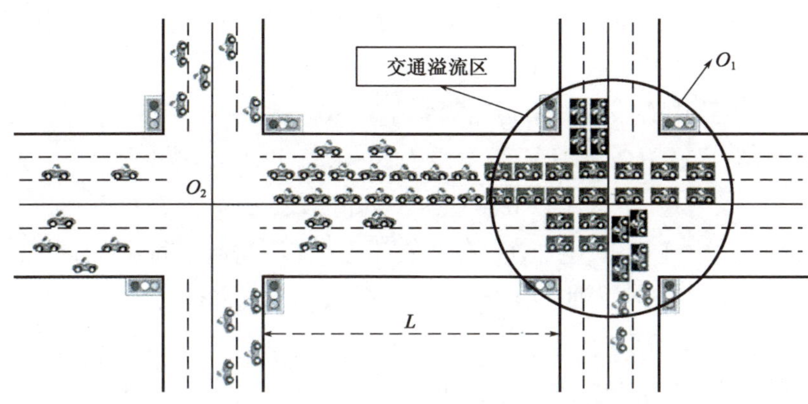

图6-28　交通溢流示意图

设计方法

排队溢流是影响城市道路通行能力，致使道路交通陷于瘫痪的重要原因，为此，可以从需求管理和协调控制两个层面对其进行管理，减少其发生的可能性。

在需求层面，应对车辆进行路径诱导。在经常发生溢流的交叉口之前设置可变信息板，发布前方道路的实时交通状况，引导驾驶人选择其他路径行驶。可以通过互联网、手机、广播等方式向驾驶人提供城市道路现在拥堵状况严重的路段，并提供一些较为通畅可以替代的道路，避免车辆继续向溢流路段行驶。

在控制层面，应特别注意信号周期时长不应过长。虽然较长的信号周期有利于提高交叉口通行能力，但会导致排队长度的增加，从而增加溢流的可能性。此外，还应加强协调控制。信号配时优化不仅要考虑本周期内车辆、信号配时合理性，还要考虑上一周期残留车辆对本周期信号配时的影响，交通信号控制一般取系统延误最小与通行能力（或网络容量）最大为目标，以达到尽快排解交通阻塞的目的。在发生溢流时，协调控制方案中，考虑到下游交叉口前一周期的排队要经过一定时间的消散后，才能容纳从上游交叉口流入的交通流，因此，下游交叉口的绿灯启亮时刻一般应早于上游交叉口协调相位的绿灯启亮时刻。

6.2.15 路段限速管理的设置依据

相关规定

交管部门对道路进行限速管理时，应按照《中华人民共和国道路交通安全法》《中华人民共和国道路交通安全法实施条例》等有关规定确定。

其中，《中华人民共和国道路交通安全法实施条例》第四十五条规定，机动车在道路上行驶不得超过限速标志、标线标明的速度。在没有限速标志、标线的道路上，机动车不得超过下列最高行驶速度：

(1)没有道路中心线的城市道路为每小时30km。

(2)同方向只有1条机动车道的城市道路为每小时50km。

第四十六条规定，机动车行驶中遇有下列情形之一的，最高行驶速度不得超过每小时30km，其中拖拉机、电瓶车、轮式专用机械车不得超过每小时15km：

(1)进出非机动车道，通过铁路道口、急弯路、窄路、窄桥时。

(2)掉头、转弯、下陡坡时。

(3)遇雾、雨、雪、沙尘、冰雹，能见度在50m以内时。

(4)在冰雪、泥泞的道路上行驶时。

(5)牵引发生故障的机动车时。

科学合理地设定和调整道路限速值。道路限速值的设定应当以保障行车安全和提高通行效率为目的，按照道路交通安全法律法规规定和国家标准、行业标准要求，综合考虑以下因素科学设定：

(1)道路设计速度。

(2)道路线形条件、路侧环境影响、沿线设施。

(3)机动车安全运行速度(第85%位速度)。

(4)道路交通流量及车辆类型构成。

(5)道路交通违法和交通事故情况。

先进理念

道路限速应充分考虑其与设计车速的关系。限速值不得高于道路的设计车速。但同时，如果限速值设置得过低，则很有可能导致车辆在实际行驶时超速，反而对通行安全产生负面影响。根据美国研究结果，出于线形协调性的考虑，设计速度与运行速度差最好要小于20km/h，所以限速值与设计速度之间的差值应不宜高于20km/h。

对于同一条道路，在限速时应考虑道路的线性指标对于运行车速的影响，采用特殊点段限速，不同限速衔接时，应考虑车速的平稳过渡，不宜将一个较高的限速突然降低到较低的限速，避免因车速的突然降低而引发追尾交通事故。

6.2.16　公交专用道设置形式及其适用性

基本概念

公交专用道是专供公交车辆使用的车道，可以设置为全天候或者在一天中某一段时间设置，是给公交车辆提供了优先权，从而提高公交的运行速度，进而提高公交的服务水平，吸引更多的出行者选用公交出行。

公交专用车道在道路断面上的位置可分为：路中型、次路边型和路边型。三种形式的选择，应基于道路条件、公交车流特征及停靠站的纵向位置等确定。

相关规定

《公交专用道设置》(GA/T 507—2004)中对公交专用道的设置条件及设置方法均进行了规定。

1)公交车专用道设置条件

(1)城市主干道满足下列全部条件时应设置公交专用车道：

①城市单向机动车道3车道以上(含3车道)，或单向机动车道路幅总宽不小于11m。

②路段单向公交客运量大于6000人次/高峰小时，或公交车流量大于150辆/高峰小时。

③路段平均每车道断面流量大于500辆/高峰小时。

(2)城市主干道满足下列条件之一时宜设置公交专用车道：

①路段单向机动车道4车道以上(含4车道)，断面单向公交车流量大于90辆/高峰小时。

②路段单向机动车道3车道，单向公交车客运量大于4000人次/高峰小时，且公交车流量大于100辆/高峰小时。

③路段单向机动车道2车道，单向公交客运量大于6000人次/高峰小时，且公交车流量大于150辆/高峰小时。

2)公交车专用道设置方法

(1)“外侧式”的设置方法

公交专用车道设置在机动车道行驶方向最右侧时，称为“外侧式”。

(2)“内侧式”的设置方法

公交专用车道设置在机动车道行驶方向最左侧时，称为“内侧式”。

《城市道路交通标志和标线设置规范》(GB 51038—2015)中对公交专用道的标线设置方式进行规定,如图6-29所示。

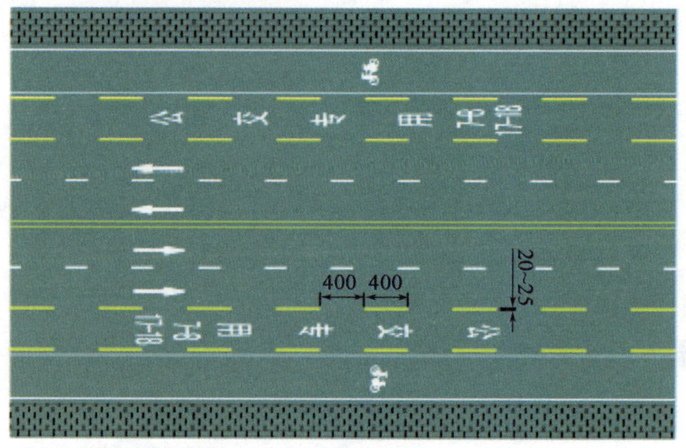

图6-29　公交专用道标线设置(尺寸单位:cm)

设计方法

1)路中型公交专用车道[3]

适用于有中央实体分隔、公交站距较大的快速道路及主干道路,以及道路两侧有较多车流频繁进出或临时停车的主干路,公交停靠站台设于中央分隔带上。为解决路中型专用道公交车停靠开门问题,站台需做偏移设计,因此,公交车辆行驶轨迹的顺畅性可能受到影响。另外,乘客将利用交叉口人行横道过街,所以在设计上应特别留意其交通流的平顺性和交通的安全性。

路中型公交专用车道因不受沿线进出交通的干扰,所以其运行速度较高,被认为是较理想的公交专用道的方案(图6-30)。

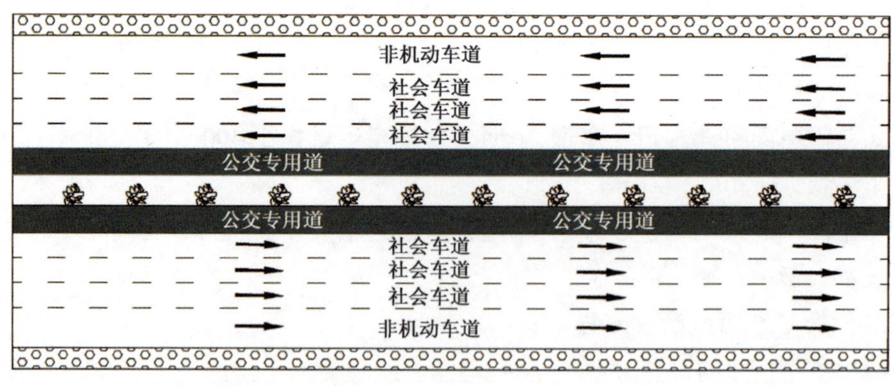

图6-30　路中型公交专用道

2)次路边型公交专用车道

将公交专用车道布设于次外侧车道,此时的最外侧车道可作为进出交通流的辅道,服务于沿线相交支路及路侧进出交通(图6-31)。该类型公交专用车道可以减少沿线进出交通流对公交车辆行驶的影响,然而公交车辆进出停靠站时与外侧车流存在交织,同时外侧车道的车流驶入主线需要跨越公交专用车道(图6-32)。因此,这种情况下,公交专用车道对其他车道是一个虚拟的分隔带,最外侧车道利用率较低,具有很大的局限性。

图6-31　次路边型公交专用道

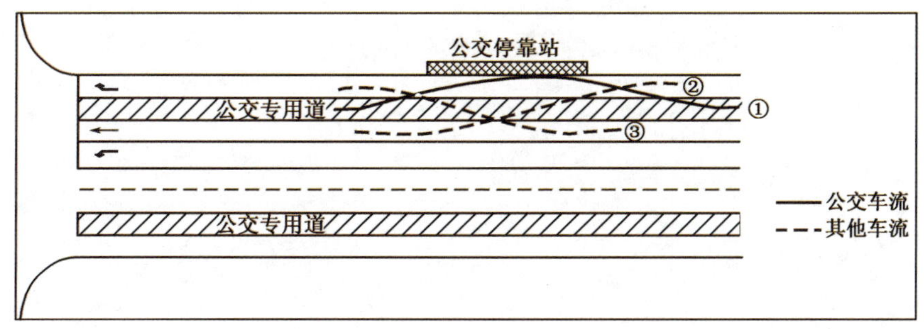

图6-32　次路边型公交专用道各车流行驶状况

3)路边型公交专用车道

适用于设置在停靠站距比较小的路段,可以直接沿边缘车道进出停靠站,不必穿越其他机动车道,但受道路沿线出租车上下客及进出道路车辆的影响,总体运行效率会下降(图6-33)。

对比上述三种专用道形式,路中型和路边型公交专用车道是较为常见的布置形式,表6-7归纳比较了各种形式公交专用车道的优缺点。

国外经验

对于具体公交专用道设置形式的选择,表6-8列举了部分国外相关设计依据,供参考。

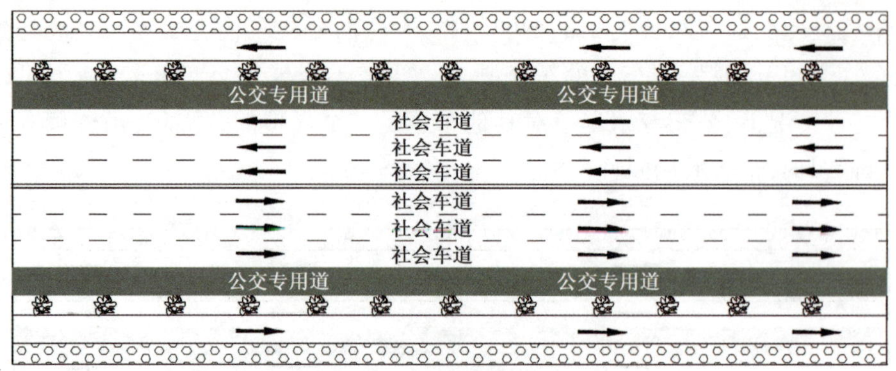

图 6-33　路边型公交专用道

不同位置公交专用道优缺点对比　　表 6-7

形　式	优　　点	缺　　点
路中型	(1)不与支路车流冲突； (2)不影响其他车辆临时停车； (3)不影响其他车辆右转； (4)减少与慢车道车流的混合； (5)受社会车辆干扰小，专用性强； (6)公交车辆行驶顺畅，速度较高	(1)在交叉口执行公交车与左转车辆存在冲突，须增加左转专用相位或禁止社会车辆左转； (2)右转公交车必须提早离开公交专用车道，且无法在进口道靠站； (3)设站成本较高，且需要有足够站台空间(长度和宽度)； (4)进站时轨迹可能不够平顺，舒适度会受到影响； (5)乘客进出站需穿越机动车道
路边型	(1)公交行驶、靠站较符合常规习惯； (2)乘客在人行道上下车，不必穿越车行道； (3)右转弯公交车易于行驶； (4)成本低，易于实施，管理简单	(1)受其他车辆临时停车与上下车或装卸货物的影响； (2)公交车与支路车流冲突，行驶不顺畅； (3)公交车与其他右转交通相互影响； (4)容易被其他车辆违法占用； (5)左转公交必须提早驶离公交专用车道

国外公交专用道设置相关设计依据　　表 6-8

国　家	类　　型	车　道　数	公交车流量(veh/h)	乘客流量(人次/h)
美国(UTMA)	路侧型		30～40	1200～1600
	反向型		40～60	1600～2400
	路中型		60～90	2400～3600

续上表

国　家	类　　型	车　道　数	公交车流量(veh/h)	乘客流量(人次/h)
美国(Baltimore)	公交专用道	$G_2 \geqslant \frac{G_1}{N-1} \cdot x$ 式中:G_1——小时交通流量; G_2——小时公交流量; N——单向车道数; x——车辆或公交车上的乘客数		
英国(TRRL)			50	2000
韩国	路侧型	单向3车道	90	1800
		单向4车道	100	3000
	路侧型 反向型	单向3车道	100	3000
	路中型	单向3车道	150	4500
		单向4车道	150	4500

6.2.17　公交停靠站设置位置应考虑哪些因素

相关概念

公交停靠站是提供公交车辆停靠、乘客上下车服务的设施。因此,公交停靠站的形式与规模应满足公交线网规划的要求,同时需充分考虑道路性质、沿线两侧用地性质、换乘需求与便利性、相关交叉口交通状况及可能的用地等约束条件。设置公交停靠站时应遵循:

(1)安全性设计:保证乘客的安全。

(2)便捷性设计:方便乘客上下公交车、换乘与过街。

(3)安全、效率化设计:有利于公共汽车安全停靠、平顺驶离。

(4)效率化设计:与路段及交叉口通行能力相协调。

相关规定

在《城市道路工程设计规范》(CJJ 37—2012)对公交站设置还有一些定量指标的限制:

(1)道路交叉口附近的车站宜安排在交叉口出口道一侧,距交叉口出口缘石转弯半径终点宜为80~150m。

(2)站台长度最短应按同时停靠2辆车布置,最长不应超过同时停靠4辆车的长度,否则应分开设置。

(3)站台高度宜采用0.15~0.20m,站台宽度不宜小于2m;当条件受限时,站台宽度不得小于1.5m。

同时,《城市道路交通规划设计规范》(GB 50220—1995)规定:

(1)在路段上,同向换乘距离不应大于50m,异向换乘距离不应大于100m;对置设站,应在车辆前进方向迎面错开30m。

(2)在道路平面交叉口和立体交叉口上设置的车站,换乘距离不宜大于150m,并不得大于200m。

(3)长途客运汽车站、火车站、客运码头主要出入口50m范围内应设置公共交通车站。

设计方法

公交停靠站的位置需要考虑根据所服务城市的规模等计算的合理站距以外,主要还是由沿线居住区、购物中心、体育馆、主要办公建筑及学校等主要出行产生和吸引点的交通需求所决定。停靠站位置考虑的因素包括客流需求、可达性、停靠站附近的交通状况及信号控制等,其位置设置的原则如下:

(1)公交停靠站应结合服务半径和客流需求较均匀地分布,且数量不宜过多。

(2)交叉口是客流的集散地,停靠站可建于交叉口附近,与交叉口的过街设施作一体化设计。

(3)停靠站应与沿线的其他交通方式合理衔接,方便换乘。

(4)行人步行到车站的距离应尽可能缩短,并且在两条或两条以上公交路线的交叉点上,停靠站应设置在使乘客换乘步行距离最短的地方。

(5)停靠站的位置,必须使公交车辆与其他车辆及行人所发生的干扰或冲突减至最小,因此在选择站台位置时,必须考虑附近的交通状况以及两侧侧向进出口分布,尤其是公交与转弯车辆所发生的冲突,公交并入其他车流的能力等。

(6)公交专用道的公交线路在交叉口必须进行转向操作时,停靠站设置在转向后道路的出口道上为佳。

(7)信号控制道路上所有交叉路口信号是否有联控,对站台位置的选择有很大的影响。根据曼斯丹法则(Von Stein's Law),一般而言,当路段上所有交叉口采用联控信号时,公交站台采用在进口道与出口道交替设置的方式,公交所产生延误最小。

6.2.18　如何处理设置港湾式公交停靠站后公交车难以返回主线的问题

相关规定

在《快速公共汽车交通系统设计规范》(CJJ 136—2010)中,对港湾式停靠站的加减速段的设计参数进行了规定,具体参数应符合表6-9中的规定。

港湾式停靠站加减速段长度设置　　表6-9

设计参数	行车道设计速度(km/h)		
	60	50	40
加速段最小长度(m)	≥55	≥45	≥35
加减速段反向曲线最小半径(m)	≥190	≥140	≥85

设计方法

港湾式公交停靠站的设置初衷是减少公交车辆停靠上下客对道路通行能力的影响,是协调公交与社会车辆矛盾的一种方法。但在实际运行中,社会车辆对于驶离停靠站返回主线的公交车辆并不让行,发生碰擦事故后,也会以公交车辆违法变道处理。导致的结果是大量公交车为保护自身权益,不进入港湾停靠站,直接在机动车道上停靠,严重影响路段通行效率。为了提高港湾式公交停靠站的功效,需解决公交车返回主线的问题,下面给出几点建议。

(1)在港湾式停靠站设计时,可将相邻车道的尺寸设置的较窄,便于公交车汇入主线车道。

(2)港湾式停靠站与交叉口进口道一体化设计。

将公交停靠站设置在交叉口进口道的展宽段上,车辆进入公交站点之后,不需要再返主线车道,直接进入交叉口。

(3)强制优先权。

公交车与校车的载客量较大,现在我国为保证校车的行驶安全,对校车停车上下学生时,其他车辆的行驶行为做了一些规定。例如,校车在同方向只有一条机动车道的道路上停靠时,后方车辆应当停车等待,不得超越。校车在同方向有两条以上机动车道的道路上停靠时,校车停靠车道后方和相邻机动车道上的机动车应当停车等待,其他机动车道上的机动车应当减速通过。校车后方停车等待的机动车不得鸣喇叭或者使用灯光催促校车。

同样,为保证公交车在离开停靠站的便捷性,也可做类似规定:当有公交车需要离开港湾式停靠站汇入主线车道时，停靠站相邻车道上车辆需停车等待，为公交车汇入让路。

6.2.19 如何设置占道式公交停靠点

基本概念

目前对于港湾式公交停靠站有一个误区，认为只要公交车辆不在机动车道上停靠就是港湾式停靠站。因此，很多地方所谓的港湾式停靠站，都是占用非机动车道进行设置，如图 6-34 所示。在公交车辆靠站时与非机动车交通产生严重的冲突。这种设计形式其实是占道式公交停靠点。

图 6-34　占用非机动车道设置的公交停靠站

设计方法

对于我国自行车作为一种常用的交通工具的情况下，建议在有条件时尽可能利用人行道多余宽度，运用如图 6-35 的处理方法，将非机动车绕至公交站台后通行，以保障自行车交通的安全。既然是占道式公交停靠站，就应该占机动车道，而不是非机动车道。

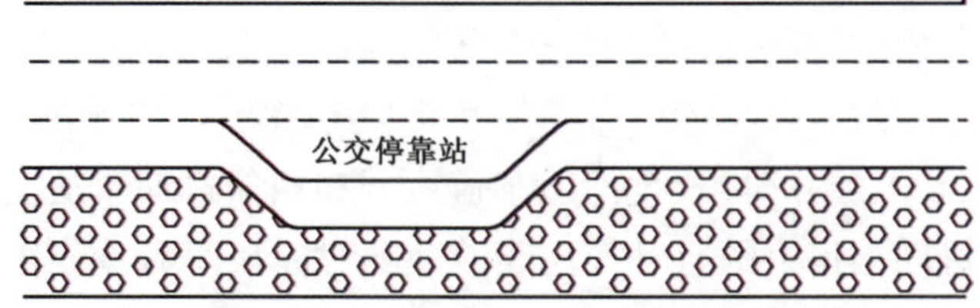

图 6-35　占道式公交专用道设计模式

6.2.20 路段人行过街形式应如何选择

路段行人过街是行人交通的重要组成部分,合理设置路段行人过街,是对行人交通通行权的最基本保障,可以方便行人的出行,保障行人过街的安全性,也在一定程度上可以降低行人过街交通对道路交通流的影响。路段行人过街设施包括立体设施(如过街天桥、地下通道)和平面过街设施(人行横道)。

人行横道是最普遍的过街设施,具有较强的适用性。相对于人行天桥和地道而言,人行横道为行人提供了较平坦且舒适的过街通道,行人无须"上天入地",是十分人性化的设施。采用人行横道过街方式时,如道路宽度过大,行人无法一次完成过街时,可在道路中央设置安全岛,将一次过街改为二次过街。对于平面路段行人过街,为保障过街的安全性,通常会进行信号控制,其控制方式有定时控制、感应控制、协调控制等。

而天桥和地道一般占用较大的空间、投资较大,且会对原有的城市环境与景观造成不良影响。当天桥和地道设计不当时,还会引起行人在天桥和地道之外穿行。若道路为快速路或交通型主干路、两侧存在大量人流来往的大型吸引点,可结合实际条件与需要谨慎地设置行人天桥或地道。

相关规定

《城市道路交通规划设计设计规范》(GB 50647—2011)中规定:

路段行人过街设施包括立体设施(如过街天桥、地下通道)和平面过街设施(人行横道)。满足以下条件可采用立体过街形式。

(1)在城市的主干路和次干路的路段上,人行横道或过街通道的间距宜为250~300m。

(2)行人横过快速路时,宜设置人行天桥或地道,人行天桥或地道设计应符合城市景观的要求,并与附近地上或地下建筑物密切结合;人行天桥地道的出入口应规划人流集散用地,其面积不宜小于50m^2。

(3)地震多发地区的城市,人行立体过街设施宜采用地道。

设计方法[3]

(1)快速道路的过街设施必须修建为行人天桥或地道。

(2)城市主干路及次干路交叉口(进口道单向三车道以上,且无中央分隔带的干路)的行人过街设施,视行人过街交通及其相交的机动车交通流饱和度而定。

(3)商业区道路交叉口,或道路两侧存在大量人流来往的大型吸引点,可结合实际条件和需要设置行人天桥或地道。

行人穿越城市主次干路的流量较大而又不宜设置人行天桥或地道的交叉口，可设行人过街专用信号，其相位时长应根据过街行人所需过街时间而定(行人过街步行速度可取1.0m/s)。

6.2.21 路段人行过街横道应采用何种控制方式

快慢交通流的相互干扰，是造成交通秩序混乱、交通事故、交叉口通行效率不高的主要因素之一。相对而言，非机动车与行人交通又是交通体系中的弱势群体，因此保障非机动车与行人交通流的安全是其交通控制应特别予以重视的。为保证快慢交通时空分离，需要在时间和空间上明确快慢交通流的通行权。

对于采用人行横道的平面过街方式，为了减少行人过街时对最小可接受空当判断失误或强行穿越，加强行人过街的保护，同时也为了最大限度地减少停车次数和延误(特别是公交车辆较多的早晚高峰期)，有必要对行人过街进行信号控制。常用的路段行人过街信号控制方式有以下三种：定时控制、按钮请求式行人过街控制、协调控制。

相关规定

《人行横道信号灯控制设置规范》(GA/T 851—2009)[25]对信号等设置条件进行了规定：

路段过街人行横道必须采用信号控制的条件包括以下4条，鉴于我国目前机动车让行缺乏约束，因此建议在所有的人行过街横道处均采用信号控制。只有当行人感觉在人行横道上过街是安全的，人们才会选择在人行横道处过街。

(1)路段机动车和行人高峰小时流量超过表6-10所规定数值。

人行横道采用信号控制的路段机动车和行人高峰小时流量依据 表6-10

路段车道数	路段机动车高峰小时流量(pcu/h)	行人高峰小时流量(人次/h)
<3	600	460
	750	390
	1050	300
≥3	750	500
	900	440
	1250	320

(2)路段任意连续8h的机动车和行人平均小时流量超过表6-11所规定数值。

(3)路段交通事故依据：三年内平均每年发生五次以上交通事故，从事故原因分析通过设置信号灯可避免发生事故的路段；或三年内平均每年发生一次以上交通事故的路段。

(4)区位依据：学校、幼儿园、医院、养老院门前的人行横道，应设置人行横道信号灯和相应的机动车信号灯。

人行横道采用信号控制的路段任意连续8h机动车和行人小时流量依据　　表6-11

路段车道数(条)	路段任意连续8h的机动车平均小时流量(pcu/h)	任意连续8h的行人平均小时流量(人次/h)
<3	520	45
	270	90
≥3	670	45
	370	90

设计方法[3]

行人过街信号控制方式的选择

1)定时行人过街控制

根据调查的历史数据，在行人高峰时采用固定配时的信号控制方案(或多时段固定配时信号控制方案)，给予行人过街通行权；在平峰时，采用行人过街需求申请式控制，当控制系统接收到申请后间隔一定的安全时间给予行人通行权。行人过街单点定时控制策略较为简单，设备成本低，可以有效地保障行人过街的安全；但对机动车流的影响较大，不能适应机动车交通流的需求变化。

2)按钮请求式行人过街控制

当行人有过街需求、申请通行权(即按下感应按钮)时，控制系统在一定时间(通常指在行人等待时间阈值)内尽量搜索一个能产生最高交通效益的最佳空档，控制系统利用这个最佳空档结束该周期的机动车绿灯时间，将其切换为行人过街绿灯信号，给予行人通行权。最佳空档应满足：信号切换为行人过街绿灯时，交通效益应最大化。如果在一定时间(通常指在行人等待时间阈值)内机动车流过大，控制系统无法搜索到最佳空当时，将在行人最长等待时间内强制给予行人通行权。机动车道的绿灯时间长短由行人按下行人感应按钮的时间、检测器搜索最佳空当和行人等待时间阈值三个因素决定；行人绿灯时间的长短由路段宽度和步行速度两个因素决定；行人等待时间的长短则由检测器搜索最佳空档的情况决定。一般而言，感应式行人过街控制方式的适用条件如下：

(1)高峰小时车流量大，平峰时车流量较小的路段。

(2)车流量虽较小,但车辆和行人交通间干扰严重的路段。

(3)车流量变化大且不规则,难于采用定时控制方式的路段。

3)行人过街协调控制

将行人过街信号与其上游和下游交叉口的信号控制方案相协调,让行人充分利用上游和下游车队的间隙时间过街,尽量减少对机动车流的影响。当行人过街需求与机动车流量均很大时,采用路段行人过街信号与上下游交叉口信号协调控制模式更有利于发挥系统的效益。缺点是在上下游交叉口为多相位控制时,上下游转弯车流会对协调控制的效益产生不利影响。

4)行人二次过街控制方法

根据当地条件或交通控制系统的要求,在有中央分隔带或安全岛的道路上,对行人过街实施协调或独立的二次过街信号控制。行人二次过街及其控制方式,一方面有利于改善行人过街的安全性,另一方面,在一次过街距离较长时,有利于提高行人过街与机动车流的综合效率。二次过街的种类在包括德国信号控制指南等相关资料都有描述,归结如下:

(1)同步二次过街信号控制。

在道路边缘和中央分隔带上的行人信号灯同时显示相同的信号,绿灯时间长度需要满足在行人信号变为红灯之前、绿初过街行人从道路边缘至少能到达人行横道的中央。这种信号控制不能避免的是:绿末开始过街的行人需在中央分隔带上等待下一次通行信号(图6-36)。

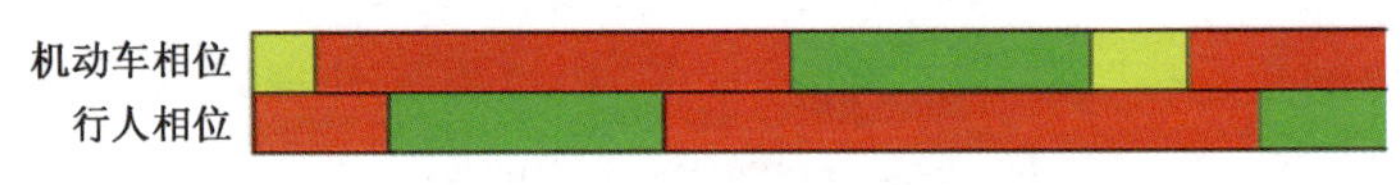

图6-36　同步二次过街信号配时

(2)协调二次过街信号控制。

若要使行人不在中央安全岛上等待,则本侧的行人绿灯信号需要比中央分隔带另一侧的行人绿灯早断。这样又会诱发因红灯而停下来等待过街的行人,看到另一侧的行人信号继续放行而闯红灯,而且,右转车也可能会误解中央安全岛上的行人信号已变为红灯,认为自己有优先通行权,易导致潜在冲突。因此,应采取配套的管理措施,才能达到预期的控制效果。

一方面,如果行人绿灯时间太短,整个绿灯期间进入横道的行人须在中央安全岛上驻足等待下一个过街信号,易导致中央安全岛因过多的行人驻足而出现不安全现象。另一方面,当安全岛驻足面积太小,也会导致行人待行不安全,所以可采用协调型行人二次过街信号控制方式,以改善这类问题。图6-37为设有三个信号灯组的行人协调二次过街信号控制示例。

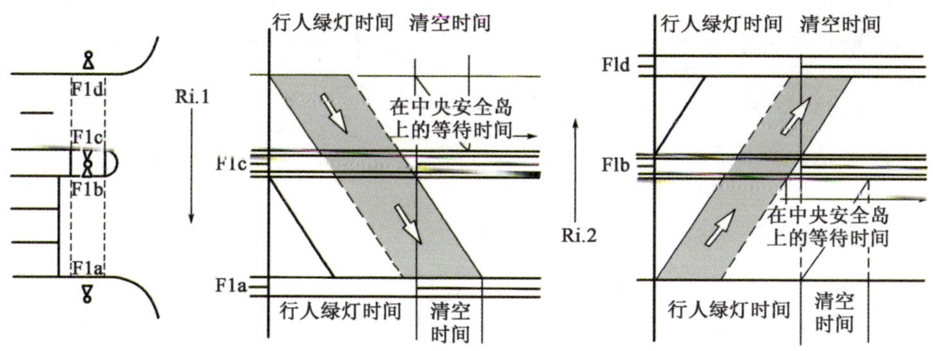

图6-37　一个信号灯组协调控制行人二次过街横道

(3)独立的二次过街信号控制。

独立的二次过街信号控制,是对两段行人信号不作协调,各自独立地设置信号。这样二次过街横道中某一段红灯或绿灯信号会出现早启。这样有其一定的有利性,即:行人不至于在红灯期间冒险过街;行人绿灯早启使得行人在右转车到达横道之前能通过第一段人行横道,信号配时如图6-38所示。

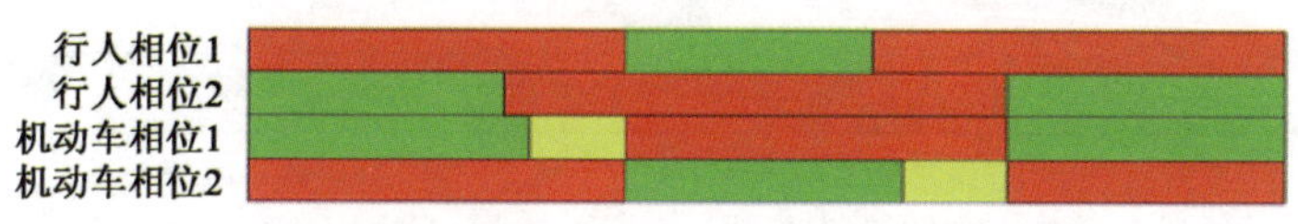

图6-38　独立的二次行人过街信号配时

若两段式行人横道的绿灯存在时间差,使得行人须在中央安全岛上驻足,则下列措施可以改善这种情形:

①通过压缩机动车道或者增加横道宽度等方法,扩大等待区域的面积。

②在有行人流交叉过街的情况下,设置一些分流设施来引导行人有序快速过街。

③采用感应式信号控制,以减少等待时间。

如果独立控制二次过街行人横道的两组信号灯距离很近,当中央分隔带上的红灯信号出现故障时,容易引起行人把第二段式横道上的绿灯信号误认为第一段式信号,易诱发危险,应采取适当的规避措施。

6.2.22　快速路出入口间距及组合类型应满足哪些要求

出入口间距是快速路设计的一个重要内容,出入口间距的大小会影响快速路的交通效率。如出入口间距较大时,不能满足周围路网的交通需求,也可能导致快速路车流量分布不均衡,辅导压力增大,出入口车辆排队过长等,造成城市快速路的运行效率降低。当出入口间距过小时,可能会吸引周围路网过多的短途交通流的进入,增加快速路路网需要分担的交通量,引起低等级道路利用率下降,而且过小的出入口间距导致出入口区域车辆较之频繁,互相干扰,降低快速路通行效率。

相关规定

《城市快速路设计规范》(CJJ 129—2009)对出入口间距及类型进行了规定:

出入口间距应能保证主线交通不受分合流交通的干扰,并应为分合流交通加减速及转换车道提供安全、可靠的条件。快速路路段上相邻辆出入口端部之间的距离,应大于或等于表6-12规定的值。

快速路出入口最小间距　　表6-12

主线设计车速(km/h)	出入口形式			
	(出—出)	(出—入)	(入—入)	(入—出)
100	760	260	760	1270
80	610	210	610	1020
60	460	160	460	760

快速路出入口加减速车道长度如表6-13所示。

快速路出入口加减速车道长度　　表6-13

主线设计车速(km/h)		100	80	60
减速车道长度(m)	单车道	90	80	70
	双车道	130	110	90
加速车道长度(m)	单车道	180	160	120
	双车道	260	220	160

6.2.23　快速路弯道交通安全设施设计

相关规定

《城市快速路设计规范》(CJJ 129—2009)中提出:

(1)涂层材料:快速路弯道处反光材料宜采用三级以上反光材料。

(2)轮廓标:主线及匝道弯道处应设路边线轮廓标。在快速路主线与匝道分合流处,可结合出入口标线设置反光道钉、反光分道体和防撞桶。

根据道路设计横断面、机动车道宽度、车道数,确定相应的标线、标记及视线诱导器。诱导器宜设在车行道两侧,与驾驶人视线的垂线夹角宜为7°。路边线轮廓标可与防撞护栏配合设置。

诱导器在不同平曲线半径道路上的设置间距应符合表6-14规定。

诱导器设置间距　　表6-14

平曲线半径(m)	150	200	300	400	500	600	700	800	900	1000	1200
诱导器间距(m)	10	11	14	16	18	20	21	23	24	26	28
平曲线半径(m)	1300	1400	1500	1600	1700	1800	1900	2000	2300	2500	3000
诱导器间距(m)	29	30	31	32	33	34	35	36	39	40	40

(3)护栏:小半径弯道宜设置波形梁护栏。

设计方法[24]

1)视线诱导设施

(1)轮廓标

轮廓标(图6-39)是指沿道路两侧边缘设置的、用于指示道路前进方向、具有逆反射性能的交通安全设施。轮廓标就是公路向标牌,广泛应用于公路、桥梁、隧道、迂回道路等路边标志,一般牢固地固定在波形护栏上,夜间通过反射均匀光线,起到诱导驾驶人正确行车方向的作用。轮廓标根据其附着方式不同又分为柱式轮廓标和附着式轮廓标。

图6-39　轮廓标示意图

轮廓标一般设置在行车道的左、右侧。在道路路基宽度、车行道数量有变化的路段,应适当加密轮廓标的间距。在竖曲线路段,为保持视线诱导的连续性,可对轮廓标的间距做适当的调整,在直线段其设置间隔为50m弯道路段设置间距见表6-15。轮廓标的标准设置高度为70cm,最小设置高度为60cm,最大设置高度为120cm。另外,在轮廓标布设时,应特别注意从直线段过渡到曲线段或由曲线段过渡到直线段的布设处理,应使视线诱导保持连续性,能平顺圆滑地过渡。在设置护栏的路段，设置附着式轮廓标，在没有设置护栏的路段，设置柱式轮廓标。

弯道路段轮廓标设置间隔　　表 6-15

曲线半径(m)	小于 89	90～179	180～274	275～374	375～999	1000～2000	2000 以上
设置间隔(m)	8	12	16	24	32	40	50

(2)线性诱导标

线形诱导标(图 6-40)用于引导或警告驾驶者前方公路平面线形的变化，使其根据线形适当改变行车方向，促使安全运行。线形诱导标分为指示性线形诱导标和警告性线形诱导标两类。指示性线形诱导标为蓝、白相间，一般设置在小半径曲线路段、匝道、急弯路段或通视较差对行车安全不利的曲线外侧。警告性线形诱导标颜色为红、白相间，一般设置在因道路施工或维修作业而需临时改变行车方向，提醒驾驶人注意前方作业的路段前方。线形诱导标的设置应和线形一致，并垂直于车的行驶方向，至少在 150m 远处就能看见，其设置间距保证驾驶人至少能看到三块线形诱导标或能辨明前方进入弯道运行。在曲线半径较小的匝道上，驾驶人应连续看到不少于三块线形诱导标。线性诱导标板的下缘至路面的高度应为 120～150cm，板面应尽可能垂直于驾驶人视线。在经常发生驶出路外事故、事故严重度较高或需强烈警示驾驶人注意的曲线路段，可用警告性线形诱导标，为红底白图案。

2)减速措施

主要减速措施是路边振动标线。路边振动标线设施是一种目前国际上发达国家使用比较普遍，具有国际先进水平的高新技术产品(图 6-41)。它的外形呈凹凸形，基底加突起部分高度为 5～7mm。

图 6-40　诱导标示意图

图 6-41　振动标线示意图

振动标线具有抗污染、白度好、耐碱、耐久、耐磨性好、柔韧性好、耐候性强、振感强烈、雨夜照常反光和提示、效果极佳的特点，且用途相对集中，总体投资不大。可根据地理情况及交通量选择采用。

振动标线的作用主要包括：提示驾驶人按车道行驶和必须减速行驶，避免驾驶人疲劳驾驶，并达到强制减速的目的，以提高车辆行驶的安全性。起着广场减速、弯道防滑、雨夜反光的作用。

本章参考文献

[1] 中华人民共和国行业标准. CJJ 37—2012 城市道路工程设计规范[S]. 北京:中国建筑工业出版社,2012.

[2] 城市交通设计导则.

[3] 杨晓光,白玉,马万经,等. 交通设计[M]. 北京:人民交通出版社,2010.

[4] 周志将,袁黎,崔二娟,等. 城市道路中央分隔带设计对交通安全影响分析[J]. 公路工程,2012,37(4):69-72.

[5] 美国交通运输研究委员会出入口管理分会. 道路出入口管理手册[M]. 北京:中国建筑工业出版社,2009.

[6] 停车场规划设计规则(试行)(公安部 建设部[88]公(交管)字90号).

[7] 叶海飞. 出租车停靠站的设置方法[J]. 交通标准化,2014,42(15):68-72.

[8] 徐伯寅. 城市主干道绿波带控制适用性研究[D]. 南京:南京林业大,2012.

[9] 梁子君. 城市道路智能交通信号控制系统[D]. 合肥:合肥工业大学,2007.

[10] 闫志蕊,左转掉头中央分隔带开口间距的研究[D]. 西安:长安大学,2014.

[11] 郭忠,陈建阳,王伟娟. 平交路口远引掉头设置方法分析[J]. 交通科技与经济,2008,(50):60-62.

[12] 赵靖,杨晓光. 提升道路通行能力时空协同优化控制理论与方法[D]. 上海:同济大学,2014.

[13] 马振虎. 城市道路可变车道设置方法研究[D]. 吉林:吉林大学,2014.

[14] 中华人民共和国国家标准. GB 50647—2011 城市道路交叉口规划规范[S]. 北京:中国计划出版社,2011.

[15] 仕小伟. 城市主干路交通溢流建模及其仿真研究[D]. 济南:山东大学,2013.

[16] 中华人民共和国道路交通安全法.

[17] 中华人民共和国道路交通安全法实施条例.

[18] 高速公路交通管理暂行规则.

[19] 中华人民共和国行业标准. GA/T 507—2004 公交专用道设置标准[S]. 北京:中国标准出版社,2004.

[20] 中华人民共和国国家标准. GB 51038—2015 城市道路交通标志和标线设置规范[S]. 北京:中国.

[21] SEO Yong, PARK Jun Hwan. A Study on Setting-up a Methodology and Criterion

of Exclusive Buslane in Urban Area[J]. Proceeding of the Eastern Asia Society for Transportation Studies,2005,5:339-351.

[22] 中华人民共和国国家标准. GB 50220—1995 城市道路交通规划设计规范[S]. 北京:中国标准出版社,1995.

[23] 中华人民共和国行业标准. CJJ 136—2010 快速公共汽车交通系统设计规范[S]. 北京:中国建筑工业出版社,2010.

[24] 中华人民共和国行业标准. CJJ 69—1995 城市人行天桥与人行地道技术规范[S]. 北京:中国建筑工业出版社,1995.

[25] 中华人民共和国行业标准. GA/T 851—2009 人行横道信号灯控制设置规范[S]. 北京:中国标准出版社,2009.

[26] 中华人民共和国行业标准. CJJ 129—2009 城市快速路设计规范[S]. 北京:中国建筑工业出版社,2009.

[27] 王超深. 公路弯道路段交通事故分析及安全对策研究[D]. 西安:长安大学,2010.

第 7 章　均衡可靠的路网

7.1　概　　述

交通问题产生的本质是交通供给和交通需求的不匹配,因此,在路网层面一方面要做好需求管理,通过交通流管制与诱导优化,均衡路网负荷;另一方面要做到资源合理利用,通过时间上削峰填谷,空间上控密补稀,将供需矛盾压力均分。本章将对一些常用的需求管理及网络交通组织策略进行探讨,并对一些城市热点地区和特殊需求的交通管理提出建议。本章将针对 18 个路网交通组织管理典型问题进行梳理,均衡交通需求,其中,第 1 ~4 个问题是关于交通需求管理以及不同出行方式交通组织的基本原则;第 5 ~ 12 个问题是常见机动车交通组织方法优化设置的问题;第 13 ~18 个问题是针对具体特殊需求及城市热点区域交通组织问题。

7.2　常 见 问 题

7.2.1　如何看待区域交通限行管理政策

随着城市机动车总量的不断快速增长,交通拥堵现象日趋严重与频发。总的来说,交通拥堵是交通供需不平衡的结果,长期以来,城市管理部门一直倾向通过加大交通供给缓解交通拥堵,然而在交通需求快速增长、仅仅依靠设施建设已无法解决交通拥堵问题的情况下,更多城市开始考虑采取削减出行需求的手段来缓解交通拥堵,比如通过某种方式限制一部分车辆上路行驶。但由于这一类管理措施会对一部分群体原有的出行习惯造成限制性影响,在实际操作过程中,很容易受到市民和舆论的质疑与反对,因此,也成为一项具有很强争议性的需求管理措施。

经验借鉴[1]

为应对日益恶化的城市交通运行状况,许多城市提出了机动车限行政策。从实施城市看,既有发达的特大城市,也有中西部的中等城市;从实施方案来看,有按尾号与星期对应限行、按尾号与日期对应限行、外地车牌限行等,不同方案的禁行机动车数量有所不同,给驾驶人带来的限制程度也不同;从实施区域来看,有的城市是整个中心城区,有的城市只针对一些主干路和重点区域节点,有的城市则是中心城区和外围城区的过渡区域;从实施时间来看,有的城市针对全时段,有的城市针对白天时段,有的城市针对早晚高峰时段。

对比国外,部分发展中城市以及新加坡也采取了类似的限行措施,具体情况如表 7-1 所示。

国外部分采取现行措施城市一览表　　表 7-1

城　市	限行区域	限行时间	限行方式
墨西哥城	联邦区域	工作日白天	按尾号限行
波哥大	中心城区	工作日 7:00~9:00 17:30~19:30	按尾号限行
圣地亚哥	部分主干路	工作日早晚高峰 (空气"紧急"污染)	按尾号限行
圣保罗	中心城区	工作日 7:00~8:00 17:00~20:00	所有机动车
马尼拉	部分主干路	工作日早晚高峰	按尾号限行
新加坡	中心城区	工作日 7:00~18:00 及周六 15:00 以前	限制红色车牌车辆

从整体上看,采取限行管理措施能在第一时间内较为明显地缓解城市交通拥堵,但每天被限行的机动车数量一般在数年内被新增的机动车所填补,因此实施效果会随着机动车保有量的增加而逐渐削弱。例如北京,采取尾号限行后,很多家庭会选择多买一辆车,保证每天都可以驾车出行,并没有按照设定的情况,选择公共交通出行。因此,随着时间变化,这种限行的效果会越来越差。限行管理措施主要优缺点见表 7-2。

限行管理措施主要优缺点　　表 7-2

序号	优　点	缺　点
1	见效快,短期内能够明显降低交通流量	实施效果会随着机动车保有量的继续增加而递减
2	为改善公共交通服务水平提供缓冲时间	诱发购买第二辆车,推动机动车保有量迅速增加
3	相对其他市政工程更新改造,更容易实施、资金相对投入少	若前期分析准备不彻底,易引发政府和市民之间的对立情绪
4	—	增加伪造涂抹机动车号牌的违法现象
5	—	一旦全面实施,短时间内很难取消
6	—	缺乏足够的法律依据支撑

设计方法

在实施区域限行之后，需要一些配套措施保证交通的正常运行：

1）需要提高替代出行方式的服务水平和能力

虽然限制了一部分市民驾驶机动车上路，但是其出行需求不可能人为干预抑制，因此，需要进一步提高公共交通的替代能力。可以采取公共交通低票价、增加公交线路、加大地铁覆盖范围等发展公共交通的手段，提高公共交通的服务水平，吸引出行者选择公共交通出行，而非增加机动车拥有量。

2）需要形成严格的执法环境

限行管理措施如果缺少了严格的执法环境，就会有相当一部分本该限行的车辆上路行驶，限行效果就会大打折扣。加强非现场执法力度，通过增加投入，加密限行区域内的电子警察抓拍探头和卡口设施，对违反现行规定的机动车实施抓拍执法。

3）需要在限行区域边界处提供充足的停车换乘与指示设施

随着城市空间不断延伸，越来越多的市民居住地逐渐转移到中心城区以外，这样一来形成了大量进出城的潮汐通勤交通。即便是对中心城区实施限行，但仍有大量市民会选择驾车到限行区域边界，再换乘公共交通进入城区。在限行区域周边修建一系列停车换乘的停车场，同时配套接驳进入中心城区的轨道交通和地面公交线路，便于被限制驾车的市民换乘公交进入中心城区。为保证市民明确限行区域，可在限行区域边界的主次干路布设指示牌，标明当天限行的号牌尾号、限行的时间、限行的区域等。

7.2.2　如何优化货运交通组织

货车限行的基本理念是“均衡交通流”，即在城市有限的道路资源约束条件下，优先满足城市客运车辆通行，货车利用客流较少的路段或客流较少的时段通行。货车限行是缓解城市机动化发展造成的城市交通拥堵的重要策略，在限行路段及区域选取的总体原则如下[2]：

1）物流让位于人流

城市交通的首要问题，就是要实现城市人流的运输。人流大多集中于白天，尤其早晚高峰，人流对出行的时效性要求较高，各城市都把居民的平均出行时间作为重要的交通系统运行指标。物流除了与居民生活息息相关的少部分生活物资外，大多时效不强。

当路段交通流量大、趋于饱和时，路段交通流运行很不稳定，极易导致交通拥堵，因此，为避免交通拥堵的发生，应对城市交通拥堵压力最大的路段货车实施货车限行管理。实行货车限行，时间禁限可以实现时间上的削峰填谷，空间禁限可以实现空间上的控密补稀，最终实现有限的道路资源得到最佳的配置。

2）效益让位安全

货车由于车辆特性与客运车辆不同，车长、车宽、重量、性能等都与客运车辆有较大的区别，货运车辆会对交通流造成巨大的干扰。相当部分交通事故与货车有关，而且与货车相关的事故严重程度也比其他事故高，对客流量较大路段的实施限行，也就是保障了市民的出行安全。虽然货车限行会造成部分货车的绕行，货运企业的出入不便，企业运营成本有所增加，但市民的安全始终应该是第一位。

在车流构成中客车所占比例较大的区域，为保证客流的安全性，需要进行客货分离。车流构成中客车占主体的路段往往是城市的客运主通道，主要服务对象是城市客运交通，为优先保证客运交通运输，可以对货运实施限行管理。

3）精细化城市管理、缓解交通拥堵

行政办公区和旅游文化区几乎全部是客运需求；服务区域功能为商业、金融、居住、文化等的道路，产生和吸引的交通流大多为客流，极少部分是用于生活和零售的货物配送，对于这些区域，道路白天应保证客流运输，可以实施货车限行。城市主要货源集散点的出入主通道，为保证城市正常生产，不宜进行货运限行。只有当存在替代路径，且货运限行后不会影响城市的正常运行，方可进行限行。

设计方法[2]

1.组织方法

为保障货运交通的正常运行，在货车限行的同时应制订相应的交通组织措施：

（1）设置引导性的路牌：用于疏导城市内部货运交通和过境交通，为货运车辆指示行车方向以保证道路畅通与行车安全。应做好货运交通规划，特别是危化品货运路线的规划工作，在此基础上设置绕城公路系统，避免过境货车进入城市中心，从空间、时间上做好货运的限行工作。

（2）选择性的道路收费和许可：可以根据车型或者满载率确定货车可进入某一区域的许可证，拥有该许可的车辆可进入一定的区域，而且可以通过收费等经济手段减少车辆的驶入。对于快递物流车辆，可以在车辆满足一定要求下，发放全天候的货运通行许可证，从而避免快递总是采用“客改货”车辆运输来躲避货运限行的限制。

（3）设置装卸作业区：根据货物装卸需求，可在城市支路临街位置或街道附近设置装卸作业区，既能满足货物装卸需求，又可以避免货物装卸过程中对道路的占用。

2. 货运限行标志

货车限行标志设置在货车驶入限行区域的入口处，货运交通限行主要从载货量和通行时间两个方面进行限制，因此，货车限行标志主要包含两种，如图 7-1 所示。如所有的货运车辆进行限行，只放置货车限行标志，不再限行标志下方增加辅助说明标志。

图 7-1　货车限行标志示意图

7.2.3　如何优化摩托车交通组织

原因分析

随着经济的快速发展，城市居民的出行方式呈现出多样化的趋势。作为个体机动交通工具的摩托车，在我国南方一些经济发达的中小城市得到了快速发展，成为居民中短距离出行的主要交通工具。据统计，一些地区的摩托车出行方式出行量占居民总出行量的 20% 以上。摩托车出行方式在提高城镇居民出行机动化水平、拓宽居民出行空间方面发挥了重要作用。然而摩托车交通的道路资源使用效率低、能源消耗大、环境污染严重、安全隐患高。不仅给这些城市目前的交通状况带来了巨大的负面影响，而且成为其交通发展的巨大障碍，摩托车大量涌入所带来的交通拥挤、环境污染、交通事故等问题已经凸现。

摩托车交通被称之为"肉包铁"的交通方式，长期以来不被管理者认同，许多地方都对其采取禁限政策，主要是考虑其以下四点特征[3]：

(1)行车危险。相对于汽车，摩托车本身机械构造简单，稳定性、机动性欠缺，安全性相对薄弱，容易诱发交通事故。当与汽车相撞时，由于不具备安全保护措施，容易造成很大的人身伤害。

(2)社会危害。摩托车的机动灵活性被不法分子所"青睐"。今年来，各城市利用摩托车作为作案工具的街头抢劫、抢夺案件频发，已经成为影响社会治安的一个突出问题。

(3)环境问题。研究表明，摩托车交通对城市环境影响巨大，其主要排放物一氧化碳、碳氢化合物和氮氧化物严重影响市民健康。摩托车产生的噪声也极大地干扰了城市居民的生活。一辆二冲程的摩托车排放的有害物质相当于一般轿车排放量的30倍,而性能较好的四冲程摩托车,其单位排气量也达到桑塔纳轿车的2倍。摩托车发动机产生的噪声为80~100分贝,也比同时速情况下小汽车噪声大。因此,摩托车交通队城市环境影响比小汽车更大。

(4)交通秩序混乱。摩托车不利于规范城市交通秩序,摩托车交通行为具有很强的随意性,占道行驶、逆向行驶、闯红灯越线、不按期年检以及驾驶、乘坐摩托车不戴头盔等违法违规现象比较普遍,是城市交通混乱的一个源头。由于摩托车自身车速性能及其行驶的随意性,在行驶过程中对机动车、非机动车和行人均产生较大干扰,影响机动车的车速,降低道路通行能力。

经验借鉴

相对于我国大陆大多城市都采取了禁摩政策,在日本和我国台湾省却有较好的摩托车交通组织案例。

日本政府为了规范摩托车的使用,保护属于弱势的摩托车这种交通工具,专门在高速公路的左侧划出专用摩托车高速车道,这样不仅能够平等地分享路权,更为重要的是,可以有效避免摩托车与汽车发生抢道的危险行为。

台北市是全球摩托车拥有比率最高的地区,台北市政府鼓励市民使用摩托车和自行车作为主要的交通工具,以此来减轻汽车对道路交通的压力。在台北市规划设有无人看管的摩托车、自行车的保管站。台北市不同的交通工具,包括摩托车都有专属车道,在所有的路面都有清晰的交通标识。为了防止车辆左转时摩托车作为弱势的交通工具可能存在的风险,在台北的道路上特别为摩托车设置了两段式的左转标识,并在红绿灯路口汽车专用道的前面画出了摩托车专用等待区域,考虑到摩托车比汽车起步快的特征,让摩托车优先于汽车通过[4]。

设计方法

为减少由于摩托车混行造成的交通拥堵和交通事故,可以对摩托车交通进行一定的组织管理,如限时、限路段行驶,停止摩托车上牌,开辟摩托车专用道等。

1)设置摩托车专用车道[5]

通常情况下,摩托车专用道的宽度在2~3.5m之间,有学者研究发现,在高等级笔直道路上,车速为70km/h时,摩托车专用道最舒适安全宽度为3.86m(包括路缘带),如图7-2所示。在信号控制交叉口,根据不同比例的摩托车与汽车混合交通流状态,考虑摩托车在信号交叉口的停车特性,对摩托车专用道进行渠化。

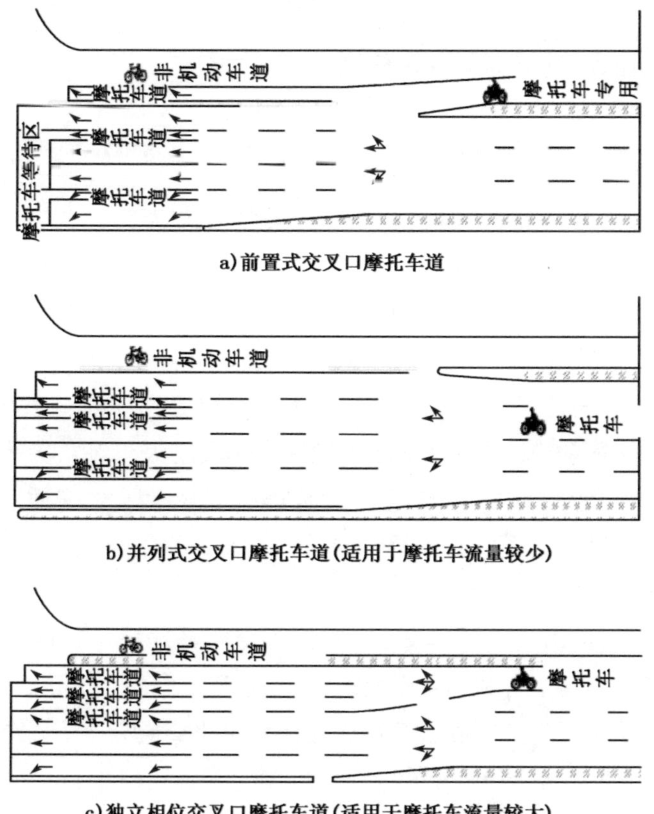

a)前置式交叉口摩托车道

b)并列式交叉口摩托车道(适用于摩托车流量较少)

c)独立相位交叉口摩托车道(适用于摩托车流量较大)

图 7-2　摩托车专用车道设计示意图

在交叉口停车线前,划出一定区域供摩托车行驶,根据摩托车在交叉口停车线前停驶的堆积特性和堆积长度,摩托车等待区长度设为5m。在道路宽度允许的情况下,在各向专用车道右侧均施划出一条宽约1.1m的摩托车道,以便摩托车交通量稍大时,在专用通道内列队等候。这种交叉口摩托车通道的设置适合于摩托车流量相对较小(在通道内列队等候摩托车不多于5辆),汽车流量相对较大的情况,且摩托车与汽车同相位行驶。摩托车专用车道可与非机动车道并列设置,并通过两侧绿化带或护栏与机动车道隔离。

2)摩托车限行

根据道路交通状况,可以对摩托车交通进行区域或时段的限行。

区域限行:对摩托车进入中心城区进行限制,降低摩托车交通对机动车交通的影响。

时段限行:高峰时期,禁止摩托车进入限行区域,逐渐可过渡为全天禁行。

3)调整摩托车注册登记政策

对划定的限摩区域应停止摩托车注册登记,在非限摩区域的摩托车等级注册应进行一定的限制，如“一户一摩”，不能完全放开注册登记。

7.2.4 如何优化非机动车与行人交通组织

原因分析

城市化和城市蔓延所造成的远距离出行增多、通勤距离延长、出行机动化率不断提升、机动车保有量逐年大幅增长，已经严重影响到城市的可持续发展。高机动化的交通方式使道路越修越宽，机动车越来越多，但交通效率却持续走低。除了造成交通拥堵外，城市的空气污染、噪声污染也与此密切相关。

我国曾是著名的自行车王国，步行和自行车曾经是主要的交通方式，但随着经济发展，自行车交通和步行交通逐渐让路于机动车，成为相对弱势的交通方式，非机动车与行人参与者也变成了交通上的弱势群体，存在较大的交通安全隐患。

因此，为了在城市交通中兼顾效率与公平，促进低碳交通和城市可持续发展，必须高度关注非机动车与行人交通。

步行交通是居民出行的基本方式，自行车交通是居民出行的重要方式之一。特大城市、大城市发展步行和自行车交通，重点是解决中短距离出行和与公共通的接驳换乘；中小城市要将步行和自行车交通作为主要交通方式予以重点发展。

城市交通要树立步行和自行车优先的理念，改善居民出行环境，保障出行安全，倡导绿色出行。节能、环保、绿色的步行和自行车交通系统是城市综合交通体系重要组成部分，各级城市政府应建设完善的步行和自行车交通体系，加强行人过街设施、自行车停车设施、道路林荫绿化、照明灯设施的建设，切实转变过度依赖小汽车出行的交通发展模式，倡导以步行和自行车交通组织城市或片区的用地功能和空间布局。

设计方法

非机动车与行人作为城市交通的重要环节，《城市步行和自行车交通系统规划设计导则》提到在进行其交通组织时，应遵循以下原则：

1）城市步行和自行车交通系统设计应遵循安全性原则

（1）应优先保障步行和自行车交通使用者在城市交通系统中的安全性，在满足安全性的前提下，统筹考虑连续性、便捷性、舒适性和美观性等其他要求。

（2）步行和自行车道应通过各种措施与机动车道隔离，不宜将绿化带等物理隔离设施改造为护栏或划线隔离，不宜在自行车道上施划机动车停车泊位。

（3）在过街设施、道路照明、市政管线、街道界面等的设计和维护中应考虑步行和自行车交通使用者的安全，降低受伤或受犯罪侵害的风险。

2)城市步行和自行车交通系统设计应遵循连续性原则

(1)步行和自行车交通网络规划应结合各类城市规划和交通规划,充分考虑城市自然环境,结合不同等级的城市道路布局,并充分利用滨水、公园、绿地空间,形成市政道路两侧步行自行车道和步行自行车专用路相结合的步行自行车交通网络,保证行人和自行车通行的连续、通畅。

(2)在步行和自行车交通网络与铁路、河流、快速路等相交时,应通过灵活的工程及管理措施使得步行和自行车交通可以连续通行。

(3)在设计道路交叉口和过街设施时,应特别注意人行道和自行车道的连续性,避免出现断点。

3)城市步行和自行车交通系统设计应遵循便捷性原则

(1)在既有城区更新改造、新区建设、轨道交通、环境综合整治等重大项目实施过程中,应重点考虑步行和自行车交通系统设施建设。并可打通周边公园、大型居住区内部路网,作为市政路网补充,形成步行和自行车交通系统的便捷路径,完善步行和自行车微循环系统。

(2)鼓励结合城市水体、山体、绿地,建设步行和自行车道路。在城市滨水空间和公园绿地中宜设置步行专用路和自行车专用路,方便居民休闲、健身和出行。

(3)步行和自行车网络布局应与城市公共空间节点、公共交通车站等吸引点紧密衔接,步行网络应与目的地直接连通,自行车停车设施应尽可能靠近目的地设置,以提高效率和便捷性。

(4)应特别注意步行和自行车系统的无障碍设计,以方便老人、儿童及残障人士出行。

4)城市步行和自行车交通系统设计应遵循舒适性原则

(1)在道路新建、改造和其他相关建设项目过程中,应保证步行和自行车通行空间和环境品质,保障系统舒适性,不宜采用压缩步行和自行车通行空间的手段增加机动车通行空间。

(2)行人和自行车交通系统除满足基本通行需求外,宜结合周围建筑景观,同步建设完善的林荫绿化、照明排水、城市家具、易于识别的标志及无障碍等配套设施,尽量提供遮阳遮雨设施,提高舒适程度和服务水平。

7.2.5　什么是城市道路交通“快出慢进”的宏观控制策略

随着汽车保有量的快速增长,城市交通拥堵问题越来越突显,严重制约城市发展和影响居民生活。由于城市中心区职能上的特点,越来越多的车辆涌入城市中心区域,市区交通压力倍增,大面积交通拥堵已成为大中型城市中心区频繁面临的问题,无论从发生时间的频度、强度,还是从影响范围,中心区大面积交通拥堵对城市发展的总体影响日益明显。

国内外研究学者在大量研究后对于一些交通拥堵成因达成共识,如道路的阻塞与区域的交通需求有关,当达到路段通行能力上限时即会发生拥堵。因此,合理地控制路网的输入流量,以防止交通瘫痪的发生是解决交通拥堵的核心点对中心区域交通总量进行调控是保障中心区交通顺畅的一个重要的方法,这种控制方式就称为“快出慢进”控制策略。

交通总量控制是指最大限度地减少交通参与者的数量,缩短交通参与者的运行时间,减少交通参与者所占用的道路面积。当城市中心区域路网交通负荷接近饱和或者过饱和,没有交通压力转移的余地时,交通总量控制就成为解决问题的一个很好的选择。目前通常采用的区域交通总量调控的手段主要包括错峰出行、拥堵收费、按尾号限行等。这些手段都是通过政策法规来调控城市中心区的交通总量,然而这些措施不仅仅涉及交通问题,更涉及多元利益权衡,已影响到了公众利益甚至公共利益,容易引起争议,因此,交通管理者们更愿意从技术的角度出发,动态地调整城市中心区域的交通负载。

在进行“快出慢进”控制策略时,依据的城市路网交通流规律,称为宏观基本图,描述网络中移动的车辆数与网络运行水平之间的关系,图像整体呈一个开口向下的抛物线形状,如图 7-3 所示。

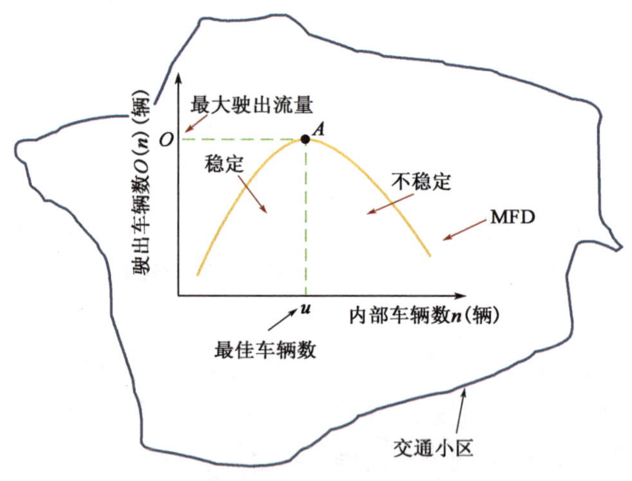

图 7-3　城市路网交通流宏观基本图

从图 7-3 中可以看出,当区域内车辆占有率为一定值时,道路流量是最大的,当大于或小于该值时,道路流量都会有所降低。因此,可以通过划定交通小区,获得交通小区的宏观基本图,通过交通情况的检测,确定路网占有率的情况,从而调整交通小区边缘上的信号灯控制方案,从而控制小区的进出流量,使得整个小区路网占有率处于最优值附近,提高交通小区的交通运行状况[8]。

设计方法

根据实际的交通运行状况，确定需要进行控制的交通小区。

(1)根据交通小区道路检测的交通流情况建立小区的宏观基本图，确定最佳的区域车辆占有率。

(2)通过实时的交通监测数据获得区域的的车辆占有率。当区域车辆占有率大于最佳占有率时，需要减少控制区域内的车辆，即需使得进入控制区域的车辆数小于离开控制区域的车辆数，增大各交叉口进入控制区域方向的红灯时长，缩短离开控制区域方向的绿灯时长；当区域车辆占有率小于最佳占有率时，情况则相反。

7.2.6 什么是微循环交通组织

相关规定

城市各等级道路性质不同、功能不同，因此在城市路网中所占里程和所承担的运输工作量也是不同的。城市各等级道路密度设置的是否合理，影响着路网功能的发挥，影响城市交通系统的总体容量。

根据《城市道路交通规划设计规范》(GB 50220—1995)，各类型城市的各等级道路网密度如表7-3、表7-4所示。在市区建筑容积率大于4的地区，支路网的密度应为表7-3、表7-4中所规定的数值的一倍。

大中城市路网密度 表7-3

项目	城市规模与人口(万人)		快速路	主干路	次干路	支路
道路网密度(km/km²)	大城市	>200	0.4~0.5	0.8~1.2	1.2~1.4	3~4
		≤200	0.3~0.4	0.8~1.2	1.2~1.4	3~4
	中等城市		—	1.0~1.2	1.2~1.4	3~4

小城市路网密度 表7-4

项目	城市人口(万人)	干路	支路
道路网密度(km/km²)	>5	3~4	3~5
	1~5	4~5	4~6
	<1	5~6	6~8

由表7-3、表7-4可以看出，在城市道路中，支路所占比重是很大的。但是，现阶段路网规划普遍侧重于快速路、主次干道等高等级道路，造成了重干路轻支路、重形象轻实效的规划模式，不能满足居民的实际出行需求，而城市发展也不能无限地提供道路资源，使得绝大多数交通都汇集到主、次干道上，进而经常在主、次干道

发生拥堵。我国城市道路系统普遍存在密度较低、路网稀疏、缺少主次干路以下层次道路等问题，这被普遍认为是导致城市交通拥堵的主要原因。由于城市路网规划改造投入巨大且受到用地限制，而城市交通微循环系统优化由于其灵活、经济、高效，正成为区域交通优化的重要研究方向。

交通微循环是一个由城市干路系统围合的区域内部支路以及支路以下道路联系贯通，并组织整个区域经济、文化、交通、生活的优级综合体。它能够分解分担主路上的交通流量，缓解主要道路交通压力，缩短行程时间，是城市路网的重要组成部分。合理规划城市交通微循环主路网络对于缓解城市干道上的交通压力、提高道路使用效率、形成合理路网结构具有重要意义。

当道路干道网络发生交通拥堵时，可以通过诱导信息引导车辆分流进入交通微循环网络。车流自主干道路分流进入低等级道路网络，然后通过较优的路径选择，自低等级道路回到主干道，这样可以使车辆避开主干道路的拥堵路段，而且使得被干道围起来的低等级道路能够充分利用。一方面畅通区域交通内部与外界的交通联系，另一方面也达到了对主干路车流分流的作用。这样的微循环交通组织能够充分利用被限制的区域道路网，大大提高路网整体容量及交通应变能力，分解城市干道交通压力，充分利用现有道路资源。

设计原则

(1)明确微循环内部路网道路功能，弱化微循环内部道路的穿越性功能，强化微循环外围干线穿越性功能的原则。

(2)确保微循环区域内部各种交通方式的可达、便捷和安全的原则。

(3)保障微循环交通小区内部各个方向进出功能平衡的原则。

(4)保障微循环内部动态与静态交通平衡的原则。

(5)方便进入微循环内部、约束驶出微循环交通的原则。

设计方法[9]

1)合理设置静态与动态交通标志

通过合理设置静态指路标志标线，能够有效提高驾驶人对城市路网与替代路线的认知，引导主线交通流分流；同时，通过布设可变信息板以显示关键路段、路口的交通状况，也能够有效引导机动车驾驶人在主干道拥挤时更好地选择绕行路线。

2)微循环路网规划

微循环路网规划主要是依据交通需求与分流需要，新建支路、打通支路、收回支路、改造支路及调整出入口。特别是对重点分流的微循环路段，需优先进行改造，以提高通行能力。

3)交叉口转向限制

为了保证重点路段分流畅通,依据流向特征可实施道路强化管理措施,并通过禁止机动车在路口左、右转向,组织机动车单向行驶,或设置道路引导标志,规定限时等措施,以增加微循环道路利用程度,缓解主要交通节点的拥堵。

4)停车及非机动车与行人交通改造

由于微循环道路通达性好,且连接居住区和生活区,在实际中会造成严重的停车与机非冲突问题,如路内违法停车、交叉口交通紊乱等;此时,微循环系统需重点进行停车与非机动车、行人交通系统改造,如合理设置或取消路边停车位,设支路中心护栏,提高步行系统的可达性等。

具体系统构思见图7-4,首先微循环框架性节点上采用信号控制方式,并对干线采取信号协调控制,同时对干线采取道路横断面改善以及路口交通优化设计等手段,用以降低道路干线受到的横向和纵向干扰,最大限度地保障干线的行车效率;对微循环内部交通进出性通道采取让行加右进右出的控制方式,对微循环内部道路根据具体情况而定,对满足条件的微循环内部平行式道路可采取单向通行匹配,同时利用单向通行道路剩余空间采取路边停车,用以缓解当前微循环内部停车设施不足所带来的停车压力。

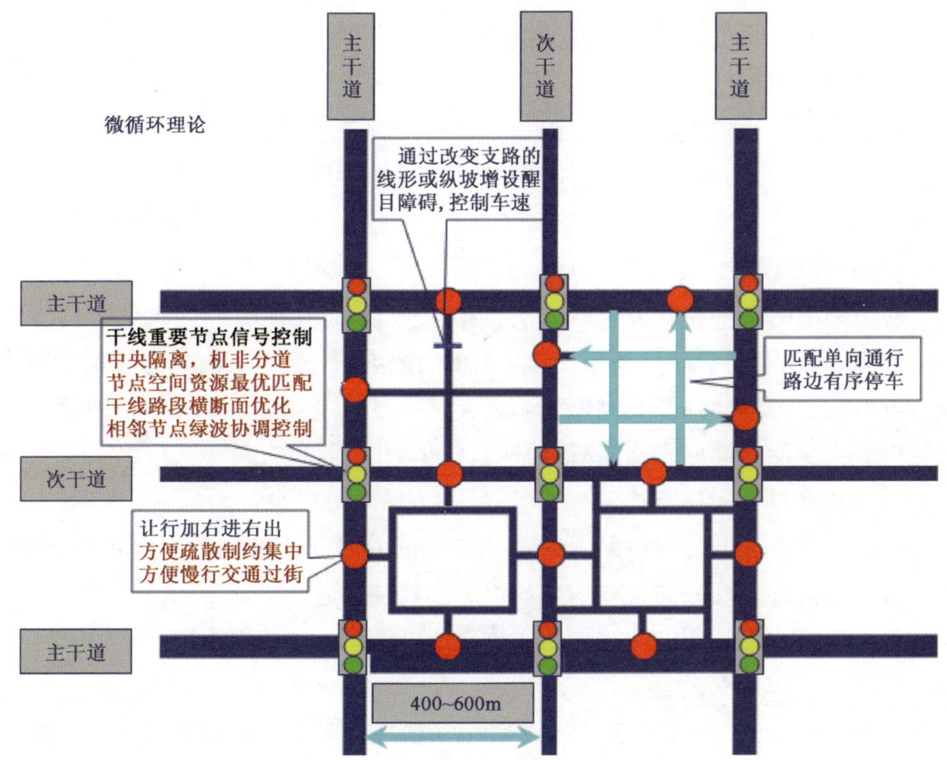

图7-4　微循环交通组织示意图

7.2.7 单向交通组织的利弊分析

基本概念

道路单向交通，或称单向通行、单行线、单行道、单向路街，是指只允许车辆按某一方向行驶的道路交通。城市中多条单向交通道路，相互衔接、相互配合地组织形式，称作单向交通系统。它是以提高交通流的畅通性和道路通行能力为目的，对交通流在道路网络上进行优化组织，以充分利用道路网络的资源，最终实现交通流运行的安全、通畅而采取的一种交通管理措施。单向交通组织主要是指机动车单行线交通组织和交叉口车流转向限制。

单向交通组织方式对道路交通流进行时空同步分离，大大降低交叉口复杂程度，以相对简单、迅速的方式减少车辆行驶延误及交通阻塞，确保交通安全，提高道路交通运行效益，优化道路资源配置。因此，成为在城市中心区域缓解道路拥堵的一种有效手段，并已被国内外越来越多的城市所接受。

城市单向交通组织，也是一种寻找在不同交通管理模式下交通组织的最佳组合方法，使道路网向交通流组织合理、交通量与通行能力相协调，充分发挥道路网效能，缓解道路网交通需求矛盾的目标靠拢。

单向交通组织可分为以下五类：

1)固定式单向交通

根据单向交通的特点在交通流量较大的情况下，选择两条相邻的道路。组成固定的、方向相反的单行道。这种单行道在任何时间都只能按规定的方向行车，不准逆行。

2)时间性单向交通

对道路上的车辆在部分时间内实行单向交通，而其他时间内仍然维持双向交通，称为时间性单向交通。如在交通高峰时，规定道路上的车辆只能按重交通流方向行驶，而在非高峰时间内，则恢复双向运行。为防止交通混乱，在时间性单行道上应设置必要的交通标志，并要很好地引导车辆的通行。

3)可以逆转式单向交通

可逆性单向交通是指道路上的车辆在一部分时间内按一个方向行驶，而在另一部分时间内按相反方向行驶的交通组织。这种可逆性单向常用于车流具有明显不均匀性的道路上。同样应注意给非重交通流方向的车流以出路。

4)车种性单向交通

车种性单向交通是指仅对某一类型的车辆实行单向交通的交通组织。这种单向交通常应用于具有明显的方向性及对社会秩序、人民生活影响不大的车种，如货车。

5)机、非组合式单向交通

针对城市混合交通的特征,为组织好机动车与非机动车的行驶,确保交通的安全与畅通,采用此种单向交通组织。主要有以下几种形式:

(1)机动车与非机动车同向单向行驶。

(2)机动车与非机动车对向单向行驶。

(3)机动车单向行驶,非机动车双向行驶。

利弊分析[10]

1)单向交通组织的优点

(1)大大地减少道路交叉口的冲突点。

车辆对向行驶会产生车辆之间的交错,形成冲突点,单向交通的设置会减少这种对向之间的冲突,从而减少道路交叉口的冲突点,提高道路行驶的安全性。

(2)有效地利用有限的道路空间资源,提高路段的通行能力

单向交通的组织取消了车辆之间的对向行驶,也降低了车道之间的行车干扰,提高了通行能力。据相关资料统计,国外单行道的设置可提高路段通行能力20%~80%,国内单行道的设置可提高15%~50%,由此看来,单向交通的设置不仅有利于有限的道路空间改善交通状况,同时也取得了花费少又解决了交通拥堵问题的效果。

(3)提高行车安全,降低交通事故发生率

由于设置单向交通后交叉口冲突点大大减少,同时车流方向也改为同向行驶,因此,大大降低了车辆对向碰撞的概率。道路由双向改为单向后,行驶路线简化,行车条件得到改善,对事故发生率降低也起到一定作用。除此之外,人行横道没有了对向车辆的影响,行人通过交叉口的安全性也得到提高。总结国外设置单向交通所取得的成果中不难看出,在设置单向交通后,交通事故发生数量减少10%~15%,对于对向碰撞这些事故发生率几乎为0。例如据资料调查表明,美国的一些大城市自实施单向交通以来交通事故减少了25%~50%,苏联的一些城市实施单向交通不但减少了交叉口的延误,同时事故发生率还减少了20%~30%。

(4)有助于提高车辆运行速度,减少延误

实施单向交通后,车辆行驶方向较一致,对向车辆互扰大大减少,这就使得车辆的行驶速度得到提升,平均行车时间缩短,交通拥堵情况得到改善,降低延误。同时单向交通的实施使得车辆同向行驶,车辆间的安全距离减小,车道利用率大大提高。

(5)为路内停车设置创造条件

单向交通的设置有利于路边停车的规划,解决停车问题,为城市停车问题提供一条新出路。例如法国巴黎在设置单向交通后让“死道”(无法通行的道路)变为“活道”。在停车场还不完善的情况下可以让出一部分路面位置用于停车,是解决临时停车的有效办法。

(6)有利于信号灯的配置和管理

采用单向交通可以简化信号程序,信号灯的控制相位数减少,通行能力提高,由于相位减少使得绿灯信号利用充分,增加绿灯通行时间。

(7)减少污染,保护环境

实施单向交通规划可以合理分配路网中的车流,使得整个路网车流的行驶更加顺畅,减少尾气排放,大大减少了环境污染。

(8)具有良好的经济价值

单向交通的设置条件之一就是路网密度很大但是路面宽度不足的道路,这样就避免了出现新建道路改造、拆迁过大的情况出现,反而只需要将一些低等级的道路进行少量投资或改造就可以建设成新的交通网络,既降低了干道负荷、改善了干道拥挤,同时又缓解了整个路网的交通状况。

2)单向交通组织的缺点

虽然设置单向交通有很多优点,可以带来巨大的经济效益、社会效益以及环境效益,但是单向交通的设置也有其不利的一面,如果设置不当也会产生很严重的后果。

(1)增加绕行距离

单向交通的设置会使得反方向的车辆产生绕行,这样就增加了部分车辆的行驶距离以及通过交叉口的次数,同时也增加了车辆的行驶时间和路面的交通流量。

(2)影响公共交通的运行

公共交通的线路和站点设置基本上都是对向设置,如果公共交通运行线路也实施单向交通,那么就需要重新调整公交线路的走向和站点的布置,这样势必会使一些不熟悉本地交通状况的人找不到公交站点,即使找到也会增加步行时间,对乘客非常不利,对公共交通的运行也会产生一定的负面影响。

(3)对道路两侧的商业活动产生不利影响

单向交通的实施取消了对向车流,使得反方向的商业活动无法开展,影响对向商家的经营。

(4)易造成不良经济效益

单向交通组织会对原有的道路进行改造,改造过程中所需要的调整电车线路的走向、搬迁公交线路的部分站点设置等会产生较大的费用等。

(5)支路微循环没有能够充分利用

国内一些大城市由于路网建立时期不同,故不同地区有不同的复杂程度,缺乏梳理,片区之间的支路衔接不畅,且支路太多、交织复杂混乱,导致一些支路之间不畅通。如果将这些支路连接起来,构成微循环网络,既可分担干路的交通流量,也可改变交通拥堵情况,提高交通网络利用率。

(6)给居民的生活带来不利影响

在支路上设置单向交通后,会使本来一些狭窄无汽车通行且非常安静的街道变得吵闹、嘈杂,给小区居民的生活带来一定的困扰。

综上所述,单向交通组织既有科学有利的一面,也有消极不利的一面,关键在于科学地管理与规划,设置符合当地具体情况的单向交通组织方案,只有这样才能发挥单向交通组织的正面效应,减少负面影响。

7.2.8　单行交通组织的设置条件及要点

单向交通组织在一定的条件下,对于提高道路网运行效率、充分利用现有道路资源、挖掘道路的交通潜力等具有明显的优点,是在短期内缓解城市交通问题最直接、经济、有效的方法之一。单向交通组织基本形式有:固定式、定时式、可逆式、车种型单向交通、混合型单向交通等。

设计方法[11]

1)实施条件

实施单向交通前,先要选择开辟单行线后分流车辆的最佳绕行路线,尽量为其提供方便,使出行者乐于接受并积极遵守新的交通管理措施。一般应具备以下条件:

(1)具有相同起、终点的两条平行道路,它们之间的距离在350~400m以内,可实施固定式单向交通。

(2)具有明显潮汐交通特性的街道,其宽度不足3车道的可实行可逆性单向交通。

(3)复杂的多路交叉口,禁止的流向另有出路的,可将相应的进口道改为单向交通。

在如下情况下实施单向交通往往能取得较好的效果:

(1)当各条平行道路的间距不大、车行道狭窄又不能拓宽,且交通量很大造成严重交通阻塞时。

(2)单向车行道较少(1~2车道)时。

(3)在复杂地形条件下或对向交通在陡坡上产生很大危险性时。

2)相关考虑因素

设置单向交通网络需要充分论证交通流绕行距离和绕行量的增加值、对附近居民的影响(如噪声公害等)以及引起的交通违法概率、单向交通网络中的行车方向是否最大限度地减少了交叉口的冲突点;同时需要根据交通需求、城市交通基础设施的变化进行实时调整。

道路上有较多的公交线路或非机动车时,不宜实施单行线组织方案,或谨慎论证方案的可行性。在单向道路上的公交线路相反方向只能选择其他道路,两个相同的站点之间距离较远,该站点的服务范围只能是公交线路双向站点服务范围相交的部分,会导致公交站点服务范围的缩小。单向交通可以提高通行能力,其很重要的原因是减少了交叉口的相位数,但由于单向交通只适用于机动车,非机动车流仍为双向的,因此,交叉口需要考虑非机动车的相位,在一定程度上可能会降低单向交通的优化效果。

对于规模或影响大的单行线方案,特别是在一些城市道路网先天不足的条件下进行单行线组织设计时,应充分考虑到不当方案可能导致的恶果,细致地做好前期论证与评估工作。

宏观上确立单行线方案后,精细的交通管理与控制方案设计(包括交叉口渠化设计与信号配时优化、附属交通设施设计、交通语言系统设计等)可以减少由于车辆对单行系统不熟悉而导致的“非必要”绕行等问题。

7.2.9 采用交叉口左转禁行后如何合理引导绕行路径

禁左交通组织是指运用管理手段在平面交叉口上禁止车辆左转行驶,以减少交叉口不同流向车流的交织与冲突,提高交叉口的通行能力。对交叉口、路段或几条道路构成的区域道路网络实施禁左限制,将会使交通拥堵得到缓解和改善。禁左交通管理组织是解决城市交通拥挤,充分利用现有城市道路网容量的一种经济、有效的交通管制措施。

一般,当交叉口的左转车流量并不大时,可以考虑禁左措施,但是,当左转流量占交叉口进口道流量的50%以上时,禁左措施就不是很适用了。根据驾驶人的心理接受能力,一般情况下,绕行距离不能要求大于1200m[12]。

禁左交通管理主要分为以下5类:

1)固定式禁左

对道路上的行驶车辆在全部时间内都实行禁左管理称为固定式禁左。主要用于每日24h内交通流量都较大的城市中心区的路段或交叉口,其对道路网的要求较高,一般为道路网密度很大的棋盘式道路布局格式。

2)时间性禁左(定时式禁左)

对道路上的车辆在部分时间内实行禁左管理。这种方式主要考虑道路交通量波动明显的路段或交叉口,理论上适合选择在早晚高峰时段内禁左,非高峰时段内恢复左转车的通行。但考虑到驾驶人的行车习惯,一般采用的是白大内禁左而夜间不禁左的方式。

3)方向性禁左

方向性禁左指的是对部分方向或者全部方向内的左转车流实行禁止通行管理。这种禁左方式主要基于不同方向的交通流特征考虑的。部分禁左主要用于交叉口的下述情况:在左转车流可通行的相位下,对向的直行车流较少或者没有(比如实行单向交通管理),这样留给了左转车流足够的间隙通行,这个方向可以允许左转车通行。如果在某些路段存在明显的交通流不连续,或者间断频率较高的情况下,这种情况下也可考虑一个方向的左转车不实行禁止通行。

4)车种性禁左

车种性禁左是指对某些类型的车辆不禁左而对其他类型的车辆禁左的方式。这种禁左方式常应用于具有明显的方向性及对社会秩序、人民生活影响较大的车种,比如公交车、救护车、巡警车等。“公交优先”对于解决城市交通问题已成为共识。允许公交车通行,而限制其他车车辆尤其个人小汽车的通行,能够充分体现和发挥公交车辆的方便、快捷和经济的优势,势必影响到人们的交通出行结构——公交车出行方式的比例增大,从这个角度上说也潜在地缓解了城市交通压力。

设计方法

禁止左转后车辆为了完成左转的目的,能够利用的方式非常多。这些方式结合所在路网的特性和所在道路的特性,可以分为路段型和路网型两种。

1)路段型

路段型是指所有禁止左转的车辆通过该条道路设置的相关转弯设施完成掉头后右转进入相交道路,完成左转的目的(图7-5)。在分隔带设置左转掉头通道,加装信号标志和施划交通标线等措施来进行。如中央分隔带宽度较大,车辆掉头可从内侧车道转至对向内侧车道,如中央分隔带宽度不够,可以选择从内侧车道转至对向满足转弯半径的车道。路段掉头一般设置在等级较高的道路上,对于该道路车辆左转路径为直行通过交叉口之后掉头在右转完成整个左转过程;低等级道路上车辆要完成左转需要先右转进入高等级道路再掉头之后直行。

2)路网型

路网型就是指通过与道路相连接的道路进行,可以通过一系列的右转或者能够左转的交叉口左转或者是相交道路中央分隔带掉头等方式。

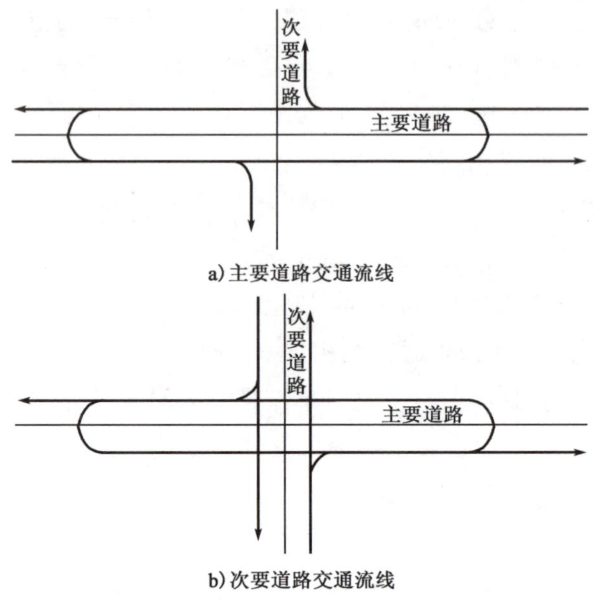

a)主要道路交通流线

b)次要道路交通流线

图 7-5　路段式禁左绕行组织示意图

(1)连续右转式

连续右转是指通过下一个交叉右转之后,再经过两个右转迂回进入原来左转方向的道路,最终实现了左转的目的,如图 7-6a)所示。这样绕行的距离是迂回方格的周长,这种方式在具有密集路网密度的区域非常适合,但是相应增加了相邻道路的通行压力,相对一个节点来说压力减小,对于整个路网来说增加了所有车辆的平均行驶里程。

(2)右转绕行式

在禁止左转前的一个交叉口右转,通过在相邻可以左转的交叉口进行连续两个左转完成该通行目的,如图 7-6b)所示。这种方式有一个左转变为一个右转和两个左转,和上面连续右转的绕行距离缩短了一个边长,但在交叉口处转向较复杂。

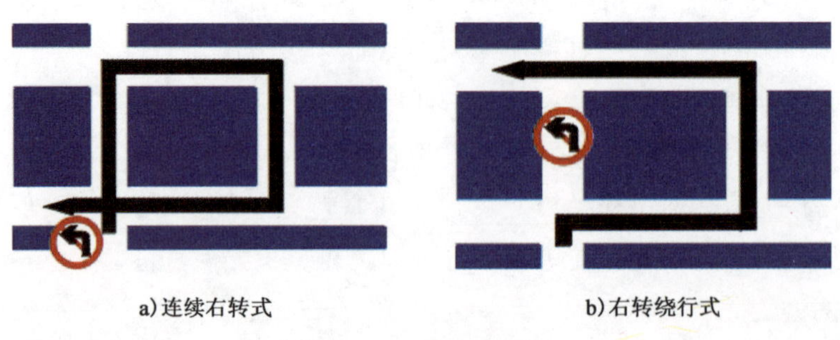

a)连续右转式　　b)右转绕行式

图 7-6　路网式禁左绕行组织示意图

(3)左转转移式[13]

在禁止左转前的一个交叉口左转,再在另一平行道路右转,然后到达下一交叉口再左转。这样的做法对总体减少左转车辆并没有帮助,但能够把一些较为拥挤交叉口的交通量转移到通行能力较大富余的位置。车辆基本上没有增加行驶距离,但是为了禁掉一个左转引发了两次车辆右转行为,并且需要提前提示,否则车辆行驶至该路口时已经错过替代路线。

3)两种方式对比

通过相交道路中央分隔带掉头,绕行距离短,交通组织简单,这种方式对于道路条件要求较高,适合于交通流量比较小的主干道与交通流量比较大的主干道相交的情形。

网络型禁左绕行对车辆左转的绕行距离的增加较大,交通组织较为困难,对于道路比较陌生的外地驾驶人可能在绕行过程中出现错误,但该种方式对于道路等级要求较低,尤其在左转流量较大,中央分隔带掉头不能满足时,可以选择该种方式。

4)立交平做

立交平做是交叉口左转禁行的特殊形式,即在交叉口的四个角各组织一条小型环路,小型环路使交叉口起到立交桥的作用。车辆只能直行通过交叉口,需要在交叉口左转的车辆,直行通过路口后,进入小型环路,经过连续3次右转,最终实现左转。需要在交叉口右转的车辆,在进入交叉口之前,进入向右方向的小型环路,实现右转。因为没有左转车辆经过交叉口,从而有效地减少了交叉口的车辆冲突点,保证了交通的畅通。

利弊分析

1)减少交通流之间冲突

进出交叉口的车辆,由于行驶方向的不同,车辆和车辆之间的冲突方式也不相同,可能产生冲突点的性质也不一样。

禁止左转车辆后,从平面几何上分析,左转车流形成的冲突点显著减少。三路交叉口的三个冲突点全部消失;四路交叉口的冲突点个数从16个减少到4个。这样,在实行交通管制的条件下,两相位的四路交叉口的交叉点全部消失。原实行多相位控制的交叉口由于没有左转车流的存在,左转信号相位也就可以取消,从而简化了相位。

2)提高交叉口通行能力

交叉口禁止左转车通行能够提高道路和交叉口的通行能力,主要有以下几个方面原因：

(1)从驾驶人心理考虑。两相位信号灯控制下禁左消除了冲突点,车流简单,很大程度上避免了车流之间的相撞,改善了交叉口行车条件,车辆干扰少,增加了驾驶人安全感,心理压力减少,因而驾驶人很容易在加速和行驶过程中提高车速通过交叉口。

(2)从停车线到冲突点的停车等待问题。禁左后车流面对的条件改善,不存在车流进入交叉口因为对面冲突而排队等待通过现象,即在交叉口中,没有等待的车流,消灭了二次或多次停车才能通过交叉口的现象。因而整体上通过的车辆平均车速得到提高,单位时间内通过交叉口的数量相应增多,通行能力增加。

(3)简化了信号机程序,相位减少。一些复杂的交叉口由于采用了比较复杂的程序控制的交通信号机,控制的相位数增多,因而交叉路口的通行能力降低。禁左后,则信号机的信号程序得到简化,控制相位数减少,就可以非常明显地改善交通处理能力。

3)提高车辆运行速度和减少行车延误

实行禁左后,交叉口的交通流之间冲突减少,行车干扰少,在交通量增加的同时还可以提高车速,减少行车延误。

4)交通事故的降低

实行禁左后,交叉口中不存在左转车流,消灭了左转车流与对向车流之间的冲突,交通流之间的冲突大大减少,交通事故率减少。此外,在进入交叉口之前,特别是对于多车道的入口引道,车道功能复杂,行驶车辆往往提前需要变换车道(根据交通规则,入口引道范围内应严格禁止行驶车辆变换车道),必然产生车辆之间的干扰。禁左后,左转车道消失,车辆变换车道频数降低,这样也减少了交通流之间的交织,从而减少了交通事故的发生。

5)增加被禁左车辆的绕行距离

禁左通行控制为了保证主路的交通流通畅,重新组织左转交通流,限制左转交通流以最直接的形式完成转向,使得左转车辆的交通效益大大减少。

绕行距离的增加还会带来一系列的问题,如会使车辆的停车次数增加,总延误增大,油耗加大,出行时间和出行距离增加,同时,延长驾驶人的驾驶时间,容易使驾驶人疲劳,出行的舒适度降低,反应能力降低,心情烦躁,发生交通事故的概率增加。

6)增加其他流向或路段上的交通量

禁左通行控制将禁左交叉口的左转车辆转移到了其他交叉口,通过在其他交叉口的左转或右转组合完成在重要交叉口的左转,在交通量向其他交叉口转移的过程中,被禁的左转交通量都汇入到路段上,路段上的交通流的密度增加,路段阻抗增加,平均车速降低,使车辆的总行程时间增加,增加了车辆在路段上的延误。

7)增加了路网中其他交叉口的交通压力

交叉口实施禁左通行控制,在减少了该交叉口左转交通量的同时,原左转交通以左转或者右转交通流的形式出现在路网中其他的交叉口上或旁边的次要交叉口,特别是当这部分交通量以左转形式出现在其他交叉口时,将有可能成为其他交叉口的新问题——进口道流量比的增加、饱和度升高、直行车道的通行能力降低、延误的增加等一系列的问题。

7.2.10 如何构建公交专用道网络

随着城市经济的快速发展与城市化进程推进,交通拥堵与环境污染等城市病日趋严重。为缓解城市病,提出两方面策略:一是增加网络容量,提高供给;二是合理引导需求,进行需求管理。在有限的城市交通资源限制条件下,我国许多大城市提出从常规公交与轨道交通两条主线大力发展公共交通的发展战略,以合理引导交通需求。常规公交作为城市公交体系的重要组成部分,是实施公交优先的策略的重要组成部分。

在有限的城市道路资源条件下,通过道路资源的重新分配的公交专用道线网优化是实施公交优先策略的有效支持,与优先发展常规公交的发展战略是一致的。同时,专用道线网优化具备投资少、见效快、易于实施等特性,为实施公交优先的经济且见效快的措施。

设计方法[15]

公交专用道的网络布局规划、约束条件涵盖网络交通流和道路条件。其中,网络交通流包括路网结构、交通布局、土地利用、道路等级以及客流 OD 主流向等。

1)客流 OD 分布

规划公交专用道线网,首先要掌握城市或者片区的客流 OD,以现有的公交客流为主,预测潜在的转移客流,明晰主要公交客流走廊,尤其是轨道交通站点与大型社区、公交枢纽站的公交联络线,需要优先考虑公交专用道的设置。

2)路网结构和交通布局

路网结构主要是考虑城市内快速路、主次干道的分布,一般快速公交在快速路及主路上效益更加明显,而交叉口间距较小且车道数不能满足条件的次干道很少实施公交专用道。交通布局,则要充分考虑火车站、汽车站、地铁站的布设,以轨道站点为核心,在辐射线上优先设置公交专用道。

3)土地利用

一般土地利用直接影响到客流的集散，商业区、大型居住区都是客流发生量和吸引量较大的区域。对于已建的居住区，可以根据现状公交客流的大小以及出行距离的调查分析，设置公交专用道。对于规划拟建的小区和商业区，在预测的客流基础上，打通与轨道交通的公交专用道连接线，在道路网布局中同步规划、同步设计和实施。

7.2.11 如何分流过境交通流

随着我国城市化进程的加速发展，城市交通问题渐成人们关注的热点，高速的经济发展带动着大中型城市的大量出现，在交通方面，大中型城市逐渐成为高等级公路连接各城市的重要节点，承担了巨大的出入境和过境交通压力。过境交通在很大程度上体现了城市对外交通的发展水平，良好的城市过境交通体系能够为城市经济的快速发展带来新的动力和支撑。

从国内外主要城市解决过境交通问题的实践来看，主要有以下几种解决城市过境交通的模式[16]：

1)绕越式过境

绕城高速公路是城市区域内高速公路绕越城市及高速公路间或与区域其他干线公路间相互衔接的路段。从交通功能来看，绕城高速公路服务了城市过境交通、出入境交通和沿线地区短途交通。通过设置绕城高速公路可以实现过境交通快速通过、高速公路与城市的良好衔接，同时还服务了沿线地区短途交通的出行。这种模式通常用于交通需求大和构成复杂、城市周边高速公路布局较为复杂、由多条高速公路交汇的大城市。

2)直线式过境

直线绕越是指高速公路直接越过城区的形式。直线绕越的形式有很多，常见的有单线过境、丁字形过境和十字形过境，这种模式没有考虑规划其他路线将多条高速公路及城市进行衔接，该模式适用于城市规模较小、出入境交通需求相对较小、由一条或两条高速公路经过的城市。

3)复合式过境

复合式绕越模式是指若干条高速公路交汇，并形成路线直接绕越和环线绕越的组合，或形成两个以上的环线等多种复合形态。该模式适用于大型城市的原有绕城高速公路不能使用，城市发展或主要功能发生变化后，对原有绕城高速公路路线进行适当调整。该模式能有效服务过境交通、城市沿线短途交通等。

在各城市的实践中，大多采用环城高速的方式。城市过境交通高速环线一般是指为使干线上过境车辆避开城镇，以减少交通拥堵和促进城市内部道路系统与外部高速公路系统衔接而建设的全封闭公路，过境交通环线的建设对城市交通乃至整个城市的综合布局和城市规划等方面都有着重要的促进作用。过境交通环线道路按照路线走向布局划分,主要有以下几种常用模式[16]:

(1)作为国道主干线的组成部分的环路。

(2)与国道主干线与其他高速公路共同形成环路。

(3)与国道主干线与非国道主干线组成的非闭合环形的扇形环路。

(4)与国道主干线与其他高速公路组成的非闭合环形的扇形公路。

过境交通环线主要有以下几个方面的重要作用:[16]

第一,缓解中心城区交通压力,疏导过境交通。

过境交通环线可以保证过境交通的运行效率与服务水平,避免在城市进出口处出现交通瓶颈,影响道路的通行效率,同时过境交通环线还将减少过境交通与城市交通的干扰,减轻城市中心区的交通压力,缓解中心区域的交通拥挤程度。

第二,增加与周边区域的交通连接度,带动周边区域发展。

过境交通环线在城市的边界处,即可以保证城市出入交通的便捷顺畅,增加中心城区的直达性,还能充分发挥高速公路和城市快速环线对城市边缘地带发展的带动作用,加强中心城市与周边区域新城的连接程度,促进新城的经济发展,是新城与中心城区形成城市群效应相互促进发展。

第三,促进城市空间的拓展及调整。

过境交通环线的建立可以在一定程度上为城市空间向外发展服务,环线的建立扩大了城市的边界,使得中心城区与边缘区域的各种资源交换更加便捷和高效,这将进一步优化城市的结构布局,并在无形中起到了加速城市经济发展以及空间拓展和资源充分利用的作用,促进城市布局的及时调整和转变。

7.2.12 均衡路网流量的手段和策略

交通流量是一个随机变量,随时间和空间的不同而变化。由于交通流量在时间和空间上分布不均匀,造成某些道路、某段时间、某个方向的交通拥挤。如在大中城市上下班高峰时段,道路交通流量大,道路拥堵状况严重,市内交通比市郊拥挤,交叉口的交通比路段拥挤等。这种时间或空间性的流量不均衡可能导致道路资源的浪费,使得路网效率无法达到最高。

我国城市交通流量分布的特点主要是明显的时间性、方向性、区域性和分布不均匀性。为了充分、合理地使用现有道路,必须设法使交通流量的不均匀分布变为均匀分布。

1)错峰上下班

错峰上下班,为了降低职工同时到达和同时离开的数量,规定不同类别的职工的上下班时间,错峰上下班最早由德国人提出,多国普遍采用,错峰上下班有效解决高峰拥堵,还可提高工作效率,包括错峰上下班在内的弹性工作制在欧美发达国家已实行40年,给当地人的生活和出行带来了极大便利。

2)交通控制与交通诱导的协调联动[17]

交通控制和交通诱导是交通管理的两大主要手段,它们有各自的特点,又存在着密切的联系。两者的协调指的是从交通管理的层次上对两者的工作进行组织、协调和优化,使各自的作用得到更加充分的发挥,形成一种综合控制和诱导的交通管理手段和方法。

交通控制与交通诱导都是以改变交通流的方式达到其目的,共同的目标都是为了实现路网交通流的畅通,提高安全性、舒适性。因此,交通控制与交通诱导是相互影响、相互作用、密切相关的。

协调是指交通控制与诱导系统的相互配合的运作方式,以获得优于各自的交通管理效果或效率。对应于控制与诱导关联的层次,控制与诱导的协调包括数据、信息、策略以及策略优化生成过程的交互,可在数据、信息、策略三个层次上实现。但是最能体现效果的是策略生成的协调即策略层的交互。策略协调是指综合控制系统、诱导系统的各相关因素,考虑控制系统与诱导系统之间的动态实时的相互影响和作用,而获得效果更佳的控制策略、诱导策略的优化过程。控制与诱导之间的协调方式在不同的环境和条件下是不同的,即使对同一个交通网络,在不同的时段中,交通状态不同、管理的目标不同,两者之间协调的具体实现方式也会不同。从目前的理论和技术分析,控制系统和诱导系统之间的协调模式可以有以下几种。

(1)独立式

信号控制和诱导之间不存在策略和方案间的关联,与孤立的信号控制和诱导不同的是系统之间可以共享基础数据和交通信息,即控制和诱导之间的协调只以低层次上的数据信息关联的形式存在。这种协调的目的是提高各种数据采集、传输、处理系统的利用率,以及数据和信息的共享度和可靠性。这种低层次协调虽然对提高控制和诱导效果所起的作用有限,却是其他方式协调实现的基础。

(2)偏重式

在这种方式下,独立运行的控制和诱导之间关系是非对称的,存在着主从关系,其中一个作为主导系统,它在生成策略时,将另外一个系统所产生产生的实时策略作为本系统优化模型的外生变量或约束条件加以应用,而另外的系统需要将每个决策周期生成的新的策略和方案及时地报告给主导系统,以使主导系统的决策建立在对从属系统的行为全面洞察的基础上。这样的方式将动态的双向的关联问题简化为静态的单向的关联,其实质是一种改进的控制(或诱导)方法,而不是真正的两者的结合与协调。

(3)协作式

在这种模式下,首先制定控制和诱导协作的总体目标。在该目标的指导下,控制系统和诱导系统处于对等的地位,分别依据控制与诱导模型独立运行,对控制、诱导优化问题分别求解。控制和诱导的模型不仅要遵循协作目标,而且要将对方的优化结果和决策行为作为实现协调目标、求解模型的不可缺少的信息来源或外来参数。这样,一个控制策略、诱导策略的生成需要双方多次信息交互,才可能获得各自都能够接受的满意解。从本质上看,这种对等协调模式是对偏重方式的一种改进,将以一种管理方式为主转换为控制和诱导双方平等,按照两个系统之间既定的目标准则和交互规则,实现控制与诱导的相互协作,避免两者决策行为的冲突和矛盾。

(4)递阶协调方式

这种方式基于大系统递阶协调控制的思想。首先在较低的层次上,分别对诱导、控制的优化问题进行求解的,将在较高的层次上对两者的优化结果进行协调,并将协调的结果及其他信息返回到低层上,作为新的初始条件下,重新对诱导、控制进行新一轮的优化。这样通过反复迭代,直至得到一个满足整体目标的协调方案为止。这种方法是在现有ITS的基本框架下,在控制系统、诱导系统的基础上,增加一级诱导和控制的协调系统,从更高的层次上协调两者的工作。在这一层次上需要建立控制与诱导的协调模型,将初始的控制与诱导策略作为协调模型的输入,确定控制和诱导系统优化的方向和调整的步长,直到收敛为止。这种协调的结果,得到的往往是满意解,而不是系统的最优解。

(5)一体化方式

在这种方式下,系统通过建立完整的统一的系统优化模型,将诱导方案与控制方案作为系统控制方案的分量,综合控制与诱导的所有约束作为系统约束,以路网的总体指标为最优目标,并通过各种静态的或动态的优化方法进行求解,一次性获得控制、诱导的最优策略。从系统结构而言,这种方式在ITS中以一个崭新的子系统替代现行的控制系统、诱导系统,将其合二为一,由一个系统完成原来的诱导与控制的所有功能,以弥补彼此分离、独立所造成的缺陷。

3)差别化的停车收费政策[18]

(1)差别化分区与停车政策的基本理念与目标

①通过停车分区,实现差别化的停车政策、发展、管理要求,引导小汽车与公共交通在不同区域充分发挥各自的优势与效用,形成互动协调发展,最终实现以静制动、动静协调的停车发展理念。

②通过差别化停车政策，合理分配交通资源，公平分担停车社会成本，调节停车设施供应紧张地区，使其车资源合理共享与高效利用，实现地区停车供需平衡，促进交通战略目标的实现，保障城市机能正常高效运转。

(2)差别化分区与停车政策研究思路

停车问题是城市交通拥堵的一把“双刃剑”，解决不好被动的停车扩容反而可能导致新一轮的拥挤，加重城市停车问题与交通矛盾。

①通过对停车设施供应总量布局特征管理手段的调节，引导和调节地区停车需求控制地区交通总量。

②对于特定地区通过限制停车供给，转移动态交通的不合理需求，从而实现道路交通的畅通。

③在建设条件和交通条件宽松的地区，通过有效途径切实保障各种交通方式的协调并存。

④停车设施作为基础设施应满足地区未来动态交通合理需求增长下的静态设施基本需求。

7.2.13 如何进行大型活动交通组织

优化流程[16]

大型活动交通组织优化流程如图 7-7 所示。

优化方法

首先应明确，在大型活动中，公共交通是活动出行的主体，可大大降低个体机动出行比例，减少道路交通量，缓解了交通压力，对大型活动的成功举办提供了良好的交通保障。

对于社会交通，主要应从以下几个角度进行优化组织：

1)停车及停车换乘规划[17]

停车供需矛盾也是大型活动中的主要矛盾之一，因此大型活动停车系统规划在大型活动交通规划、管理中占有重要地位。国外经验表明根据停车需求情况可考虑在大型活动场所附近开辟临时停车场，但停车场的布置在满足特殊需求的情况下，应优先考虑公共服务车辆，从而提高公交出行比例。建立完善的停车换乘系统对于分散大型活动停车需求压力及缓解交通拥挤作用十分显著。悉尼奥运期间开辟 197 处临时停车场地，各停车场有穿梭巴士与活动场所相连；洛杉矶奥运会期间利用停车换乘系统有效解决了停车供需矛盾。

2)交通需求管理[17]

通过门票政策调整出行的时空分布,洛杉矶奥运会采用打折全天通票降低大型活动交通流量峰值,并缓解了停车供需矛盾;通过停车管理降低个体机动出行方式比例,悉尼奥运会在对公交出行采取优惠措施的前提下,大幅度增加了奥体周边停车场的收费额度,并且要求停车空间预约,从而缓解了活动场所周边交通压力。背景交通需求管理措施:采用错时出行政策,如悉尼奥运期间实行了放假、改变压缩工作时间,提倡在家办公等措施,使背景交通出行量大幅降低;采用部分车辆部分区域禁行措施,悉尼、盐湖城奥运会中都有所采用。

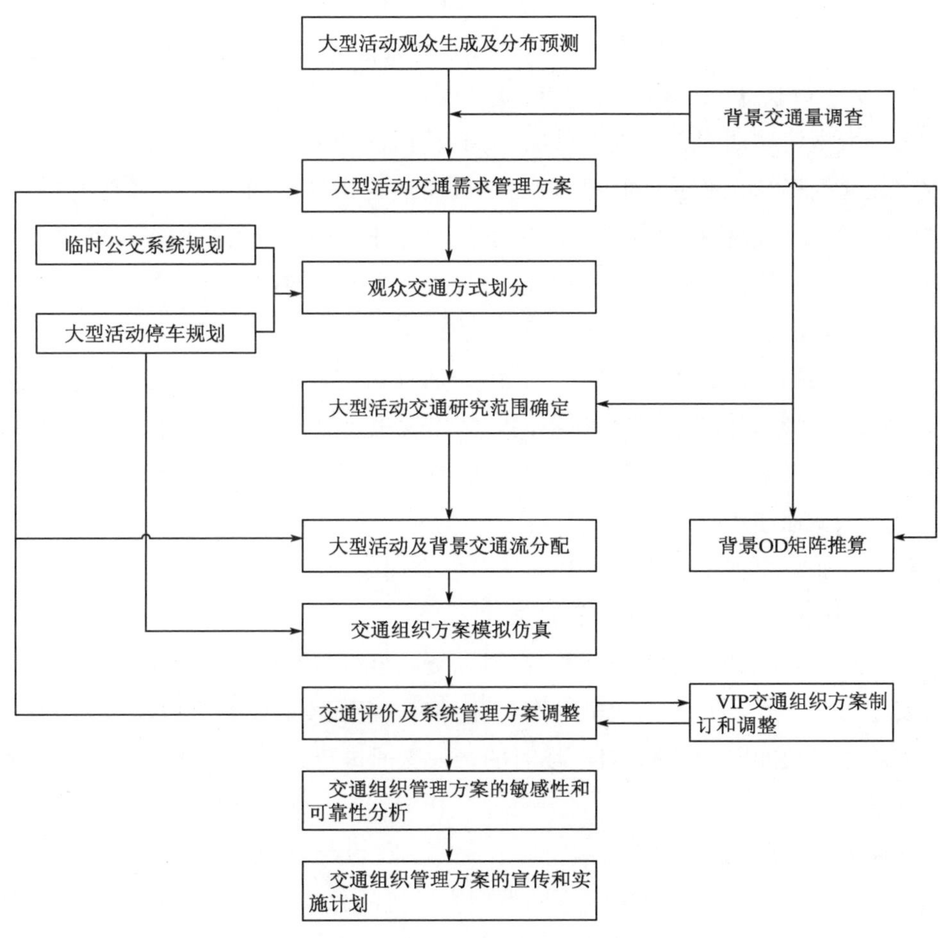

图7-7　大型活动交通组织优化流程图

3)信息发布及ITS应用[17]

信息对于大型活动期间的交通系统是非常重要的,及时可靠的交通信息可以减少大型活动期间出行的盲目性,是缓解交通拥挤、提高交通系统运输效率有效措施。洛杉矶奥组委实施了奥运出行交通信息计划,包括奥运交通诱导标志规划和完善；大范围免费发放《交通信息手册》；通过互联网、电视、广播进行的交通状况信息的及时发布等。智能交通管理系统（ITS）在大型活动交通组织管理中起到重要作用，盐湖城奥运会期间，广泛地应用了 ITS 技术，取得了良好效果。

4）车辆交通组织

（1）单向交通

大型活动地周围的单向交通组织一般是设置单向交通环线，既可以在活动地周围紧邻的道路上设置单向交通环线，也可以将活动的交通影响范围作为实施单向交通的环线，还可以根据其他特殊条件设置不同的单向交通环线。同时，也可根据具体情况对在不同时间的不同方向上有明显流量变化的道路设置单向交通。

（2）交叉口禁左

由于大型活动期间会产生大量的车辆出行，活动地周围停车场的出入口是极易发生交通拥挤和交通混乱的地点，而这些交通拥挤和交通混乱大多是由左转车辆引起的，所以可以根据具体情况限制车辆左转进入和左转离开停车场的出入口。同时，禁左组织还可与活动地周围的单向交通环线配合使用。

（3）变向交通

对于提供一次性服务的大型活动，由于活动参与者的到达和离开高峰都较为明显，所以活动地周围的道路会在不同时间出现主要流向不同的现象，这时恰好可以在不同时间根据不同的主要流向设置变向交通。

5）行人交通组织[18]

行人交通组织主要分为入场和出场时的交通组织。

（1）入场时行人交通组织与管理方法

由于入场时人员相对比较分散，在制订交通组织与管理方案时，着重考虑引导行人安全、方便的入场，避免和机动车产生冲突。因此，本节着重以减少机动车流与行人流之间的冲突为目标，对入场时的行人交通进行组织与管理，主要采用交通分离的管理措施。

交通分离的形式主要有：

①不同类型交通流的分离。不同类型交通流的分离主要有自行车与机动车的交通分离，行人与机动车、非机动车之间的分离，公共汽车与其他机动车的交通分离等。自行车与机动车的交通分离，最好是各自建立道路交通专用系统或道路专用线；公交车辆与其他机动车的交通分离，最好是开辟公交车辆专用道或路线，并辅以公共汽车优先信号和优先标志等管理措施。

②不同方向交通流的分离。采取的方法可以有：设中央隔离带、设中央隔离护栏、设中心分离线、将双向交通改为单向交通、在交通路口前设置左转专用道、设置

导向岛或分流岛以及用交通标志和交通信号对主次干道交汇处的交通进行时间分离等。

③动态交通与静态交通分离。应严格限制在道路交通繁忙、道路狭窄的地段停放各种车辆、堆放各种物品,以保障道路的安全畅通。应根据道路使用的具体情况,合理地对动态交通和静态交通进行分离。

(2)散场时行人交通组织与管理方法

考虑到散场时观众相对比较集中,且对时间要求比较高。因此,散场时行人的疏散是行人交通组织与管理中的难点。本节着重从引导观众快速、安全的疏散方面对行人交通组织与管理方法进行研究。主要研究内容有场馆内部及场馆外部观众的疏散组织方法。

①场馆内交通组织

场馆内部主干道上行人交通组织通常采用的手段是设置标识牌。标识牌的设置作为交通组织的一种形式,在场馆内部行人交通的引导方面起着非常重要的作用。在标识牌的布设方面注意以下问题:

a.标识牌的内容。内容应通俗易懂,最好采用文字和简易图形相结合的形式,便于各个文化层次的人识别与理解,指向性的标识牌最好采用文字和箭头相结合的方式,引导观众按照管理者预设的路线观展,以维持整个场馆内部的行人交通秩序。

b.标识牌的设置位置。建议在整个场馆的出入口附近设置展区位置示意图,在道路的任何一个交叉口处设置指向性的标志,在每个展区的出入口设置本展区内部的展览内容位置示意图,出入口的标志要放在合适的位置,保证观众能够很清楚地看到此标识牌,引导他们顺利的出入。

c.采用"一图多用"的方式。场馆布置示意图可以重复使用,但不是一张图简单的重复设置,而是要在图中标出该标识牌的位置,此标识牌与指示性标志配合使用,对观众在场馆内部的步行行为的引导性就更强一些。

②场馆外交通组织

由于大型活动的性质不同,活动场馆所处的位置不同,观众出行所使用的交通方式的比例情况也不尽相同。而活动场馆外围的行人交通组织与管理的重点与观众出行方式所占的比例有密切的关系。据实地调查,公交车、出租车和私家车是观众出行主要的交通工具,以下将分别对选用这三种交通工具的观众进行组织与管理。

a.乘坐公交车出行观众的组织与管理。

公共交通是居民出行最主要的交通方式,对公共交通观众的组织与管理是行人交通组织与管理的重点。在交通流量一定的情况下，公共交通站点布设的是否合理已经成为影响道路通行能力的重要因素。目前，公交车停靠站点和出租车停靠站点设置不合理是最突出的问题，具体表现在：出租车停靠站点大多设置在公交停靠站的前方，且两者之间的距离很近。这种设置方式势必会导致出租车和公交车之间的相互干扰较为严重，即公交车妨碍出租车进站，而同时停靠在前方的出租车妨碍公交车出站。

b. 公共交通停靠站点的设置。

公共交通停靠站点布设应遵循的原则：公交站点停靠站尽量与活动场馆接近；充分利用已有的公交线网与车站。另外，公共交通的停靠站点不应设置的过于集中，并且在停靠站点周围设置标识牌以引导观众从各个出入口出入，避免大量的观众涌向一个出入口，造成该出入口过度拥挤，而其他的出入口资源闲置的情况出现。

c. 行人通道的设置。

观众从公交停靠站点步行进入活动场馆的行人通道要专门布设，要严格地实行人车分离。避免行人占用机动车道，致使活动场馆周围的交通秩序比较混乱，给机动车流的正常运行造成更大的压力。

d. 出租车停靠站点的设置。

出租车停靠站点应与出入口周围的公交车停靠站点错开，避免乘坐出租车的乘客与乘公交车的乘客在一起候车，过度占用人行道和机动车道，对活动场馆周围的道路交通造成重大影响。

此外，出租车停靠站点的设置位置要适当，距离场馆出入口太近，影响场馆出入口的通行能力；距离场馆出入口太远，观众就会换乘公交车离开，公交车承担的运输量加重。建议在距离出入口 200 ~ 300m 的位置处设置出租车停靠站点。

e. 私家车停车场的组织。

对私家车观众的组织与管理，重点是引导观众顺利地将车辆驶入或驶出停车区域，观众将车辆停放好之后，顺利地离开和进入活动场馆。在对观众的组织与管理过程中，常用的方式包括：标识牌的引导、配备现场指挥人员、设置专门的行人通道等。

6）应急疏散交通组织

突发事件具有偶然性、影响巨大的特点，应建立紧急事件交通保障体系，以保证 VIP 及观众的快速、安全、有序撤离和救援通道的畅通。紧急事件交通保障体系主要包括：

（1）组织机构保障：成立由政府、公安、医疗、消防、交管、公交、媒体等部门成员组成的突发事件应急处理指挥小组，以便事件发生时统一指挥、协调各部门高效、有序的开展工作。

(2)救援人员保障：根据活动规模，确定各相关机构在突发事件发生时必需参与人数，而且要落实到具体责任人，随时待命。

(3)交通基础设施保障：根据紧急事件发生时观众疏散和救援保障的需要，检验比赛场馆走廊、出入口和周边路网通行能力，不满足时要制定改善措施。其中VIP 人员应保证有专用疏散通道或路径。

(4)交通组织管理措施保障：根据大型活动交通安全要求，不同层次的参与者可制定不同的紧急疏散通道或路线，并及时增加警力维持交通秩序，保证救援物资和人员的畅通。心理恐慌是造成突发事件发生时交通混乱的主要原因，可利用广播及现场大屏幕等宣传手段做好观众心理恐慌的缓解工作，必要时可考虑采用强制手段控制观众的骚乱行为。

(5)现场应急保障：做好应急车辆(警车、救护车、消防车、清障车等)、人员(公安、交警、医生、火警)和应急设施的现场布设，以便在事件发生时，能够在第一时间赶到现场，最大限度地减少突发事件造成的损失。

7.2.14 如何进行施工期交通组织

优化流程[19]

施工期交通组织优化流程如图 7-8 所示。

优化方法

施工期工地需要占用道路资源，对各种交通出行方式造成负面影响，可能会造成交通拥堵、增加出行成本等，必须对施工期交通进行合理组织，将这种影响降低到最小。

施工期间交通组织方案主要包括公共交通组织、社会车辆交通组织以及行人交通组织三个部分。

1)公共交通组织方法[20]

由于公交车停靠站需占用车道等影响，公交车可能成为道路新的瓶颈，故在施工期间应对公交车进行相应的组织，从以人为本的角度出发，在道路施工期间，公交车交通组织应遵循以下原则：

(1)在有限道路资源情况下，确保公众利益，在与社会车辆发生冲突时应优先。

(2)在对公交线路进行必须调整时，原则上尽量保持现有公交网络结构，避免较大调整。

(3)公交站点的调整应秉以“就近”原则,经量减少站点调整对居民出行时间以及距离的影响。

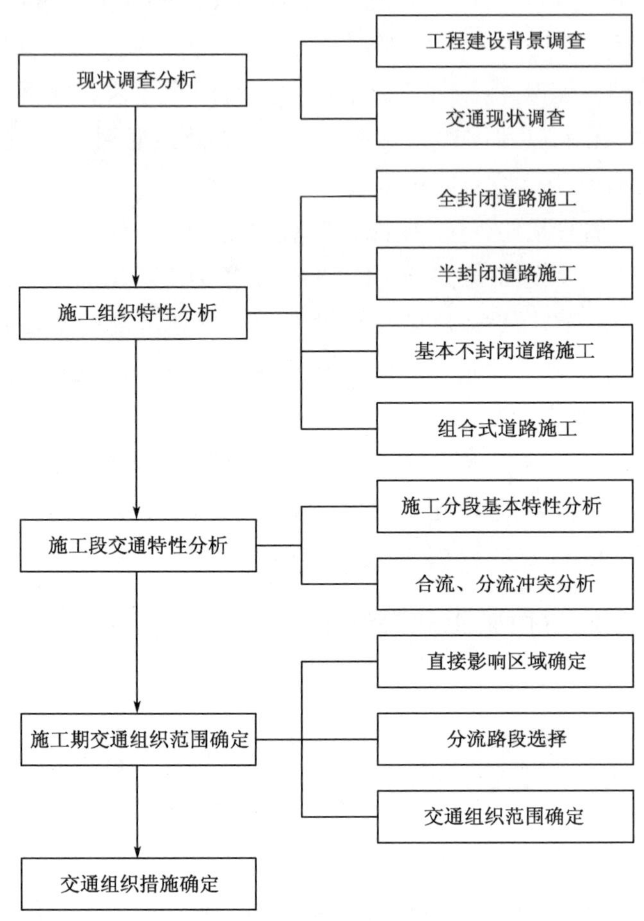

图 7-8　施工期交通组织优化流程图

具体的公交调整方案如下:

(1)线路调整

以减小道路交通压力为原则,综合考虑施工所产生的影响,对受影响的交通线路从线路条数,线路走向以及发车频率等方面进行优化调整。

①同一施工区域多条线路经过,通过线路调整,分散线路走向,以降低该施工区域线路的集中度,但调整的基本要求是确保保留的公交线路满足居民出行的基本需求。

②因主要交通干道施工而受到较大影响的公交线路,应从发车频率方面进行调整,而不是调整线路,以此错开高峰期不同线路到站时间,同时减少相应路的公交车数量。

③对于重复率过大的交通线路，在施工期间，可对区域内重新统筹规划，构建新的公交线路系统，降低线路重复率。

（2）站点停靠线路调整

公交站停靠站因为施工项目被占用，或是影响到公交车的停靠，相关的公交停靠站点必须迁移或者停用，对停靠站点进行新的规划。调整删减在施工区域内公交站点停靠的线路需要考虑相关线路客流量，适时调整。

①对需在施工区域内站点停靠的公交线路进行客流量的调查，便于在工期内保留客流量大的公交线路，删除客流量小的线路。

②对于无法保留的停靠站点，需重新规划停靠线路，建立新的停靠站点，并尽量保留原客流量大的公交线路。

③对于轨道交通站点，应保留或者开辟辅道设置公交站点，以便与常规交通的衔接，达到轨道与公交换乘顺利的目的。

④设法在影响区域设置公交港湾。通常公交速度在 30km/h 左右，是流动的瓶颈，易影响其他社会车辆的正常行驶，然而速度太快会造成乘客的摔倒。

（3）开通临时区间车

当公交线路因为过江桥梁或者穿山隧道施工而中断，为保证相关区域居民的便利，应开通临时区间车，为受影响的居民提供服务。

2）社会车辆组织方法

按照 OD 点所处位置，一般将社会车辆交通分为以下三类，即区域内交通、相邻区域交通以及穿区交通。

（1）只要 OD 点中任意一点处在施工路段所在道路沿线的，即必须借助施工路段出行的称之为区域内交通，该类交通在给施工路段带来较大交通压力的同时也给区域带来较大的经济贡献，故在对该类交通流进行交通组织时，应尽量保持其原有通行路径不变，避免对该类车辆采取禁限措施。

（2）相邻区域交通的 OD 点中任意一点处于施工路段沿线附近影响较大的区域，施工路段不是该类交通的必经之路，却会对该类交通造成较大影响。施工期间，该类交通是交通组织分流的主要对象，会给施工路段以及相邻路网造成较大交通压力，应对其制定科学的、可行的分流措施，相应调整相邻区域的交通组织，避免相邻区域交通路网状况发生恶化。

（3）穿区交通的 OD 点与施工路段沿线都有较大距离，很少给施工路段沿线带来经济贡献，更多时候给区域带来较大交通压力，施工路段对其承担交通性功能。一般而言，该类交通具有较多通道可供选择，路段施工之后，原路段通行能力下降，交通阻抗增加，已不再是其最佳选择，故在对其进行交通组织设计时，主要以禁限和大区域分流为主。

具体实施方法有:

(1)大区域分流:可以通过车牌或车型限行减少交通量;可以通过设置诱导标志牌,对施工道路车流进行诱导分流;可以采用匝道控制,减少进入施工区域的车辆。

(2)在有必要的条件下,可以设置单向交通或者潮汐交通,从而达到充分利用道路资源的目的,提高道路利用率。

(3)调整交叉口的渠化,设置路口流向禁限,从而提高路口通行能力,提高交叉口的通过效率。

3)行人组织方法[20]

除了机动车,行人也是构成城市交通的主要元素。人行措施在道路施工的情况下,将受到较大的影响,导致行人的不便更可能产生安全隐患,对生命造成威胁,因此,在施工期间对行人的交通进行合理的规划是有非常重要的。

行人主群及其行进目标共同决定了行人流的特点。通过施工区域是出入施工区域人流的统一目的,因此,整体性很强是行人流的一个显著特点。通常人们会由于惯性,不会因为道路中隐患的增加而改变行进的路线,而道路施工区域为行人安全问题集中发生区域,所以,确保行人生命安全,引导人流分散是主城道路施工期间进行行人交通组织的目标。在进行相关行人组织方案设计时,需要注意如下问题:

在施工区域前方设置相关的临时标志,诱导行人避开施工区域,改变日常行进路线,在无法避免的情况下,必须建立相关的交通标志标牌、标线、信息板等,同时,为行人提供完整的信息安全指导。另外,提供相关的交通咨询规劝行人的不安全行为也是施工人员应有的义务。

7.2.15 如何进行突发事件交通组织

优化流程

突发事件交通组织优化流程如图 7-9 所示。

优化方法[21]

随着城市规模的扩大,城市中突发事件频繁发生。通过合理交通组织可以快速地疏散人群,救援车辆快速到达事发地点进行救援,将突发事件造成的影响降至最低。

参照各类突发事件的等级,根据各类突发事件的影响范围、影响人数、危害/损失程度、持续时间等因素，可把城市突发公共事件交通响应级别分多个等级，针对不同交通响应级别可制订相应的交通组织预案。

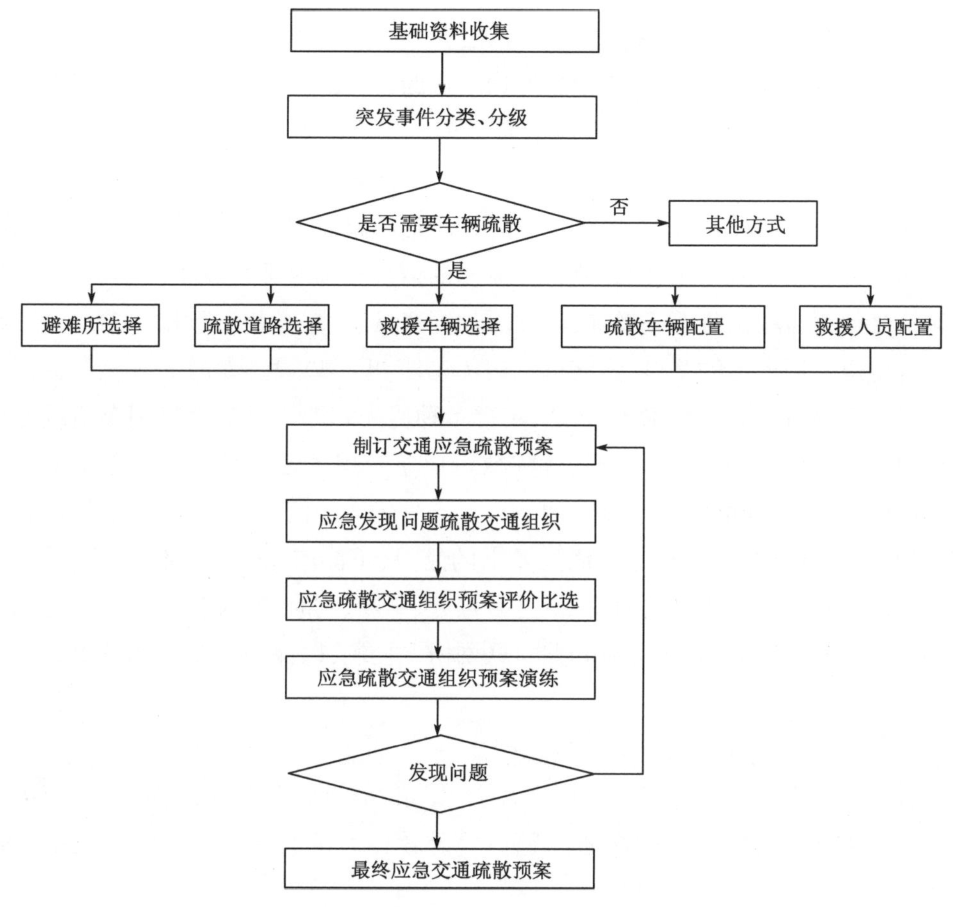

图7-9　突发事件交通组织优化流程图

1）特别严重突发事件的响应交通应急措施

常见的特别严重交通响应突发公共事件有城市水污染，突发公共卫生事件等。需要解决的交通问题是应急物资的运输问题，需要对应急车辆给予优先和引导。

（1）路段应急车辆组织。首先，设置应急车辆专用车道。应急车辆具有道路占用权，非应急车辆无通行权。严禁非应急车辆借用应急专用车道行驶和停车。但是，非应急车辆有跨越应急车道的权力，为方便路侧单位进出车或路口右转弯，允许路侧单位或右转弯车辆跨越应急车道。对于设有应急专有车道的道路，应急车辆只能在应急车道内行驶。如果在应急车道某处有应急车辆停车，则允许后续应急车辆借用相邻一条非应急车道超越前车，超越后迅即驶回应急车道，不应在非应急车道内停车。其次，设置应急车辆优先车道。在应急优先车道内，应急车辆有通行权和优先权，非应急车辆允许借道超车，超越后立即驶回原车道，不得影响应急车辆在优先车道内正常行驶，不得在优先车道内正常行驶，且不得在优先车道内停车。

(2)交叉口应急车辆放行组织。首先，路口应急车道的放行组织。对于路口应急车辆放行方式的组织，设有应急专用车道的，应规定应急车辆在应急车道内行驶；未设应急专用车道的路段，应规定应急车辆在最外侧车道内行使。其次，路口应急信号设计。对于有应急车辆时间优先要求的路口，应优先放行应急车辆。应急优先的方式有两种：一是在未设应急专用车道的路口实行流向优先，即检测到那个流向有应急车辆来车时，优先放行该流向的信号相位或延长该相位的绿灯时间。此时信号控制器相位数不必增加，但须增加绿灯延时、缩时和重新排序功能。二是在设有应急专用车道的路口，除实行流向优先外，也可以设置专门的应急车辆信号灯(信号灯加辅助标志“应急专用”)，实行车种优先。即一旦应急专用车道或专用左转向车道内检测到应急来车时，优先放行应急专用车道或专用左转向车道的车辆，或延长来车流向的绿灯信号时间。实行车种优先的信号控制器，应增加应急车道专用相位。因此，对于有应急优先要求的路口，不能应用普通的信号控制器，而应该应用有足够信号相位，各相位绿灯有迟起、早断、延时、缩时和重新排序优先放行功能的信号控制器，必要时应和路口联网协调控制，以保证应急车辆有足够的绿波带宽。

2)严重突发事件的响应交通应急措施

常见的严重突发事件交通响应突发公共事件有有害化学物品泄漏、城市中央商业区火灾等。需要解决的交通问题主要是救援力量的快速进入和人员的快速疏散。

(1)运用信息发布系统。运用各种信息发布技术，如电台、可变信息板，不断播报事件位置和影响范围，提示附近驾驶人绕行。

(2)封闭事发区域，组织单向交通。封闭事发区域，阻止除救援车辆以外车辆进入。对事发区域进行单向交通组织，使事发区域内的车辆和人员能尽快疏散转移。

(3)路口流向限制。路口禁止非应急交通流和次要流向交通流左转弯可以大大提高对向直行车道的通行能力，以减轻直行方向上应急出行交通流或主要流向交通流的压力，保障疏散工作能快速完成。

3)较重突发事件的响应交通应急措施

小区域火灾是典型的较重突发事件交通响应突发公共事件。需要解决的交通问题主要也是救援力量的快速进入和人员的快速疏散。

（1）单向交通组织。对事发区域进行单向交通组织，使事发区域内的车辆和人员能尽快疏散转移。

（2）路口流向限制。路口禁止非应急交通流和次要流向交通流左转弯可以大大提高对向直行车道的通行能力，以减轻直行方向上应急出行交通流或主要流向交通流的压力，保障疏散工作能快速完成。

4）一般突发事件的响应交通应急措施

个别建筑物火灾是常见的一般突发事件交通响应突发公共事件，交通应急措施主要由交管部门人员直接赶赴现场进行指挥车辆及行人，使其快速撤离及保障救援车辆的顺利抵达。

7.2.16 如何改善学校周边道路通行效率

原因分析

学校周边的交通运行问题，主要表现在部分点段引发的局部区域拥堵，其交通流由两部分构成：一部分是学校引起的到发交通，二是道路自身承担的通过性交通。引起矛盾的主要原因是到发交通，究其根本原因是学校引发的上学、放学、上班、下班、动态接送、停车等待等多种交通行为，其中停车因长时间占用道路资源，带来的影响最大。

学校作为一个特殊的交通产生和吸引点，具有出行强度高、集中的特点，因此改善学校周边道路交通状况应重点保障交通的流动性，解决其停车难问题是十分必要的。整个问题的解决流程如图7-10所示。

设计方法

（1）整合教育资源，调整学校布局。将原来集中在市中心区域的几所学校向外围搬迁，减少本部学生数量，有效地缓解了接送车辆较多的问题。

（2）增加学校内部停车位。解决教职工停车问题，利用学校操场建造地下停车场，解决学生家长接送车辆停车问题。

（3）利用学校附近社会停车场，解决学生家长的停车难问题。

（4）加大公交运力。在学校路段增设公交线路和公交站点，并开通学生专线，解决部分学生上下学的问题。

（5）开通校车。对于低年级同学，可由学校组织开通校车，用以减少上下学接送车辆数量。

（6）学校实行错时放学制度。减少同一时间段接送车辆数量，提高通行速度。

（7）加强学校周边路段的交通管理能力。交管部门应加大管理力度，在部分路段实行禁左或单行等分流措施,缓解学校路段交通压力,提高道路通行能力。

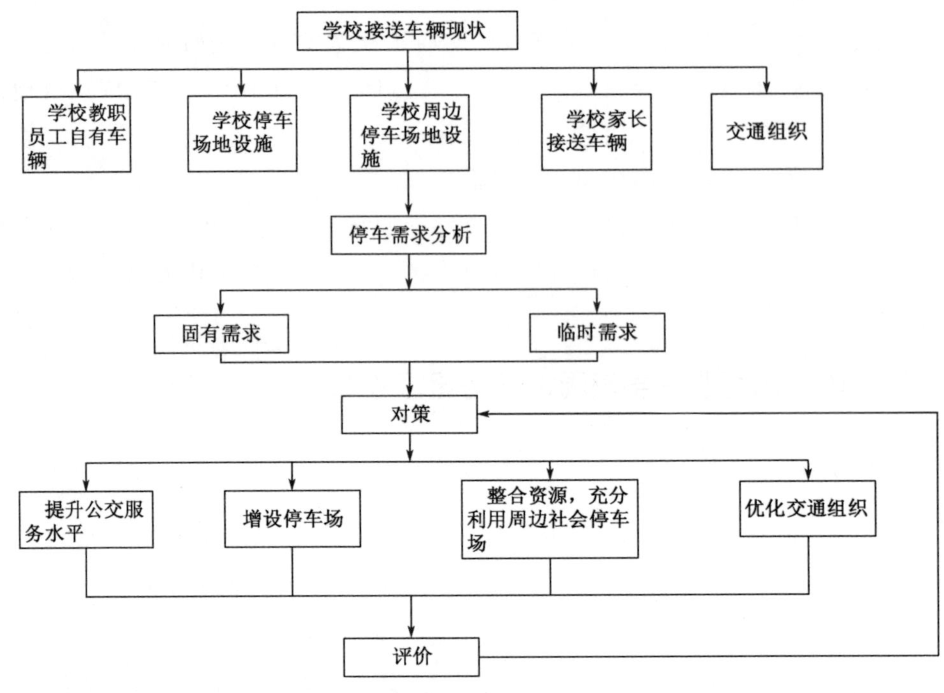

图 7-10 学校周边交通组织优化流程图

(8)“护学通道”的设置。

根据学校周边道路实际情况,选择在距校门 100 ~ 500m 处,便于临时停车,具有一定的空间的地方,设置学生上放学集中等候区。在等候区与学校校门之间,设置护学专用通道。将原来在学校门前停放的车辆,转移到对交通的影响和妨碍不大的地方,具体包括:

①护学专用通道。在人行道上,用隔离栏隔离一条通学道,在通道两头设置醒目的提示牌,为学生上放学提供专门通道(图 7-11)。

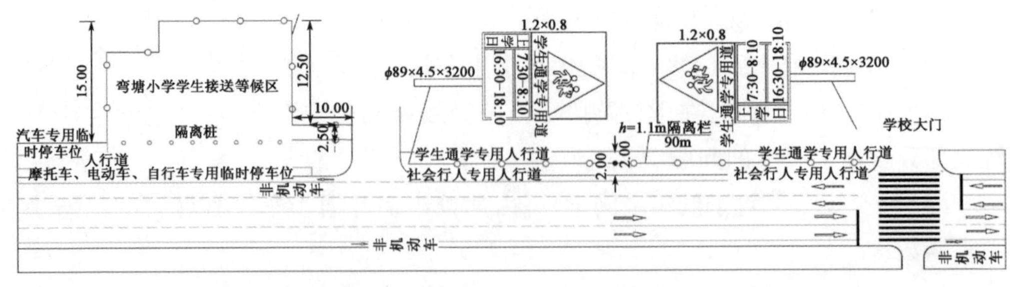

图 7-11 护学通道示意图(尺寸单位:m)

②学生集中等候区。用隔离栏围合成一块独立空间，作为学生集中等候区。在等候区设置醒目的提示牌，为学生上下学专用等候区。

③临时停车泊位。在学生集中等候区附近施划一些机动车临时停车泊位，专门用于家长驾车接送孩子临时停车。

7.2.17　如何改善医院周边道路通行效率

原因分析

随着人们生活水平的快速提升，汽车保有量的飞速增长，开车就医成为普遍现象。医院停车泊位缺乏，医院内外交通拥堵状况尤其是大型医院周边更加严重。开车就医的患者因停车位有限，经常在医院周边长时间等候，造成医院周边交通拥堵，增加就医者的就诊时间，增长了看病焦急而带来的不满情绪，一定程度上，成为近年来医患关系矛盾激化的潜在影响因素之一。少数急于就医者，只好违法停在医院周边的道路两侧，大大降低了医院周边道路的通勤能力。医院院内道路的车辆通行压力也远远超过原规划设计要求，造成乱停车现象，医院园区环境混乱，就医环境不容乐观[22]。

长期以来，医院基本建设的重点大多是门诊大楼、住院部大楼、办公楼等楼体建设，往往忽略了停车场的规划与设计。很多医院只有地面停车场，有些医院陆续兴建了地下停车场、立体停车场，但由于医院的快速发展及社会车辆的急剧增加，停车位仍严重短缺[22]。

设计方法

医院作为一个特殊的交通产生和吸引点，其交通需求主要是接送病人、停车问题以及救护车快速进出问题。因此，改善医院周边道路交通状况的重点在于保障医院门口附近交通的流动性，并在周边提供可长时间停车的停车位。具体措施包括：

1）在医院内设置临时停车点

医院每日接送病人较多，为使得病人能够就近上下车，可在医院内设置少量的临时停车点，只供病人及乘客的上下车时停放，对停放时间进行专门的管理，超时可采取一定的惩罚措施，保证在乘客上下车之后车辆驶离医院。并通过设置引导标志，对车流进行引导，加快医院内车流的循环速率。

2）取消医院门前长时间路内停车

医院作为一个交通需求很大的起讫点，每天到达医院的车辆数很大，而且很多车辆需要在医院附近停放，很大一部分车辆会选择路内停车，占用道路资源，因此，为提高医院门前道路的通行效率，可以禁止车辆在路内停车。

3）开辟社会停车场

因为停车是车辆出行必须的需求，因此，可以利用医院周边单位小区的停车位，同时可以对车辆进行停车诱导，使得车辆有停车位使用，避免在道路内违法停车。

4）医院进出口采用右进右出方式

医院车辆进出需求量较大，大量的左转车辆进出会对主线交通产生很大的影响，因此可将医院进出口设置为右进右出的方式，降低进出交通对主线车流的影响，从而提高主线交通的通行能力，但要为急救车辆提供左进左出的通道。

5）设置单向交通

如果医院位于老城区，周边道路的宽度均较窄，可以将周边道路设置为单向循环交通，保证车辆可以到达医院，而且单向交通对提高道路通行能力有很大作用。

7.2.18 如何提供应急车辆优先通行措施

设计方法

应急车辆是一类特殊的交通主体，要求能够快速地到达目的地，为降低其延误，需要对其提供优先通行的权利。在有限措施中一般包括时间上的优先和空间上的优先。根据应急车辆的优先等级，可提供不同强度的优先措施。

1）单交叉口强制优先控制

在应急车辆行驶所经过交叉口进行优先控制，在交叉口之前检测到应急车辆，采用红灯早断、绿灯延长两种方式，将应急车辆通行时的信号灯强制转换成绿灯，减少应急车辆在交叉口的等待时间。

2）绿波协调优先控制

按照应急车辆行驶速度，设置绿波信号，使得应急车辆可以连续通过数个交叉口，不需要进行停车等待。

3）紧急车道闭塞优先控制

当优先等级较高时，可以采取紧急车道闭塞优先控制，在应急车辆通行道路上开辟1～2条车道专门供应急车流通行，并采用绿波协调控制方式，使得应急车辆能够优先通行。

4）道路闭塞优先控制

在情况十分紧急的情况下，需要调用大量的应急车辆时，如开辟一或两条应急车道不能满足需求时，可以采用道路闭塞优先控制，临时关闭整条道路，应急车辆可利用两个方向的道路行驶，不需要进行信号控制，加快应急车辆的到达速度。

本章参考文献

[1] 朱建安,戴帅.城市交通限行需求管理措施实践评述[J].交通标准化,2009,42(21):34-42.

[2] 杨文锐.基于道路运输特征的重庆主城区货车限行方案研究[D].重庆:重庆交通大学,2013.

[3] 鲜于建川,隽志才.城市摩托车交通出行特征与方式选择行为研究[J].交通运输系统工程与信息,2010,8(5):136-140.

[4] 邓非.城市“禁摩”的公共政策分析[D].武汉:中南民族大学,2013.

[5] 沈颖洁,韩宝睿.中小城市摩托车专用车道设置与实用效果分析[J].交通运输工程与信息学报,2014,12(1):87-91.

[6] 城市步行和自行车交通系统规划设计导则.

[7] 中华人民共和国国家标准.GB 50220—1995 城市道路交通规划设计规范[S].北京:中国标准出版社,1995.

[8] 杜怡曼,吴建平,贾玉涵,等.基于宏观基本图的区域交通总量动态调控技术[J].交通运输系统工程与信息,2014,14(3):162-167.

[9] 戢晓峰,李忠燕,成卫,等.城市交通微循环系统优化设计方法[J].昆明理工大学学报(理工版),2014,35(4):61-66.

[10] 于博.城市道路网络单向交通组织设计方法研究[D],上海:大连海事大学,2011.

[11] 杨晓光,白玉,马万经,等.交通设计[M].北京:人民交通出版社,2010.

[12] 葛坏群.城市道路禁左交通组织研究[D].西安:长安大学,2004.

[13] 朱耀兵.平面交叉口禁左交通组织研究[J].公路工程,2010,35(4):171-174.

[14] 李静,王军利,葛鹏森.微循环交通在主动预防城市交通拥堵中的作用分析[J].中国公安大学学报(自然科学版),2014(2):27-31.

[15] 韩志强.轨道交通环境下公交专用道布网及设置[J]公路交通科技,2011,28(S1):31-35.

[16] 严波.内江城市过境交通组织规划方案[D].重庆:重庆交通大学,2013.

[17] 马寿峰,李艳君,贺国光.城市交通控制与诱导协调模式的系统分析[J].管理科学学报,2003,6(3):71-78.

[18] 於昊,杨涛,刘小明,等.北京停车分区与差别化政策研究[J].现代城市研究,2006(10):66-71.

[19] 崔洪军,陆建,刘孔杰,等. 大型活动交通组织管理[M]. 北京:人民交通出版社,2007.

[20] 杜营营. 大型活动交通组织与管理方法研究[D]. 重庆:重庆交通大学,2012.

[21] 纪英. 大型活动行人交通组织与管理方法研究[D]. 吉林:吉林大学,2007.

[22] 黄静娟. 大型市政工程施工期交通组织研究[D]. 成都:西南交通大学,2008.

[23] 李游. 基于 OD 分布的施工期间交通组织研究[D]. 重庆:重庆交通大学,2012.

[24] 王富,李杰,石永辉. 城市突发公共事件交通响应级别及交通组织对策研究[J]. 交通企业管理,2009(9):3-4.

[25] 李申虹. 治理大型医院"停车难"[J]. 北京观察 ,2014(2):64.

第 8 章　和谐精细的管理设施

8.1 概　　述

在上述优化方案的基础上,道路交通组织管理需要通过具体的管理设施来落实。管理设施的使用关键在于规范、精确。采用标准化的交通标志标线、信号灯及隔离设施是实施交通管理及后续违法执法的基础。在此基础上,用最精确的交通语言,向出行者传递管理意图,使其快速理解并做出反应,达到组织管理的目的,减少出行者由于困惑造成的通行安全隐患和效率损耗。本章将针对 22 个交通管理设施的典型问题进行梳理,规范其设置。其中:第 1 ~ 8 个问题是关于交通信号灯设置的问题;第 9 ~ 15 个问题是常见交通标志标线设置的问题;第 16 ~ 20 个问题是交通安全设施设置的问题;第 21、22 个问题是针对典型工况下管理设施的组合使用问题。

8.2 常 见 问 题

8.2.1 国家标准对信号灯灯具形式要求主要有哪些

信号灯灯具是指能透光、分配和改变光源光分布的器具,包括除信号灯外所有用于固定和保护光源所需的全部零部件,以及与电源连接所必需的线路附件。对信号灯灯具的要求,按照《道路交通信号灯》(GB 4887—2011)[1]中的规定,有如下要求:

(1)面罩要求:信号灯面罩规格分为三种,ϕ200mm 规格信号灯、ϕ300mm 规格信号灯、ϕ400mm 规格信号灯。

(2)功能要求:按信号灯功能分类,可分为机动车信号灯、非机动车信号灯、左转非机动车信号灯、人行横道信号灯、车道信号灯、方向指示信号灯、闪光警告信号灯、道口信号灯、掉头信号灯。

(3)遮沿尺寸和角度要求:信号灯遮沿长度不应小于信号灯面罩外廓尺寸的 1.25 倍,遮沿侧夹角应小于 80°,遮沿包角不应小于 270°。

8.2.2 国家标准对信号灯发光单元图案、颜色、顺序要求主要有哪些

信号灯发光单元图案、颜色、顺序必须采用统一的标准，国内部分中、小城市的信号灯图案与国标规定相去甚远，且在顺序排列上也存在一定问题，可能对交通参与者产生误导，造成安全隐患。

相关规定

1）图案

《道路交通安全法》第二十五条规定全国实行统一的道路交通信号。机动车信号灯、闪光警告信号灯、道口信号灯的光信号无图案，非机动车信号灯、左转非机动车信号灯、人行横道信号灯、车道信号灯、方向指示信号灯、掉头信号灯的光信号为各种图案。《道路交通信号灯》（GB 14887—2011）对信号灯的形状作出了明确的规定，均为圆形，但目前仍存在方形、矩形等异形机动车信号灯；有图案信号灯的图案应符合如图 8-1 ~ 图 8-7 的要求。

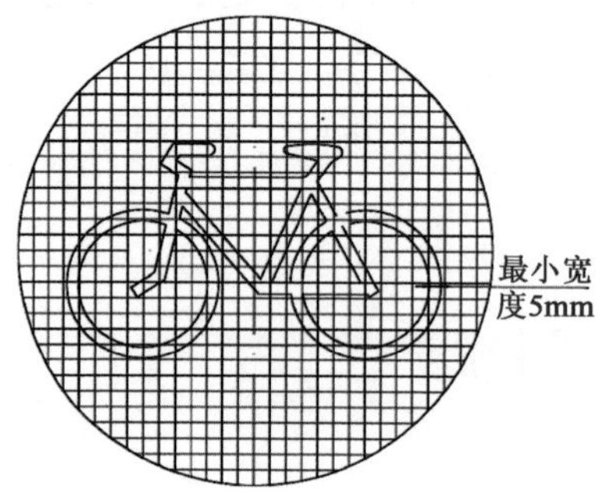

图 8-1　非机动车信号图案
（方格大小为 10mm × 10mm）

图 8-2　左转非机动车信号图案
（方格大小为 5mm × 5mm）

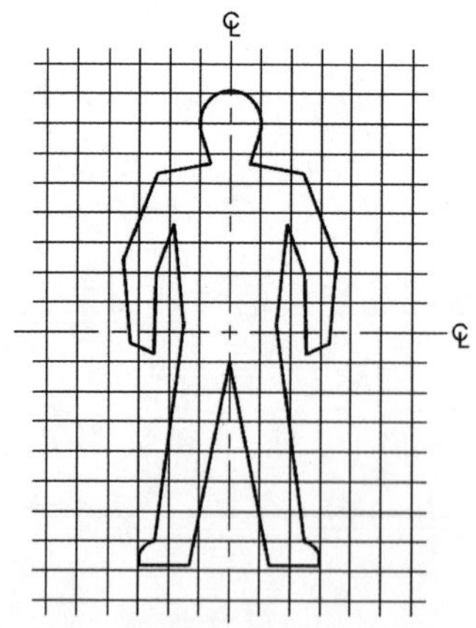

图 8-3　人行横道禁止通行信号图案
（方格大小为 10mm × 10mm）

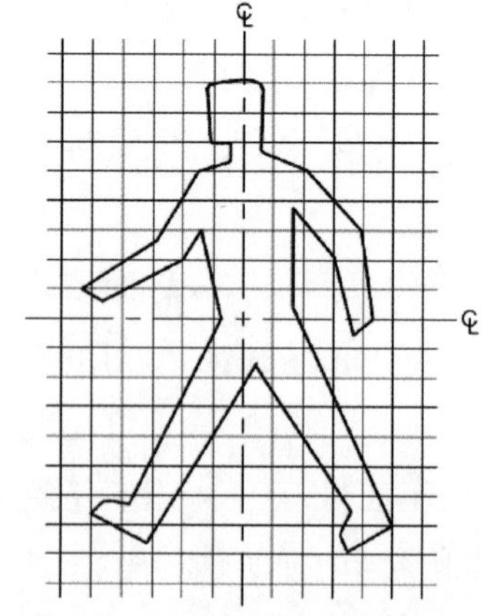

图 8-4　人行横道通行信号图案
（方格大小为 10mm × 10mm）

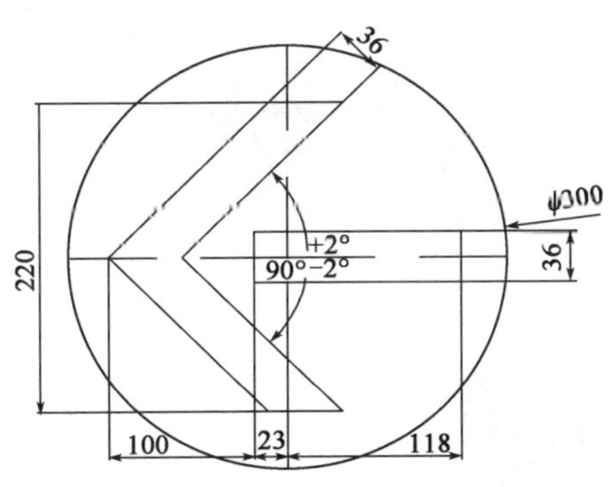

图 8-5　箭头形图案(尺寸单位:mm)

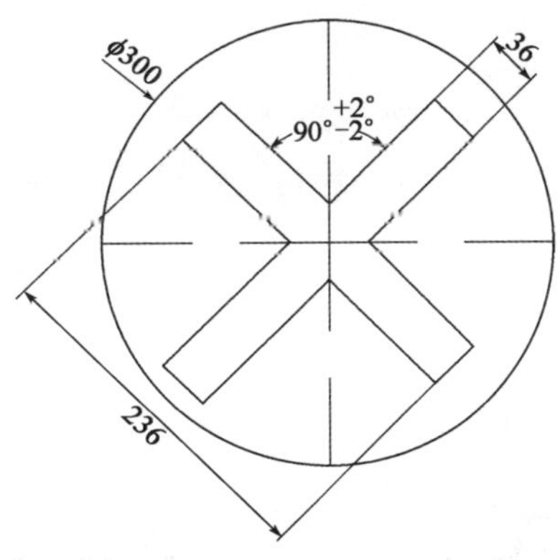

图 8-6　交叉形图案(尺寸单位:mm)

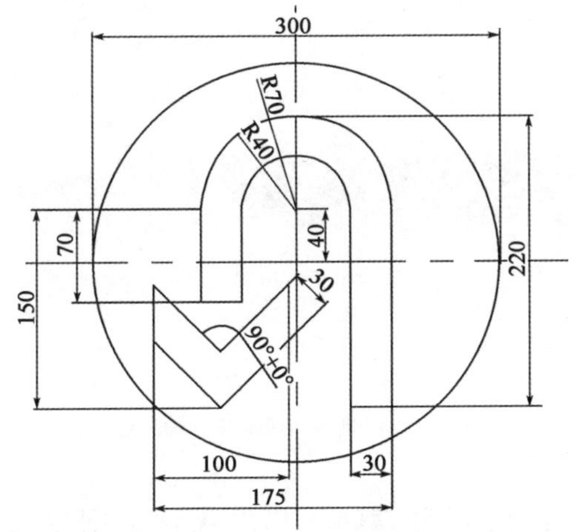

图 8-7　掉头指示信号图案(尺寸单位:mm)

2)排列顺序

《道路交通信号灯设置与安装规范》(GB 14886—2006)规定了机动车和方向指示信号灯的七种排列顺序。对于不含方向指示信号灯的情况应从上到下或者从左到右按照红、黄、绿的顺序排列。

常见错误

目前,仍存部分信号灯排列顺序不正确的情况,如图 8-8 所示。一方面容易影响驾驶人的正常视认习惯;另一方面,在未设置非机动车信号灯的情况下,不利于色弱、色盲的非机动车与行人交通参与者根据信号灯位置辨别信号灯显示状态,存在交通安全隐患。

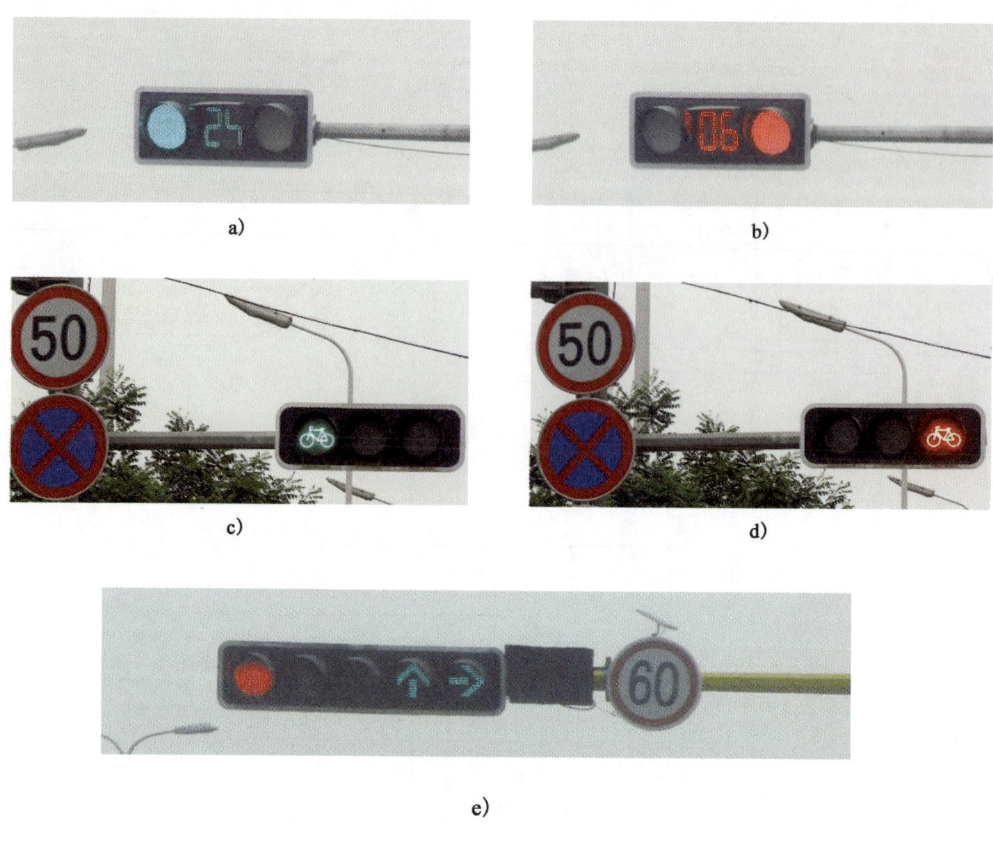

a)　b)　c)　d)　e)

图 8-8　方向指示信号灯排列顺序错误

8.2.3　信号灯安装位置、高度、方位应注意哪些问题

信号灯安装位置、高度、方位不同会直接影响驾驶人正确获取信号灯信息的难易程度,不合适的信号灯安装位置、高度、方位,将导致出行者获取通行信息滞后或产生困惑,影响其做出正确的判断和操作,产生严重的安全隐患。

相关规定

1)位置

没有机动车道和非机动车道隔离带的道路,对向信号灯灯杆宜安装在路缘线切点附近。当道路较宽时,可采用悬臂式安装在道路右侧人行道上[图 8-9a)],也可根据需要在左侧人行道上增设一个信号灯组;当道路较窄时(机非道路总宽 12m 以下)时,可采用柱式安装在道路两侧人行道上[图 8-9b)];当进口停车线与对向信号灯的距离大于 50m 时,应在进口停车线附近增设一个信号灯组[图 8-9c)]。

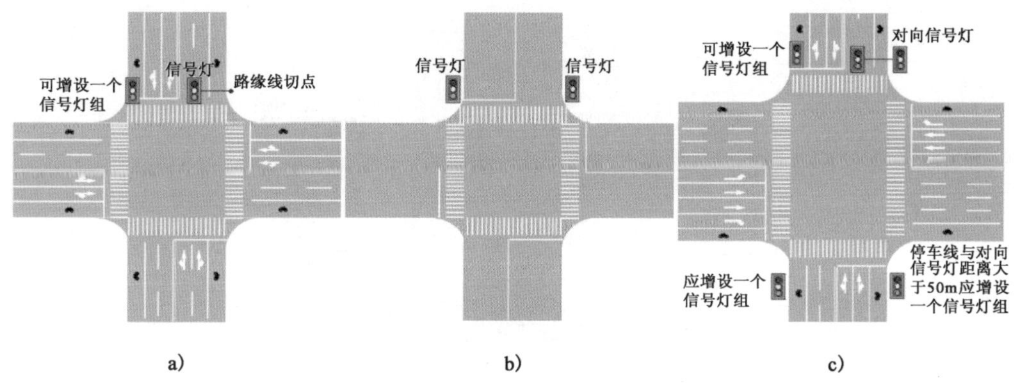

图 8-9 没有机动车道和非机动车道隔离带的道路的情况

设有机动车道和非机动车道隔离带的道路,在隔离带的宽度允许情况下,对向信号灯灯杆宜安装在机非隔离带缘头切点向后 2m 以内。当道路较宽时,可采用悬臂式安装在右侧隔离带[图 8-10a)];也可根据需要在左侧机非隔离带内增设一个信号灯组;当道路较窄时(机动车道路宽 10m 以下)时,可采用柱式安装在两侧隔离带内[图 8-10b)];当停车线与对向信号灯的距离大于 50m 时,应在进口隔离带内增设一个信号灯组[图 8-10c)]。

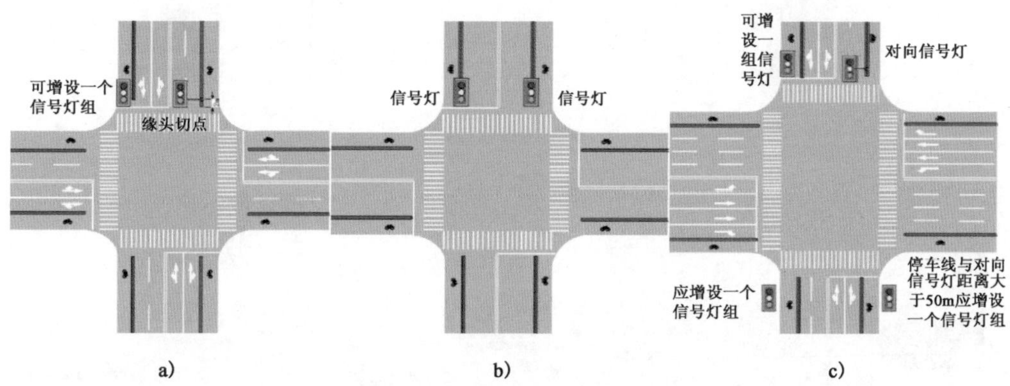

图 8-10 设有机动车道和非机动车道隔离带的道路的情况

立交桥桥跨处信号灯安装在桥体上或进口车道右侧。如立交桥下有两次停车线的,应在立交桥另一侧增设一个信号灯组(图 8-11)。

环形路口设置信号灯对进出环岛的车辆进行控制,在环岛内设置四个信号灯组分别指示进入环岛的机动车,在环岛外层设置四个信号灯组分别指示出环岛的机动车,如图 8-12 所示。

桥下路口或较大的平交路口划有左转弯待转区时,如果进入左转弯待转区的车辆不容易观察到本方位的对向信号灯的变化时,宜在另一方位的对向增设一组左转方向指示信号灯,如图 8-13 所示。

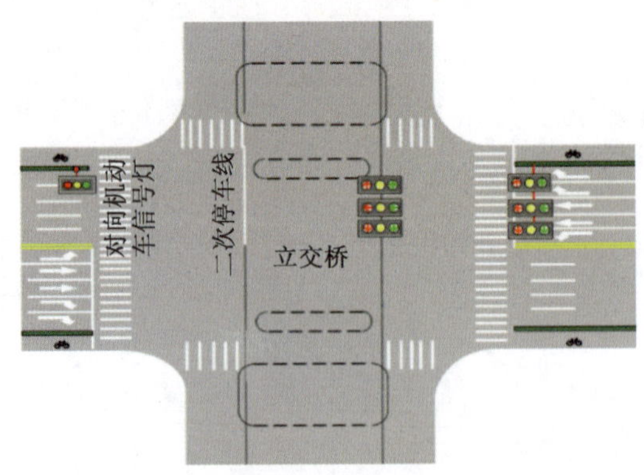

图 8-11　立交桥桥跨处信号灯安装位置

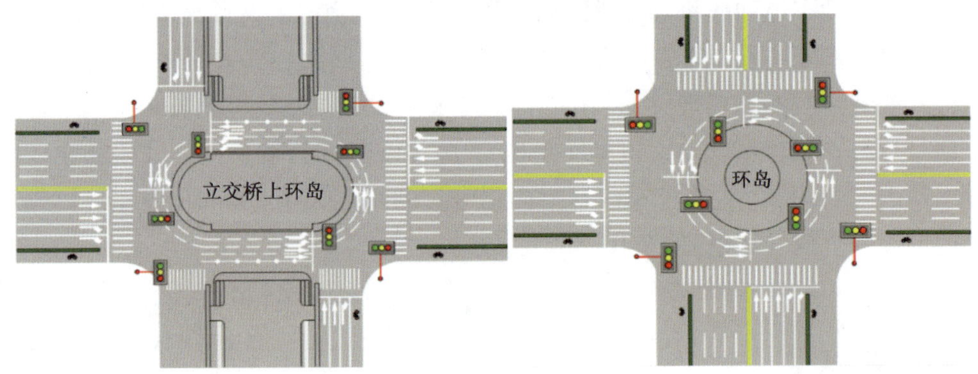

图 8-12　环形路口信号灯安装位置

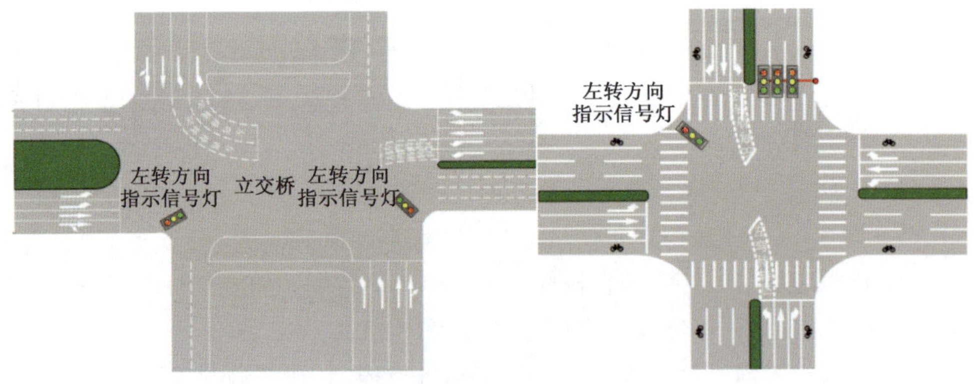

图 8-13　桥下路口或较大的平交路口划有左转弯待转区信号灯安装位置

有机动车右转导流岛的右转方向指示信号灯的设置，可在右转导流岛上安装右转方向指示信号灯，如图 8-14 所示。

2）信号灯安装高度

（1）机动车信号灯、方向指示信号灯、闪光警告信号灯和道口信号灯采用悬臂式安装时,高度 5.5 ~7m;采用柱式安装时,高度不应低于 3m;安装于立交桥体上时,不得低于桥体净空。

(2)非机动车道信号灯安装高度为 2.5 ~3m。

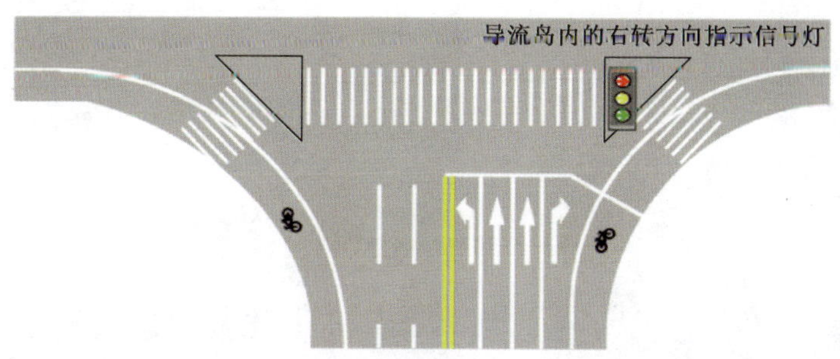

图 8-14 有机动车右转导流岛处信号灯安装位置

3)方位

(1)指导机动车通行信号灯的安装方位,应使信号灯基准轴与地面平行,基准轴的垂面通过所控机动车道停车线后 60m 处中心点,如图 8-15 所示。

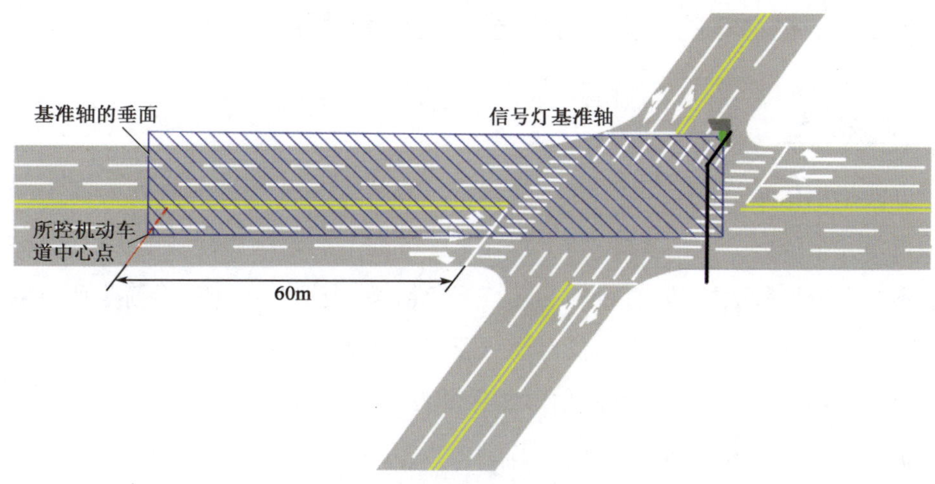

图 8-15 指导机动车通行信号灯的安装方位

(2)非机动车信号灯的安装方位,应使信号灯基准轴与地面平行,基准轴的垂面通过所控非机动车道停车线中心点。

(3)人行横道信号灯的安装方位,应使信号灯基准轴与地面平行,基准轴的垂面通过所控人行横道边界线中点。

常见错误

交通信号灯常被周围树木、广告牌、宣传横幅等遮挡,影响了驾驶人的正常识别，一些不熟悉地形的驾驶人往往到了交叉口才发现交通信号灯，造成了闯红灯行为，存在交通安全隐患，如图 8-16 所示。

a)

b)

图 8-16　信号灯被周围树木、横幅标语遮挡

8.2.4　机动车的方向指示信号灯应如何使用

相关规定

方向指示信号灯（图 8-17）由红色、黄色、绿色三个独立的内有同向箭头图案的圆形单元组成的一组信号灯，用于指导某一方向上机动车通行。箭头方向向左、向上和向右分别代表左转、直行和右转。绿色箭头：表示车辆允许沿箭头所指的方向通行。红色或黄色箭头：表示仅对箭头所指方向起红灯或黄灯的作用。

方向指示信号灯必须与专用信号相位和专用车道功能标线组合使用。在方向指示信号灯绿灯信号期间不允许有与之相冲突的流向同时放行。依据《道路交通信号灯设置与安装规范》（GB 14886—2006）方向指示信号灯中绿色发光单位不得与机动车信号中绿色发光单元同亮。

交叉口若使用了左转方向指示信号灯，但在信号配时中未对左转交通流设置专用的信号相位，会造成左转机动车与对向直行机动车的冲突。正确做法是将方向指示信号灯改为左转方向指示信号灯与机动车信号灯相结合的信号灯组，在左转设置专用相位的时间段内将左转方向指示信号灯开启，而在左转未设置专用相位的时间段内将左转方向指示信号灯关闭，从而使左转车辆根据机动车信号灯信号通行，如图 8-18 所示。

图 8-17　方向指示信号灯

图 8-18　左转方向指示信号灯与机动车信号灯相结合的信号灯组

常见错误

现实中发现的方向指示灯的同一发光单元可依此发出红色、黄色、绿色三种颜色的光(俗称为复合灯,图 8-19);有的方向指示信号灯发光单元不是国标规定的圆形,而是矩形(图 8-20)。非机动车信号灯和人行横道信号灯也有类似情况(图 8-21、图 8-22)。

a)方向指示灯采用非法定复合灯

b)国标规定的方向指示信号灯

图　8-19

a)方向指示灯采用矩形发光单元

b)国标规定的方向指示灯

图　8-20

a)非机动车信号灯采用复合灯

b)国标规定的非机动车信号

图 8-21

a)人行横道信号灯采用复合灯

b)国标规定的人行横道信号灯

图 8-22

8.2.5 信号控制交叉口必须设置非机动车信号灯和人行横道信号灯吗

为了将行人、非机动车与机动车车流在交叉口分隔,减少相互之间的冲突碰撞。在交通组织中,空间上可以采取隔离护栏等措施分隔,时间上可以采取行人、非机动车专有信号灯,与机动车相互分离。根据《道路交通信号灯设置与安装规范》(GB 14886—2006)4.4 条的规定,下列三种情况应设置非机动车信号灯:

(1)对于机动车单行线上的交叉口,在与机动车交通流相对的进口应设置非机动车信号灯。

(2)非机动车驾驶人在路口距停车线 25m 范围内不能清晰视认用于指导机动车通行的信号灯的显示状态时,应设置非机动车信号灯。

(3)其他特殊情况下,如通过交通组织仍不能解决机动车与非机动车冲突,宜设置非机动车信号灯。

根据《道路交通信号灯设置与安装规范》(GB 14886—2006)中4.5条规定,在采用信号控制的路口,已施划人行横道标线的,应相应设置人行横道信号灯。

8.2.6　大型交叉口为何要设置近端信号灯

大型路口未按有关国家标准设置近端信号灯,存在前行大车遮挡后随小车等问题。按照《道路交通信号灯设置与安装规范》(GB 14886—2006)规定,当进口车道停车线与对向信号灯间距大于50m时,应在进口处车道附近(即小型车辆的左前方)增设一组信号灯(俗称近灯),为小型车辆提供信号指示,如图8-23所示。

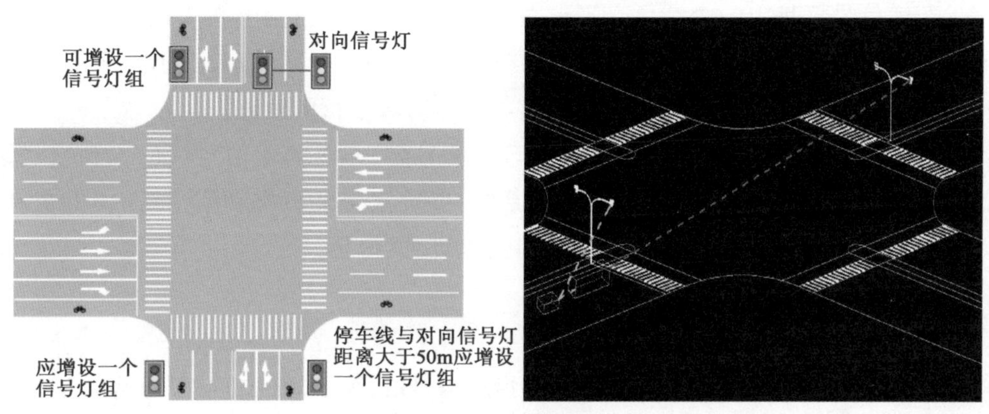

图8-23　大型交叉口近端信号灯功能示意

8.2.7　机动车绿灯倒计时信号灯有何利弊

绿灯倒计时信号灯是装有秒表,表面随着信号灯的红绿变化的一种交通信号灯,可以提示通过路口的通行剩余时间。然而绿灯倒计时信号灯设置与否一直备受争议,国内尚未有相对应的标准来回答这样的问题。基于国内实测数据研究,发现设置机动车倒计时能够起到以下作用。

(1)通过准确显示当前灯色的剩余时间,对驾驶人提前做好准备快速通过路口能够起到一定的提示作用,使得交叉口进口道区域车速空间变化趋于平稳,并能有效缩短甚至消除两难区。

(2)能够有效地缩短停车或起步时间,提高路口通行能力。机动车驾驶人会根据倒计时时间,在距路口一段距离可以提前决定是加速通过,还是减速停车,使其有足够的预见性,提前采取措施。

(3)节约能源、减少机动车尾气排放污染。有效地避免了盲目加速欲通过路口时突然遇到红灯信号而紧急制动增加油耗问题,在红灯等候时间太长时,可以熄火等待通行,减少能源消耗、减少污染排放。

但同时，倒计时也会诱发一部分驾驶人在信号切换期间加速通过路口，这可能产生安全隐患，尤其是现阶段行人自行车闯红灯过街现象较为普遍，加速通过交叉口会对交通安全产生一定负面影响。此外，设置倒计时信号后，对于绿灯间隔时长的设置应重新进行考虑。

8.2.8 车道信号灯与交叉口信号灯有何区别

相关规定

车道信号灯是由一个红色交叉形图案单元和一个绿色向下箭头图案单元组成的信号灯。红色交叉形表示本车道不准车辆通行；绿色向下箭头表示本车道准许车辆通行。车道信号灯常用于潮汐车道等具体时段限行的道路。

交叉口信号灯是由机动车信号灯、行人信号灯、非机动车信号灯（不符合设置条件则不存在此信号灯）组成的信号灯系统，以规定交叉口机动车、行人、（非机动车）通行的信号灯，车道信号灯与交叉口信号灯，见图 8-24。

常见错误

图 8-25 中的信号灯，本应使用方向指示信号灯，但采用的却是车道信号灯。

图 8-24　车道信号灯与交叉口信号灯

图 8-25　采用车道信号灯取代方向指示信号灯

8.2.9 交叉口渠化标线主要包括哪些？如何施划

交叉口渠化是根据交通流量及其特征，对车辆、行人做合理分离、导流等，使车辆能像渠道内的水流那样，沿着规定的方向互不干扰地行驶。一般交叉口渠化的方法包括设置导流岛与施划路面标线，其中，交叉口渠化标线一般有如下几类：

1）导向车道线

设置于信号交叉口驶入段的车行道分界线，用以指示车辆应按导向方向行驶的导向车道位置，如图 8-26 所示。其施划长度应根据路口的几何线形及交通管理需要确定，一般不小于30m。实际工程中可将展宽段起始位置后20~30m作为导向车道线起始位置。

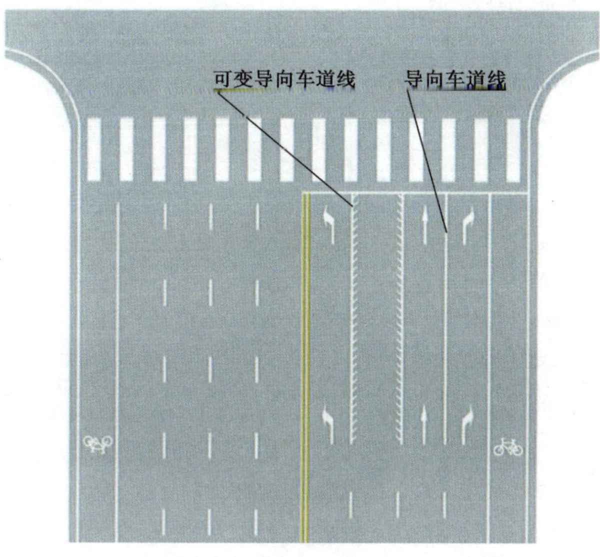

图8-26　导向车道线设置示例

2）路段标线与交叉口导向车道标线的衔接

在交叉口展宽渐变段部分，应处理好路段标线与交叉口导向车道标线的衔接。采用可跨越同向车道分界线进行分隔；应保障路段车道与直行车道的连续性，转向车流在展宽渐变段需跨越同向车道分界线。若路段车道数大于交叉口直行车道数，导致路段车道与转向车道对应，应在路段增设导向箭头，预先提示驾驶人变换车道。

3）导向线

在平面交叉口面积较大、形状不规则或交通组织复杂，车辆寻找出口车道困难或交通流交织严重时，应设置路口导向线，辅助车辆行驶和转向，如图8-27所示。连接同向车行道分界线或机非分界线的路口导向线为白色虚线；连接对向车行道分界线的路口导向线为黄色虚线。

线型：路口导向线为虚线，实线段200cm，间隔200cm，线宽15cm。

4）导向箭头

用以指示车辆的行驶方向，导向箭头的大小尺寸根据设计速度的不同分为三挡。

交叉路口驶入段的导向车道内应有导向箭头标明各车道的行驶方向。距路口最近的第一组导向箭头在距停止线3~5m处设置；第二组在导向车道的起始位置设置，箭头起始端与导向车道线起始端部平齐；第三组及其他作为预告箭头，在距第二组箭头前 30 ~ 50m 间隔设置，预告箭头指示方向应与前方导向车道允许行驶方向保持一致。设置示例，如图 8-28 所示，行车速度≤40km/h、60 ~ 80km/h 的导向箭头尺寸，如图 8-29、图 8-30 所示。

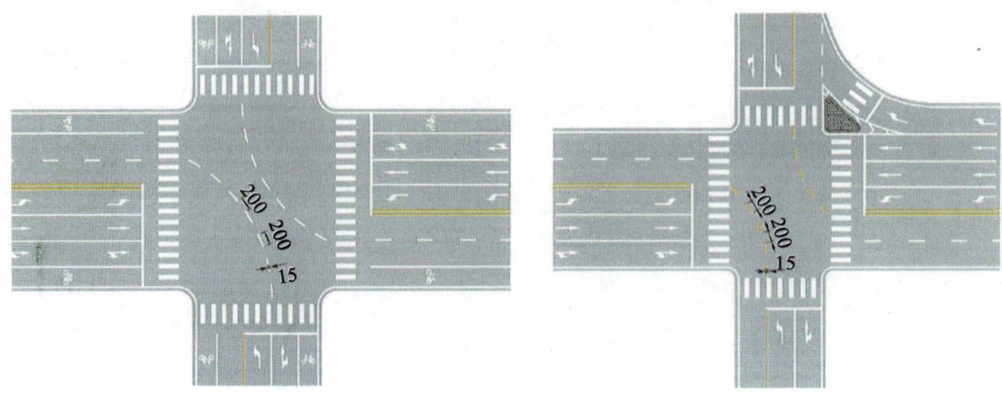

图 8-27　导向线示例(尺寸单位：mm)

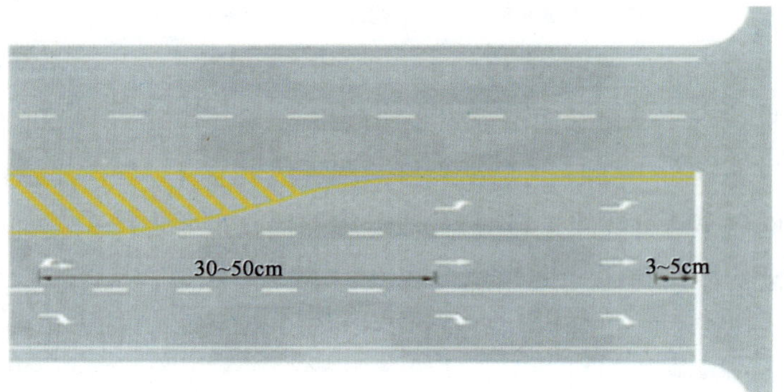

图 8-28　导向箭头示例

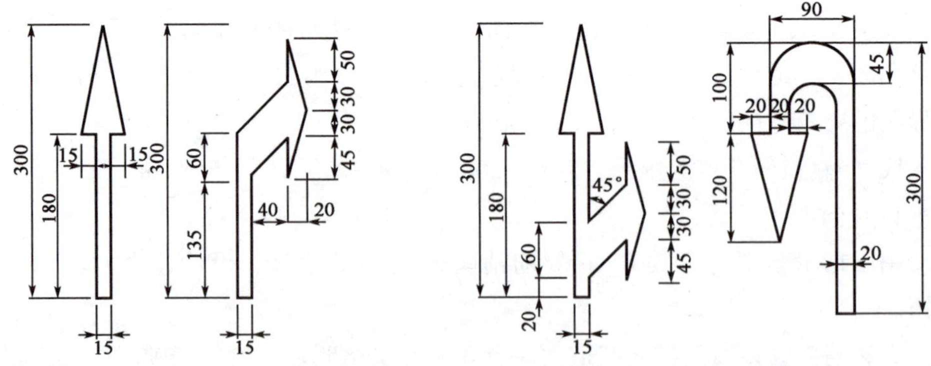

图 8-29　行车速度≤40km/h 的导向箭头尺寸(尺寸单位：cm)

出入口导向箭头的设置次数如表 8-1 所示。

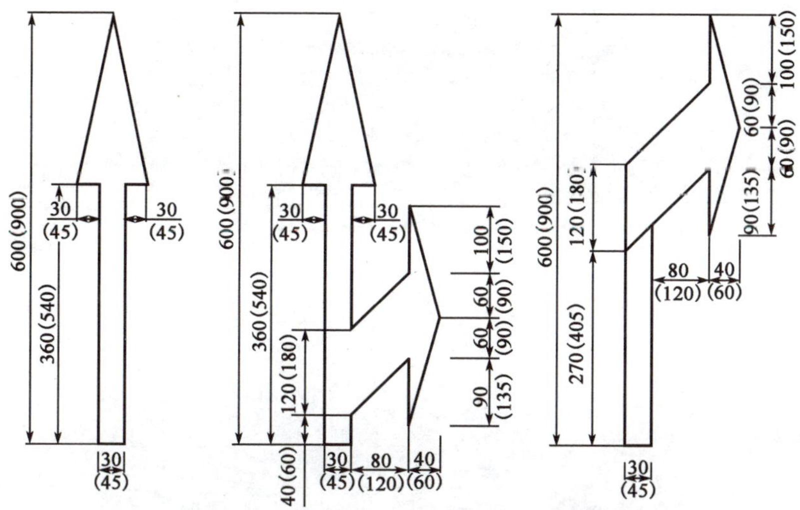

图 8-30　行车速度 60 ~ 80km/h 时的导向箭头尺寸(尺寸单位:cm)

导向箭头的设置次数　　表 8-1

道路设计速度(km/h)	≥100	40 ~ 100	≤40
导向箭头设置次数(次)	≥3	3	≥2

5)左弯待转区线

左弯待转区是当本向直行绿灯启亮后,左转车辆必须前移至待转区待行,其作用主要是增加左转排队空间,减少左转排队溢流对直行的影响,如图 8-31 所示。当设置多条待转车道时,可提高左转通行能力。

左转待转区线应在设有左转弯专用信号且辟有左转弯专用车道时使用,设于左转弯专用车道前端,伸入交叉口内,但不得妨碍对向直行车辆的正常行驶。

线型:左转弯待转区线为两条平行并略带弧形的白色虚线,线宽 15cm,线段及间隔长均为 50cm,其前端应划停止线,在待转区内需施划白色左转弯导向箭头,导向箭头长 300cm,一般在左弯待转区的起始位置和停止划线前各施划一组,左弯待转区较长时,中间可重复设置导向箭头,左弯待转区较短时可仅设置一组导向箭头。

8.2.10　常规交叉口应该设置哪些标志

通常有用各种交通信号灯组织交通,环行组织交通,用各种交通岛(分车岛、中心岛、导向岛和安全岛)、交通标志、道路交通标线等渠化路口交通。

而交通标志是道路真实状况的情报模拟,直接影响驾驶人的行为。不同的环境情况和道路信息等能否迅速、正确地传递给驾驶人,对于提高道路通行能力及车辆的安全运行会产生严重的影响。

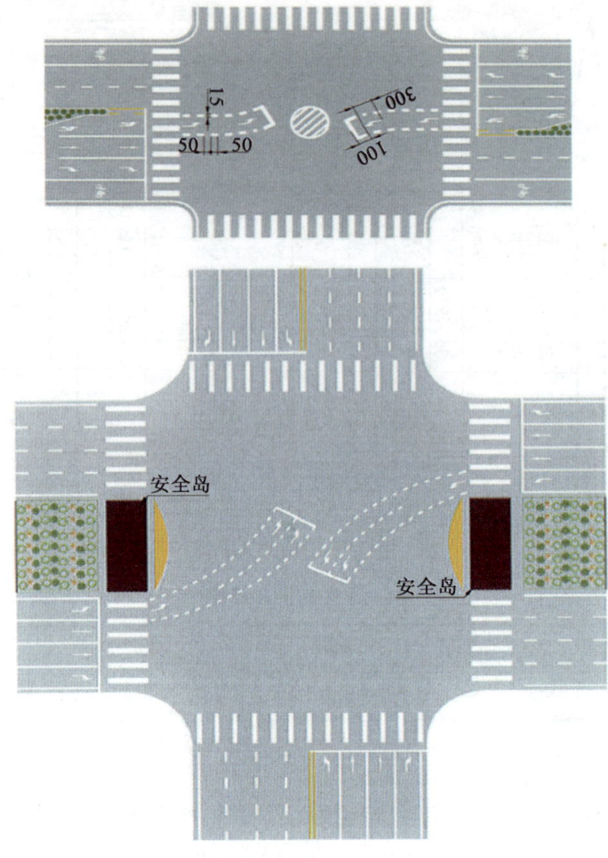

图 8-31　左弯待转区线示例

1)禁令标志

(1)禁止驶入标志(图 8-32)和禁止机动车驶入标志(图 8-33)

前者表示禁止一切车辆驶入,后者表示禁止各类机动车驶入,有时间或某一类机动车的规定时,应用辅助标志说明。常用于单行线沿线交叉口以及采取车辆禁限管理路段或区域的外围交叉口。

图 8-32　禁止驶入标志

图 8-33　禁止机动车通行

(2)车种的禁止驶入标志

表示禁止某种交通工具驶入,包括禁止载货汽车驶入标志、禁止三轮机动车驶入标志、禁止非机动车进入标志,见图 8-34 ~ 图 8-36。常用于采取车种禁限管理路段或区域的外围交叉口。

图 8-34 禁止载货汽车驶入

图 8-35 禁止三轮机动车驶入

(3)禁止流向通行标志

表示禁止某种或几种流向,包括向左(或向右)转弯标志、禁止直行标志、禁止向左向右转弯标志、禁止直行和向左转弯(或直行和向右转弯)标志、禁止掉头标志、禁止左转及掉头标志。常用于采取车种禁限管理路段或区域的外围交叉口。

(4)禁止停车标志

表示在限定的范围内,禁止一切车辆停、放。常用于表示交叉口下游路段禁止停车,如图 8-37 所示。

图 8-36 禁止非机动车进入

图 8-37 禁止停车标志

(5)停车让行标志及减速让行标志

前者表示车辆必须在停止线前停车瞭望,确认安全后,方可通行;后者表示车辆应减速让行,告示车辆驾驶人必须慢行或停车,观察干道行车情况,在确保干道车辆优先,确保安全的前提下,方可进入路口。常用于无信号控制交叉口,以确定不同道路的优先级,如图 8-38、图 8-39 所示。

图 8-38　停车让行标志

图 8-39　减速让行标志

2)指令标志

(1)直行、向左和向右转弯标志

表示一切车辆只准按某一或某些方向通行。常用于单行线沿线或采取车辆禁限管理路段或区域的外围交叉口,如图 8-40、图 8-41 所示。

图 8-40　直行标志

图 8-41　向左和向右转弯标志

(2)靠右侧(或靠左侧)道路行驶标志

表示一切车辆只准靠右侧(或靠左侧)行驶。常用于设有中央分隔带或机非分隔带的道路交叉口,如图 8-42、图 8-43 所示。

图 8-42　靠右侧道路行驶

图 8-43　靠左侧道路行驶

(3)车道行驶方向标志

表示车道的行驶方向。设在导向车道以前适当位置,设在所指示的车道上方,如图8-44、图8-45所示。同时,车道路面需施划直行、转向、掉头等指示标线,地面标线箭头应与标志上的指示一致。图8-46所示为前置的掉头专用车道和其他车道的行驶方向合并设置在一块标志上的示例。

图8-44　直行车道标志

图8-45　左转车道标志

(4)专用道路和车道标志

①公交线路专用车道标志

表示该车道专供本线路行驶的公交车辆行驶。设在进入该车道的起点及各交叉口入口前适当位置,如图8-47所示。

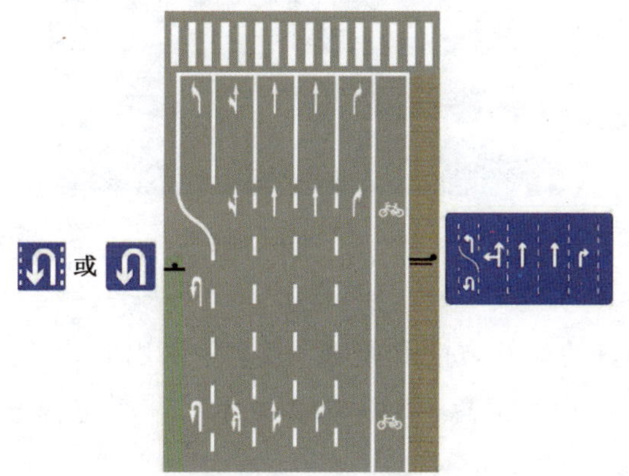

图8-46　示例图

图8-47　公交线路专用车道

②机动车行驶标志

表示该道路只供机动车行驶。设在该道路的起点及各交叉口入口前适当位置,如图8-48所示。

③机动车车道标志

表示该车道只供机动车行驶。设在该车道的起点及各交叉口入口前适当位置,如图8-49所示。

图 8-48　机动车行驶

图 8-49　机动车车道

④非机动车行驶标志

表示该道路只供非机动车行驶。设在非机动车行驶道路的起点及各交叉口入口前适当位置,如图 8-50 所示。

⑤非机动车车道标志

表示该车道只供非机动车行驶。设在该车道的起点及各交叉口入口前适当位置,如图 8-51 所示。

图 8-50　非机动车行驶

图 8-51　非机动车车道

3)指路标志

指路标志用以指示市镇村的境界、目的地的方向和距离、高速公路出入口、著名地点所在等,用以传递道路方向、地点、距离信息,如图 8-52 所示。其所包含信息的含义应遵循以下原则:

(1)标识在箭头中的信息为交叉口交叉道路的变化或名称。

(2)标识在箭头外,箭头所指向的信息为交叉口各交叉道路所能通达的地点或道路的编号或名称。

指路标志信息依据重要程度、道路等级、服务功能等因素分为三级:一级信息:指高速公路、国道、城市快速道路,直辖市、省会、自治区首府等控制性城市,以及其他本区域内相对重要的信息;二级信息,指省道、城市主干道路,县及县级市,以及其他本区域内相对较重要的信息;三级信息,指县道、乡道、城市次干道路、支路,乡、镇、村,以及其他本区域内的一般信息。

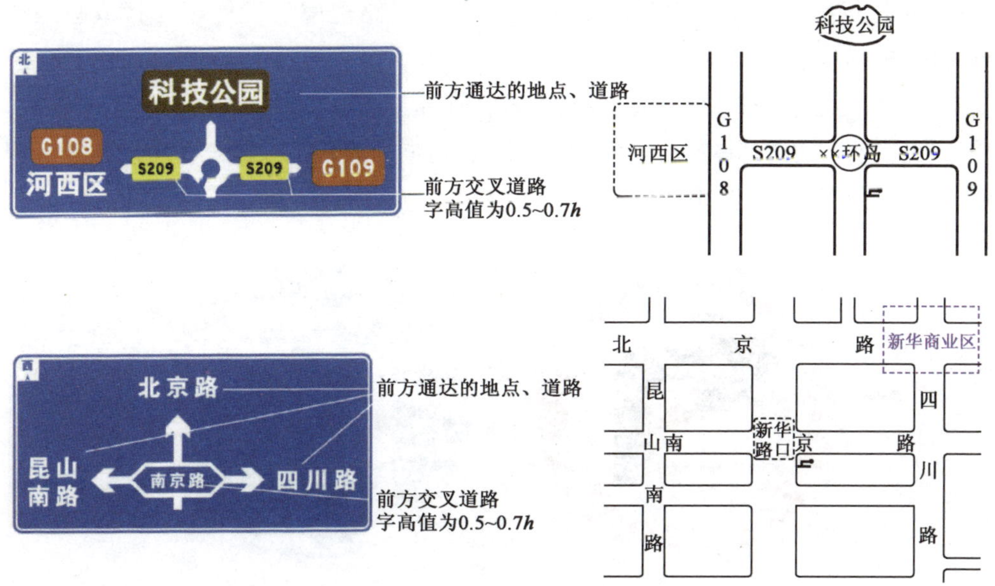

图8-52　指路标志信息示例

8.2.11　支路系统是否需要交通标志标线

支路系统是指居民小区或工业小区外围,是居民日常活动出入交通的通道,其路幅宽度为12～16m,混行车道宽度为6～6.5m。支路系统中通常以双向两条机动车道、机动车道外侧以非机动车道为主,机动车道与非机动车道之间无物理隔离设施。现实中,往往由于支路系统交通量小,而忽视了其交通标志标线的设置。致使支路系统,尤其是交叉口处通行权不明晰,产生事故隐患。因此,支路系统交通标志标线设置必不可少(图8-53～图8-55),主要考虑如下几点:

(1)支路与主路交叉口应包含指路信息、让行标志标线、是否允许左转的管制信息、特殊交通管制信息等。

图8-53　减速让行标志及停车让行标志

(2)指路信息主要是相交两条道路的路名以及方位提示。

(3)让行标志标线包括车道停车线为双虚线,路边应设置停车让行或减速让行的标志。

(4)若支路采用右进右出的通行方式,应同时在路口设置右拐弯或禁左标志。

(5)支路车道数量较少且多为窄车道,若对向车辆会车,要满足让行与先行规则,应设置如下标志,明确让行规则。

图 8-54　禁止左转标志及右拐弯标志

图 8-55　会车先行标志及会车让行标志

8.2.12　潮汐车道路段交通标志标线系统应如何设置

由于城市总体开发布局和土地利用的区块划分,城市道路交通可能产生早晚高峰流量不均衡的现象,称为潮汐交通。可采用潮汐车道,将允许的车辆行驶方向随交通管理需要进行变化,从而提高车道的利用效率。其标志标线系统包括潮汐车道标志、潮汐车道指示标线和车道信号灯。

(1)潮汐车道标志:用以警告车辆驾驶人注意前方为潮汐车道,设在潮汐车道路段起点前适当位置。

(2)潮汐车道指示标线:以两条黄色虚线并列组成的双黄虚线作为其指示标线,指示潮汐车道的位置,如图 8-56 所示。

(3)车道信号灯:在潮汐车道的入口、出口或者整条路段,设置表示禁止或可以通行的车道信号灯。

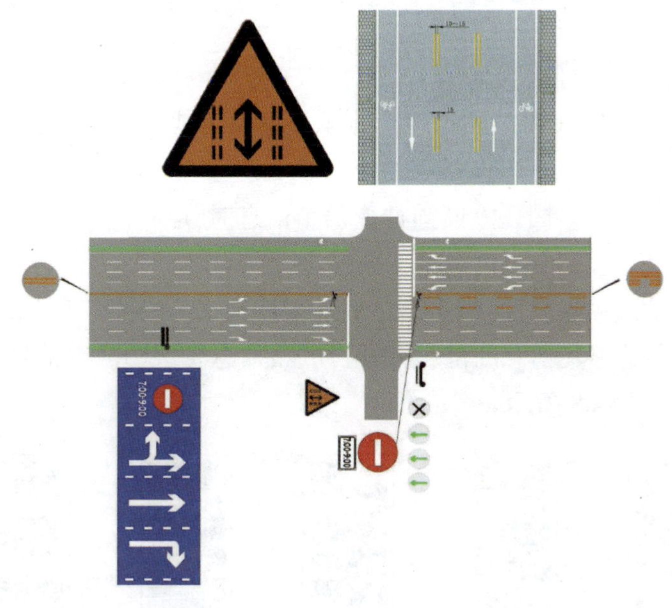

图8-56　潮汐车道路口标志标线示意图

8.2.13　单行路交通标志标线系统应如何设置

单行路为单向行驶的道路,已进入车辆应依标志指示方向行车。单行路沿线各交叉口应设置单行路标志和禁止左转标志,见图8-57。

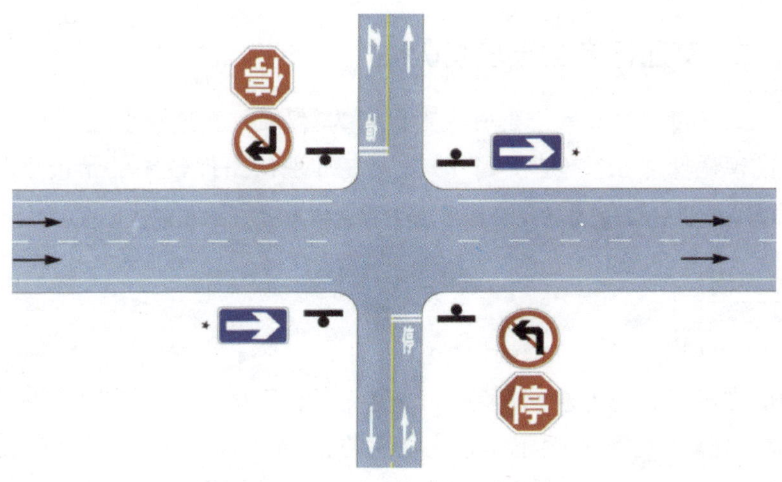

图8-57　单行路交通标志标线系统

8.2.14 指路信息标志的信息要素及设置位置

指路标志信息选取应遵循以下原则：

(1)连续、一致。

(2)以路名为主，地名为辅。

(3)便于不熟悉路网的道路使用者顺利到达目的地。

(4)信息量适中：同一方向指示的信息数量不宜超过两个，整个板面的主要信息数量不应超过6个。同一方向须选取两个信息时，应在一行或两行内按照信息由近到远的顺序由左至右或由上至下排列。

保障指路信息的连续性：指路信息的连续性定义为指路信息与前后同类信息之间的关联度。为避免信息断链，常采用"战略信息+滚动战术信息"的组合指路方式，其形式如图8-58所示。

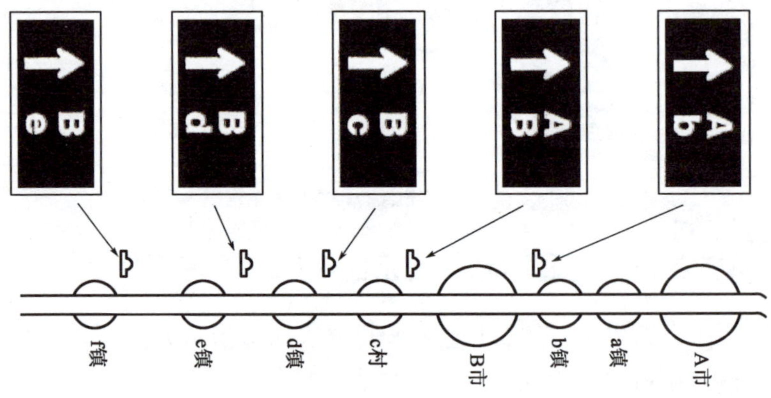

图8-58 指路信息连续性示例

8.2.15 交通标志全天候视认性

交通标志通过引导和管理驾驶人驾驶行为，保障其在道路上安全行驶，必须保证其全候的视认性能，尤其是夜间、恶劣天气等视认条件较差的情况下显得尤其重要。

基本原因

1)标志视认性对远光灯依赖性较强

普通的交通标志均为逆反射型，低能见度条件下的视认性(夜间)完全依赖于远光灯，而远光灯在很多情况下是禁止使用的，远光的违法使用也是诱发众多交通事故的原因。《道路交通安全法》第四十八条：在开启路灯或者其他照明较好的道路行车不应开启远光灯。开启远光灯的车辆应该在会车前150m之前切换至近光灯。在很多情况下，远光灯也是引起交通事故的直接或间接原因。

2）逆光条件视认性不足

东西方向的道路，早晚时段驾驶人逆光行车时，强烈的阳光从标志板背面照射过来，驾驶人难以看清标志信息内容，且存在较大的安全隐患（图8-59）。

3）恶劣天气下标志视认性不足

雾、霾、雨、雪等恶劣天气下，能见度差，若使用远光灯，射出的光线容易被雾气漫反射，在车前形成白茫茫一片，前方路况、普通反光膜交通标志无法被远距离视认（图8-60）。

4）曲线路段标志视认距离小于标准值

曲线路段，车灯是直线照射，在有曲率的路段，交通标志的视认距离将远小于标志值（图8-61）。

图8-59　逆光环境下交通标志

图8-60　恶劣环境下交通标志

5）不同位置设置的标志视认效果差异

门架、悬臂等位于道路上方标志采用路侧同样等级的反光膜材料时，其逆反射效果只能达到路侧设置的15%左右，视认效果具有差异性（图8-62）。

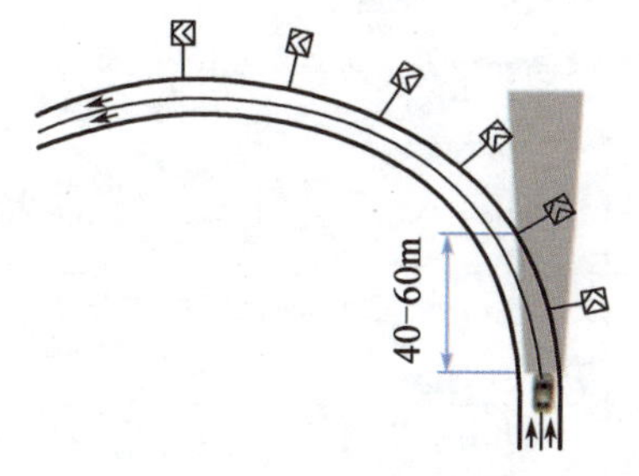

图8-61　曲线路段灯光照射

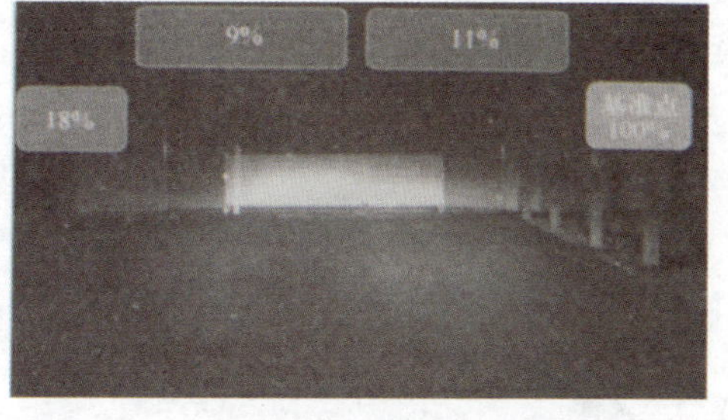

图8-62　标志位置不同时的亮度衰减

6）不同车型视认角度差异

不同车速、汉字高度下标志视认距离为150～50m，其标准小汽车观测角为0.2°～0.9°，大型车辆观测角为0.5°～2.0°，即大车的观测角要比小车大一倍以上,大型车辆驾驶人的视线靠近反射光锥的外围。同样,车辆前照灯光对标志入射角增大(包括车辆前照灯光与标志板面法线的纵向与横向夹角),也将使标志逆反射性能下降,见图8-63。

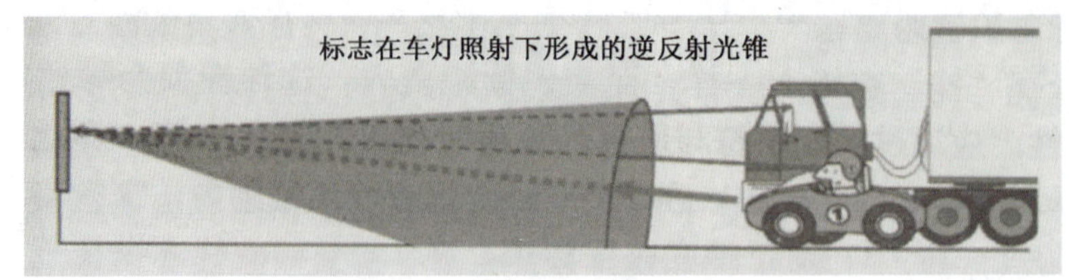

图8-63　标志在车灯照射下形成的逆反射光锥

7)城市商业区环境光干扰

城市道路,尤其是城市商业区道路,背景霓虹灯、LED广告屏等亮度大,吸引驾驶人注意力,干扰对交通标志的视认性。

改善措施

1)使用更高等级反光膜

道路交通标志使用专用反光膜是保证交通标志全天候视认性的最基本措施。由于它对汽车灯光的折射、聚焦和定向反射作用,晚上具有很好的反光功能,对标志的夜间视认性有明显提高。目前,反光膜按其不同的逆反射性能和使用用途,分为Ⅰ～Ⅶ类反光膜,如表8-2所示。

反光膜分级　　表8-2

反光膜类别	结构类型	习惯称谓	寿命	用途
Ⅰ类反光膜	棱镜埋入式玻璃珠型	工程级	7年	可用于永久性交通标志和作业区设施
Ⅱ类反光膜	棱镜埋入式玻璃珠型	超工程级	10年	可用于永久性交通标志和作业区设施
Ⅲ类反光膜	密封胶囊式玻璃珠型	高强级	10年	可用于永久性交通标志和作业区设施
Ⅳ类反光膜	微棱镜型	超强级	10年	可用于永久性交通标志、作业区设施和轮廓标
Ⅴ类反光膜	微棱镜型	大角度	10年	可用于永久性交通标志、作业区设施和轮廓标
Ⅵ类反光膜	微棱镜型	金属镀膜	3年	可用于轮廓标和交通柱,无金属镀层时也可用于作业区设施和字符较少的交通标志
Ⅶ类反光膜	微棱镜型	柔性材质	3年	可用于临时性交通标志和作业区设施

制作交通标志的反光膜主要为Ⅰ～Ⅴ类。高等级反光膜主要是指Ⅲ类密封胶囊型反光膜、Ⅳ类微棱镜型反光膜和Ⅴ类微棱镜型反光膜。应用更高等级的反光膜或荧光型反光膜，可在一定适度上增加交通标志的视认性能，但其局限性在于，交通标志的视认原理仍然是依赖于车灯的照射（主要是远光灯），形成反射光。

2）外部照明标志

欧洲、美国、日本等国家通常在标志上方或下方设置外部照明装置，对标志进行补光，以从外部增加灯光的照射效果，提高标志的视认性。此类方法在视认性原理方面，用自带光源的形式解决了夜间标志视认性能对车灯（远光灯）的依赖问题。但建设成本高（杆件基础成本大幅增加）、能耗高、对于大板面标志照度不均匀等问题影响了其在国内的应用，见图8-64、图8-65。

图8-64　增加外部照明的交通标志

图8-65　增加外部照明的交通标志

3）内部照明标志（主动发光型标志）

欧洲、韩国等国家已开始采用LED内部照明（主动发光）标志，内部标志（主动发光）在夜间的视认距离高于传统逆反射标志视认距离20%～60%。其在外部照明标志的基础上，解决了建设成本高、能耗高、照度不均等问题，见图8-66、图8-67。

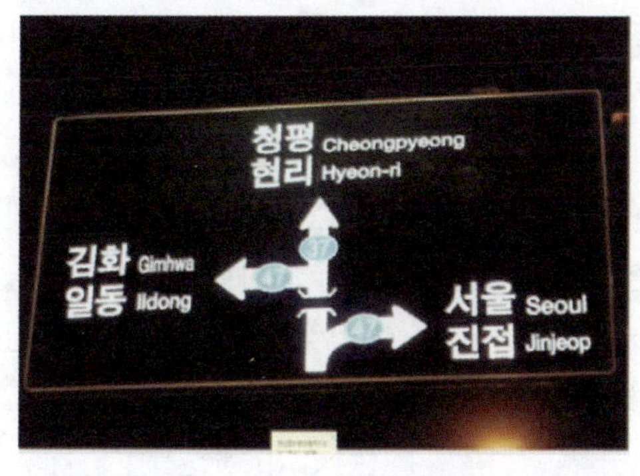

图8-66　内部照明交通标志

图8-67　内部照明交通标志

国内一些城市也已将内部照明（主动发光）技术应用于交通标志中，实现交通标志不依赖于远光灯照明的全天候视认，可有效保障道路交通畅通与安全，见

图8-68、图8-69。

图8-68 内部照明交通标志

图8-69 内部照明交通标志

不同类型交通标志对比,见表8-3。

不同类型交通标志对比 表8-3

项目	晚间视认原理	能耗	供电形式	建设成本	维持成本	全天候视认性能
普通反光膜	车灯照射反射光	无	无	低	低	低
高等级反光膜				中		一般
外部照明标志	自带光源照射反射光	高	市电	高	高	中
内部照明(主动发光标志)	自主发光	低	太阳能或市电	中	中	高

8.2.16 道路隔离设施类型

道路隔离设施是指在道路范围内使用一些有形的结构性物体,强行分离不同行进方向或不同行驶速度、不同类型交通流的交通安全设施。其设置的目的主要有两个:一是保障车辆能够在城市道路上快速、安全地行驶;二是为防止行人或物体等进入,用物理隔离的方式达到有效排除横向而来的实物干扰,确保车辆在城市道路上安全、舒适、高效、顺畅地通行。其类型包括:

1)车行道隔离设施

车行道隔离设施是用来分隔对向行驶的交通流,并有禁止车辆左转进出行驶和行人任意穿行道路的作用,一般设置在道路中心线上或车道分隔线上。车行道隔离设施分为车行道中心隔离设施(分隔对向)和车行道分界隔离设施(分隔同向)。车行道隔离设施主要采用三种形式:绿化分隔带、隔离护栏、混凝土防撞墙。在市区范围内,优先选取的形式依次为绿化分隔带、隔离护栏,在市郊范围内,优先选取的形式依次为绿化分隔带、混凝土防撞墙、隔离护栏。

2)机非隔离设施

机非隔离设施用来分隔同向行驶的机动车和非机动车交通流,设置在机动车与非机动车分界线上。机非隔离设施主要采用两种形式:绿化分隔带和隔离护栏。

3)人行道隔离设施

人行道隔离设施设置在人行道外边缘,起保护行人在人行道上有秩序地活动,并有防止行人任意步入和横穿车行道的作用。人行道隔离设施的形式主要是绿化分隔带和人行道护栏。在市区范围内,人行道宽度大于2.5m时,优先选取的形式依次为绿化分隔带、人行道护栏;当人行道宽度小于2.5m时,人行道隔离设施应选择设置人行道护栏的交通设施。

8.2.17 道路隔离设施设置位置

在不同条件下,道路隔离设施设置位置具有差异性,一般非机动车隔离设施设置条件与人行道隔离设施相同。隔离设施设置位置选取的正确与否会直接影响交通出行者的安全。其设置位置如下所示:

1)机动车隔离设施设置位置

(1)道路中设有高架道路、大型桥梁墩柱的地方又无其他隔离措施的。

(2)桥梁、高架道路、立交、隧道双向交通的出入口与地面道路连接的路段。

(3)高等级道路与一般道路双向交通连接的过渡路段。

(4)车行道四车道及以上的单幅城市道路。

2)人行道隔离设施设置位置

(1)城市道路有商业路段、路口的地方。

(2)城市道路安装信号灯的路口。

(3)车站、码头、地铁、天桥和大型公共场所的出入口及周围相连的道路上。

(4)停车场(库)和大、中型单位与道路相连的出入口局部路段。

8.2.18 道路隔离设施设置高度

中央分隔带护栏高度:护栏高度与护栏类型有关,有人行要求的护栏一般要求高度大于1.1m;而波形梁、三横梁护栏的高度一般是90cm。

绿化带护栏的高度:绿化带护栏的高度,具有很大的变化性,不同地区的绿化带护栏的高度,差别很大。就使用绿化带护栏的地区而言,道路上和公园上的绿化带护栏高度一般控制在60~80cm,高速公路上的绿化带护栏的高度一般控制在70~85cm,一般略低于车辆的高度。

设置中央分隔带护栏的路段,在距路口50~100m处需设置护栏渐变段(图8-70),以便驾驶员能及时掌控对向车道及路口情况,按照机非隔离护栏与中央分隔带护栏平行设置的原则,机非隔离护栏距离路口50~100m。

图 8-70　护栏渐变段

8.2.19　中央分隔带的作用及设置条件

中央分隔带是指位于路中线位置，沿道路纵向设置的分隔车行道用的带状设施。中央分隔带不仅有利于车辆安全行驶，也是提高道路通行效率，进行有效交通组织的重要交通设施。图 8-71、图 8-72 分别为城市道路和高速公路中央分隔带示意图。

图 8-71　城市道路中央分隔带示意图

图 8-72　高速公路中央分隔带示意图

1）中央分隔带的作用

（1）将上、下行车流分开，既可防止因快车驶入对向行车道造成事故，又能减少公路中心线附近的交通阻力，从而提高通行能力。

（2）可作为设置公路标志牌及其他交通管理设施的场地，也可作为行人的安全岛使用。

（3）设置一定宽度的中间带并种植花草灌木或设置防眩网，可防止对向车辆灯光眩目，还可起到美化路容和环境的作用。

（4）设于分隔带两侧的路缘带，由于有一定宽度且颜色醒目，既引导驾驶人视线，又增加行车所必需的侧向余宽，从而提高行车的安全性和舒适性。

2）设置条件

按《城市道路工程设计规范》（CJJ 37—2012）[4] 规定，为保障行车安全快速路必须设置中间带，一般设计速度≥50km/h 的主干路应设置中间带，次干路设计速度为50km/h 时宜设置中间带。分隔带宜采用缘石围砌，缘石高度和形式应在满足交通安全和功能要求的前提下，合理确定。特殊困难时，可采用分隔物隔离。最小宽度取0.5m。

3）中央分隔带形式

中央分隔带可以设计成凹形或凸形，凹形用于宽度大于4.5m 的中间带，凸形用于小于或等于4.5m 的中间带。对于分离式路基横断面的中间带宽度宜大于4.5m。分隔带缘石的形式分为平齐式和斜式两种，中间带宽度≥4.5m 时用平齐式，<4.5m 时用斜式。中央分隔带不应设凸起的缘石，由于排水或其他原因而需设置时，应采用具有低而圆滑外形不会引起车辆弹起的斜式缘石。不得在高速公路、一级公路中央分隔带上采用栏式缘石。

4）绿化带隔离设施设置注意事项

（1）合理设置绿化带隔离设施开口位置

中央分隔带的设置影响车辆的转向及驶出，使得道路的通达性降低，并带来一个问题，即分隔带开口位置如何确定以及开口间距、开口形式设计。开口位置的确定要结合道路沿线具体情况以及上下游交叉口位置。城市道路中以下几种情况不允许设置中央分隔带开口[5]：立体交叉功能区的交汇处、平面交叉功能区内、事故高发路段、视距不良路段。分隔带相邻开口间距应符合具体要求，城市道路中央分隔带开口间距设置如表8-4[5]所示。

中央分隔带开口间距设计 表8-4

道路等级	城市道路中央分隔带开口间距（m）	
	完全开口	定向开口
主干道	400～800	200～400
次干道	400	200

（2）合理设置绿化带隔离设施宽度

在道路的实际使用过程中，分隔绿化带的宽度应该由道路的平均交通量决定。在车流较大的地方，应缩减分隔带宽度，增大车道数，以提高通行能力，减少拥堵。按照《城市道路绿化规划与设计规范》（CJJ 75—1997）规定，对中央分隔带、路侧分隔带开口问题的考虑，可以得到绿化带尺寸，见表8-5[6]。

绿化带隔离设施形式及宽度 表8-5

道路类型	中央分隔带形式	中央分隔带宽度（m）
主干道	子弹头形	3
次干道	圆弧形	3

8.2.20 交通设施容错性设计

容错理论源于计算机方面的容错,主要指计算机的系统能够恢复计算机文件的错误,容错能力也就是系统的恢复文件错误的能力[9]。

交通设施容错性设计的基本思想是在交通系统总体结构上精心设计,利用外加资源的冗余技术来达到掩蔽故障的影响,从而自动地发挥交通系统功能的目的。

1)基于容错的路侧安全设计理念

基于容错设计的理念指的是当驾驶员不小心犯错误将车辆驶出路外时,要求道路设计人员提供尽可能减少事故发生或降低事故严重程度的设计对策,即不管什么原因致使车辆冲出路外,道路交通设计设计人员都应该为驾驶员提供充分的路侧净区,使事故车辆"软着陆",如图 8-73 所示。

图 8-73 路侧净区

根据美国 AASHTO《路侧设计指南》,大多数公路设置恢复区域要至少保证行车道边缘以外 9m 的距离,如图 8-74 所示。

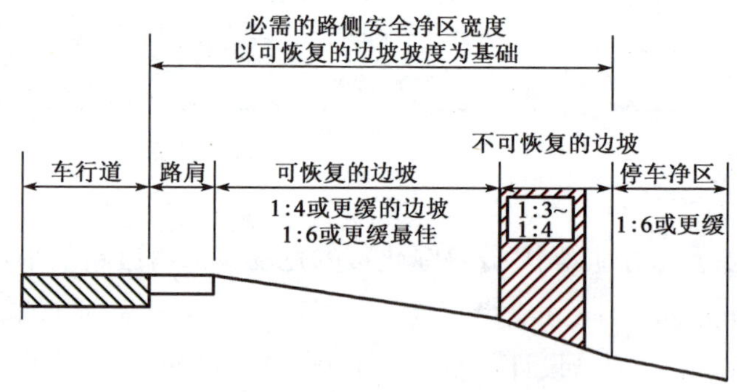

图 8-74 必需的路侧安全净区宽度[10]

2)人性化护栏设计

路侧净区虽然可以有效降低事故,但是在不具备设置净区条件的路段,如果车辆驶出路外,不可避免地要发生翻车、坠车或碰撞事故时,此时,护栏的作用就凸显出来。车撞上护栏,肯定要受损,但科学合理地设置护栏,可以实现最小的伤害、最大的保护。

大量的交通事故表明，未经特殊处置的护栏端头会对车辆和乘员造成严重伤害。为此，在设计护栏时，采用圆头外展可解体式护栏端头，端部采用打孔的木质立柱。在使护栏端部高度基本保持不变的情况下，将端头自然掩入边坡并进行锚固。还可结合地形，将混凝土护栏端头“隐匿”或“消隐”于路侧山体或挖方边坡中。

当前，有些路段的护栏过渡段在发生事故时也会对车辆造成伤害。比较典型的问题是在路基波形梁护栏与桥梁混凝土护栏间存在缺口，致使坚硬的桥梁护栏混凝土端头暴露，一旦车辆与之发生撞击，对乘员的伤害将是致命的。因此，路基波形梁护栏板延伸一段，并锚固在混凝土桥梁护栏上，同时将波形梁护栏端部附件的立柱进行加密，实现护栏刚性的连续变化，为更好地导向碰撞车辆，还可在波形梁板下方添加槽钢作为摩擦梁。该处理方法具有成本低、施工方便的优点。

路侧的容错设计和改造的特点就是“以小见大”，大多数改造都是细节上的完善，每个细节都体现了“以人为本”，使道路能在最大程度上保护驾驶人的生命。

8.2.21　学校周边应设置哪些交通标志标线及安全防护设施

学校周边是社会车辆、人员密集集中的地方，尤其是中小学周边在放学期间交通流集中明显，交通秩序混乱，合理设置交通标志标线对改善学校周边交通环境、提高交通安全有着重要意义。

1）学校标志

根据《中华人民共和国道路交通安全法》和新实施的国家标准《道路交通标志和标线》（GB 5768—2009）[7]有关规定，在学校出入口道路两侧均需设置注意儿童警告标志（黄底、黑边、黑图形），现根据新国标要求，设置规范统一的学校标志[由“注意儿童”警告标志（黄底、黑边、黑图形）和“学校”辅助标志（白底、黑字、黑边框、白色衬边）两个交通标志组合组成]，如图8-75所示。

学校标志由警告标志和辅助标志组合组成，设在学校出入口150m范围道路的适当位置，面向来车方向，用以警告车辆驾驶人减速慢行，注意道路前方经常有学生出入。

2）人行横道指示标志

国家标准《道路交通标志和标线》（GB 5768—2009）的人行横道指示标志（蓝底、白三角形、黑图形），用于规范提示机动车行经人行横道时，应当减速行驶；遇有行人正在通过人行横道，应当停车让行。通过路口或者横过道路时，应当走人行横道，按国标要求在人行横道线两端适当位置规范设置人行横道指示标志，具体如图8-76所示。

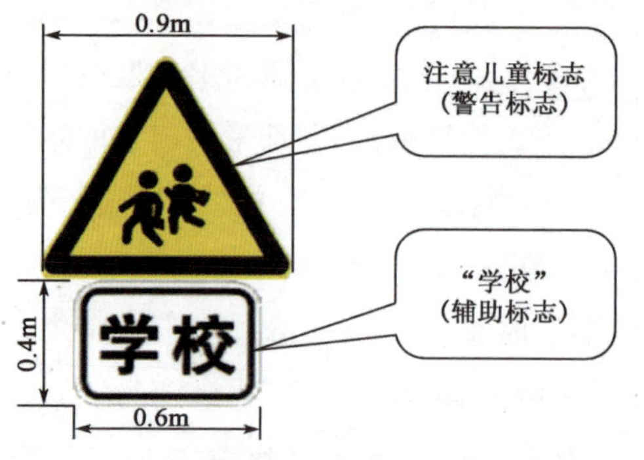

图 8-75　学校标志

图 8-76　人行横道指示标志

人行横道标志属于指示标志，表示该处为人行横道。该标志设在人行横道两端适当位置，并面向来车方向。

3）限速标志

根据《中小学与幼儿园校园周边道路交通设施设置规范》[8]，进入校园周边道路和离开校园周边道路处，应设置限制速度标志及解除限制速度标志（限速值为30km/h）或区域限制速度及解除标志，设置限制速度标志的，应附加"学校区域"辅助标志，如图 8-77 ~ 图 8-80 所示。

图 8-77　限速标志

图 8-78　学校区域标志

图 8-79　解除限速标志

8.2.22　施工区应设置哪些交通标志标线及安全防护设施

施工作业区域实行单向通行时，除必要的施工安全设施外，须在工作区两端配备交通指挥人员或设置交通信号灯控制；在上游警告区起点处设置施工警告标志，上游警告区中点位置设置"右侧封道"和"限速 20"标志；上游过渡区终点位置设置"向左行驶"标志；施工作业起点处设置"路栏"；施工路段终止区终点处设置"解除限速 20"禁令标志。施工路段终点左侧 800m 处设置施工警告标志，400m 处设置

“限速 20”标志，施工路段左侧中点处设置“双向交通”警告标志，施工路段起点左侧 100m 处设置“解除限速 20”禁令标志。

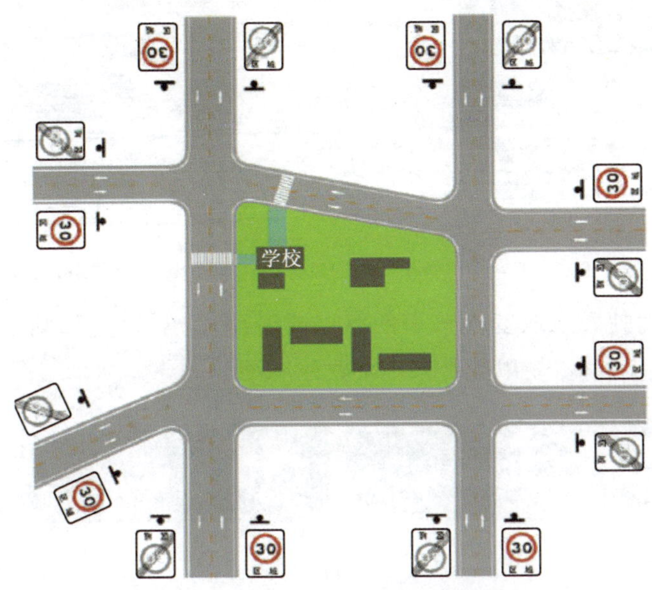

图 8-80　学校周围限速及解除限速标志位置设置

视距不良（弯道）施工路段增设一块施工警告标志，设立在弯道的上游，使车辆驾驶人在到达弯道前就能知道前方有养护维修作业控制区，如图 8-81 所示。

图 8-81　施工区交通标志标线

在距离施工区较远的区域需设立施工标志，以及与施工区距离，如图 8-82 所示。

在距离施工区附近的区域需设立道路封闭情况以及距离位置，如图 8-83 所示。

图 8-82　施工区距离

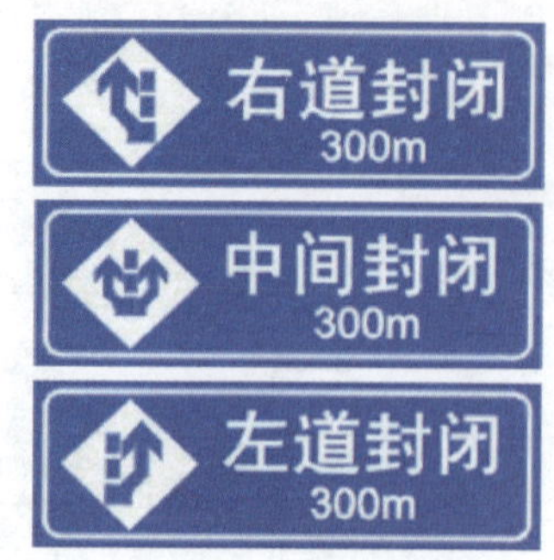

图 8-83　车道封闭距离

而在需要驾驶人采取变换车道的路口或者路段,需设立如图 8-84 所示的标志,提醒驾驶人提前变道,以免带来不必要的麻烦。

图 8-84　向右向左改道

本章参考文献

[1] 中华人民共和国国家标准. GB 14887—2011　道路交通信号灯[S]:北京:中国标准出版社,2012.

[2] 中华人民共和国国家标准. GB 14886—2006　道路交通信号灯设置与安装规范[S]. 北京:中国标准出版社,2006.

[3] 王岩,杨晓光. 基于交通安全的交叉口信号倒计时信号灯设置研究[J]. 中国安全科学学报,2006,16(3):55 -59.

[4] 中华人民共和国行业标准. CJJ 37—2012　城市道路工程设计规范[S]. 北京:中国建筑工业出版社,2012.

[5] National Cooperative Highway Research ProgramNCHRP Report 633: Impact of Shoulder Width on Safety[R]. Washington, D. C. :Transportation Research Board, 1999.

[6] 中华人民共和国行业标准. CJJ 75l—1997　城市道路绿化规划与设计规范[S]. 北京:中国建筑工业出版社,1997.

[7] 中华人民共和国国家标准. GB 5768—2009　道路交通标志和标线[S]. 北京:中国标准出版社,2009.

[8] 中华人民共和国行业标准. GA/T 1215—2014　中小学与幼儿园校园周边道路交通设施设置规范[S]. 北京:中国标准出版社,2014.

[9] 胡立伟. 公路交通设施驾驶容错能力分析方法研究[D]. 哈尔滨工业大学, 2012.

[10] 高海龙.路侧安全设计指南[M].北京:人民交通出版社,2008.

第 9 章　功能导向的智能交通

9.1 概　　述

除了上述传统的交通组织管理手段,依靠先进的信息技术、数据通信传输技术、电子传感技术及计算机软件处理技术的智能交通管理系统得到了应用。如何以功能为导向,对智能交通系统进行系统设计、需求分析,使其更好地为提高交通管理服务水平和管控效率,是本章将要讨论的内容。

9.2 常 见 问 题

9.2.1 如何做好智能交通规划与设计

基本概念

与智能交通相关的包括智能交通系统和智能交通管理系统,其概念为:

1)智能交通系统

智能交通系统(Intelligent Traffic System,ITS)又称智能运输系统,是将先进的信息技术、通信技术、传感技术、控制技术以及计算机技术等有效地集成运用于整个交通运输管理体系,从而建立起一种大范围内、全方位发挥作用的,实时、准确、高效、安全、节能、环保的综合交通运输管理系统。现阶段,智能交通系统泛指在交通运输领域中运用高新科技手段组成的,旨在改善交通状况、缓解交通问题的各种技术系统。智能交通系统是未来交通系统的发展方向,尤其是对道路交通而言,由于其以加强车辆、道路、使用者三者之间的有机联系为终极目标,故智能交通系统可以有效地利用现有交通设施、减少交通负荷和环境污染、提高路网通过能力、减少交通事故、降低能源消耗、提高运输效率,是当前我国城市有效应对交通问题的关键科技手段。

2)智能交通管理系统

智能交通管理系统(Intelligent Traffic Management System,ITMS)属于智能交通系统的一个分领域,是智能交通系统在道路交通管理领域中的应用,其以信息化、智能化的技术与方法管理道路上的车辆、行人等为目标。目前，通常习惯把智能交通管理系统称为智能交通系统。

以上两个概念，前者涵盖公路、城市道路、铁路、城市轨道、水运、航空、管道运输等诸多方面，后者只针对道路交通管理领域。但系统的运行基础均为众多的、大大小小的系统硬件设备和通信网络，而系统的智能化程度高低则取决于系统集成软件。以智能交通管理系统为例，简单的系统设备集成安装（如设置交通信号灯、电子监控设施、电子显示屏等）并不能满足越来越复杂的交通管理需求，并不能说明就实现了交通管理智能化。现实是，当前我国城市智能交通系统建设，大多偏重于系统硬件建设，系统集成软件开发应用相对滞后且得不到应有的重视，这大大降低了系统功能及其智能化的实现水平。

发展历程

这些年我国的城市智能交通系统建设取得了较快的发展，但从智能交通领域内的集成应用、技术创新、产品开发、智慧核心等层面看，与发达国家还存在较大差距，这是不得不面对的客观现实。参照对工业1.0、工业2.0、工业3.0发展阶段的划分，笔者认为很有必要对我国城市智能交通系统的发展阶段给予界定，从而使各类城市对智能交通系统建设进程有一个比较清醒的认识和掌控。我国各类城市的智能交通系统建设大致经历或将经历这三个发展阶段，即智能交通1.0、智能交通2.0和智能交通3.0，三个阶段的主要特征定义分别为：

1）智能交通1.0

特征是系统封闭、功能不强、信息孤岛。

城市智能交通系统的各个子系统基本建立，但缺乏统一的规划设计，平台功能基本具备，各个系统基本能够接入平台，各系统的功能基本齐全，但各个系统的功能并未完全发挥，各系统之间相对独立没有实现互联互通，各系统之间缺少数据的交互和融合，只能在专网传输数据，易形成“信息孤岛”。

2）智能交通2.0

特征是系统完善、功能齐全、数据交互。

城市智能交通系统进行了统一的规划设计，平台的功能齐全，各个子系统建设完善，各系统的功能齐全，各系统的功能能够基本发挥，但深度开发不够，各系统之间实现了互联互通，各系统之间的数据能够进行交互和融合，可在专网、局域网甚至互联网实现数据传输，系统处于半开放或者基本开放状态。

3）智能交通3.0

特征是系统协作、数据高度融合、人车路协同。

城市智能交通系统进行了科学统一的规划设计，并与智慧城市的相关系统预留了接口，各个子系统建设完善，功能齐全强大并能够完全发挥，各系统之间实现了高度的互联互通，各系统之间的数据能够进行高度的交互和融合，专网、局域网、互联网三网实现高度融合数据传输，平台实现了高度集成，系统开放。

智能交通系统的规划设计及部分子系统对应的智能交通 1.0、智能交通 2.0、智能交通 3.0 三个阶段的特征，如表 9-1 所示。

智能交通系统三个阶段部分特征表　　表 9-1

序号	内　容	智能交通 1.0	智能交通 2.0	智能交通 3.0
1	系统的规划设计	缺少专业的系统规划设计	有专业的系统规划设计和顶层设计	有专业的系统规划设计和顶层设计，并考虑了与智慧城市相关系统的衔接
2	集成指挥平台（交通指挥中心）	平台功能基本齐全，但系统功能未能充分发挥	平台功能齐全，系统功能能够充分发挥	平台功能齐全，系统功能能够充分发挥，与智慧城市相关系统能够顺利衔接
3	各系统间的数据交互	各系统之间没有实现互联互通，基本无数据交互	各系统之间能够互联互通，各系统之间的数据能够进行交互和融合	各系统之间高度互联互通，各系统之间的数据能够进行高度交互和融合
4	交通信号控制系统	建立了交通信号控制系统，信号灯具标准，信号机能够实现联网，但没有实现感应控制，无法根据交通流特点自动调节信号配时时间	建立了交通信号控制系统，信号灯具标准，信号机能够实现联网，实现了感应控制，能够实现主干道协调控制和区域协调控制，基本能够根据交通流特点自动调节信号配时时间	建立了交通信号控制系统，信号灯具标准，信号机能够实现联网，实现了感应实时控制，能够实现主干道协调控制和区域协调控制，能够根据交通流特点自动调节信号配时时间。可以与电子警察系统、交通诱导系统等系统进行数据交互
5	电子警察系统	能够实现基本的车辆闯红灯抓拍	除实现闯红灯抓拍外，还能抓拍不按规定车道行驶、逆行、走非机动车道等违法行为，能够统计车流量、利用系统数据进行车辆轨迹追踪、套牌车辆查处	能够实现与交通信号系统、交通信息采集系统、交通诱导系统等系统互联互通并进行数据交互
6	交通信息发布系统（交通诱导系统）	能够实现基本的交通信息发布功能，信息发布较为单一，尚未实现交通运行状态的自动研判	能够实现交通运行状态的自动研判及多样化的信息发布	能够实现交通拥堵时交通信号控制与交通诱导的协调联动及交通运行状态的实时自动研判及全方位的立体信息发布

续上表

序号	内　容	智能交通1.0	智能交通2.0	智能交通3.0
7	交通信息采集系统	建立了基本的交通信息采集系统，但交通信息采集方式较为单一，信息采集范围较小，未能覆盖城市全部路网，交通信息局部感知	能够通过线圈、微波、地磁、视频、雷达和浮动车等多种方式的交通信息采集方式采集各种交通信息，建立了多维全时空的交通信息采集系统，能够覆盖全市路网，交通信息整体感知	拓展应用了手机、微信、汽车电子标识、物联网和北斗系统等新型交通信息采集方式，建立了多基多维的全路网全时空的交通信息采集系统，能够实现与交通信号控制系统、交通诱导系统、交通研判系统、交通组织与交通仿真评估系统的互联互通和数据的高度融合，交通信息全面感知
8	交通视频监视系统	建立了基本的路口、路段的交通视频监视系统，但尚未覆盖整个城市交叉口和路段	建立了高清、多方位的城市交通视频监视系统，能够覆盖城市所有的交叉路口和路段，能够实现交通事件的自动检测和报警，基本整合各方面视频图像资源，开展了图像资源大数据开发应用	建立了高清、高度智能化的交通视频监视系统，能够与交通信号控制系统、交通信息采集系统、交通诱导系统等系统的互联互通和数据融合，全面整合各方面视频图像资源，应用云计算等新技术，开展了图像资源大数据深度开发应用
9	其他子系统	建立了部分子系统，各子系统之间尚未实现互联互通和数据交互	各子系统基本建立，部分系统之间能够实现互联互通和数据融合	各子系统完全建立，并能够实现各子系统间的互联互通和数据高度融合

存在问题

近些年，我国城市的智能交通系统建设蓬勃发展，每年都有不少亿元级、千万级智能交通项目在启动建设，这些ITS系统的建设并投入使用，一方面推动促进了我国ITS领域的产业发展、提高了城市交通管理的科学化智能化水平，另一方面也在建设实践中积累了不少经验、发现了一些共性问题。

1）缺失规划设计问题

（1）系统规划缺失

目前，大部分城市智能交通系统建设前期缺乏总体规划与顶层设计，国家也没有相关的规范指引，大部分城市是边建设、边摸索、边学习，具有较大的片面性、盲目性。

(2)工程深化设计缺失

不少智能交通项目中标单位未规范开展项目工程深化设计，缺乏规范专业的施工设计技术资料指导，匆忙草率地施工安装调试，造成简单的设备集成，系统难于有效发挥作用。

(3)交通组织优化设计缺失

这也是智能交通系统应用基础不到位的原因之一，目前不少智能交通项目未考虑在建设前进行道路网的交通组织优化设计，不科学合理渠化道路、分配道路时空资源，即使智能交通系统建成也难以发挥系统的功能，难以保证道路交通的有序、安全、高效运行。

2)项目招投标问题

(1)招标资质

目前，我国没有智能交通方面专项的集成与施工资质，智能交通项目招标一般采用计算机系统集成资质和安防资质来审核认定参与投标单位的资格，有的将建筑智能化资质纳入招标资质要求，前面提到的智能交通是将多种先进的科学技术有效地集成运用于交通管理实际，计算机技术只是其中一部分，而交通工程专业技术才是最为关键的，因此现行这种投标单位资格认定模式有失公平，且不科学。

(2)最低价中标

目前，国内智能交通项目大部分沿用最低价中标的模式，这个问题已经困扰业界多年，低价恶性竞争只会带来偷工减料、两败俱伤，不可能是质优价廉，智能交通是多种高新科技的集成创新，显然低投入、低成本不可能建成高质量、高度智能化的 ITS 系统。

3)市场不规范混乱问题

智能交通目前在我国还属于朝阳产业，有很大的发展上升空间，吸引了众多社会精英与企事业单位积极参与投入，但由于缺乏相对应的市场准入规则及配套的法律法规，导致目前智能交通领域市场管理无法规范且较为混乱。一个城市或部门单位如要启动智能交通工程项目，在智能交通领域中的咨询、规划、设计、集成、产品、工程、监理等诸多方面，项目业主都会碰到很多主动上门的市场推广人员说自己是做智能交通的、说自己是这个领域内做得最好的，可以说是众说纷纭、难于鉴别、无所适从，再加上现行的招投标制度，项目工程质量好与坏无法进行选择把控，弄不好就是“投错胎”“嫁错郎”。

4)标准规范不统一问题

(1)管理上的问题

我国现行的道路交通管理涉及公安、交通、建设等多个部门，而智能交通领域中的产品又涉及工信、科技等部门，部门之间各自发展、自成体系，行业间标准、规范不统一，信息共享、资源整合较困难，相关部门技术上处于分隔独立状态，工作协同性差。

(2)产品上的问题

智能交通领域的产品五花八门、品种众多，产品技术标准、规范不统一，市场不开放，导致即使是同类型产品(如交通信号机)，其功能、性能也各不相同，更无法兼容使用，让用户无从选择，设备厂商想方设法抢占市场、先入为主，产品技术封闭割据，难于形成优胜劣汰的竞争机制，使得系统功能及设备指标与交通管控实战需求差距大。

5)建设与运维问题

(1)重图像轻控制问题

多年来，我国城市智能交通系统偏重于电子监控设施(电子警察、视频监控)建设，而忽视、轻视交通控制设施(交通流量检测控制、诱导)建设，使得不少地方的系统只能“看”不能“控”，适应不了当前交通管理需求对交通管控的实战要求。

(2)重系统建设轻系统运维问题

不少城市舍得投巨额资金建设智能交通系统，但系统建成后在日常运行维护方面却没有建立相应的保障机制(包括管理制度、运维经费、运维队伍等)，既缺少运维资金又缺少运维专业队伍，使得系统难于发挥最佳的投入产出效益，有的智能交通设备由于缺乏维护保养面临报废淘汰。

6)专业人才不足问题

(1)需求方人才不足的问题

智能交通系统建设是一项系统工程、技术工程，需求方不能当“甩手掌柜”，需要有一支专业技术队伍(包括交通工程、通信工程、计算机技术等方面人才)，依据系统建设总体规划，结合交通管理实际分阶段提出智能交通系统建设需求，并全程参与智能交通系统建设与运行维护，目前这方面人才较为缺乏。

(2)供给方人才不足的问题

智能交通系统建设对供给方人才的要求是质更高、量更大、面更广，既要掌握信息、通信、传感、控制以及计算机等方面的专业理论知识，又要有扎实的交通工程专业理论知识和深入了解交通管理实际需求，供给方人才队伍的业务素质很大程度上决定着智能交通系统建设质量的高低，他们是智能交通系统建设需求解决方案的设计者、研发者、执行者，必须具备深度融合管理与需求的技术研发能力和熟练处理工程与实际的项目管理能力，而现实是供给方人才储备还远远不够。

(3)专业监理人才缺失问题

智能交通系统建设项目在工程建设阶段缺少专业的监理人员对项目进行质量与功能把控,目前智能交通系统建设的工程监理人员原来一般都是从事计算机系统建设工程监理的,极少有交通工程方面的专业技术背景,很难对建成的智能交通系统功能能否满足需求方的交通管理实际要求给出专业的监理意见。

7)项目后评估问题

(1)项目竣工验收的问题

目前,对于智能交通系统建设验收,国家无相关的规范指引,缺乏系统的验收考核评价指标体系,导致项目验收工作只能是检查各个子系统是否具有项目设计时提出的功能,而对其集成后系统与各个子系统功能发挥的效果如何无从进行定量考核。

(2)项目投入产出效益的问题

一个城市投巨额资金建成的智能交通系统,投入产出效益是多少?到底能产生多大社会效益和经济效益?这一直是大家十分关注且想得到的一个答案,但目前还没有形成一套科学的、规范的、成熟的后评估机制与方法,这是制约当前我国智能交通产业优化发展的一个短板,缺乏后评估既不利于项目的可持续发展,也难于形成智能交通领域内的良性竞争。

规划与设计流程

智能交通规划与设计基于交通体系基本组成元素构筑而成。所谓智能,是指能根据外界提供的信息进行分析、归纳、比较、判断,并作出相应的决策来实现相应管理及控制,如图 9-1 所示是交通体系基本组成元素。而智能交通规划与设计是智能交通建设和发展的基础和依据,是指导各个智能交通建设项目的总纲领。智能交通规划与设计通常包括以下内容:根据某一国家或地区的社会经济现状和交通系统发展需求,制订智能交通总体发展目标,确定智能交通体系框架结构,确定智能交通建设项目规划和设计,明确智能交通建设机制与保障措施。其一般规划设计流程,如图 9-2 所示。

9.2.2 智能交通系统包括哪些子系统

所谓智能交通系统,就是在现有的交通状况下,充分利用现代高新技术进行合理的交通需求分配和管理,通过卫星导航系统、汽车自动引路系统、交通信息通信系统(VTCS)、视频监控和计算机管理等多种技术手段,将整个路网的通行能力迅速提高,实现安全、快速、便捷运输目的的一种交通综合治理方案。

1)先进的交通信息服务系统(ATIS)

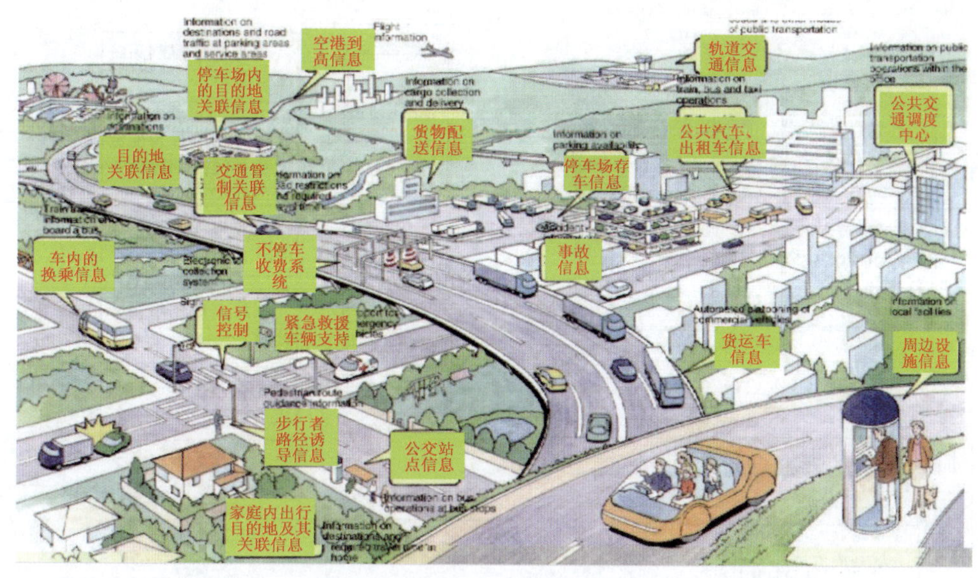

图 9-1 智能交通体系基本组成元素

先进的交通信息服务系统是建立在完善的信息网络基础上的，交通参与者可以通过装备在道路上、车上、换乘站上、停车场上以及气象中心的传感器和传输设备，向交通信息中心提供各处的交通信息。该系统得到这些信息并经过处理后，实时向交通参与者提供道路交通信息、公共交通信息、换乘信息、交通气象信息、停车场信息以及与出行相关的其他信息；出行者根据这些信息确定自己的出行方式和选择路线。这样，可以提高人们的出行能力和安全系数。由于合理地选择了出行方式和路线，从而使路网上的交通流获得平衡分配。如果车上装备了自动定位和导航系统，该系统还可以帮助驾驶人自动选择行驶路线。

2）先进的交通管理系统（ATMS）

在这个系统中，有一部分与 ATIS 共用了信息采集、处理和传输系统。交通管理部门对道路系统中的交通状况、交通事故、气象状况和交通环境进行实时的监控，通过收集到的信息，对交通车辆进行有效的实时疏导、控制与处理等。ATMS 包括的子系统有：在途驾驶人信息系统、旅行服务信息系统、事故处理系统、交通控制系统和排放检测与控制系统等。

3）先进的公共交通系统（APTS）

该系统的主要目的在于改善公共交通的效率（包括：公共汽车、地铁、轻轨交通、城郊铁路和城市间的公共汽车等），提高公共交通的可靠性和安全性，以提供便捷、经济、大运量的公交系统。

4）先进的车辆控制和安全系统（AVCSS）

从当前的发展看，AVCSS 为驾驶人提供了各种形式的碰撞和安全保障措施，改

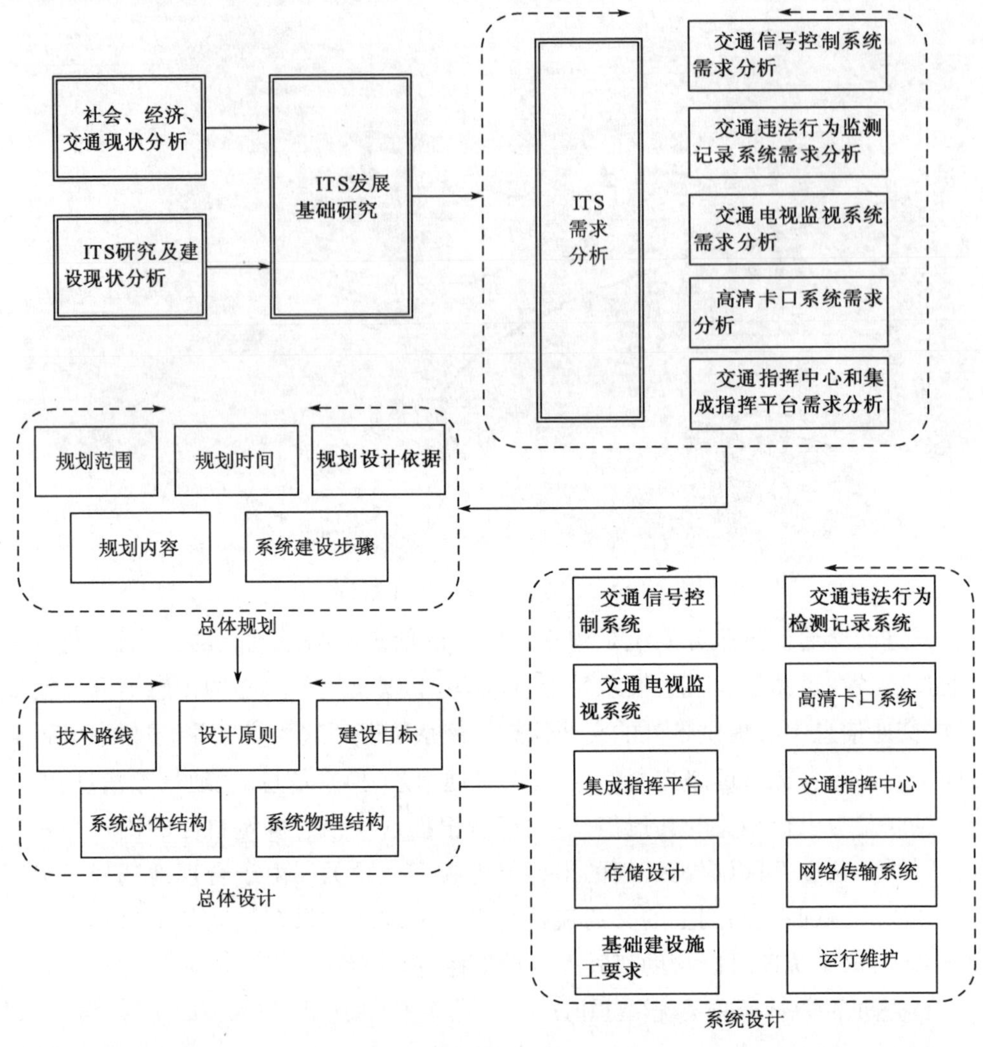

图9-2　智能交通规划与设计流程图

善了驾驶人对行车环境的感应和控制能力，通常把它分为以下两个层次。

(1)车辆辅助安全驾驶系统。该系统包括以下几个部分：车载传感器(微波雷达、激光雷达、摄像机、其他形式的传感器等)、车载计算机和控制执行机构等。行驶中的车辆通过车载的传感器测定出与前车、周围车辆以及与道路设施的距离和其他情况，由车载计算机来处理，在紧急情况下，还可以强制车辆制动。

(2)自动驾驶系统。装备了该系统的汽车也称为智能汽车，它在行驶过程中可以做到自动导向、自动检测和回避障碍物。在智能公路上，能够在较高的速度下自动保持与前车的距离。智能汽车只有在智能公路上使用时才能发挥其全部功能，如果在普通公路上使用，它仅仅只是装备了辅助安全驾驶系统的汽车。

5)营运车辆运行管理系统(CVO)

这是一个以道路网和信息管理系统为基础,利用物流理论进行管理的智能化的物流管理系统。综合利用卫星定位、地理信息系统、物流信息及网络技术来有效地管理和改善客货汽车、公共汽车企业的行驶技术与设备,并组织运输,使营运车辆的安全性和生产效率得到提高,使道路系统的所有用户都能获益于更为安全可靠的公路环境,提高运输效率。

6)紧急救援管理系统(EMS)

紧急救援管理系统是一个特殊的系统,其基础是 ATIS、ATMS 和有关的救援机构与设施。通过 ATIS 和 ATMS 这些设施可以将交通监控中心与职业的救援机构联成有机的整体,提高对突发交通事件的报告和反应能力,改善应急反应的资源配置,为道路使用者提供车辆故障现场紧急处置、拖车、救护、排除故障车辆等服务。

7)电子收费系统(ETC)

随着交通流量的增加,收费站开始成为道路上新的瓶颈。电子收费系统就是为解决这个问题而开发的。使用者可以在高速公路公司或银行预交一笔通行费,领到一张内部装有电子线路的通行卡,将其安装在自己汽车的指定位置,这样当汽车通过收费站的不停车收费车道时,该车道上安装的读取设备与车上的卡进行相互通信,自动在预交账户上将本次通行费扣除。这样就可以使所有地面交通收费系统实现自动化,以减少因用现金收费所造成的交通延误。如果在现有的车道上安装电子不停车收费系统,则可以使车道的通行能力提高 3 ~5 倍。

9.2.3　如何规范智能交通系统建设流程

我国城市智能交通系统建设可参照以下规范的建设流程实施进行,一般应该包括:

(1)编制智能交通系统建设总体规划(即顶层设计,含招标、实施、评审、批准)。

(2)申请智能交通系统建设项目立项。

(3)开展智能交通系统建设工程可行性研究。

(4)编制智能交通系统建设总体技术方案(即初步设计,含招标、实施、评审)。

(5)开展智能交通系统建设项目道路交通组织优化设计(含招标、实施、评审)。

(6)编制智能交通系统建设项目实施方案(含招标、实施、评审)。

(7)编制智能交通系统建设项目招标文件(含工程与监理)。

(8)智能交通系统建设项目招标。

(9)智能交通系统建设项目工程深化设计(含评审)。

(10)智能交通系统建设项目工程实施。

(11)智能交通系统建设项目预验收。

(12)智能交通系统建设项目试运行。

(13)智能交通系统建设项目技术与运维培训。

(14)智能交通系统建设项目竣工验收及决算审计。

(15)智能交通系统建设项目运行维护(一般为政府购买专业服务)。

(16)智能交通系统建设项目后评估。

智能交通系统建设流程,见图9-3。

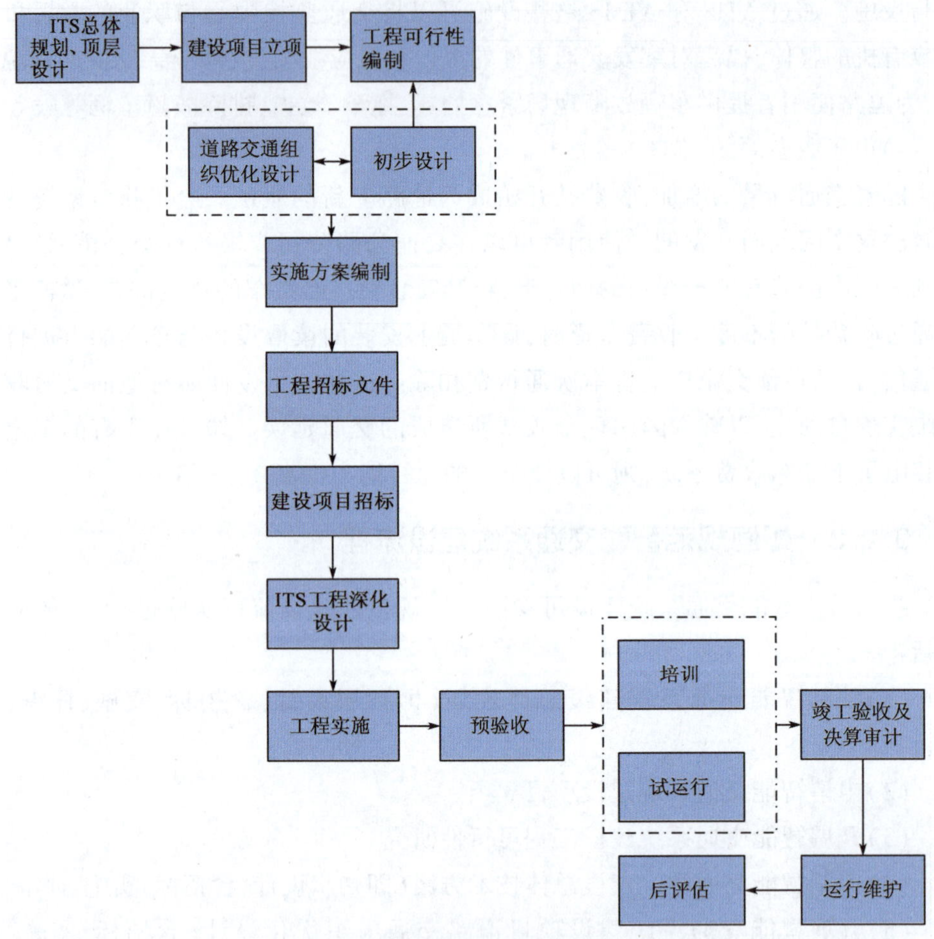

图9-3　智能交通系统建设流程

9.2.4　交通信号控制系统构成、结构及其作用

1)交通信号控制系统[2]

(1)固定配时集中控制系统

该系统要在流量调整基础上制订若干的方案,然而配时方案确定之后,就不能随现场流量的变化而变化,是一种固定配时控制系统,典型系统有英国的TRAN-

SYT 系统。

(2)自适应协调控制系统

①悉尼交通自适应协调系统 SCATS

SCATS(Sydney Coordinated Adaptive Traffic System)是当今世界上最先进的信号控制系统之一。其最大的特点是“自适应”,即路口的信号配时,信号灯显示时间完全是动态控制的。根据道路车流即时情况,进行数据处理,然后适时调整做出合理的配时,以适应路口的不同情况,大大提高了道路通行效率。

SCATS 是基于计算机网络、路口感应装置的控制系统,能分析统计车流流量、速度,并根据最佳通行效果,设置出各路口的信号灯时间配比。它能同时控制数平方公里内的交通情况,并让多个交叉路口协同工作,从而使交通运行达到最佳效率。

SCATS 系统结构。SCATS 使用个人计算机作为区域计算机,每台 PC 机可以控制 250 个路口。当系统超过这个数量时,增加区域计算机即可。通常,在多个区域计算机组成的系统中,需要一个管理计算机,负责数据的输入、采集、监测、数据分析、系统记录与备份等管理性工作,以简化大系统的运营管理。SCATS 可以将网络中的任何一台区域计算机定义为管理计算机,从而无须单独设置独立的管理计算机。典型的 SCATS 系统结构,如图 9-4 所示。

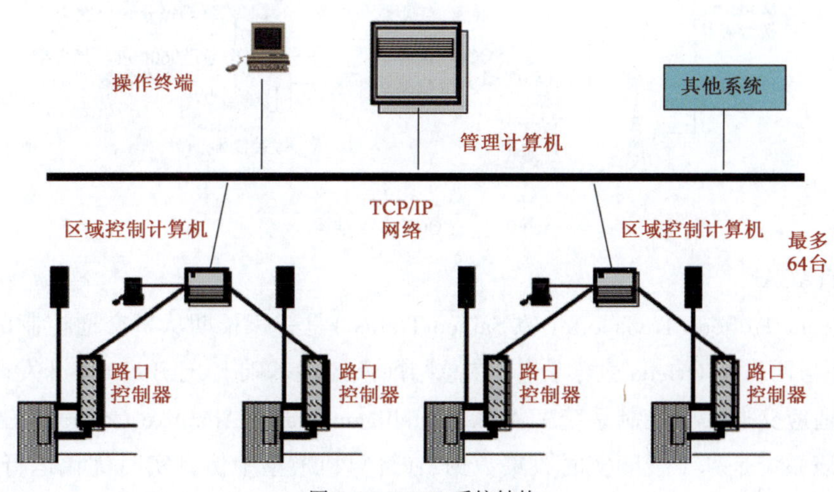

图 9-4 SCATS 系统结构

②绿信比—信号周期—相位差优化技术 SCOOT

SCOOT(Split-Cycle-Offset Optimization Technique)是一种对道路网交通信号实行协调控制的自适应控制系统。由英国交通与道路研究所于 1973 年开始研究开发,1979 年正式投入使用。20 世纪 90 年代该系统进行了多次升级,目前最新版本为 4.5 版。

SCOOT 系统是一种实时自适应控制系统,其硬件组成包括 3 个主要部分:中心计算机及外围设备,数据传输网络和外设装置(包括交通信号控制机、车辆检测器或摄像装置及信号灯)。软件大体由 5 个部分组成:

a. 车辆检测数据的采集和分析。

b. 交通模型(用于计算延误时间和排队长度等等)。

c. 配时方案参数优化调整。

d. 信号控制方案的执行。

e. 系统检测。

以上 5 个子系统相互配合、协调工作,共同完成交通控制任务。典型的 SCOOT 系统结构,如图 9-5 所示。

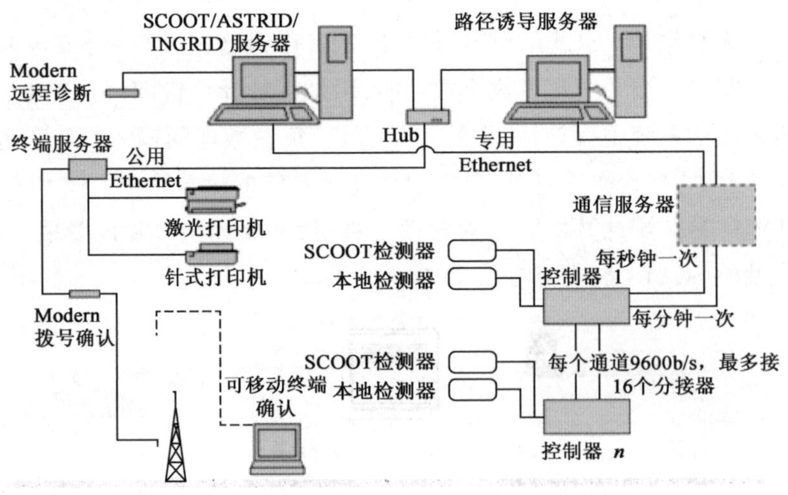

图 9-5　SCOOT 系统结构

③ITACA

Telvent Tráficoy Transporte(原 Sainco Trafico)是一家长期从事交通控制的知名公司,并与西班牙 Oviedo 大学合作,在总结前人经验基础上,于 1990 年开发研制了一套自适应交通信号控制系统 ITACA (Intelligent Traffic Adaptive Control of Areas)系统。该系统是基于线圈实时收集数据,在计算机模型中仿真实时优化运行,并实时下达交通控制指令,以达到最佳交通控制效果的先进系统。ITACA 系统在世界多个城市成功运行,表现优秀,在国内的北京、武汉等城市有小规模应用。

相对于传统的系统,ITACA 的优点在于:

a. 每 5s 就对交通数据进行一次收集和处理。

b. 对每个路口都生成相应的参数以区别对待(系统中有每个路口在整个网络中都有准确位置,因此系统从每个路口的所有邻近路口都能收集信息)。

c. 每过几个周期就根据系统的计算结果对每个子区域的周期长度进行一次调整,即周期调整。

d. 每个周期都根据系统的计算结果对每个路口不同灯组的绿灯时间进行分配调整,即绿信比调整。

e. 每个周期都根据系统的计算结果对每个路口的周期开始时间进行调整,即相位差调整。

f. 可以根据交通专家的经验,对系统进行优化。

2)系统结构

交通信号控制系统是一个规模庞大,涉及因素众多的系统,因此一个这样的系统需要一个控制中心,它能根据当前状态,给出控制指令,给执行装置或有关部门。现在交通信号控制系统一般比较多地采用分布式控制系统的结构形式,即由中央监视管理级、区域控制级及路口控制三级组成,如图9-6所示。

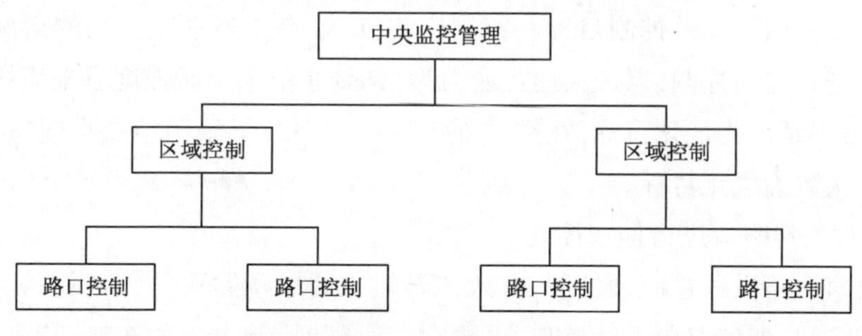

图9-6　分布式控制系统结构

许多系统现在仍采用这种结构模式,但随着微型计算机和网络通信技术的发展,中央监控管理级采用网络服务器和数据库管理系统的技术,把区域控制服务器和中央控制管理服务器联入同一局域网中,实施对区域控制和路口控制的监视管理。区域控制级对受控区域进行协调控制,根据实时采集的交通数据优化系统控制方案,是系统的主要控制及管理级。路口控制级是由路口信号控制器、车辆检测器、信号灯等组成,负责收集、处理和传递交通信息,控制路口信号灯状态。

系统的结构如图9-7所示。

3)如何发挥交通控制系统的作用

道路交通信号控制系统,是智能交通系统ITS在交通管理工作中的基本应用,也是城市智能交通控制系统中最直接、最基础的应用系统。

采用交通检测技术,对路段或交叉口的交通流量进行实时检测,采用其对交通信号的配时参数进行自动调整和优化,为相位设置提供依据,以保障交通流的顺畅、减少延误,并提高交叉口和道路的通行效率。

(1)实现不同时段控制

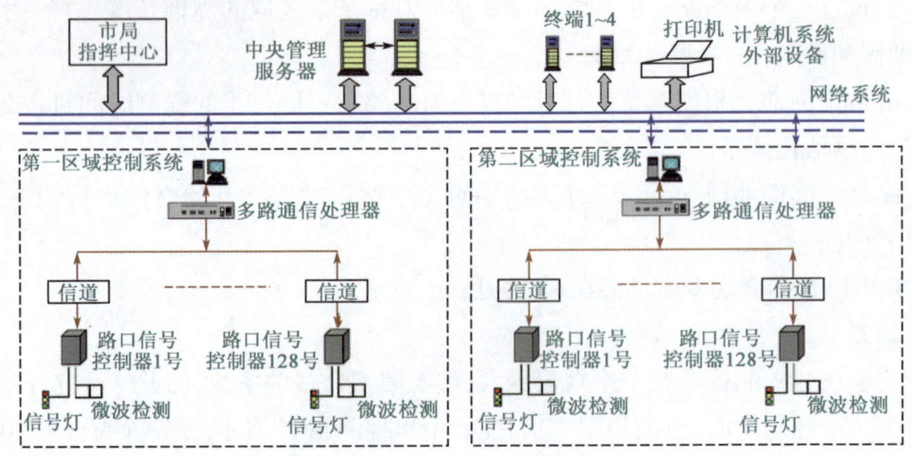

图 9-7　交通信号控制系统结构框图[3]

主干道有明显交通双峰周期,但是在平峰时交通压力不大,因此需要针对不同的交通强度采用不同的控制目标和控制模式,比如在交通强度较大的情况下实施定周期控制或拥堵控制,以最大通行能力为目标;在中等交通强度下采用协调控制模式,以最小延误为优化目标,在交通强度较小的情况下采用单点自适应控制,以最小停车次数为优化目标。

(2)对关键路口进行拥堵控制

需要对该路段通过瓶颈控制,有效疏导短连线瓶颈路段的交通拥挤。利用瓶颈控制的方法,拥堵路段上游路口,减少绿灯时间,控制进入的车辆,减少需求;拥堵路段下游路口,增加绿灯时间,增加驶离的车辆。

(3)特殊勤务控制

信号系统应在功能应用上具备智能勤务控制功能,保障勤务车队的一路绿灯,同时确保在信号控制上具备足够的路口清空时间,保障交叉方向的交通安全。信号控制中心软件应该具有进入视频监控的功能,在执行特勤控制任务时,道路视频监控图像配合进行路口情况监控,判断路口特勤执行时间和接触时间。有效提高了交警指挥的效率,为路口交警减轻负担。

(4)联网控制

通过联网控制,对所有城区信号灯路口可统一进行管理和控制,包括信号灯的控制、设备状况监视以及预案配时远程调用和设置。

9.2.5　交通仿真在交通组织中的应用

交通仿真的前提是通过精确绘制现有的交通组织图、输入信号机采集并经过人工验证过的交通数据流、信号机相位配置参数等信息,详细逼真地描绘道路组织方案模型,直观地反映在当前交通组织方案下交通运行状况。交通仿真避免了交通组织不合理带来的交通损失,给交通组织者提供一个模拟、验证交通组织方案可行性的良好平台。交通仿真可分为宏观仿真和微观仿真。交通组织仿真采用微观仿真方式,当今较为流行的仿真软件,如美国 Caliper 公司开发的 TransModeler、德国 PTV 开发的 VISSIM[4] 等,可进行交通组织仿真,从而找到较为合理的交通组织方案。其流程主要包括:

1)交通组织绘制

先导入路网底图,然后在地图文件的图层之上添加交通设备、设施图层(可分别置于不同的图层),对每个设备设施设置相应的属性,确保道路、设备设施等图层属性贴近交通组织实际情况。地图文件的精确性直接影响到车道、路段尺寸等信息。绘制车道、路口。选择路段层,绘制道路,然后选择车道图层,绘制路口,包括路口转向信息。

2)填充运行数据

(1)添加路口转向流量。传统的仿真数据形式是 OD 数据,即基于任何两道路节点之间的流量。这种数据形式比较简单,能够较好地应用于仿真,是仿真模型最先发展起来的一种数据输入方式。由于 OD 数据获取不容易,目前还没有设备能够直接检测,所以人们通常用调查统计分析数据来替代,而调查分析需要较长的时间,存在一定的难度,主要是利用联网信号机采集或路口视频,获取转向流量数据。

(2)选择交叉路口,选择转相流量,根据路口转向,在转向表格中添加上述计算出的流量。

(3)添加路口信号配时。点击交叉路口,添加路口虚拟信号配时。添加信号配时方案,可配定周期、感应配时、顺序配时等不同种类方案,也可以设置时段,在不同的时候执行不同的方案。

(4)添加路口行人过街。选择人行横道,在路段上添加;设置人行横道属性,设定人行出行总量及过街概率;最后,将行人过街与信号相位关联。

3)方案比选

在执行仿真的过程中,可以直观地展示交通状况、车辆密度、排队长度,观察拥堵的具体时间空间分布;可以不断修改信号配时方案,添加、删除行人过街,不断调整参数,将整个工程修正至系统均衡。仿真软件将输出一系列的参数,如路段,路口排队长度、平均排队长度、平均延误、平均车速、流量等交通参数。

通过对交通组织方案的模拟仿真,最终得到的输出指标,例如路段,路口排队长度、平均排队长度、平均延误、平均车速、流量等交通参数,可以选择指标数据较为理想的方案或方案组合,确定实际应采取的交通组织方案。

9.2.6 交通信号控制器在环仿真技术

为了再现真实情况下交通流的随机性、交通流过程，在实验室传统交通控制和仿真平台的基础上进一步开发，形成“软件在环”仿真平台。以 VISSIM 仿真软件为例，可将数据信息存储在 Microsoft Access 数据库中，应用 Visual Basic 程序通过 VISSIM 的 COM(Component Object Model)接口建立仿真实验平台。以外部实时检测数据对 VISSIM 仿真模型进行动态修正，使其更加接近真实交通流特征，然后通过 VISSIM 仿真模型的 COM 接口，实时读取检测器数据；经实时监控系统将数据写入控制优化方法模块，该模块生成的控制方案以 DLL 文件的形式写入 VISSIM 模型，由此形成“软件在环”排队溢流控制仿真，如图 9-8 所示。

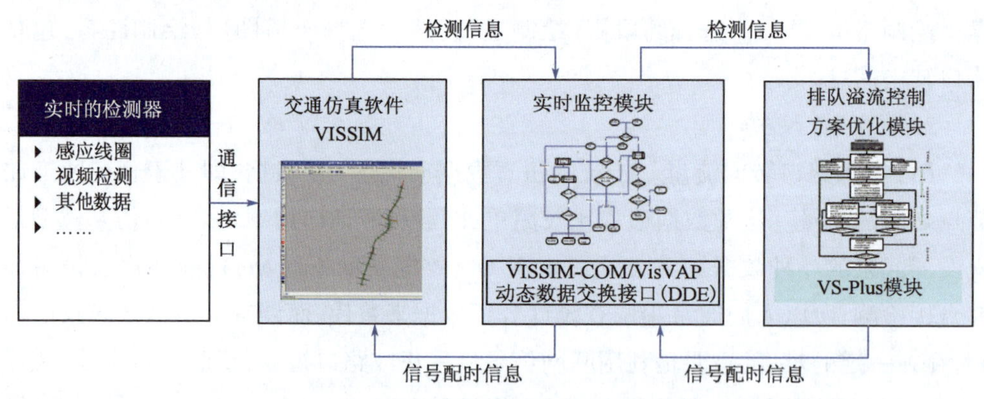

图 9-8 软件在环”仿真平台设计思路

9.2.7 如何利用卡口数据进行城市道路交通管理

智慧交通是一个庞大而复杂的体系，其中，作为城市交通管理与控制系统中的重要组成部分，卡口系统是当前公安交管业务的重点，其“智慧”水平的高低，将决定整个城市交通管理与控制的效果是否能真正解决令人头疼的交通难题。

卡口系统的前端由分布在城市各大小路口的卡口设备组成，包括高清摄像机、补光灯、嵌入式智能分析控制主机、光端机或光纤收发器等设备，主要完成信号灯状态检测、机动车违章行为检测、违法图片抓拍、补光灯控制、违法记录本地储存、相关信息网络上传等任务。而后端则需要庞大的数据存储和处理平台，进行视频、图片等各种非结构化数据的存储、查询、分析和处理，为相关交管工作提供数据决策依据[5]。

1)数据存储

卡口系统是公安交管业务的重点，卡口过车数据一般包括卡口编号、车道编号、号牌号码、号牌颜色、号牌类型、过车时间、过车速度等属性信息[6]。在卡口过车数据表的设计时,可以以车牌号与过车时间为关键要素。这样在进行卡口过车记录查询时,可以同时以号牌号码和过车时间为查询条件。

2)布控车辆报警

当车辆通过卡口时,摄像头拍摄过车图片并快速识别出车牌号等车辆信息,利用卡口数据对该车牌号进行高速比对分析,检查该车是否在布控车辆范围内。当识别的车牌号符合布控车辆的特征时,系统会发出实时告警,报警信息中包括车牌号码、车速、车型、车辆通过时间、车辆图片等,方便办案警员快速做出响应。

3)套牌车分析

系统设定一个阀值,指定每两个卡口之间的距离内行驶速度。当在两个卡口内监测到同一车牌号,但是在这监测的时间段内无法从一个卡口行驶到另一个卡口时,可以断定其中一辆车属于套牌车,系统会对这两辆车作出报警,并提示警员快速做出处理。

4)车辆轨迹分析

选择某一重点车辆,查询该时间段内经过的所有卡口,并在警用地理信息系统上显示该车辆的历史行驶轨迹。

5)伴随车辆识别

能够自动分析出某一辆车在选择的时间范围内,在其所经过的各个卡口时的前后一段时间间隔(如:前后30s)内均同时出现过的车辆信息。

9.2.8 如何利用电子警察提高交通运行守法率

电子警察即交通违法行为监测记录系统对城市交通管理者有效利用科技手段管理交通秩序、遏制交通违法行为起到积极作用。在城市交通管理中,闯红灯交通违法行为是对交通安全影响最大的原因之一,而城市快速路以及公路交通中超速问题是对交通安全影响最大的原因之一。因此规划时需在城市交叉口设置闯红灯自动记录系统,在城市外围道路、快速路、公路上建立超速违法抓拍系统,同时在多处交通违法行为多发点建立高清手动抓拍系统。

根据交通信号系统建设的步骤进行建设,建设范围可根据交通信号控制系统的控制点位进行选取,同时结合各交叉路口每年违法行为发生数量、事故数量等进行设置。

闯红灯自动记录系统设备规划采用多功能高清设备,可在同一幅图片中清晰记录违法车辆、号牌信息、红灯信息等,同时系统具备号牌识别、事件检测等功能,以加强取证效果,减少处罚纠纷,提高交通运行守法率。

9.2.9 如何发挥交通状态判别系统的作用并进行信息诱导发布

交通状态判别系统以城市道路多源交通数据动态采集为基础，主要以交叉口及区域为单位的交通状态判别系统。能够对已形成或即将形成的交通拥挤进行及时、准确的识别和预测，并有针对性地采取有效的组织、管理手段，则能够在最大限度上减少交通拥堵所带来的负面影响、大幅度地提高整个道路运输系统的运行水平。

通过部署于各个路口的交通流参数检测器获取的交通流参数为基础，将数据统一发送到交通控制中心，由控制中心对交通流数据信息进行处理，并通过挖掘算法来提取交通状态特征信息，并将特征与实时的交通流参数进行比较，判别特定路段的交通状态，并以这种交通状态信息为基础来控制交通的正常执行[7]。交通数据在交通管理中的处理流程，如图 9-9 所示。

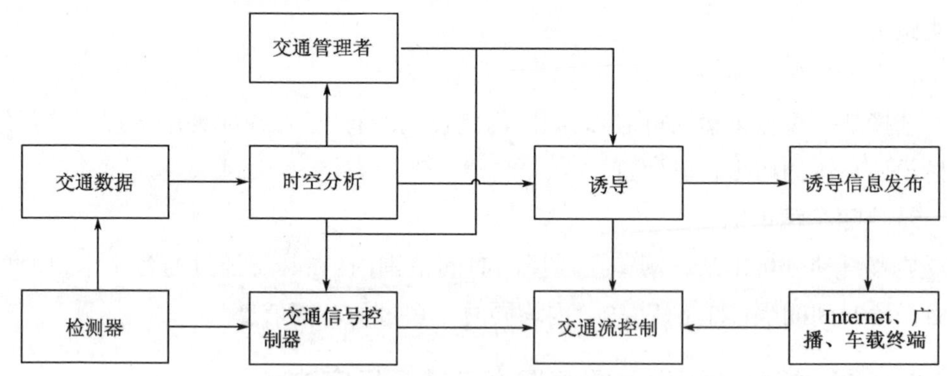

图 9-9 交通数据在交通管理中的处理流程

1)发布形式

(1)固化信息显示：将通用的显示信息固化在下端显示屏中，用于显示屏与中心中断时显示，固化信息可以从控制中心下载或用笔记本电脑下载。信息内容、显示时间可通过控制系统更改。

(2)人工诱导显示：将诱导信息人工通过控制系统发往室外显示屏显示。可设定为发送后立即显示或设定好后由控制系统定时发送显示。

(3)自动诱导显示：由诱导软件自动根据来自交通流实时动态信息检测系统所收集的实时交通流数据按预先设定的算法计算生成诱导信息，生成的诱导信息经确认后，自动发送到室外显示屏显示。

2)发布区域

(1)广域诱导。广域诱导标志主要在较大范围显示道路网络畅通、拥堵情况，告知行驶到设置交通标志位置的驾驶人，前方相关路段和交通节点(立交、大桥、隧道等)的交通状况,以尽早选择或变更出行路径。广域诱导标志还具有道路指引牌的功能。广域诱导标志主要采用大型图形的形式显示诱导信息。

(2)局部诱导。局部诱导标志主要显示与交通诱导标志设置位置相连接的局部前方路段和主要相关交通节点的交通状况和达到相关节点的旅行时间,诱导行驶到交通诱导标志设置点的驾驶人在下游交叉口进行转向决策,并兼顾出行路径选择进行局部诱导。局部诱导标志可采用图形或图形加文字的形式显示诱导信息。

3)信息分类

(1)警告警示信息。这类信息主要是根据与交通诱导信息发布系统联动的那些卡口监控系统所提供的监控数据,发布其管辖范围内行驶车辆的超速违法等信息。

(2)交通诱导信息。根据交通、天气及指挥调度部门的指令及时显示交通诱导信息,如:施工地段管制、强风、浓雾等警示标语及简单图形,从而让驾驶人提前了解道路状况,避免交通阻塞,减少交通事故发生。同时还可根据路面实际情况显示限速值,从而有效地对交通流进行诱导,使高速公路的交通更加畅通。

(3)公众信息。这类信息主要是一些人性化的友好提示信息,如:谨慎驾驶、注意安全、请不要疲劳驾驶等。另外,还有一些其他信息,比如:庆祝国庆等。

9.2.10　交通管理部门如何通过微信进行交通信息服务

交通管理指挥中心开通官方微信公众平台,交通出行者需在微信中添加微信号或查找微信公众账号或者直接在微信中扫描图中的二维码,就可获得实时路况查询、交通管制信息、车辆违法查询及车辆故障救援等多项服务。

1)常规的车、驾、管等全方位的信息服务

除了实时路况信息查询、交通违法查询、事故处理指南等相关查询内容外,交警部门还通过微信平台公布市区单行线分布、交通违法处理窗口地址及车辆4S店故障救援电话等服务内容。

2)个性化实时推送路况信息

(1)用户在出行过程中,如遇到交通拥堵、交通事故等事件,可使用公众号中的随手拍功能,将事件信息以图片或文字方式提交。

(2)交管微信公众号后台系统自动采集服务,汇聚步骤(1)中公众用户上报的大量交通事件信息,持久化到数据库中。

(3)通过机器自动语义分析、人工审核及道路视频巡检,集中处理步骤(2)中的数据,将筛选后的路况信息,融入交管内部的路况分析系统中。

(4)交管内部的路况分析系统计算后,向特定用户实时推送路况信息。

9.2.11 不同交通信息采集设备能够采集的数据以及优缺点

交通数据采集是通过人工或采集设备等方式对多种交通现象进行调查，获取数据信息，为交通规划、交通设施建设、交通控制与管理、交通安全、交通环境保护和交通流理论研究等提供基础数据支持。

1）固定型交通信息采集设备

环形感应线圈、微波雷达、视频检测器、红外检测器、超声波检测器。能够采集数据如表9-2所示。

固定型交通信息采集设备采集数据表　　表9-2

采集技术	流量	占有率	车速	车队长度	多车道覆盖	其他
环形感应线圈	√	√	*	*	√	车长
视频	√	√	√	√	√	车型、车头时距
微波雷达	√	√	√	*	√	车头时距
超声波	√	√	*	*	×	—
红外	√	√	√	*	√	车型、静止车辆

注：√-直接检测；*-间接检测；×-无法检测。

2）移动型交通信息采集设备

浮动车采集技术、基于电子标识的交通数据采集技术、车牌识别采集技术、基于手机的交通数据采集技术。能够采集数据如表9-3所示。

移动型交通信息采集设备采集数据表　　表9-3

采集技术	流量	地点车速	区间车速	行程时间	多车道覆盖	其他
环形感应线圈	√	√	*	*	√	车辆OD
视频	√	×	*	*	√	车辆OD
微波雷达	√	×	*	*	√	车辆OD
超声波	×	×	*	*	×	出行OD

注：√-直接检测；*-间接检测；×-无法检测。

3）不同交通信息采集设备优缺点（表9-4、表9-5）。

固定型交通信息采集设备优缺点表　　表9-4

固定型交通信息采集设备	优　点	缺　点
环形感应线圈	（1）技术成熟，易于掌握 （2）检测精度高 （3）安装和使用成本较低	（1）安装过程对可靠性和寿命影响很大 （2）安装或维修需要开挖路面，影响路面使用寿命，还需要中断交通 （3）易被重型车辆的通过、路面维修等损坏

续上表

固定型交通信息采集设备	优　　点	缺　　点
微波雷达	(1)在各种气候条件下保证精度 (2)不需要常规维护,使用期内维护费用最低,不需要封路安装 (3)可监测双向车流,达到8条道,可检测静止的车辆流量和占有率达到95%精度,速度达到90%精度 (4)风力、太阳能取电,无线通信	(1)价格比较昂贵 (2)安装精度要求比较高,在桥梁、立交、高架路安装受到限制 (3)道路具有铁质的分隔带时,检测精度下降
视频检测器	(1)直观可靠,安装方便,价格便宜 (2)可为事故管理提供可视图像 (3)单台摄像机和处理器可检测多条车道	(1)易受恶劣天气、阳光、灯光、阴影、积水反射或昼夜转换等环境因素影响 (2)大型车辆可能遮挡随行的小型车辆,车辆的动态阴影也会产生干扰
红外检测器	(1)主动式检测器精度高 (2)可检测多条车道 (3)可检测静止的车辆 (4)在大雾环境下比可见光有更长的检测距离	性能随环境和气流影响而降低,易受外界灰尘、雨、雪的影响
超声波检测器	(1)体积小,易于安装,架设方便 (2)使用寿命长,可移动 (3)可同时检测多车道的交通流 (4)可检测间距很小的车流	(1)检测范围呈锥形,受车型、车高变化影响 (2)检测精度受环境影响较大,尤其是大风、暴雨的影响,风速过大会导致超声波束产生漂移 (3)人或物通过探头下方时也会产生反射波,造成误检

移动型交通信息采集设备优缺点表　　表9-5

移动型交通信息采集	优　　点	缺　　点
浮动车采集技术	(1)数据采集连续性强 (2)全天候条件下工作 (3)可以覆盖全路网,可提供大量交通管理信息	(1)需要足够多的装有GPS的车辆运行在城市道路网络中 (2)检测数据通信容易受到电磁干扰 (3)在城市中的检测精度与GPS的定位精度有很大关系 (4)出租汽车的运营车辆特征
基于电子标识的交通数据采集技术	(1)数据检测连续性强 (2)全天候条件下工作 (3)可以提供自动收费功能	(1)车辆必须按照有电子标识 (2)必须有足够的车辆安装有电子标识 (3)必须有良好的滤波算法,消除个别车辆运行故障引发的数据误差

续上表

移动型交通信息采集	优　点	缺　点
车牌识别采集技术	(1)数据检测连续性强 (2)全天候条件下工作 (3)车辆不需要安装其他设备 (4)可以检测全路网的所有车辆信息	(1)检测精度受天气和光源影响较大 (2)检测精度受汽车牌照的清晰度影响
基于手机的交通数据采集技术	(1)车辆不需要安装其他设备,成本低,一次性投入资金少,运营管理费用低 (2)数据采集非常方便 (3)采集行程时间、行程车速、动态位置、路径,出行OD等 (4)覆盖范围广,普及率高	(1)依赖移动通信网络 (2)技术门槛高 (3)采集精度取决于采用的技术方案 (4)涉及隐私问题 (5)交通方式未知

9.2.12 交通信息采集点位如何选取

为了掌握路网交通的分布规律,探求各种与交通量有关的系数,并为交通流量预测提供以往长期的可靠资料,需要在同一地点进行长期连续的观测,这就需要设置连续式观测站。而通过众多的间隙性观测调查,可以了解交通量在地域等空间上的分布规律。为了解全面的交通情况提供数据,这需要设置间隙式观测站。间隙式和连续式交通量观测站的设置,应考虑在公路网上分布的均匀性、合理性和代表性。

考虑到公路网交通信息采集站点布设实施资金投入的阶段性,为保障交通采集点布设规划的系统性。可以将交通信息采集站点选取原则划分为四个等级层次,站点的系统实施应按等级由高到低的顺序逐步实施[8]。

一级观测站点——路段重要度高或具有政治、军事等特殊意义,需要进行长期连续观测。

二级观测站点——路段重要度较高或路段所处位置特殊,建议进行长期连续观测。

三级观测站点——路段重要度一般或每年高峰期交通流量较高的路段,需进行间隙式观测,高峰期进行连续观测。

四级观测站点——路段重要度较低、交通流量较小,建议仅进行间隙式观测。

路段重要度评判:对路段重要度的评判主要从宏观和微观两个层次考虑。从宏观角度,路段的重要度取决于路段在整个路网中的功能地位;从微观角度取决于路段本身的特性,如技术等级及所承担交通流量的大小。基于此,方案提出了以下三个路段重要度的评价指标体系。

(1)路段在路网中的功能地位——功能重要度。

(2)路段的技术等级——技术重要度。

(3)路段的交通流量大小——流量重要度。

9.2.13　如何利用道路监控系统提高对交通运行状况的判断力

道路监控系统是公安指挥系统的重要组成部分,提供对现场情况最直观的反映,重点场所和监测点的前端设备将视频图像以各种方式(光纤、专线等)传送至交通指挥中心,进行信息的存储、处理和发布,使交通指挥管理人员对交通违法、交通堵塞、交通事故及其他突发事件做出及时、准确的判断,并相应调整各项系统控制参数与指挥调度策略。

道路监控系统首先能纳入交通管理控制平台,成为平台的一部分,将视频信息经处理后为其他系统提供共享数据,更好地判断交通运行状态,需如下使用该系统:

(1)采集城区路口的交通实况和道路上的直观图像信息。

(2)对监控区域做到从宏观(早中晚)到细节(具体时间)的动态监控。

(3)及时发现监视区域内的道路交通违法、事故,确认地点、性质、时间,为快速调动警力、及时处理现场,疏导交通创造条件。

(4)及时发现监控区域内的可疑事件,可疑人员或可疑车辆的活动和可疑物体的移动。

(5)服务于社区治安防范,对重要出入口、目标、场所进行监视,以便配合治安部门对突发性事件做出及时、快速反应。

(6)配合交通信号控制,为重要活动、交警及特种车辆的安全通行,提供信息服务。

(7)对突发事件进行录像,便于查证。

9.2.14　如何与紧急救援系统联动,提升紧急救援能力

装有紧急救援系统的车辆,如遇到紧急情况,按下求救按钮,系统将优先接听遇险电话,并确认车辆的位置。系统可以对各种紧急情况做出响应,并联系当地的紧急救援协助机构,如警方、医疗、消防,以便救援队伍迅速抵达遇险车辆的确切位置。紧急救援结构,如图9-10所示。

交警部门在接到救援信息后,第一时间对社会车辆进行一定管制,确保救援车辆能第一时间到达现场;道路监控与交警部门进行联动,部署警力进行交通管制与人员调动。调动内部救援支援,与救护车辆联合出动,确保救援时间。

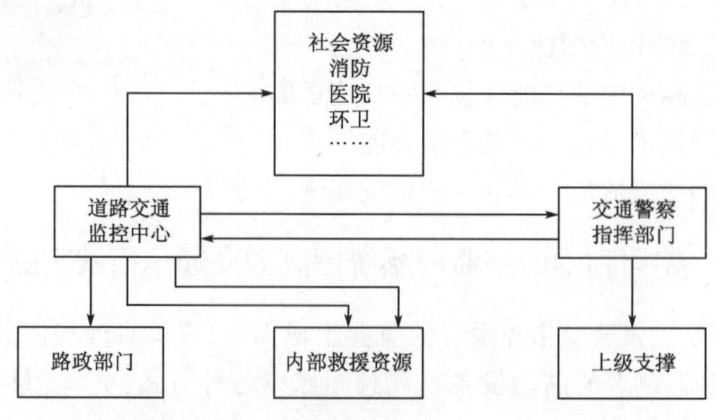

图 9-10　紧急救援系统结构

9.2.15　如何发挥公交到站预测系统提高公交服务水平优化出行结构

作为城市公交到站预测系统中的核心模块,中央控制与计算模块使用数据检测模块提供的车辆状态数据,并结合到站时间预测模型,计算获得乘客所需要的相关出行信息,其处理过程如图 9-11 所示。

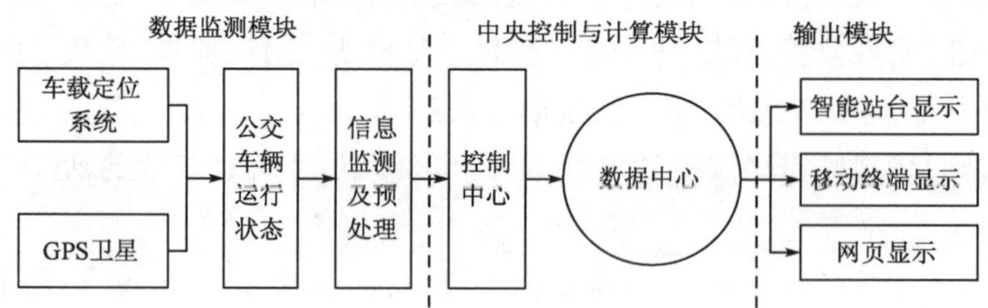

图 9-11　公交到站预测系统示意图

出行者通过站台、收集终端、网页显示获取数据中心发布的公交到站时间,从而有效地安排自己的出行计划,减少等车时间,从而提高出行效率。

1)智能站台

公交智能站台可显示公交车辆的到站预报信息,包括线路预报、线路绕行、距离本站预报等功能,候车市民可以及时了解车辆距离本站站数等实时信息,合理安排候车时间,及时调整出行线路,提高出行效率。

2)手机公交 APP 结合

(1)线路查询功能:提供本市公共交通线网各条线路上下行走向、站点和首末班车时间等基本信息。

(2)换乘查询功能:可根据用户设定的起点和终点提供多个换乘参考方案。

(3)周边公交功能:提供指定位置周边一定范围内的公共交通设站信息。

(4)公交示意图功能:提供本市公交全网布局及站点等信息。用户下载应用时,已同时下载了电子地图基础数据,实际使用中的操作产生流量极少。又如,换乘查询功能所提供的参考方案以换乘次数最少、换乘时间最短优选,并可自定义出行时间。

9.2.16 如何利用停车诱导系统减少车辆的绕行

停车诱导系统(Parking Guidance Information System,PGIS)是指通过智能探测技术,与分散在各处的停车场实现智能联网数据上传,实现对各个停车场停车数据的实时发布,引导驾驶人实现便捷停车,解决城市停车难问题的智能系统[9]。

(1)通过在线查询,出行者可了解目的地周边停车场分布,提前计划是否开车。

(2)停车导航,驾车者可在行驶中缩短寻找停车场的时间,减少无效交通流,减少绕行距离。

(3)停车指数预报,辅助驾车者提前预判停车供需情况,规划出行时间。

停车诱导系统可通过以下方式提供诱导信息:

1)互联网查询功能

建立一个停车门户网站,该网站将为开车出行的人提供辖区内的停车场信息。这些信息包括停车场的车位信息、出入口信息、收费信息等。并且还提供网上车位预定、在线充值等功能方便出行者提前规划停车、现场快速找车位、离场快速缴费,形成出行规划、驾驶导航、停车收费一条龙服务。

2)移动互联网导航查询功能

移动互联网可以说是对互联网的延伸,方便出行者通过手机登录停车门户网站,完成车位信息的查询和预订等功能。由于移动互联网具有的随时,随地即可实时查询的优势,可以方便出行者在需要的任何时间任何地点对停车信息进行查询、导航、车位的预定。

3)利用诱导屏交通诱导

通过停车诱导系统信息发布系统为城市交通提供诱导信息,方便出行者合理地寻找停车场和了解路况信息。通过城市交通的一级、二级和三级诱导系统,将出行者和实时的路况、停车信息联系起来,不仅方便出行者,也有利于缓解城市的交通拥堵问题。

9.2.17 汽车电子标识应用

汽车电子标识(Electronic Registration Identification of the motor vehicle,ERI)也叫汽车电子身份证、汽车数字化标准信源、俗称“电子车牌”,将车牌号码等信息存储在射频标识中,能够自动、非接触、不停车地完成车辆的识别和监控,是基于物联网无源射频识别(RFID)在智慧交通领域的延伸[10]。

1)实现车辆精准管理

利用其在动态自动识别上的优势,实现对运行中车辆的动态自动识别和管理,可改进现有的静态车辆监管模式,实现车辆管理精准化。通过车辆动态监测、车牌防伪、卡口监控、肇事逃逸车辆追查、出租车治安管理、路网动态监测、交通流分析及诱导控制、车辆安全管理等,有效规范车辆使用和驾驶行为,抑制车辆违法行为,为城市发展和人民生活提供一个安全、高效、和谐的交通环境。

2)挖掘城市道路潜力,提高交通组织效率

自动识别和动态信息采集的功能,对城市路网进行动态监测,及时掌握道路通行状况,特别是精准掌握城市交通拥堵瓶颈路段、路口的车流状态和车型分布,为有针对性地实施城市交通流宏观诱导和路口实时自适应控制创造条件。

3)提供面向机动车的出行服务与行业应用服务

基于庞大的信息平台,可供社会各单位共享机动车信息资源,从而将车辆识别技术普及到机动车的出行服务与行业应用服务(单位、小区出入管理,客运、出租管理,不停车收费等),带动相关行业的信息化发展。

本章参考文献

[1] 吴兵,李晔. 交通管理与控制[M]. 人民交通出版社,2005.

[2] 沈国江,张伟. 城市道路智能交通控制技术[M]. 科学出版社,2015.

[3] 交通信号控制系统方案. 百度文库. http://wenku.baidu.com/2010-09-19

[4] 张立东,王英龙,贾磊,等. 交通仿真研究现状分析[J]. 计算机仿真,2006,(6):255-258.

[5] 罗海霞. 交通出入卡口高清视频监控系统设计[D]. 华南理工大学. 2011.

[6] 浪潮大数据赋予城市交通"智慧之眼". 资讯网. www.csdn.net/article/2014-11-17/2822662.

[7] 姜桂艳. 道路交通状态判别技术与应用[M]. 北京:人民交通出版社,2004.

[8] 河北省公路网交通信息采集站点布设规划及实施方案研究. 中国技术交通网. http://www.tranbbs.com/Case/collection/Case_91126_4.shtml.

[9] 傅盈. 城市停车诱导系统设计与管理研究[D]. 华中科技大学. 2007.

[10] 孙新. 汽车电子标识技术解决方案及应用[A]. IT 时代周刊论文专版,2015,317.

第 10 章　新理念与新技术

10.1　概　　述

包括车联网、大数据、云计算、智慧城市在内的一系列新理念和新技术受到人们广泛关注，在其影响下，未来的道路交通将是怎样的？未来的交通管理及执法会发生哪些变化？管理部门应做好哪些准备？值得我们共同思考。

10.2　新技术展望

10.2.1　常用的稳静化减速措施有哪些

车辆超速是造成市区大部分交通事故的重要因素，有些情况下，超速行驶是由于道路基础设施给予了驾驶人错误的信号，驾驶人并未意识到其速度已经大大超过了其所处情形的限制。

交通稳静化是道路设计中减速技术的总称，即通过道路系统的硬设施（如物理措施等）及软设施（如政策、立法、技术标准等）降低机动车对居民生活质量及环境的负效应，改鲁莽驾驶为人性化驾驶行为，优化出行环境，在提升交通安全性的同时，减少噪声、震动等环境污染。其关键在于改变驾驶人对道路的感知从而使其以合适的速度驾驶。

设计措施及效果

交通稳静化设计是通过流量控制与车速控制的措施达到设计目标。

流量控制是借助物理设施削减、疏导道路上的交通流量。典型的措施有：道路的全封闭、交叉口半封闭、交叉口对角分流、中央分隔带、强制转向岛等。

车速控制主要通过道路的几何线形调整来限制车速，可以根据对道路的改变形式分为垂直偏移、水平偏移和收窄。垂直偏移是通过道路纵向偏移使车辆减速，如设置减速拱、减速台、交叉口抬高等；水平偏移是通过道路平面偏移使车辆减速，如设置交叉口环岛、环形交叉口、减速弯道、路段横向偏移等；收窄是通过缩减道路路段某处的宽度使车辆减速，如设置交叉口瓶颈、路段收窄、路段中心岛等。

各稳静化设计措施对控制车速、限制流量和提高安全性的定性分析，如表 10-1

所示。

稳静化措施的作用效果　　表 10-1

稳静化措施	稳静化设计作用		
	速度控制	流量控制	安全性提高
流量控制设计			
全封闭	●	●	○
交叉口半封闭	●	●	○
对角分流	●	●	○
中央分隔带	○	●	◒
强制转向岛	○	●	◒
垂直偏移车速控制设计			
减速拱	●	●	◒
减速台	●	◒	◒
交叉口抬高	●	◒	◒
水平偏移车速控制设计			
交叉口环岛	●	◒	●
环形交叉口	◒	◒	●
减速弯道	●	◒	○
路段横向偏移	◒	◒	○
收窄车速控制设计			
交叉口瓶颈	●	◒	●
路段收窄	●	◒	◒
路段中心岛	●	◒	●

注：●效果显著；◒效果一般；○效果弱或无效果

路段稳静化设计

1）全封闭设计

全封闭是指在路段机动车道设置物理障碍，阻止机动车通行，但允许非机动车及行人通行，以达到减少车流的目的。可采用的障碍包括障碍岛、墙体、大门、短柱、桩等。其适用于穿越交通量较大，周边路网发达，且车辆易于绕行的地区，一般而言该方法较少使用。此外设计时应该注意消防车、救护车等紧急车辆可以强行通过这些物理障碍，如图 10-1 所示。

（1）效果

可减少 44% 的日交通流量。

（2）优点

①保证行人和非机动车的通行。

②有效减少交通流量，降低车速。

③提高行人、非机动车过街安全性。

(3)缺点

①增加机动车绕行距离。

②给本地居民车辆及紧急救援车辆通过带来不便。

③投资成本大,封闭道路影响区域内的商业活动受到限制。

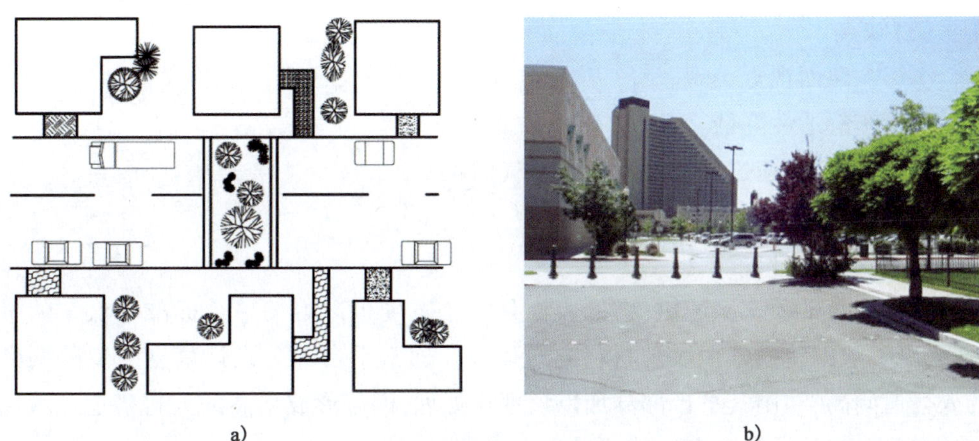

图10-1 全封闭设计示意图

2)减速拱设计

减速拱是指沿着机动车道路横断面,设置在道路上方的凸起区域,一般有6~15cm高,以降低车辆速度。其断面形式有圆曲线、抛物线及正弦曲线三种。在接近路缘石的端部设置渐变段,以利于路面排水。这是一种常用的速度控制措施,如图10-2所示。

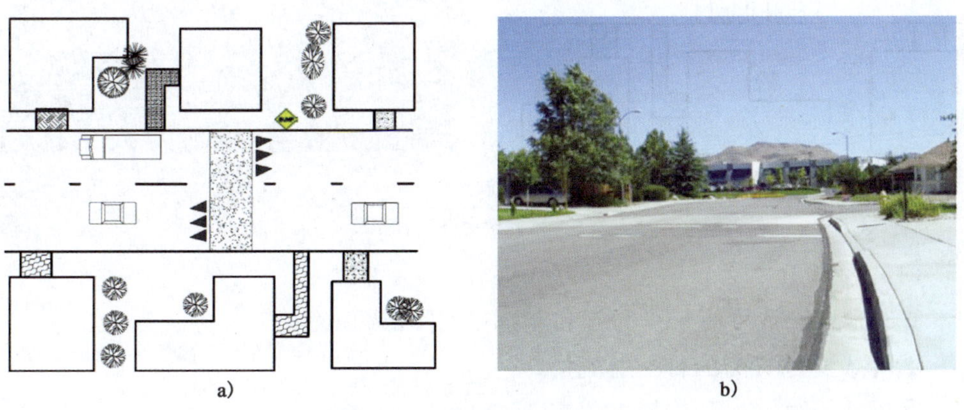

图10-2 减速拱设计示意图

(1)效果

①减速拱设计可使85%位运行车速平均降低约23%。

②可减少约22%的日交通流量。

③可减少约41%的交通事故率。

(2)优点

①工程造价相对较低。

②设计合理,便于行人、非机动车通过。

③有效降低机动车行驶速度、提高交通安全性。

(3)缺点

①影响路面视觉美观。

②行车舒适性降低。

③车辆减、加速过程增加噪声和空气污染。

④降低急救车辆速度,增加延误。

3)减速台设计

减速台是平顶式减速拱,它的表面是一个宽度可以容纳单个标准小汽车的平台,平台一般由砖或其他纹理材料建筑而成。通常平台部分设计高度与道路两旁的人行道同高,利用其平台部分加以纹理化处理,即可形成垫高的人行横道。减速台的宽平台使其设计速度比减速拱更高,如图10-3所示。

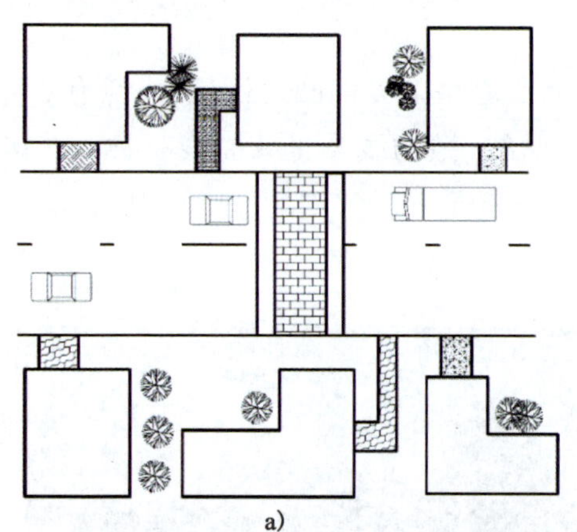

a)

b)

图10-3 减速台设计示意图

(1)效果

①减速台设计可使85%位运行车速平均降低约18%。

②可减少约12%的日交通流量。

③可减少约45%的交通事故率。

(2)优点

①工程造价相对较低。

②对大型车辆而言，减速台比减速拱更加平坦。

③有效降低机动车行驶速度、提高交通安全性。

(3)缺点

①非纹理材料影响道路美观，而提示性、美观性较好的纹理材料价格较高。

②车辆减、加速过程增加噪声和空气污染。

③降低急救车辆速度，增加其延误。

④增加了道路维护的成本。

4)减速弯道设计

减速弯道是指通过拓展路缘或设置路侧障碍，使道路两侧路缘交替延伸从而使道路呈现S形达到降低车速的目的。路缘拓宽、路侧障碍的形状可以是半圆、三角形和方形。为引起注意，路缘拓展区域或路侧岛屿内应该种植树木等纵向景观元素，如图10-4所示。

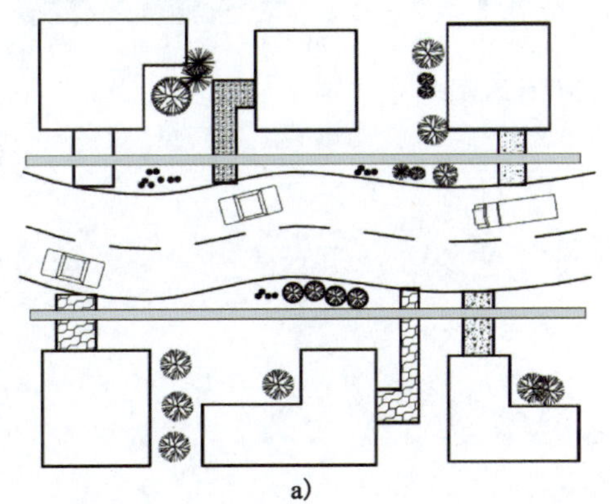
a)

b)

图10-4　减速弯道设计示意图

(1)效果

减速弯道设计可使85%位运行车速平均降低约15%。

(2)优点

①可容纳更多交通流量。

②便于大型车辆的通行。

③道路改造费用相对较低。

(3)缺点

①道路改造工程以及景观绿化建设成本较大。

②要求精确设计以确保车辆不会偏离车道。

③损失了设置路边机动车停车位的可能性。

5)路段横向偏移设计

路段横向偏移设计与减速弯道设计相似，但是道路线性仅做一次偏移，道路线性在横向偏移处前后都保持不变。因为道路线性仅做一次偏移,所以车辆通过速度一般高于连续减速弯道。由于可以保持较高速度,路段横向偏移设计可以应用于高等级道路。典型的路段横向偏移为防止驶入对向车道利用中心岛分离对向交通,如图 10-5 所示。

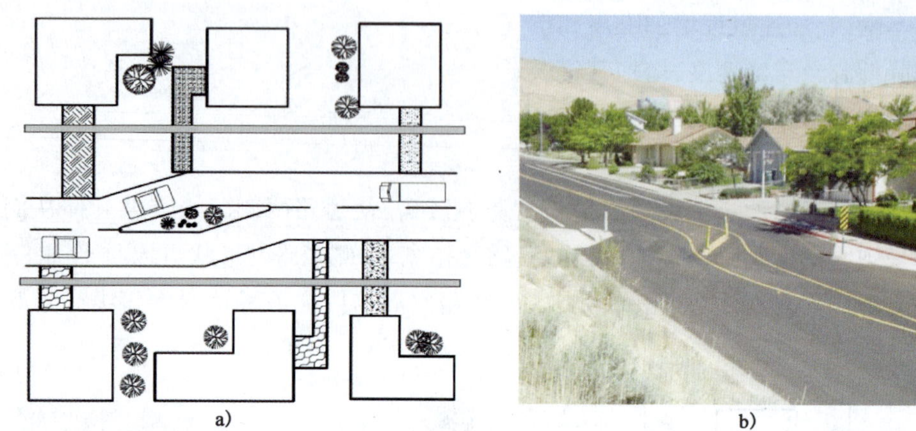

a) b)

图 10-5 路段横向偏移设计示意图

(1)效果

对车速及流量影响较小。

(2)优点

①可容纳更多交通流量。

②便于大型车辆的通行。

③道路改造费用相对较低。

(3)缺点

①损失了设置路边机动车停车位的可能性。

②道路改造工程以及景观绿化建设成本较大。

③要求精确设计以确保车辆不会偏离车道。

6)路段收窄设计

路段收窄是指通过拓展人行道、路侧绿化带和道路中心线,窄化道路断面的一种方式,以达到降低车速的目的。通常分为单车道收窄和双车道收窄,如图 10-6 所示。

(1)效果

①单车道路段收窄可使 85% 位运行车速平均降低约 14% 。

②可减少约 20% 的日交通流量。

(2)优点

①便于大型车辆的通行。

②具有较好的美学视觉。

③可同时控制速度和交通量。

(3)缺点

①如果不配以垂直或水平速度控制措施,则减速效益有限。

②容易导致机非车流交织。

③损失了设置路边机动车停车位的可能性。

④可能限制车道的进出。

⑤单车道收窄设计使用不当会造成安全问题或交通拥堵。

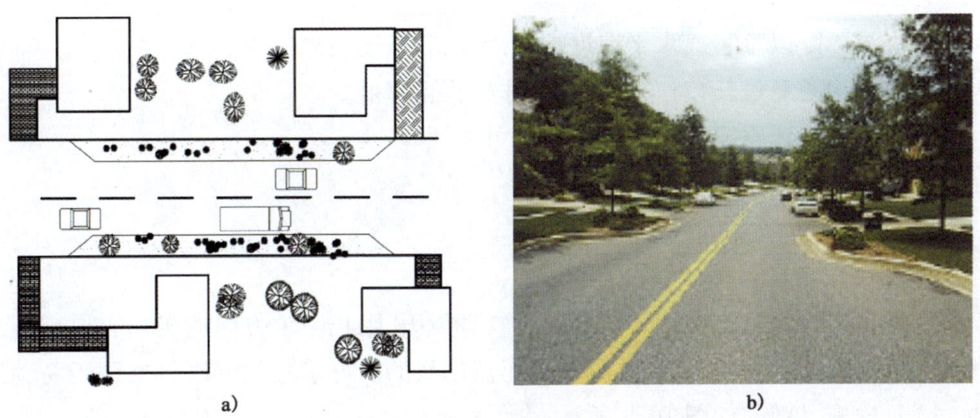
a)　b)

图 10-6　路段收窄设计示意图

7)路段中心岛设计

路段中心岛设计是车道窄化的一种措施,设置在道路中心线的位置上,为达到吸引注意力中心岛应足够大(至少 1.8m 宽,6m 长)。它通常需要景观处理,通过绿化给驾驶人及行人提供宜人的景色,并给行人提供安全的道路中间停驻点。一般适用于拥有双车道的社区出入口处和街道较宽、行人过街需要较长时间的地点,如图 10-7 所示。

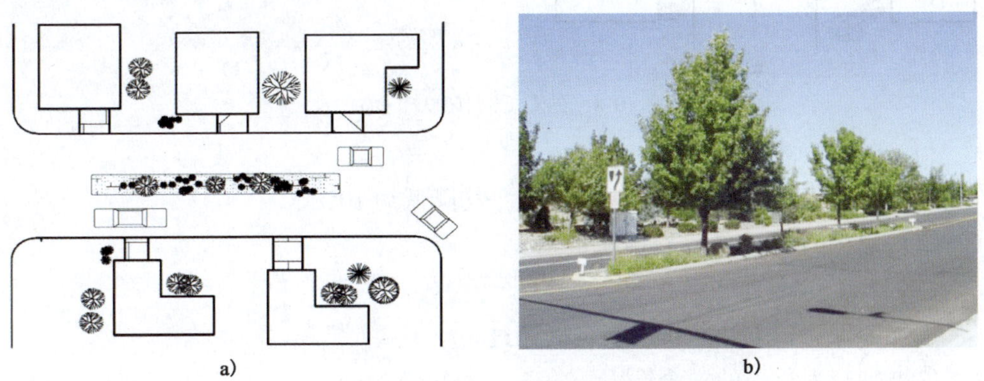
a)　b)

图 10-7　路段中心岛设计示意图

(1)效果

①路段中心岛设计可使85%位运行车速平均降低约4%。

②可减少约10%的日交通流量。

(2)优点

①增加行人过街安全。

②设计合理,可提高道路的美观性。

③可同时控制速度和交通量。

(3)缺点

①如果不配以垂直或水平速度控制措施,则减速效果有限。

②如果中心岛过长,对车速限制的作用将会降低。

③损失了设置路边机动车停车位的可能性。

交叉口稳静化设计

1)交叉口半封闭设计

交叉口半封闭是指在交叉口处设置物理障碍,阻止一个方向的机动车通行,但允许非机动车及行人通行,以达到减少车流的目的。可采用的障碍包括障碍岛、墙体、大门、短柱、桩等,如图10-8所示。

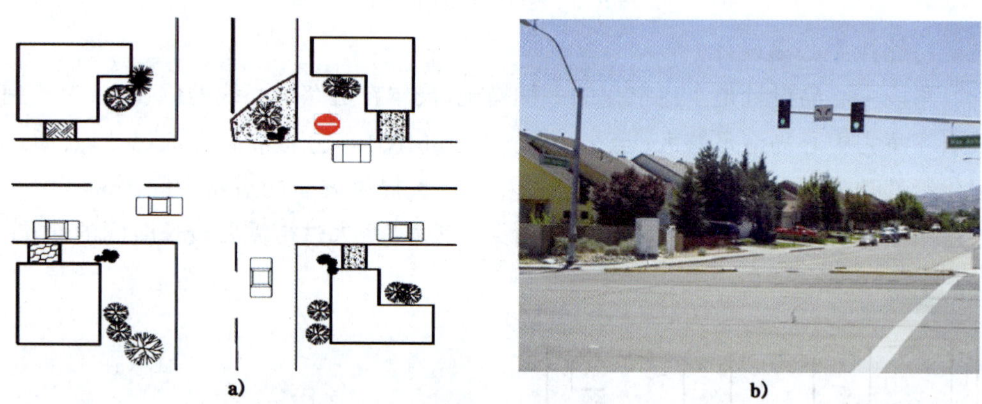

图10-8 交叉口半封闭设计示意图

(1)效果

①交叉口半封闭设计可使运行车速平均降低约10%。

②可减少约42%的日交通流量。

(2)优点

①能够保持行人及非机动车良好通过。

②增加行人过街的安全性。

③可有效地降低机动车交通量。

④不影响紧急救援车辆的通行。

(3)缺点

①增加本地居民车辆的绕行距离。

②限制道路两边商业发展。

③机动车可能对障碍进行绕行导致半封闭设计失效。

2)对角分流设计

对角分流是指在交叉口设置对角线方向的障碍物,阻止机动车在交叉口处直行或左转,以达到减少车流的目的,可采用的障碍包括障碍岛、墙体、大门、短柱、桩等,如图10-9所示。

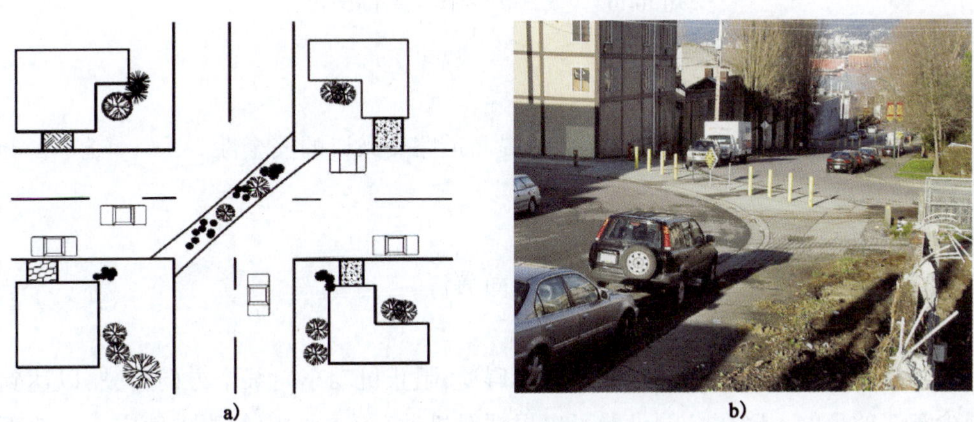

a) b)

图10-9 对角分流设计示意图

(1)效果

对角分流设计可减少约35%的日交通流量。

(2)优点

①能够保持行人及非机动车良好通过。

②可有效地降低机动车交通量。

(3)缺点

①增加了社区内部车辆和紧急救援车辆的绕行时间。

②实施费用高。

3)交叉口中央分隔带

交叉口中央分隔带是指在交叉口设置中央分隔带,阻止与分隔带平行方向的机动车左转,阻止与中央分隔带相交方向的机动车直行和左转,以达到减少车流的目的,如图10-10所示。

(1)效果

交叉口中央分隔带设计可减少约31%的日交通流量。

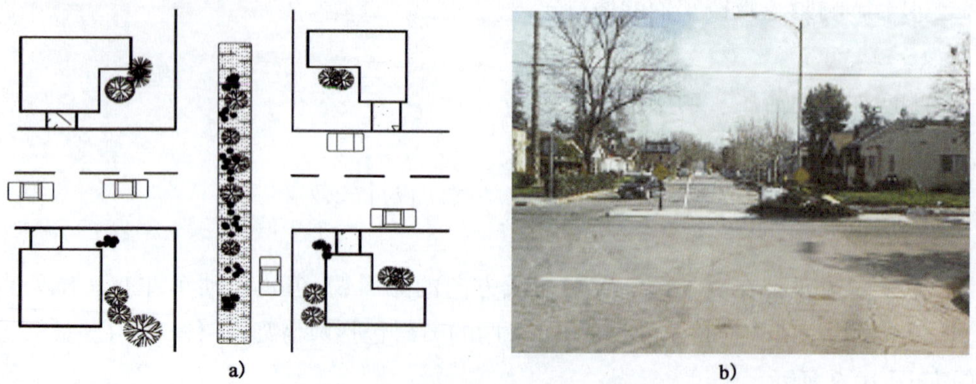

图 10-10　交叉口中央分隔带设计示意图

(2)优点

①减少横穿主干路的交通量。

②通过禁止危险的转弯行为,能够提高道路交叉口的安全性。

(3)缺点

①占用了部分道路通行权。

②限制了本地车辆和急救车辆的转向通行。

4)强制转向岛设计

强制转向岛是指在交叉口处设置障碍岛,阻止机动车向某个方向行驶,以达到减少车流的目的。障碍岛的设置可以根据对机动车流向的限制要求而定。一般而言,适用于支路与主路相交,且支路直行车流存在交通安全问题或主路车流左转存在安全隐患的交叉口,如图 10-11 所示。

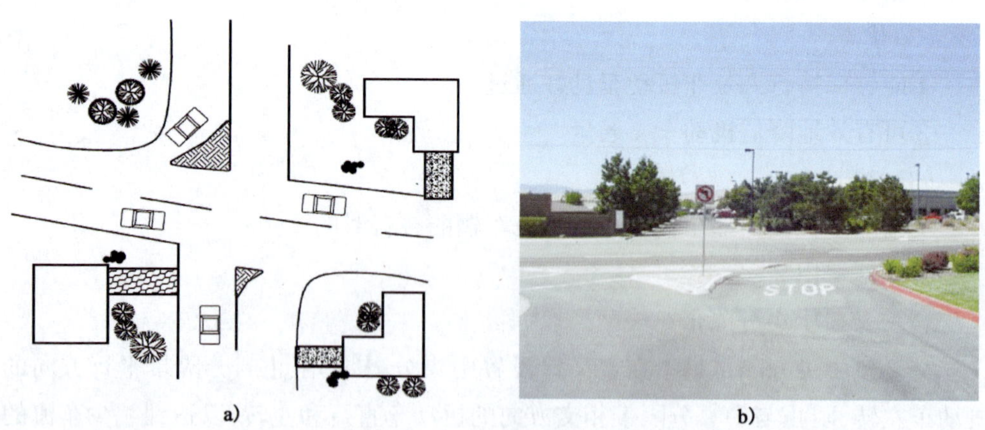

图 10-11　强制转向岛设计示意图

(1)效果

强制转向岛设计可减少约 31% 的日交通流量。

(2)优点

通过禁止危险的转弯行为,能够提高道路交叉口的安全性。

(3)缺点

①可能会将该道路交通问题转移到其他道路上。

②影响本地居民出行便捷性。

5)交叉口抬高设计

交叉口抬高是指对整个交叉口进行抬高设计,四周与各进口道以斜坡形势过渡,通常抬高至略低于人行道的高度,将交叉口的步行空间连为一个整体,同时达到降低车速的目的,如图10-12所示。

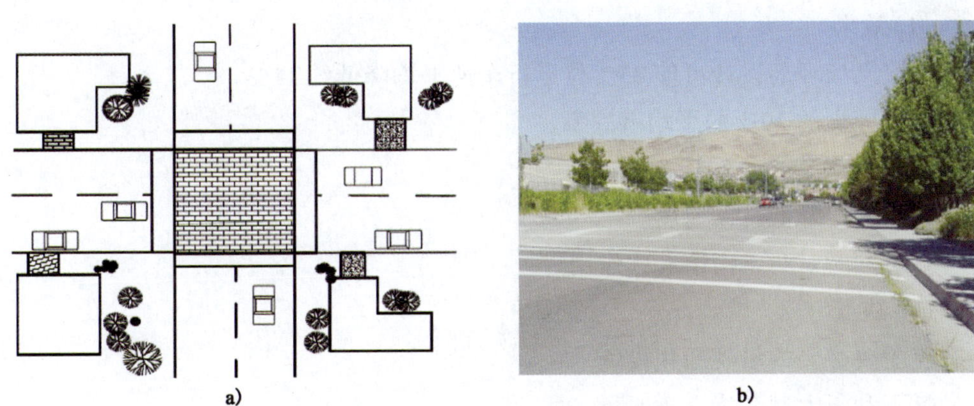

图10-12 交叉口抬高设计示意图

(1)效果

交叉口抬高设计可使85%位运行车速平均降低约1%。

(2)优点

①大型车辆通过时的振动影响比减速拱缓和。

②提高了行人和机动车的交通安全性。

③可同时对两条街道起到作用。

(3)缺点

①非纹理材料影响道路美观,而提示性、美观性较好的纹理材料价格较高。

②车辆减、加速过程增加噪声和空气污染。

③减缓行驶速度作用较小。

6)交叉口环岛设计

环岛是设置在交叉口中央位置的圆形交通岛,车辆沿其周围逆时针环绕行驶。外形呈圆形,并且在其凸起的平台上进行绿化,以达到降低车速的目的,如图10-13所示。

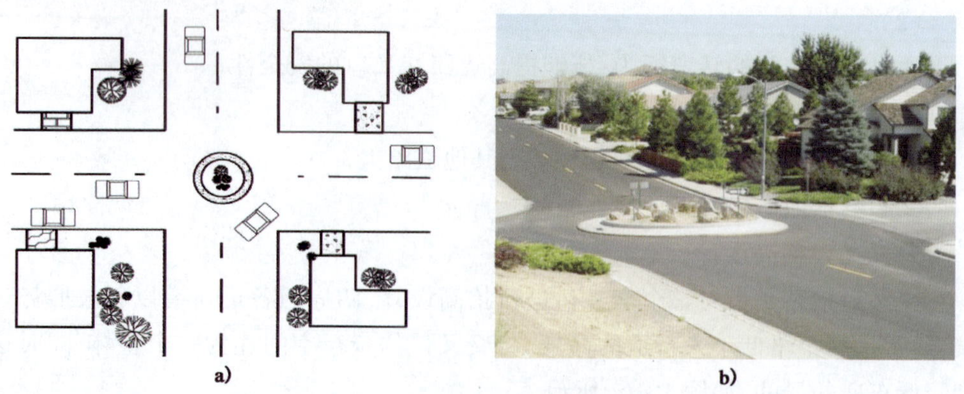

图 10-13　交叉口环岛设计示意图

(1)效果

①交叉口环岛设计可使 85% 位运行车速平均降低约 11%。

②可减少约 29% 的平均事故率。

(2)优点

①有效地降低行驶速度。

②可同时对两条街道起到作用。

(3)缺点

①需要必要的景观绿化投资。

②不利于大型载货汽车通行。

③损失了设置路边机动车停车位的可能性。

7)环形交叉口设计

环形交叉口是指在交叉口中央设置较大的环岛,同时在交叉口的进出口道设置导流岛引导车流按环形轨迹形式,以达到降低车速的目的。相较于环岛设计的交叉口,通常应用于交通量较大的交叉口,如图 10-14 所示。

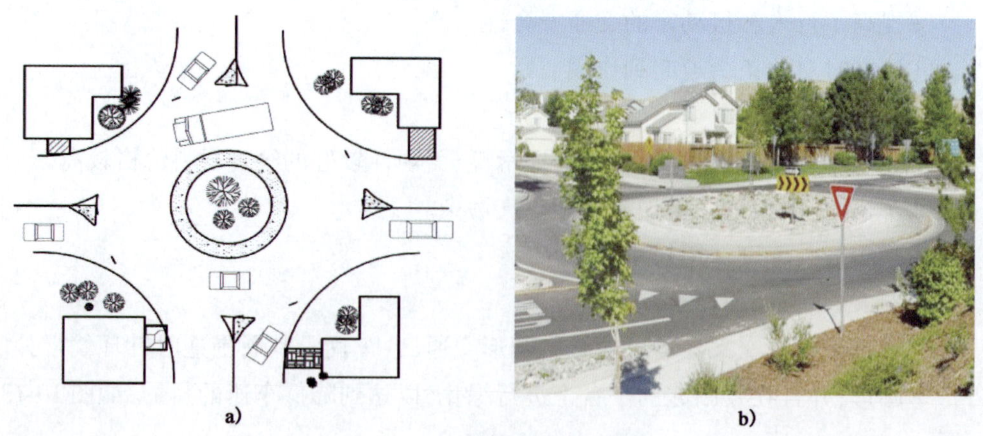

图 10-14　环形交叉口设计示意图

(1)效果

环形交叉口设计可降低37%的平均事故率。

(2)优点

①与交通信号相比提高交通安全性。

②减少交叉口排队长度。

③有效地降低行驶速度。

④美化道路景观。

(3)缺点

①需要必要的景观绿化投资。

②初期建设费用较高。

③增加了损失设置路边机动车停车位的可能性。

④增加行人走行距离和走行时间。

8)交叉口瓶颈设计

交叉口瓶颈是指延伸交叉口处路缘,减小交叉口宽度及右转车流转弯半径,以达到降低车速的目的。通过缩短行人穿越交叉口距离和凸起的交通岛使得机动车容易注意行人,是一种"行人化"交叉口,如图10-15所示。

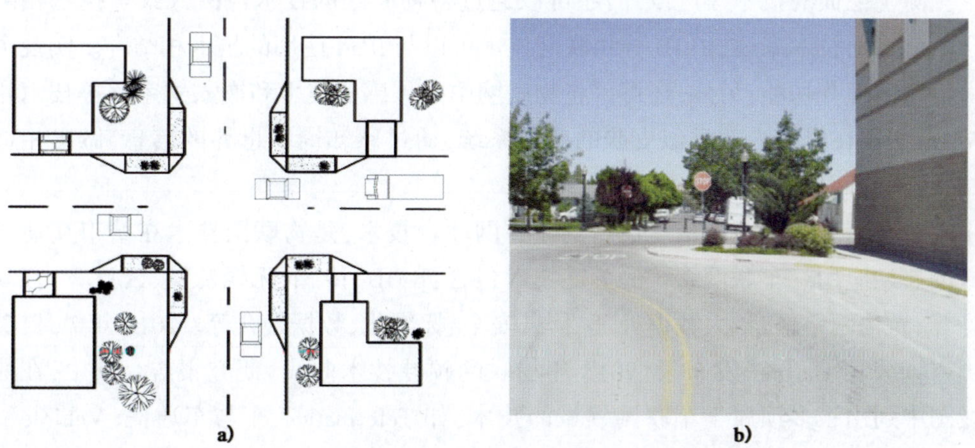

图10-15　交叉口瓶颈设计示意图

(1)效果

①交叉口瓶颈设计可使85%位运行车速平均降低约4%。

②可减少约10%的日交通流量。

(2)优点

①提高行人舒适性和安全性。

②大型车可比较容易进行直行和左转。

③为设置路边机动车停车位提供了条件。

④可同时控制流量和速度。

(3)缺点

①需配以垂直或水平速度控制措施。

②增加了大型车辆右转的难度。

③导致非机动车与机动车的交织。

10.2.2 物联网与车联网技术

物联网的四个关键性技术为RFID射频识别技术、传感器、智能技术、纳米技术。而RFID又称为四大技术之首,是物联网的构建基础和核心[1]。未来对物联网的技术展望,关键还在对RFID技术的改进与发展。对所使用的材料进行改进,通过使用价格更低廉和性能更好的材料,使其成本下降。当成本下降时,该技术就可以使用在一些现在因成本过高而受困扰的领域中。另外,对于其防碰撞的技术也应该有所进步,当前被动式标识的防碰撞技术有较好的方法解决,但仍需要对此进行改进,这样使得同时精确地接收多个标识信息变得更加可靠。在定位领域的话,能使定位更加精确。同时,在使用更优的算法时也能降低成本和提高效率,减少了因碰撞而多消耗的资源,那样物联网技术应用的范围也可以更加广泛。

除了上面的技术改进以外,还可以通过将物联网的技术与嵌入式等技术相结合。就当前技术来说,RFID等物联网技术可以与iPad使用的技术相结合。实现个人信息助理等功能;另外,还可以将物联网中的传感器技术和嵌入式系统等技术相结合,实现在机器人上类似皮肤的感知系统,通过感知周围世界的信息,做出相应的判断,从而担任服务员等工作。

车联网是一种面向信息通信的车—网联合技术,是物联网技术在城市交通领域的典型应用。车联网系统的关键技术包含:RFID、传感、无线传输、云计算、移动计算、异构网络融合、大数据处理、信息安全、标准化、数据融合等。2013年7月,美国咨询公司Gartner发布了《2013年物联网领域技术曲线》研究报告。其中,在曲线图中列出了多项属于车联网领域的技术,如Tele-matics、车与车通信(Vehicle to Vehicle Communications)、车与基础设施通信(Vehicle to Infrastructure Communication)自动驾驶汽车Autonomous Vehicles)等,并预测了这些技术的发展趋势,如图10-16所示。

10.2.3 自动驾驶技术

自动驾驶技术是指依靠人工智能、视觉计算、雷达、监控装置和全球定位系统协同合作,让电脑可以在没有任何人类主动的操作下,自动安全地操作机动车辆的技术[2]。

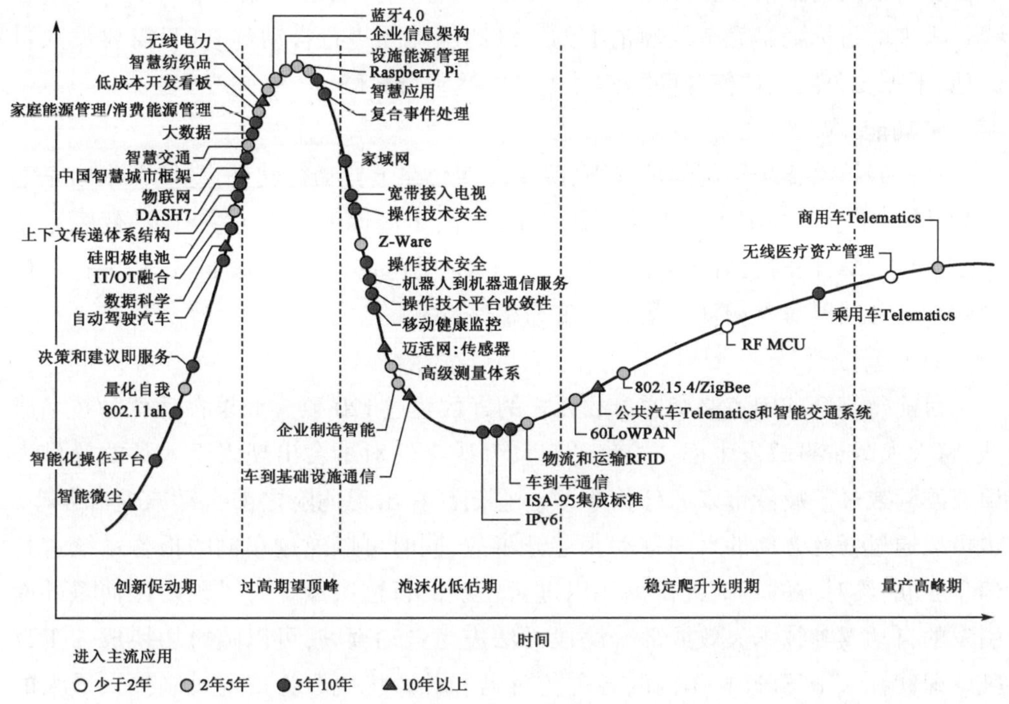

图 10-16　物联网领域技术曲线(来源 Gartner)

1)外形与内部设计

未来的自动驾驶车完全不必拘泥于与现代流行的车辆外形相似,类似甲壳虫形状的圆形是最佳的选择,因为底盘和四个轮子(也可以是八个轮子)可以随意地转动方向,使得车辆在原地进行任何方向的移动,所以车辆入库或其他需要的情况下时进行90°的直接移动。而内部则是充分利用触摸屏以及声控等技术来实现各种控制过程,乘坐环境非常舒适。

2)大小

城市中代步使用的自动驾驶车不需要过大,最好是能仅仅坐两个人和携带一些简单物品的空间即可,而且两个座位可以随意地调整成并排、前后同向、前后异向等方式,也可以很容易地拆卸其中一个座椅而获得更大的载物空间,当然同时也可以提供更多人使用的自动驾驶车。

3)能源

未来的自动驾驶车使用的是汽油、电、太阳能、其他新能源等多种混合动力源,也可以利用自身移动的过程来发电,从而达到最大的方便性和绿色能源利用机制。

4)行驶路线设计

目前更多的是地面引导线,这仅仅适应于类似公园等封闭环境,在真实公路上需要更有效的边界信号源,可能是地面或路边的引导线,也可能是空中的信号引导线。未来的目标则是完全依赖精准的三维路况地图进行自动驾驶,只需要输入目的地,不需要公路上任何辅助的信号也可以达到目标位。

5)功能

在控制技术逐步到位的情况下,除了能在公路上自动行驶外,也能在水中正常行驶,绝对不会出现沉入水中人员伤亡的情况,更遥远的未来,这个自动驾驶车还可以垂直起降,同时具有飞行的功能。由于对能源过分消耗的限制,这种飞行仅仅是解决部分路段非常糟糕或堵车严重等意外情况。

6)安全性

目前每年全球因道路交通事故死亡的人数超过120万。如果自动驾驶技术成熟,将大大减少事故发生率。未来的自动驾驶车绝对不会出现由于人类的操作失误或酒驾或过于疲劳带来的任何事故。它们会在出现危险之前自动减速和停车,也可以通过任意方向的瞬间移动来避开事故,同时可以通过车辆的报警系统进行信息互联,给对方的车辆进行提醒以进行正确的行进决策。为了预防任何意外而引发的自动驾驶技术失效或部分路段无法进行自动驾驶,可以随时切换成人工驾驶。即使在人工驾驶时,车内的各种传感器和计算机也会为安全机制提供最大的帮助,不断地报警和提示。目前,自动驾驶车涉及的技术包括对各类传感器、激光雷达、摄像头、车载主控电脑、云平台、精准路况收集和展现、测距信息综合器。

7)新型底盘和轮胎

自动驾驶汽车依靠人工智能、视觉计算、雷达、监控装置和全球定位系统协同合作,让计算机在没有任何人类主动的操作下,自动安全地操作机动车辆,将人类的交通安全和效率带入了一个全新的境界。研制它们的目标是通过改变汽车的使用方式,彻底消除交通事故,将人们从驾车中解放出来,更愉快的生活。

10.2.4 智慧城市技术展望

智慧城市一词实际上可以有多种解读,智能城市、虚拟城市、数字城市、信息城市,都体现了智慧城市的各个方面,其共同之处在于以信息通信技术作为未来城市运转的核心,研究将迎接这一挑战:即通过耦合协同以及整合技术的探索,最大化地运用不断涌现的新技术以提高社区乃至城市整体的利益。研究方法中关键的一环是运用信息通信技术,通过多样化的设备以及在线网络解决社区的主要问题,有如下7个主要目标与展望。

1)新的城市问题理解视角

城市是一个由不同部分组合而成的复杂而卓越的系统,通过自下而上、自上而下的个人及团体决策而不断发展。复杂性科学是理解城市问题的必要途径,而这一理解过程本身也是动态的，即我们在理解城市过程中所采用的技术反过来又使得城市变得更加复杂。

2）高效而灵活的城市技术整合方法

随着城市信息技术的快速发展以及在城市服务中的广泛应用，持续性的新方法探索变得尤为迫切。这将涉及现有数据软件以及组织的整合，以最大限度地提高城市环境的效率和竞争力。

3）不同时空尺度的城市数据模型和方法

大多数实时城市数据需要与更传统的基于模拟的跨部门数据资源进行整合，以实现实时，常规问题与更为长期的战略性规划和行动相衔接。多层级综合模型是实现这一整合的关键途径。

4）开发新通信与传播技术

新城市数据资源的获取，城市问题规划和政策的解读以及实现城市社区智能化的新设备都需要基于最新的信息通信技术即分散式计算机设备以及最先进的人机交互技术，实现新的在线公众参与。

5）新的城市管理与组织形式

制订在线网络世界的管理机制是改造城市，使之更加智能、灵敏、有竞争力且公平的途径之一。隐私权和访问权是其中的关键。

6）定义城市交通和能源等关键问题

未来信息通信技术将着重对城市中快速出现、预料之外的关键问题进行定义，其中涉及城市主要基础设施。对这些问题的分析与解读是实现智慧城市的持续性和耐受力的关键。研究的核心基于以下概念——城市远非静态平衡而是不断处于或快或慢的动态变化以及或长或短的变化周期之中。

7）智慧城市的风险、不确定性和灾害

通过运用新的数据、技术和集成方法，城市的灾害风险将得到更加确切的认知。城市是一个极为耦合的系统，具有较高的不确定性和动态性，而新技术的引入正在改变这一不确定性（虽然这种改变不一定能使城市变得更好）。开发更加智能的技术将有望预测城市的动态性，而不断涌现的新技术将是实现这些研究的关键。

10.2.5 大数据、云计算与交通管理

大数据（Big Data），是指无法在可承受的时间范围内用常规软件工具进行捕捉、管理和处理的数据集合[3]。云计算（Cloud Computing）是基于互联网的相关服务的增加、使用和交付模式，通常涉及通过互联网来提供动态易扩展且经常是虚拟化的资源[4]。随着互联网技术的快速发展，这两项技术日益成熟，并被用于城市管

理的方方面面。下面主要探讨其在交通管理领域的应用前景[5]。

1)掌控实时交通信息

由于城市交通信息量巨大,一个覆盖城市全部交通的信息系统需同时处理、存储、传输几百万甚至上千万基本交通元的数据信息,当前一般信息系统软硬件的处理速度和管理效能都难以满足此项需求,考虑建设成本的因素,发展实时交通信息系统对所有交通管理部门都是一项巨大的挑战。通过大数据、云计算方法等新兴技术,将所有的信息采集单位变为信息发送、处理、传输集成单元,运用大数据、云计算技术把昂贵的中心计算机改变为分布式的计算系统,将为此类系统的建设提供可行性。

2)实施交通管理措施

交通管理部门政策措施的出台涉及对现有交通信息的采集以及信息的挖掘分析,如通过检测方式获取路网交通流量信息及拥堵情况,根据分析交通流信息、通过交通诱导设施对现有出行需求进行引导,均衡路网流量;交通控制系统通过分布在城市中各路口的检测器,对区域内路网各进口道的流量及占有率进行分析,制订区域交通配时方案。上述应用均涉及大数据的处理分析与及时发布,云计算系统的高速处理优势在交通管理措施的制订上能够得到很好的应用。

3)预测交通运行动态

制订有效的交通管理方案,根据现有的交通运行情况对一定时间内的交通发展进行预测。基于大数据的交通预测计算,信息实时处理要求较高,同时在不同时段的计算需求量差异较大,如采购一般服务器与小型机难以实现对区域路网的动态交通数据的处理,且经济性不佳。云计算方式根据计算需求,实时调用不同数量的计算单元进行高效计算,成为对交通进行动态预测的有效途径。

10.2.6 城市交通管理信息研判与决策支持系统

该系统是以管理学、统计学、运筹学为基础,以数据库技术、人工智能技术和信息技术为手段,支持决策活动的高层次的信息系统。它通过建立领域的决策模型,提供若干备选方案,为高层决策提供数据上的支持。

1)及时发现问题,实现综合评估

可以使业务流程与决策信息最终形成回路,系统因此更具弹性。可以根据不同指标数的统计要求、历史数据变动情况,分别设定同比、环比的合理浮动值,一旦超出预设浮动值则自动报警。这样,可以通过此系统发现问题和进行积极的治理,在交通管理问题的矛盾尚未凸现之前,采取更为积极主动的预防措施。同时,能够实现对“问题”的综合诊断和评估,发现“问题”的真正原因,找到根本解决方案。

2)预测和仿真功能

传统决策主要是提供数据为主的报表信息，借助决策者的知识和经验进行方案选优。随着计算机技术的发展，过渡到通过计算机分析比较产生辅助决策方案阶段。目前，已经发展到通过仿真，虚拟“真实景象”，做出超前性决策支持的新阶段。随着各个城市交通管理智能化建设的深入和完善，此系统的预测和仿真功能将进一步得到实现。借助此系统的预测和仿真，以“向前看”的虚拟实践为目标，走出主观推测和被动适应的“怪圈”。利用虚拟现实、模拟验证等手段，建立验证决策环境，把决策重心由后置变为前置，把应对风险变为提前化解风险，把单一决策变为超前、动态的科学决策。

3）加快有效信息流通，方便各层级灵活快速决策

依托在决策支持系统中建立的决策信息门户，高层可以轻松地掌握整个单位的业务运行情况，从而对各部门工作作出比较准确的评价。传统的决策模式是基于德国著名社会学家马克斯韦伯所设计的科层制，因此“只有处在金字塔顶端的人，才能掌握足够的信息而做出熟悉情况的正确决定”。而采用此系统，决策就可突破传统科层制的限制，使各层级领导都能及时获得所需要的信息，只要得到授权，基本上都可以独立地做出决策。

10.2.7　“互联网＋交通”（I＋T）

所谓“互联网＋交通”，就是运用互联网技术，建立人、车、路之间的网络，通过整合各种信息，最终为人提供服务，使交通变得更加智能、精细和人性，如图10-17所示。

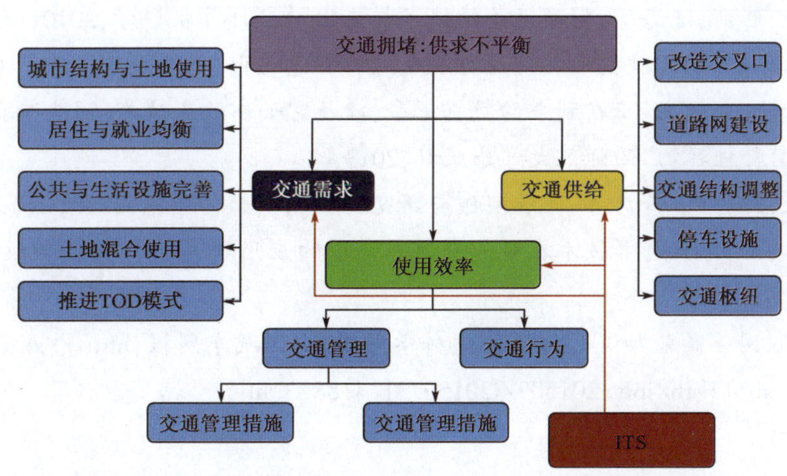

图10-17　城市交通的主要影响因素及智能交通系统在城市交通供求关系中作用

以智能交通的技术手段提高信息采集强度及采集量，并提高其数据处理水平，继而把所得信息通过各种不同渠道传送给每个有需要的人，智能交通正在提高整

个交通系统的应变性和个人出行的应变性。

交通运输实施“互联网 +”行动，借助互联网、云计算、大数据、物联网等先进的技术和理念，以信息平台建设为抓手，以资源整合和开放共享为重点，推进智慧交通运输服务加快发展，重点解决乘客、货物、运输工具、掌上枢纽、运输从业人员等运输活动各要素之间在移动过程当中高效的互联和最佳的匹配，更好地满足社会便捷出行和各种运输服务需求，同时也能有效解决交通拥堵、交通事故、车辆放置等难题，是推行交通运输、结构调整、转变发展方式的强大动力，是提升运输服务水平的重要手段[6]。

实施“互联网 + 交通”行动，是应移动互联网时代指尖消费的需求，打造智慧运输服务系统，使社会公众出行更加便捷。利用互联网整合各种运输方式资源，为社会公众提供基于移动运输的动态信息和道路状况的查询服务，加快道路客运的联网售票系统建设，逐步实现与铁路民航、旅游景点票务信息的一体化，提升城市公共交通的信息化水平，为乘客提供实时的车辆运行的时刻信息，方便乘客选择出行方式。互联网将推动定制公交、拼车、顺风车等新型的服务方式的发展。发展网络预约出租汽车、专车等新型的服务业态，可以减少乘客打车的等待时间，减少原有出租汽车的空驶里程，减轻驾驶人的工作时间和劳动强度，缓解城市的交通拥堵。

本章参考文献

[1] 刘强，崔莉，陈海明. 物联网关键技术与应用[J]. 计算机科学，2010(06).

[2] 马春江. 自动驾驶技术的讨论与展望[J]. 信息与电脑(理论版)，2014(12).

[3] 涂子沛. 大数据：正在到来的数据革命，以及它如何改变政府、商业与我们的生活[M]. 桂林：广西师范大学出版社，2013.

[4] 陈康，郑纬民. 云计算：系统实例与研究现状[J]，软件学报，2009(05).

[5] 倪琴，许丽. 云计算技术在智能交通系统中的应用研究[J]. 交通与运输，2012(01)：106-109.

[6] “互联网 + 高效物流”实现绿色、科学发展，中国汽车网报，http://zt.cnautonews.com/15brh/jbfy/201507/t20150731_418823.htm.

第11章　案 例 分 析

11.1　交叉口交通组织实例

11.1.1　福州市华林路福飞路交叉口

案例背景

改造前,交叉口内部机非混行,冲突严重,且交叉口畸形,机动车行驶轨迹不畅,通行能力折减,早晚高峰期间交通管理压力较大,此案例从微观角度进行交叉口渠化,公交及非机动车与行人通行空间及无障碍设施的调整,优化交叉口各类型车流交通组织方案。

设计要点

采用非机动车与行人交通一体化过街组织设计模式,并采取表11-1所示25项改造内容,提高交叉口运行秩序和效率,改造位置及配套管理措施如图11-1所示。

交叉口交通组织案例改造内容及要点汇总　　表11-1

编号	改造内容	说　明
1	省政府门口设置慢行缓坡,拆除绿篱1.5m,增设车道标志	将非机动车道引入现状的人行道空间,并做好铺装及高差分离
2	鼓屏路—华林路西出口道改造车道标志	由于交通通行空间变更,改造车道功能标志
3	增设省政府门口机动车缓坡,人行道及门口范围统一人行道铺装	增设省政府门口机动车缓坡,非机动车、人行道及门口范围统一人行道铺装
4	公交站点处,站台2m,非机动车道2.5m,人行道2.1m,拆除0.8m绿篱	机动车道宽度不变,2m站台,该处人非共板,其中非机动车道2.5m,人行道2.1m,公交站台空间,站台、非机动车道无高差,可采用安全桩与铺装分离;绿篱拆除,保障行人与非机动车空间
5	单位开口道缓坡及连续性处理	改造范围多个开口,设置机动车缓坡,慢行平顺
6	压缩右转弯半径	华林路东南角、东北角压缩右转弯半径,增设转角的非机动车待行空间

续上表

编号	改造内容	说明
7	迁移右转空间影响行人通行的两棵小树及垃圾收集构造物	两棵小树与垃圾收集构造物占用行人最低有效通行空间，需迁移
8	公安厅门口，压缩机动车道，增加慢行空间；增设1面凸面镜；拆除栏杆，缩短挡桩；公安厅早晚高峰禁止左转	压缩机动车道增加慢行通行空间，加强安全设计
9	华林路两处路段过街，降低绿篱，设置为人行道砖铺装，并增加路灯照明及过街标志	增加过街驻足空间及提高安全性
10	华林路南侧，非机动车道上移人行道，改造人行道空间与建筑退让空间齐平并拆除绿化或栏杆等障碍	非机动车道上移人行道，以确保机非分离、人非分离，提高交通安全性，2m站台，2.5m非机动车道，3m人行道；路段机非隔离带1.5m，非机动车道3m，人行道3m
11	压缩车道，增设进出口道数	机非隔离带间11m空间，设置两进口道两出口道
12	取消人行道公厕	迁移北大路东侧人行道上公厕，保障行人与非机动车交通的通行空间
13	加宽非机动车缓坡	加宽北大路东侧路段非机动车道骑行进入交叉口转角空间人行道非机动车道的缓坡
14	人行道拉齐，增加非机动车道宽度	增加北大路西侧非机动车道骑行空间，加快非机动车疏散
15	北大路西侧增设缓坡，标志合杆设置	增设北大路西侧交叉口转角空间非机动车进入路段非机动车空间缓坡，非机动车标志与指路标志合杆设置
16	华林—西宾交叉口增加信号灯组，增加禁限标志	增加6组行人信号灯，6组非机动车信号灯，8组机动车直行灯，2组机动车左转灯，2组右转控制灯，北大路南进口禁止左转标志，东西进口禁止左转
17	抬高部分交叉口空间，增加慢行空间	抬高部分交叉口空间，连通现状人行道作为慢行空间；红线外可设置停车空间
18	调整石狮位置，对称紧贴门前绿化带	福飞南路人行道延伸至西宾门口，调整石狮位置，对称紧贴门前绿化带
19	福飞南路，西宾一侧，拆除窄点绿篱，并设置文化墙	拆除窄点绿篱，确保行人与非机动车空间，借现状行道树分离人非空间
20	非机动车直行与左转交通分离，并设置标志	福飞南路西宾开口附近，增设直行及非机动车分离标志，分离直行与左转非机动车交通
21	加宽非机动车道缓坡	交叉口铜盘路过街横道处，加宽非机动车道缓坡
22	压缩铜盘路—福飞路东南角右转弯半径	增设非机动车待行空间

续上表

编号	改造内容	说明
23	铜盘路—福飞路北进口禁左标志,铜盘路—福飞路与华林路—西宾增设网格清空标志与标线	禁左标志与标线协调,与交叉口内部网格标线相协调设置网格清空标志,减少交叉口流量溢出甚至死锁的概率
24	转角增设非机动车道,单位开口处上移人行道,到桥亭路返回车道,取消6个机动车位,改造非机动车道铺装	铜盘路—福飞路东北转角空间及铜盘路东侧增设非机动车道(梅园酒店一侧)
25	车位外禁止停车	研究范围车位外禁止停车,从设施与管理双重保障

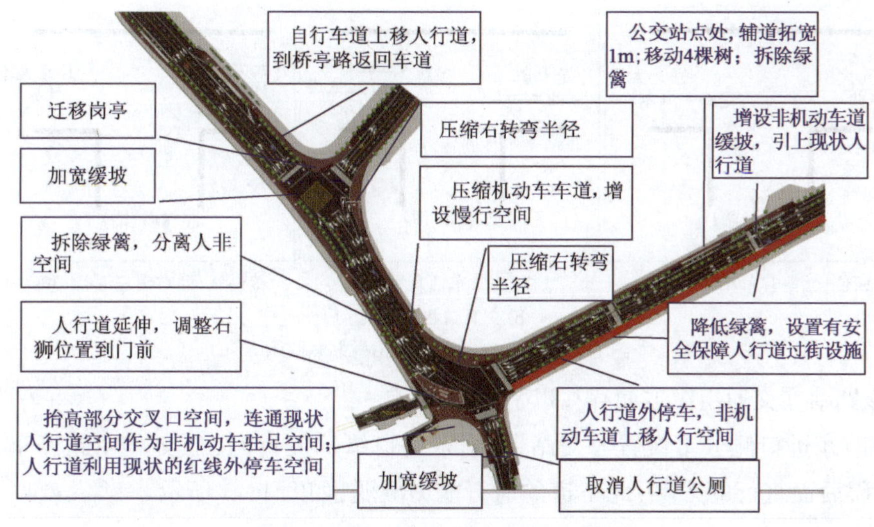

图11-1 交叉口交通组织案例改造方案

实施效果

(1)提升通行能力:提高通行能力20%,降低延误40%。

(2)改善慢行秩序:调整非机动车组织方式,增加非机动车待行空间。

(3)优化行车轨迹:减少错位,优化直行及转弯。

(4)合理分配资源:重新划分公交车、非机动车及行人通道空间。

(5)提高管理效率:增加信号相位,明确路权,改善交叉口整体秩序。

11.1.2 吴忠市开源大道与迎宾街交叉口

案例背景

吴忠市开元大道与迎宾街交叉口为三路交叉路口,现行信号灯控制方案为三相位控制,交叉口平面图及相位方案,如图11-2所示。

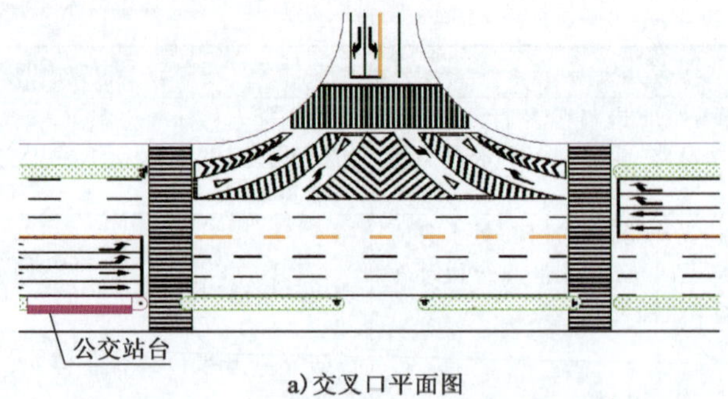

a)交叉口平面图

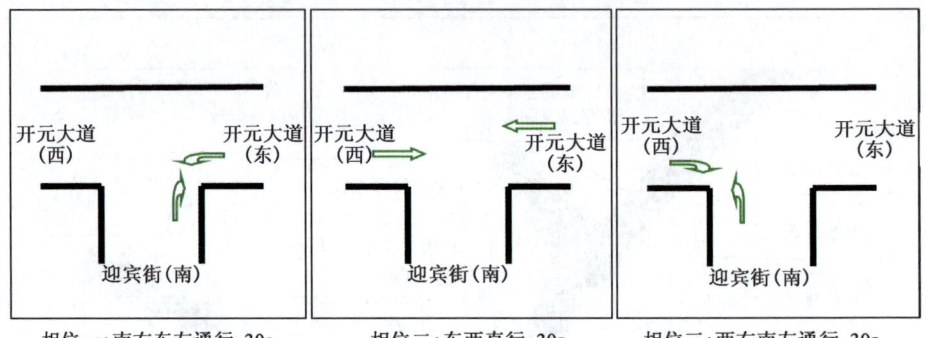

b)交叉口相位方案

图 11-2 交叉口平面图及相位方案图示

该路口在交通组织方面存在以下问题：

(1)东进口侧分带设置公交站台，当东进口绿灯放行时，公交车在此停车上下客，阻碍后面直行的车辆，此车道的通行能力减弱，如图 11-3 所示。

图 11-3 西进口公交车站位置图示

(2)出租汽车站台放置于交叉口渠化段内，并且设置于右转车道旁，对后面右转车辆通行影响较大，同时又降低交叉口整体通行能力，如图 11-4 所示。

(3)路段的非机动车道到路口时中断，交叉口内部无非机动车道通行空间，如图 11-5 所示。非机动车道通过路口时行驶较自由，路口渠化存在提升空间。

(4)慢行通行空间和时间上路权不明确，非机动车在路口驶入机动车道，行驶轨迹较为自由，如图 11-5 所示。

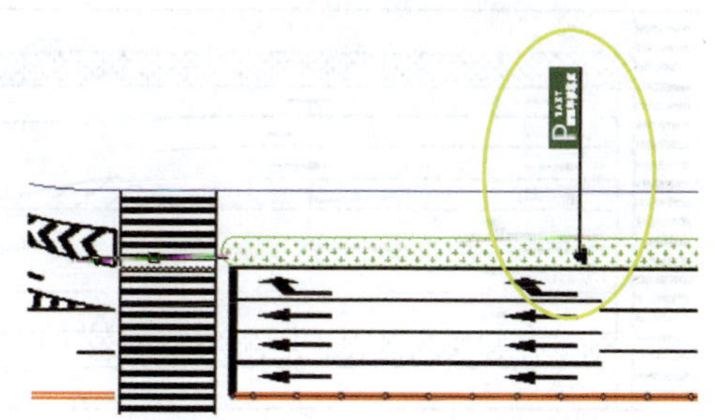

图 11-4　出租汽车站台位置图示

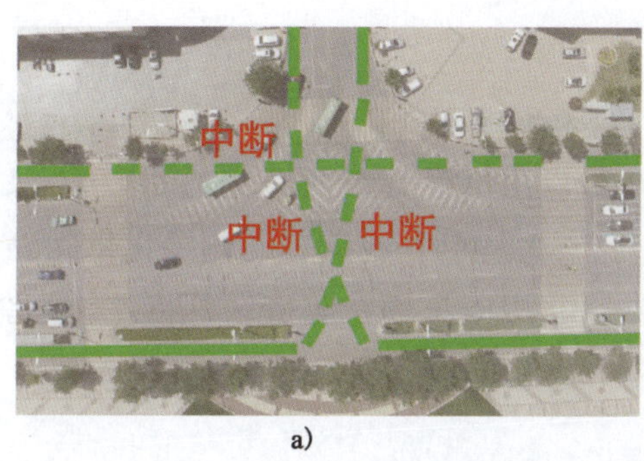

a)

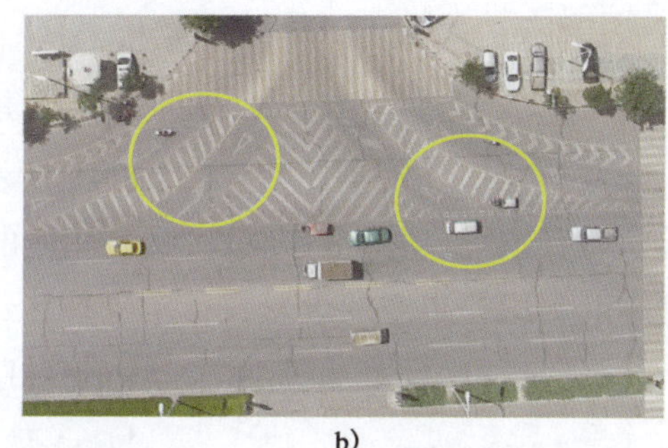

b)

图 11-5　交叉口现状渠化图示

设计要点和改善方案

(1)迁移公交站台:如图 11-6 所示,东进口公交站台迁移至西出口 150m 之外,避免交叉口的进口道渠化段,利用道路侧分带设置公交站台,使公交车在路段停靠上下客,减少对交叉口交通运行的干扰。

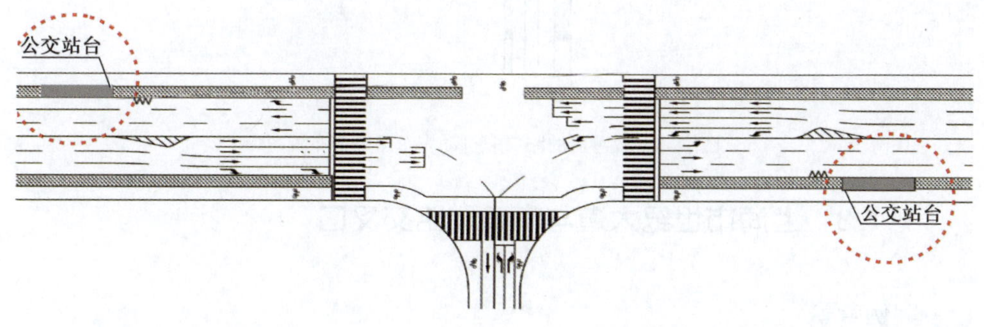

图 11-6　改善后的公交站台平面布置图

(2)迁移出租车停靠点:出租车停靠点迁移至东出口公交站台向东 60m 处,避免交叉口渠化区域,如图 11-7 所示。

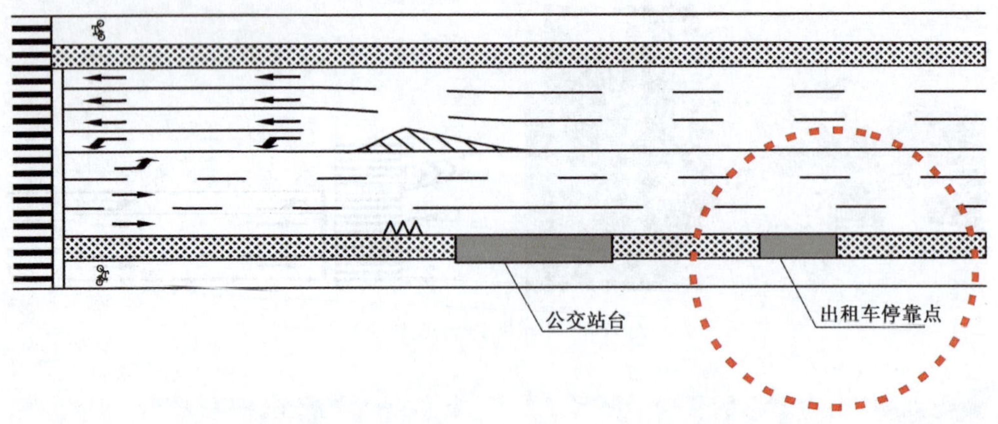

图 11-7　改善后的出租车停靠点平面布置图

(3)自行车交通组织:如图 11-8 所示,在路口内部设置东西向非机动车道,保证东西向非机动车道连续性,具有相应的通行空间。同时,在路口北侧绿化带间隔区间,利用一半空间设置自行车等待区,东进口非机动车辆在等待区等待左转,北侧绿化带端头设置非机动车左转信号灯,指示非机动左转。

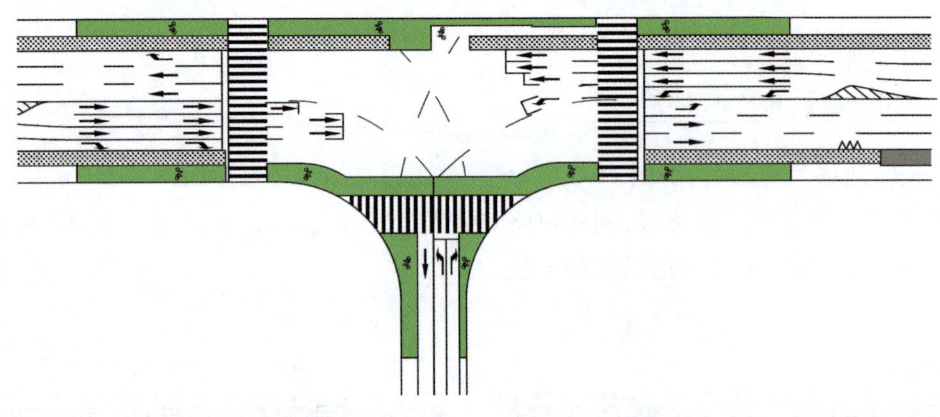

图 11-8　改善后的路口非机动车车道平面布置图

11.1.3　上海市世纪大道与南泉北路交叉口

案例背景

世纪大道为是上海市东西向主干路,交通性道路,交通压力适中,南泉北路为生活性道路,周边有高校、商业、居住等设施,主要服务周边交通快速集散。交叉口位置及平面图,如图 11-9 所示。

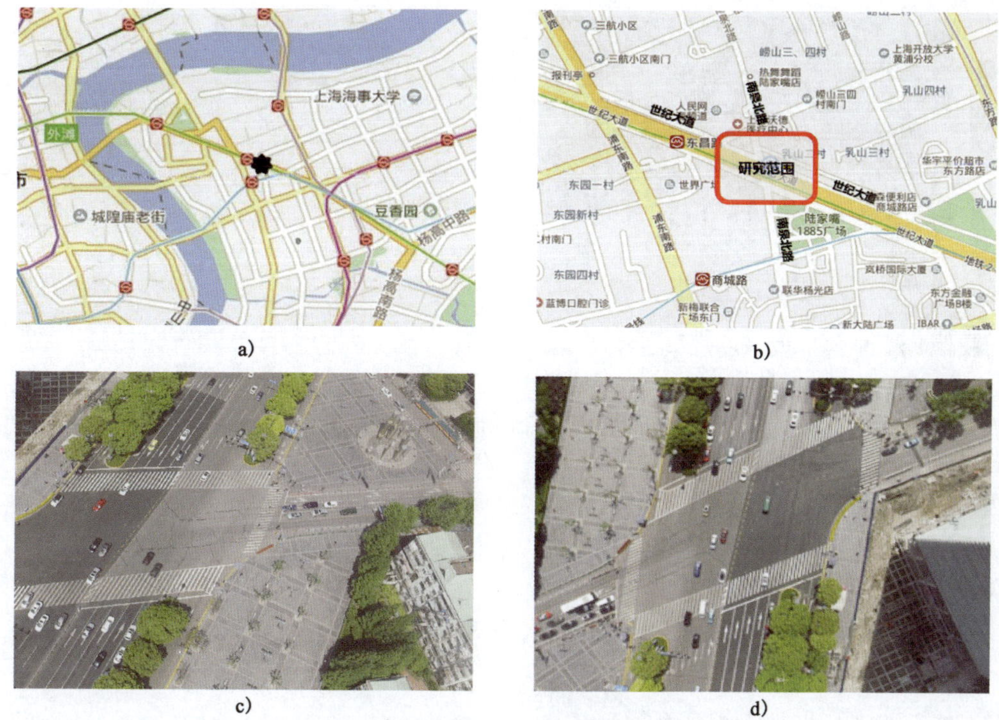

图 11-9 交叉口区位实景图

其中,世纪大道为三幅路,主道双向 8 车道,辅道双向 4 车道,辅道中包含公交专用道,双向无非机动车道。南泉北路北向为单幅路,双向 4 车道,自行车道约 2m,机非隔离。南泉北路南向为单幅路,双向 3 车道,自行车道约 2m,机非隔离。现存问题主要有:

(1)公交线路

如图 11-10 所示,世纪大道东西方向,现状北面辅道设置公交专用道,辅道宽为 6m,公交专用道 3.5m,剩余 2.5m 车道不满足机动车辆行驶车道宽要求,目前辅道功能定位为公交车与集散机动车,无慢行车道,需重新进行车道功能定位,优化车道分布。

(2)南泉北路车辆右转

南泉北路车辆右转交通压力大,并且右转车辆与大量过街行人冲突多,右转效率降低,并对行人过街安全产生隐患,如图 11-11 所示。

设计要点与改善方案

通过调整交通组织策略缓解交叉口公交车辆和社会车辆的空间分配及右转机动车与行人过街矛盾。

a)

b)

图 11-10　改善前车道空间资源分配

a)

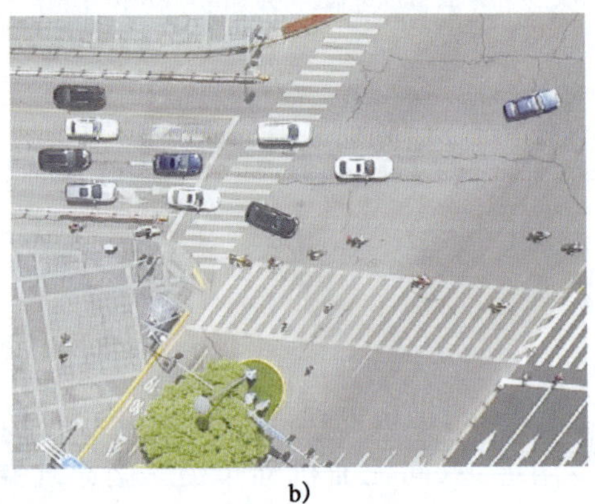
b)

图 11-11　右转车辆与过街行人冲突示意图

(1)调整公交专用道和公交站台布设位置

如图 11-12 所示,世纪大道公交专用道现状设置在辅道,现调整到主道的最外侧,利用侧分带设置公交站台,辅道设置自行车道和集散功能的机动车道,辅道功能定位为慢行道+集散车道。

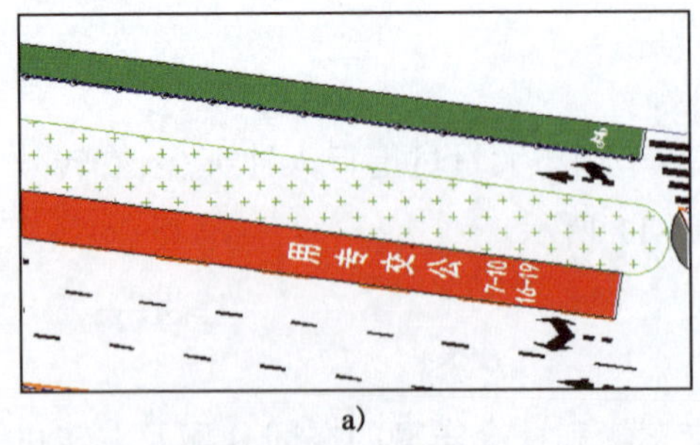

a)

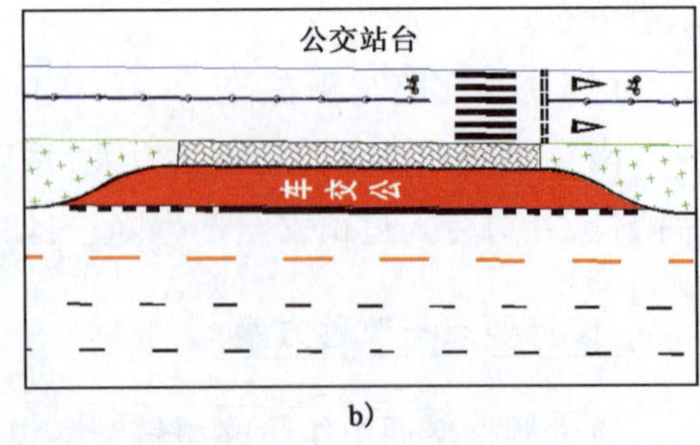

b)

图 11-12　公交专用道及公交站台改善方案图示

(2)南泉北路北进口右转车绕行

南泉北路北进口禁左右转,右转车辆从右侧支路右转进入世纪大道,支路单行线取消,可避免右转车辆与行人过街冲突,并且提高世纪大道与南泉北路交叉口的通行能力,见图 11-13。

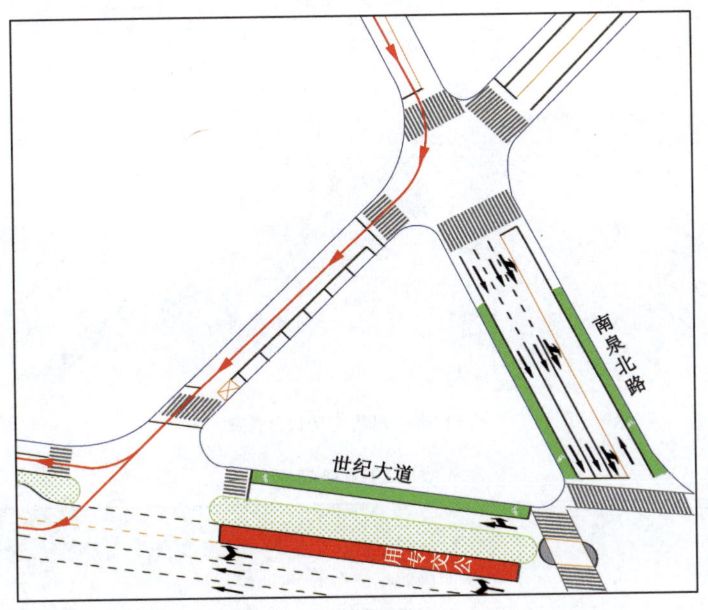

图 11-13 南泉北路北进口右转车辆绕行组织方案示意图

实施效果

在高峰时期交叉口通行能力提高了 5% ~8%,平峰时期通行能力提高了 3.6%,夜间通行能力略有下降,白天和夜间服务水平不变,全天各时段的行车延误和排队长度均有所缩短。

11.1.4 广丰县月兔广场环岛交叉口

案例背景

月兔广场环岛交叉口位于广丰区新老城区结合部,临近永丰大桥,相交道路南北向为永丰大道及永丰大桥,西向为芦林大道,西南角为儿童公园,东向为月兔广场区域,东南角为河滨北路,交叉口位置如图 11-14 所示。经过对该交叉口现状进行调查,发现其存在较多问题,导致交通拥堵,并且交通事故发生率较高。相关问题见表 11-2。

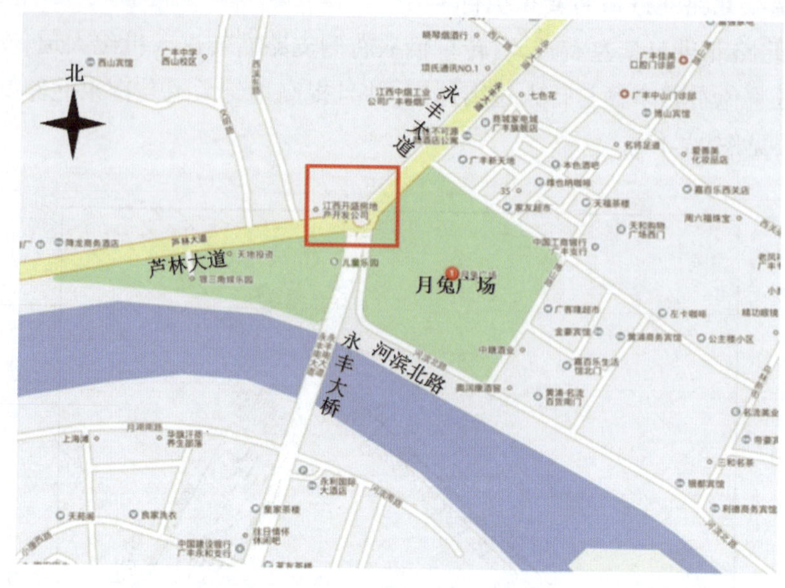

图 11-14　现状交叉口区位图

交叉口现状问题　　表 11-2

编号	内　　容
1	无明确非机动车道，机非混行严重
2	隔离设施不完善，车辆乱行现象时有发生
3	地面标线不完善且模糊
4	交叉口指路牌与指示、警告、禁令标志不全，存在安全隐患
5	慢行交通及电动车、摩托车流量较大，且交通规范安全意识较差，乱闯马路的现象比较严重
6	慢行交通信号灯不完善
7	交通安全设施不全
8	交叉口内部无交通渠化设施

该路口交通拥堵严重，交通事故发生率较高，经过对路口现状进行调查，发现路口存在较多问题，归纳如表 11-2、图 11-15 所示。

设计要点与改善方案

针对现状问题，综合考虑交叉口定位及区位，对交叉口进行渠化设计，达到提高通行效率、保证行车安全、提升交叉口整体交通水平的目的。改善方案及效果如表 11-3、图 11-16 所示。

图 11-15 交叉口现状图

交叉口改善设计方案列表

表 11-3

编号	内 容
1	完善并规范地面标线
2	补充完善交叉口标志标牌
3	由于人行过街斑马线较长，增设中央驻足区，保证行人过街安全
4	优化交叉口各进出口道横断面
5	设置非机动车二次过街
6	补充完善各方向上指路牌和车道功能牌
7	在交叉口内增设信号灯，用信号灯控制车流

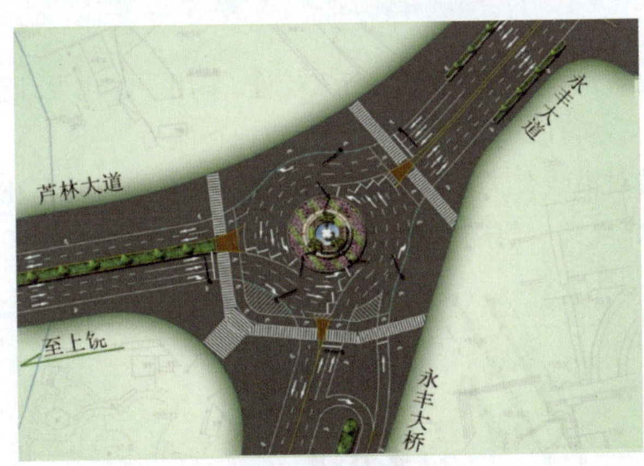

图 11-16 优化设计方案效果图

实施效果

经过渠化设计后，现状通行能力得到较大提升。延误由原来的 212s 降低为 47s，减少 75%；车均停车次数由原来的 5 次降低为 1.5 次，减少 70%；通行能力由原来的 1500PCU/h 提高为 6000PCU/h，增加 70%，并且行车安全也显著提升。

11.2 短连线交叉口交通组织实例

案例背景

由于路网规划不合理,交叉口间距较短(图 11-17),交叉口间存在严重排队溢流隐患。

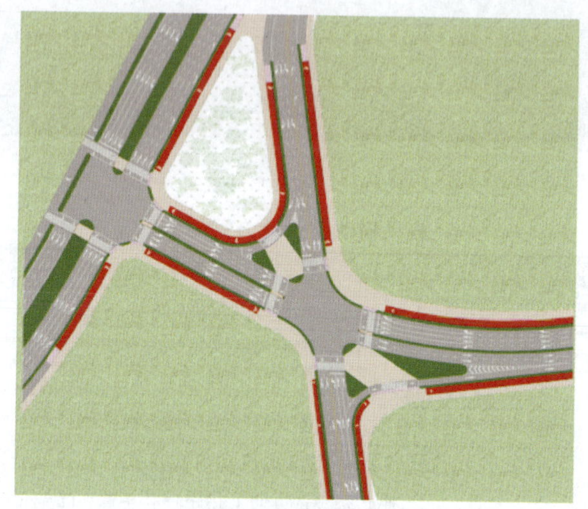

图 11-17 短连线交通组织案例几何布置

设计要点

空间上:分离机动车、非机动车与行人交通,采用一体化设计模式,减小非机动车和行人对机动车运行的干扰,提高机动车道通行能力。

时间上:通过对沿线交叉口信号配时协同优化,减小机动车在交叉口间排队溢流发生概率。相邻交叉口信号相位方案,如图 11-18 所示。

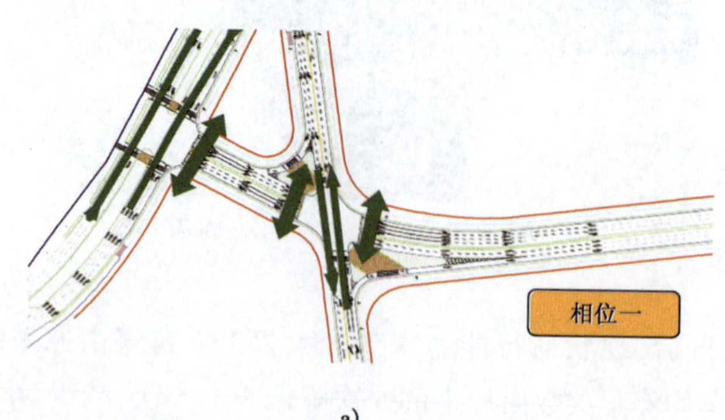

a)

图 11-18

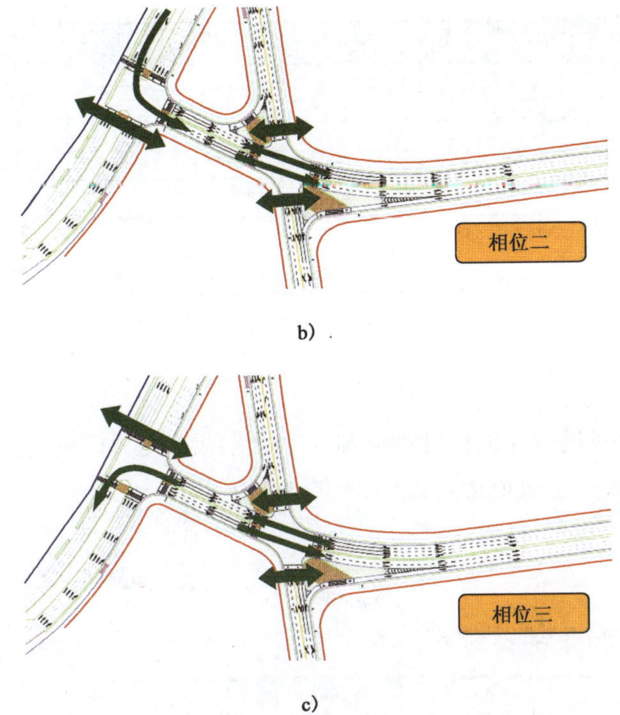

b)

c)

图 11-18 短连线交通组织案例信号配时

11.3 通道交通组织实例

案例背景

研究通道为老城区主干道，城市主干路，除部分路段外，全线两块板双向 6 车道，如图 11-5 所示。交叉口间距短(150～350m 不等)，交通量大，并以直行交通为主(60%～70%)，高峰期运行效率低下，且有溢流现象，交叉口各流向流量如表 11-4所示。

交叉口各流向流量(单位:pcu/h) 表 11-4

相交道路		A	B	C	D	E	F	G
东进口	左转	73	92	—	277	—	—	55
	直行	594	581	430	628	617	567	494
	右转	73	—	233	—	149	163	64
西进口	左转	210	—	400	—	118	418	291
	直行	630	563	636	651	729	521	388
	右转	205	209	—	108	—	—	180

续上表

相交道路		A	B	C	D	E	F	G
南进口	左转	—	—	—	214	—	—	91
	直行	348	—	—	—	—	—	176
	右转	114	—	—	388	—	—	85
北进口	左转	—	78	431	—	—	47	86
	直行	420	158.5	—	—	—	48	205
	右转	137	80.5	394	—	34	47	119

设计要点

在对通道沿线进行几何设计的基础上，对沿线各交叉口进行信号配时并进行干线协调控制，提高了通道运行效率，见图 11-19。

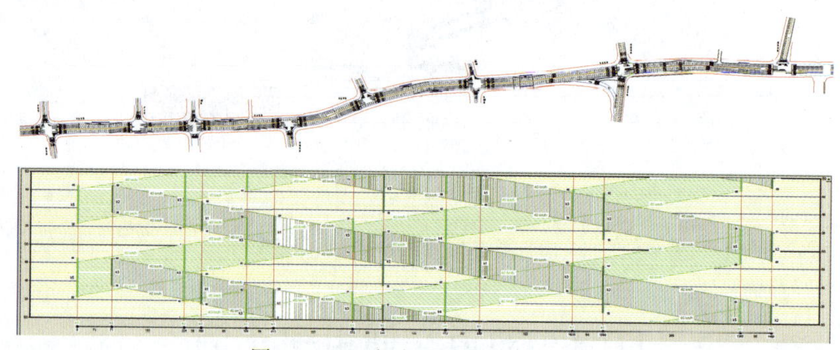

图 11-19　几何布置及干线协调控制

实施效果

如图 11-20、图 11-21 所示，通过比较可以看出改善方案行程车速较改善前有明显的提高。一方面通过空间改善设计，明确了各种交通方式的路权，减少了相互间的干扰；另一方面通过信号控制优化，使各流向在交叉口的通行权分配更为合理，并且通过干线协调控制设计使主流向交通通行更为畅通。通过以上改善措施，明显改善了通道的交通运行状况，使其主干道功能得到了保障。

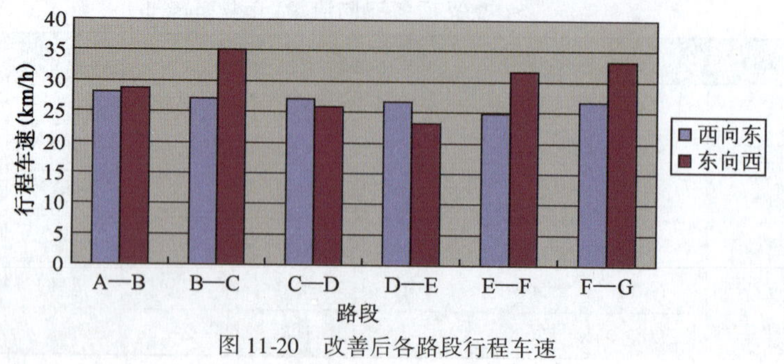

图 11-20　改善后各路段行程车速

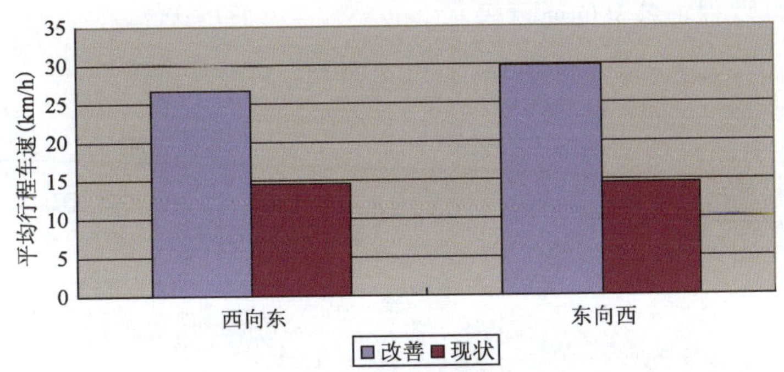

图 11-21 行程车速改善前后比较

11.4 区域交通组织实例

11.4.1 柳州市柳邕路东段文笔路周边交通组织

现状调查与分析

1)研究区域交通量调查

研究区域的交通出行以通勤交通为主,对现状交通运行情况进行调查,结果显示工作日晚高峰最为明显,交通量调查结果如图 11-22 所示。

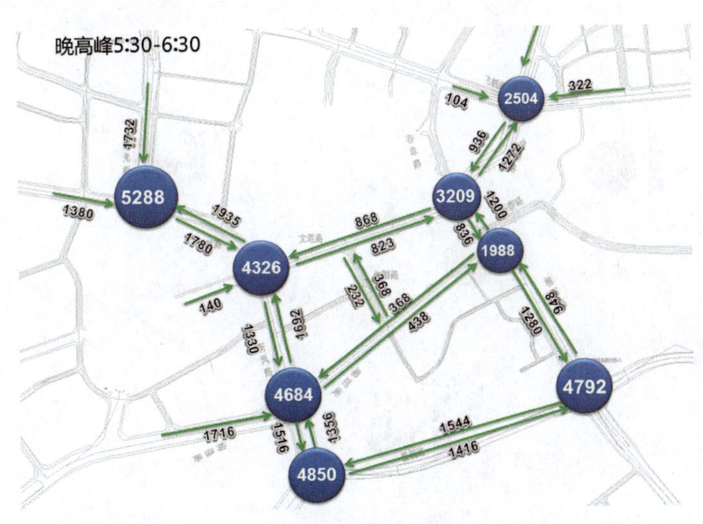

图 11-22 研究区域高峰期交通量

2)研究区域公共交通调查

该区域公交车流量很大,公交站点及主要运行流向如图 11-23 所示,在交通组织优化中必须要保证公交的通行权。

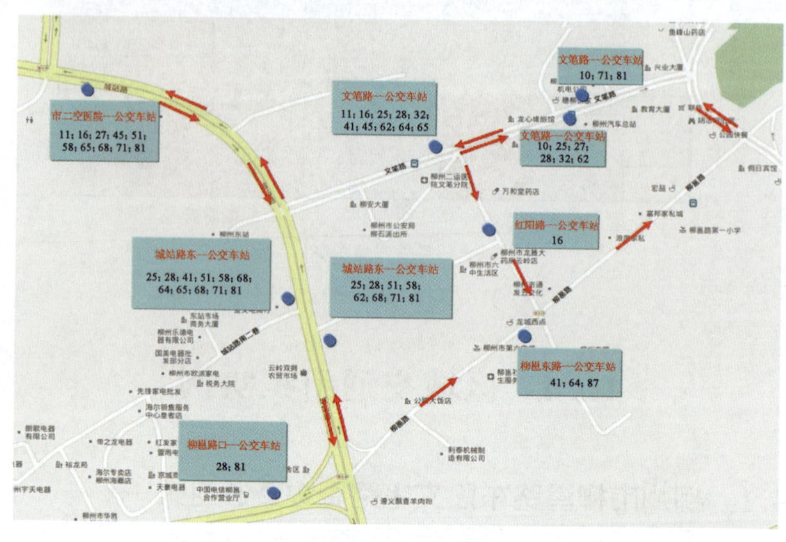

图 11-23 研究区域公共交通运行情况

3)研究区域饱和度分析

研究区域主要交叉口饱和度如图 11-24 所示,城站路—红光路交叉口和城站路—文笔路交叉口已达到过饱和。

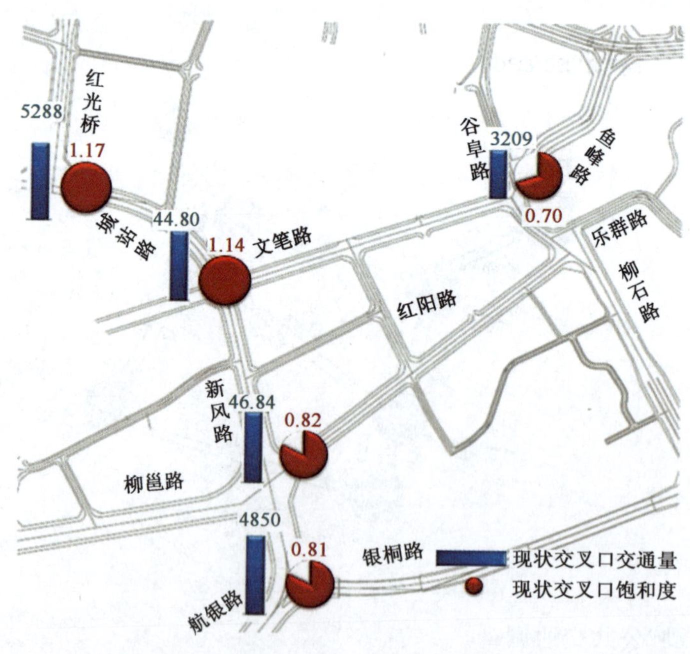

图 11-24 研究区域现状关键交叉口饱和度

交通组织方案设计

区域交通组织方案如图 11-25 所示,特别针对城站路—红光路交叉口和城站

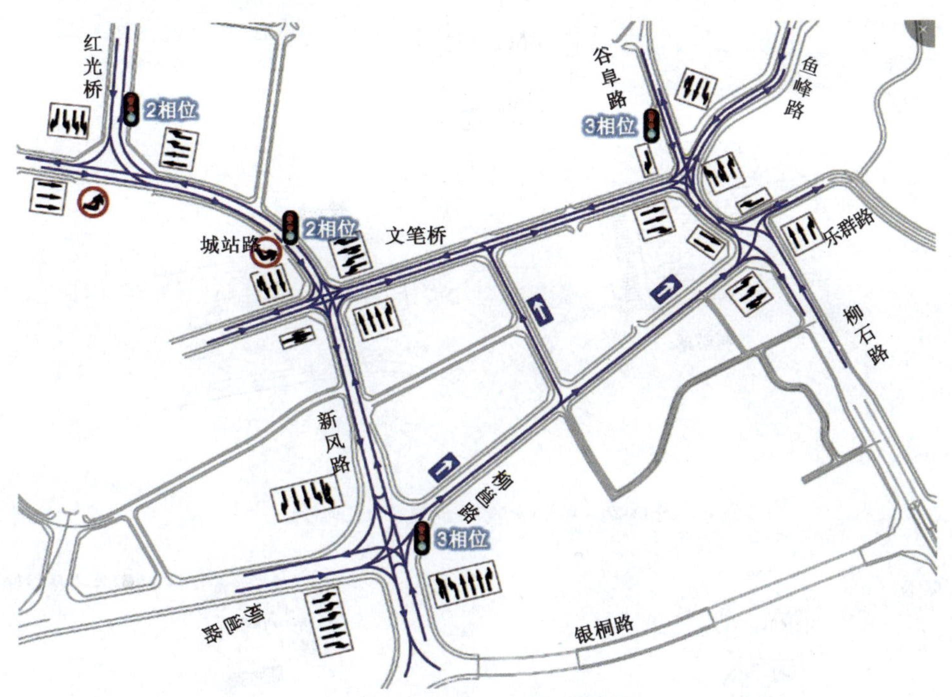

图 11-25 研究区域交通组织方案

路—文笔路交叉口过饱和问题,采用流向禁限措施。其中,对于城站路—红光路交叉口西进口采取禁左。现状西进口左转流量占交叉口总流量的 12.5%,不是交叉口主流向,但与交叉口主流向(东进口右转)冲突严重,且受非机动车干扰通行效率低下,禁行有利于交叉口总体运行效率的提升。对于城站路—文笔路交叉口,考虑南北方向流量比例低(10%)且交叉口道路空间资源有限(北进口为 3 车道),采取禁左措施提升交叉口总体运行水平。

关键节点交通设计

城站路—红光路交叉口几何设计及信号配时分别,如图 11-26 和图 11-27 所示。

方案评价

基于仿真对交通组织方案进行评价。从流量角度分析,由于采用流向禁限措施,导致绕行交通量增加,从饱和度角度分析,优化使各交叉口饱和度更为均衡,如

图 11-28 ~ 图 11-31 所示。交叉口饱和度对比，如图 11-31 所示。

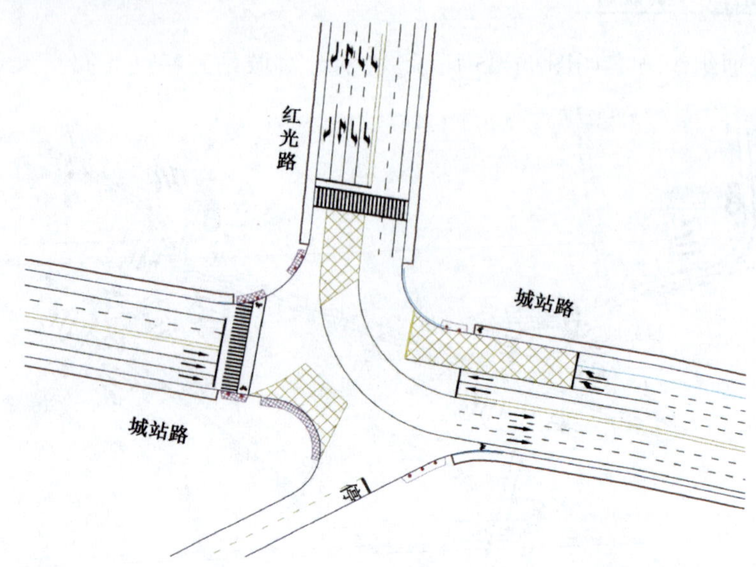

图 11-26　城站路—红光路交叉口几何设计

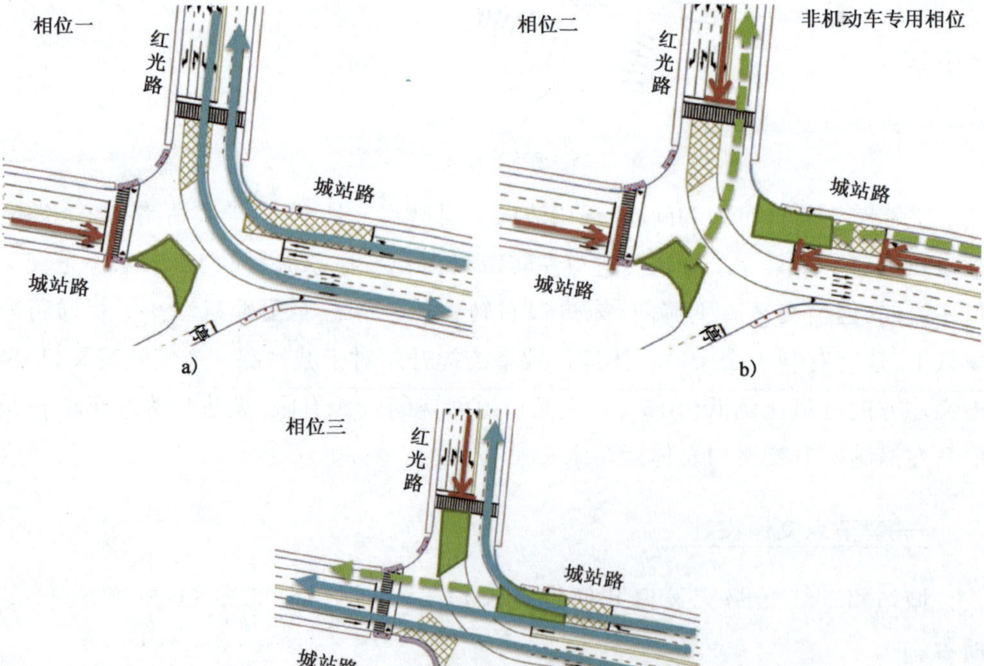

相位一　红光路　城站路　城站路　停　a)

相位二　非机动车专用相位　红光路　城站路　城站路　停　b)

相位三　红光路　城站路　城站路　停　c)

图 11-27　城站路—红光路交叉口信号配时

机动车运行流向；机动车禁行流向；非机动车流向；非机动车前置蓄车区

a)

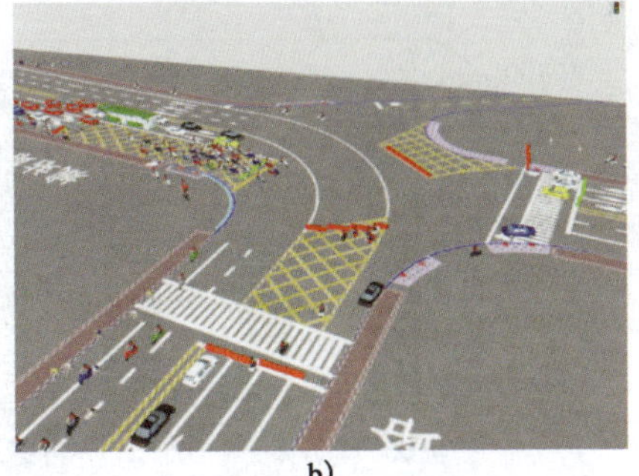

b)

图 11-28　区域仿真评价

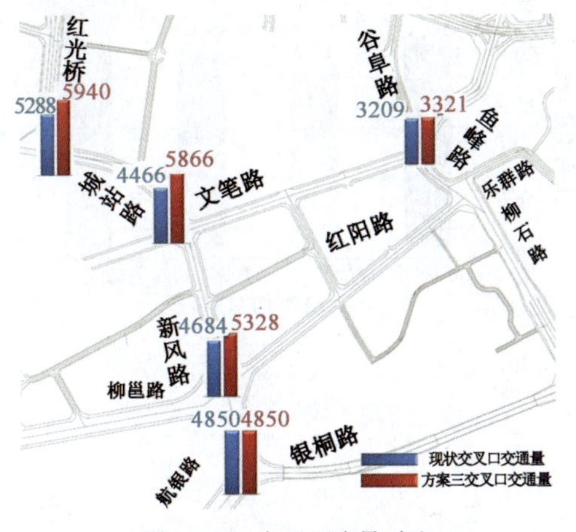

图 11-29　交叉口流量对比

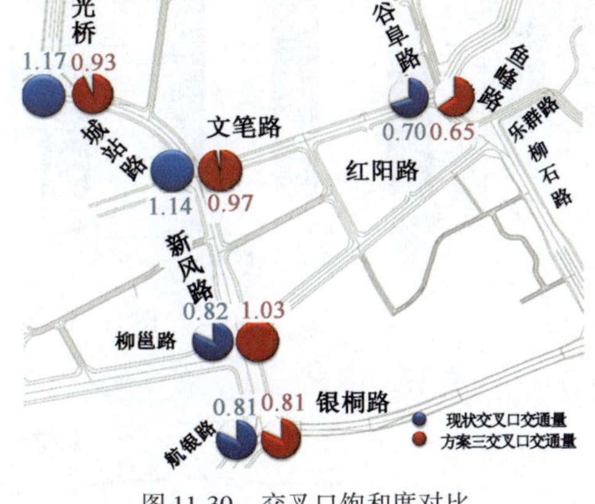

图 11-30　交叉口饱和度对比

11.4.2　南昌万达文化旅游城整体交通组织实例

案例背景

南昌万达城位于南昌市九龙湖新区，总投资额近 400 亿元，其中文化旅游项目投资额为 210 亿元，项目位于南昌市九龙湖新区，东邻赣江，西邻九龙大道，南邻生米镇，北邻九龙湖，占地面积达 $160hm^2$，总建筑面积 480 万 m^2，可同时容纳 5 万名游客，预计年接待游客 2000 万人次。图 11-32 表示万达城现有规划设计方案，可以看出其存在以下 6 类问题：

(1) 部分功能缺失：规划设计方案包括了小汽车停车、大巴停车场、公交站、VIP 停车区，缺乏出租汽车停靠区和自行车停放区。

(2) 出入口过多，且交通流线存在交叉。

(3) 按照预测的要求，小汽车停车泊位数量不足。

(4) 停车场小汽车出入口排队缓冲区短，疏解能力不够。

(5) 未能充分考虑进出停车场发卡/收费的管理要求。

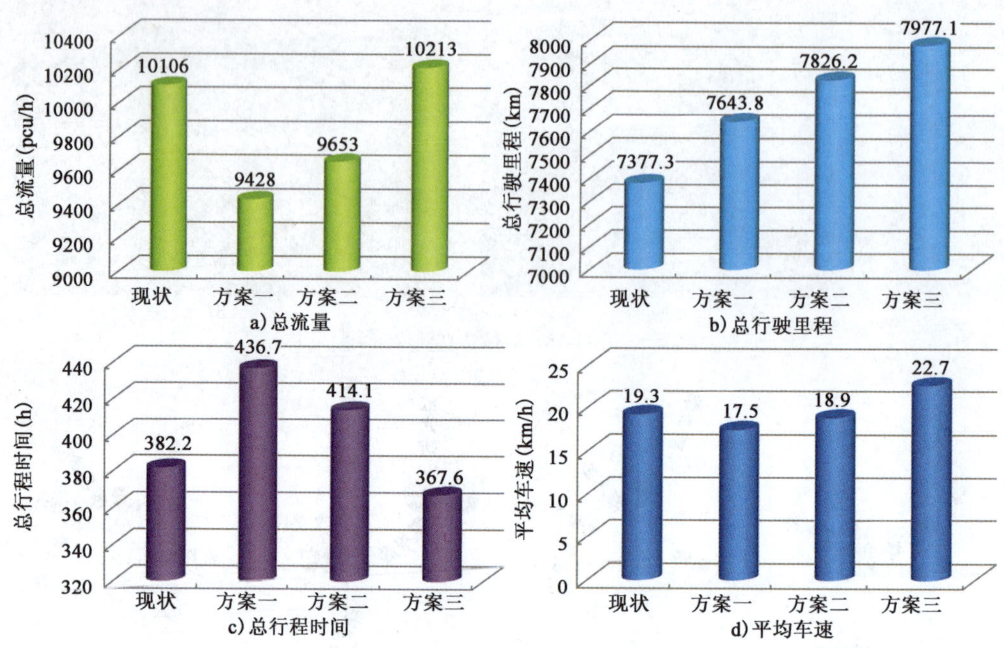

图 11-31　交叉口饱和度对比

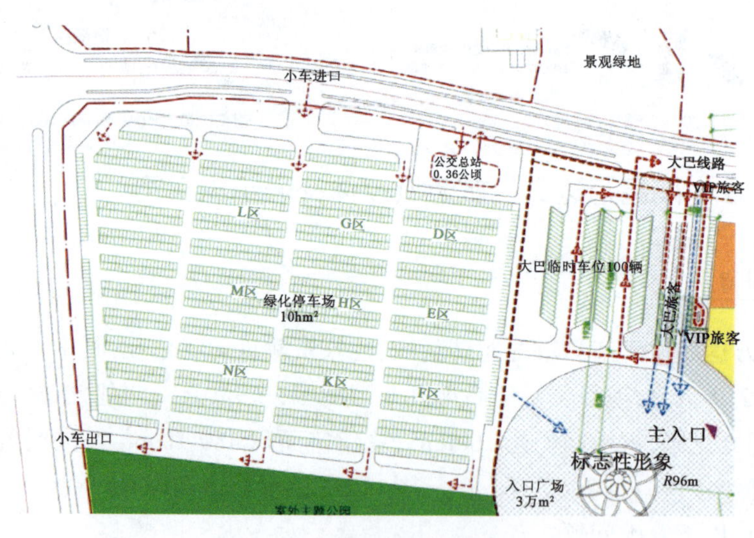

图 11-32　现有规划设计方案

(6)地面停车场对智能化停车、诱导设施的设置不利。

设计要点与改善方案

(1)按照停车需求预测,交通枢纽应设置 4121 个机动车停车泊位,建议设置两层停车楼或地面 + 地下两层停车场。

①停车楼的优势是两层可以当成三层使用，与周边道路建立立体化交通；劣势是可能影响主题公园入口景观，与超市难以建立较好的交通联系。

②地面+地下两层停车场的优势是不影响景观，地下一层可以与超市建立联系通道，与周边道路可以建立地下交通联系；劣势是建设成本较高，后期维护成本较高。

(2)功能区布置。

调整后的枢纽整体设计方案效果，如图11-33～图11-35所示。

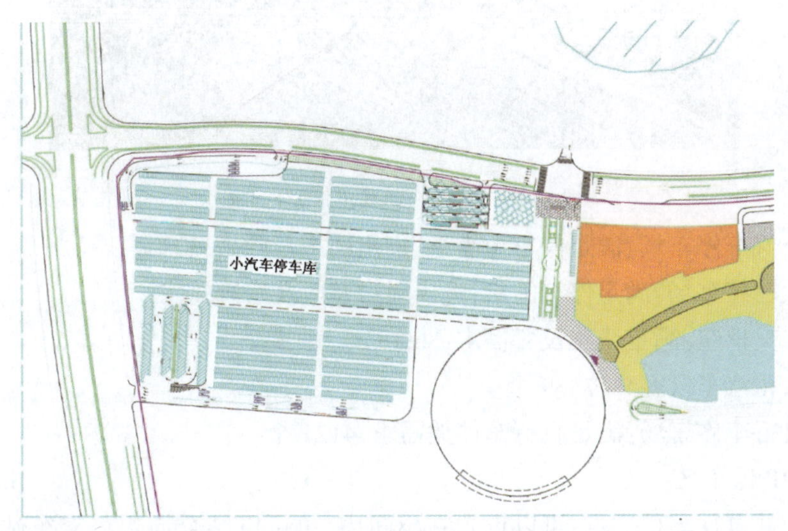

图11-33 整体枢纽设计方案

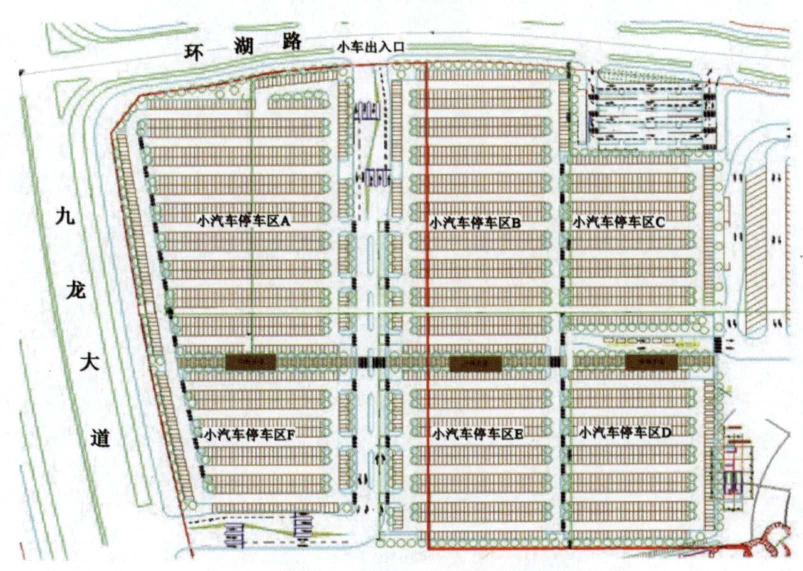

图11-34 停车场设计方案示意图

图 11-35 万达城投入使用后整体鸟瞰图

①小汽车停车场:满足停车位需求,进出通道及收费管理需要。

②大巴停车场:满足停车需求,进出通道及收费管理需求。

③公交枢纽:满足线路设置需求,3600m^2。

④出租汽车候客车位:39 个。

⑤自行车停车场:满足自行车停放需求,4121 个。

⑥VIP 停车区。

⑦公共自行车租赁点:可以设置在枢纽内,也可以结合周边公交车站、轨道交通出口设置。